Charlotte Riedel

Ausgetauscht
Ein Tagebuch

edition winterwork

Bibliografische Informationen der Deutschen Nationalbibliothek:
Die Deutsche Nationalbibliothek verzeichnet diese Publikation in der Deutschen Nationalbibliographie. Detaillierte bibliographische Daten im Internet über http://www.d-nb.de abrufbar.

Impressum

Charlotte Riedel, »Ausgetauscht«
www.edition-winterwork.de
© 2011 edition winterwork
Alle Rechte vorbehalten.
Herausgeber, Satz: Udo Riedel
Umschlag: Katrin Riedel, Therese Riedel
Fotos: Charlotte Riedel, Xenia Fedotowa
Druck und Bindung: winterwork Borsdorf

www.russlandlotte.de
ISBN 978-3-943048-84-1

Charlotte Riedel

Ausgetauscht

Ein Tagebuch

Dieses Buch widme ich meinem Vater, ohne dessen tatkräftiges Engagement sowohl mein Austauschjahr, als auch dieses Buch nicht zustande gekommen wären.

Ich bin dir sehr, sehr dankbar.

Inhalt

Vorwort

„Schüleraustausch ist das, was wir brauchen. Das deutsch-französische Jugendwerk hat unermesslich viel Gutes geleistet, Verständnis, Vertrauen und Freundschaft gefördert. So etwas hätten wir längst im großen Stil mit Russland einführen müssen..." schreibt Gabriele Krone-Schmalz in ihrem Buch "Was passiert in Russland?".

Wie nötig das ist, zeigt, dass wir in den letzten Monaten immer wieder gefragt wurden: „Wo ist denn Charlotte nun eigentlich genau?" Und die Antwort wurde meist kommentiert mit: „Oh Gott, soo weit weg!"

Irgendwie verwundert das schon, denn die USA oder Neuseeland – als klassische Austauschländer bekannt – erzeugen solche Verwunderung seltener, obwohl die Entfernung deutlich größer ist. Sizilien, die Algarve oder Kreta werden als nahe Ziele empfunden, obwohl sie fast ebenso weit weg von Deutschland liegen wie die Wolga. Große Städte im größten Land der Erde sind dagegen unbekannt.

Nicht nur für Charlotte, auch für uns Eltern und die Gasteltern ist Schüleraustausch ein Abenteuer, auf das wir uns eingelassen haben – und ein fortdauernder Lernprozess für alle Beteiligten. Das Leben in einem anderen Land mit einer anderen Kultur und auch der Blick von außerhalb zurück auf die heimatlichen Gefilde bringt mehr Erkenntnisse als alles theoretische Wissen.
Wir sind sehr froh das Abenteuer gewagt zu haben. Es lässt uns liebevoller auf „die Russen" schauen – auch auf die in unserer unmittelbaren Nachbarschaft.

Abenteuerlust und Neugier auf ein anderes Stück unserer Erde allein reichen allerdings nicht aus, wenn das Austauschjahr erfolgreich sein soll.

Besonders wichtig ist die Auswahl einer geeigneten Organisation, welche mit Sorgfalt prüft, ob der Jugendliche geeignet ist und die ebenso viel Sorgfalt auf die Auswahl der Gasteltern verwendet.
Die Organisation YFU stand uns dabei immer kompetent und unbürokratisch zur Seite. Auch im Gastland ist stets jemand in erreichbarar Nähe. Das beruhigt.
Als Gasteltern für eine Austauschschülerin haben wir die Freuden und Probleme eines Austauschjahres dabei auch von der anderen Seite kennen gelernt, was uns sicher bei der Einschätzung mancher Dinge enorme Entscheidungshilfe bot.

Nicht nur Toleranz und Anpassungsfähigkeit – und zwar auf beiden Seiten - sind gefragt. Sehr wichtig ist unseres Erachtens ein „Grundvertrauen".

Wenn man anderen Menschen dieses Vertrauen entgegenbringt, wird einem auch dieses Vertrauen geschenkt. Übergibt man nicht einen Gegenstand, sondern die eigene Tochter an bisher fremde Menschen für ein ganzes Jahr, so ist Vertrauen wichtigste Voraussetzung. Das kann sicher jeder nachvollziehen.

Unser Vertrauen wurde belohnt. Solche positiven Erfahrungen wiegen viel schwerer als die schlechten, welche gewiss auch vorkommen können.

In unserem persönlichen Fall hat es funktioniert.

Das vorliegende Buch entstand aus einem Blog. Es erhebt keinen Anspruch auf allumfassende Korrektheit. Vielmehr spiegelt es einen Ausschnitt der Wirklichkeit aus dem Blickwinkel einer 16jährigen Schülerin wider. Genau dadurch wird es aber lesenswert – und das nicht nur für 16jährige.

Fazit: Die Horizonterweiterung findet nicht nur beim Austauschschüler selbst statt.

Im August 2011

Nun bin ich da

Ich bin in Russland.

Um halb fünf fuhren meine Familie und ich zum Flughafen Dresden. Von dort würde meine Reise beginnen. Noch immer realisierte ich nicht, dass ich für zehn Monate in einem fremden Land, bei fremden Leuten - weit weg von den Lieben - leben würde. Am Flughafen angekommen, musste ich meine Familie verabschieden. Ich hatte mir vorgenommen nicht zu weinen. Ich verabschiedete mich also. Mein Vater sah gequält aus, aber behielt die Fassung. Meine Mutter sah mich mit roten Augen an. Sie weinte - was nicht untypisch war, da man meine Mutter schon als zart beseeltes Wesen beschreiben kann. Beide umarmten mich und versicherten mich ihrer Liebe. Am schwersten fiel mir der Abschied von meiner Schwester. Sie weinte. Meine Schwester - die sonst alles lässig in die Tasche steckte - weinte. Ich musste mich zusammenreißen, aber ich weinte nicht. Ich weinte erst, als ich im Transitbereich allein war. Plötzlich auf mich gestellt.

Ich flog nach Frankfurt, hatte einen Fensterplatz und sah ein letztes Mal meine vertraute Heimatstadt. In Frankfurt angekommen, traf ich Freunde, welche auch ihr Austauschjahr in Tscheboksary verbringen würden. Man unterhielt sich. Mein Gemüt hellte sich auf.

Beim nächsten Flug – von Frankfurt nach Moskau - hatte ich Pech mit meinem Platznachbarn. Es war ein Mann mittleren Alters, in Jogginghose, welcher furchtbar stark nach Schweiß roch. Meine Gesundheit war sowieso schon angeschlagen, da ich mir eine leichte Grippe eingefangen hatte. Perfekter Start in mein Austauschjahr….

In Moskau wurden wir von einer YFU- Freiwilligen empfangen und zum nächsten Flug begleitet. Diesmal saß ich neben meinen beiden Austauschlern. Aus der Luft war übrigens kein Anzeichen für die Torfbrände zu erkennen.[1] Aber ich schlief die meiste Zeit, da es mir nicht gut ging. Apropos Schlafen. Da ich auch auf dem Flug nach Moskau geschlafen hatte, habe ich verpennt, meine Migration-Card auszufüllen. Diese ist unbedingt notwendig - eine Art Visum. Ich stand also am Moskauer Flughafen und sah meine Freunde ihre Migration-Card zücken. Ich sah sie mit großen Augen an. Zum Glück wurde ihnen eine zu viel mitgegeben, sodass ich kurz vor der Passkontrolle noch schnell das wichtige Papier ausfüllen konnte.

Wir kamen an den Transitbereich. Dort hieß es Schuhe in eine Kiste legen. Und wie gewohnt Schmuck und Jacken. Ich glaube, dass ich anschließend von einem Nacktscanner durchleuchtet wurde, da ich in eine gläserne Kabine ging und ein Metallsensor in einer kreisförmigen Bewegung um mich herum fuhr.

---

[1] Im Sommer 2010 gab es in Russland riesige Wald- und Torfbrände.

Dann flogen wir weiter nach Kasan - eine Hochburg des muslimischen Glaubens in Russland. Dieser Flug erfolgte mit einer russischen Fluggesellschaft, wovon man zu unserer Überraschung nichts bemerkte - mal abgesehen von dem gelegentlichen Kratschen der Sprechanlage. In Kasan wartete Katja auf uns. Sie sprach perfekt Englisch, unser Glück. Auch zwei weitere Austauschler waren bei ihr. Eine weitere würde noch nachreisen. Also waren wir schon zu sechst! Wir warteten auf unseren Fahrer, der uns nach Tscheboksary bringen sollte. Währenddessen wurden uns Tipps bezüglich dem Leben in Russland gegeben und ein YFU- Treffen in einer Woche angekündigt. Wir gingen hinaus. Es war kalt, 9°C. Ein komfortabler Kleinbus holte uns ab. Man gab uns Wurstbrötchen, die so stark nach Knoblauch rochen, dass sie keiner, außer einem Jungen, essen wollte. Denn keiner von uns wollte seiner Gastfamilie mit einem besinnungsraubenden Atem gegenübertreten. Zusätzlich bekamen wir Wasser und jede Menge Süßkram. Wir machten das Licht aus und schliefen.

Nacheinander wurde jeder zu seiner Gastfamilie gebracht. Ich war die Vorletzte und stand plötzlich meiner Gastschwester Xjuscha gegenüber. Ich hatte bereits Bilder von ihr gesehen und mit ihr geschrieben. Aber als ich ihr gegenüberstand, musste ich staunen. Sie war klein. Klein und zierlich. Zweifelsohne sah sie aus wie auf den Bildern: lange braune Haare und ein rundes fast kindliches Gesicht. Auch sie sah mich erstaunt an, denn ich bin einen Kopf größer als sie. Ihr Vater begrüßte mich. Wir fuhren in einem teuer aussehenden Auto zu meinem zukünftigen Heim. Man redete schonungslos schnell Russisch auf mich ein. Zu meiner Überraschung verstand ich trotz Kopf- und Halsschmerzen, trotz so später Stunde 80% von dem was sie sagten.

Wir hielten an einem Neubaublock. Neun-etagige Wohnungsriesen stachen in den klaren Nachthimmel. (Das Foto habe ich nachträglich gemacht. Im fünften Haus ...also bei dem fünften "Knick" im Gemäuer wohne ich nun in der siebenten Etage). Wir betraten den Lift und fuhren zu meiner neuen Wohnung.

Meine Gastmutter öffnete die Tür und wieder staunte ich nicht schlecht. Wieder kannte ich sie von Bildern, aber ich hatte mir eine russische, strenge und große Gastmutter vorgestellt. Auf dem Bild thronte sie in gebieterischer Haltung in einem weißen Pelz. Man sah viel Schminke in ihrem Gesicht und rote kurze Haare auf ihrem Kopf. Ihre Augen ließen Strenge erkennen. Nun stand ich vor ihr und blickte hinab. Sie war einen halben Kopf kleiner als ich. Auch sie sehr zierlich und der Inbegriff einer überfürsorglichen und lieben Mami. Man zeigte mir das Zimmer, welches ich mir mit Xjuscha teilen würde. Klein. Zwei Betten, ein Regal, ein Schreibtisch und ein Fenster mit Blick auf die Hochhäuser. Die Wohnung an sich ist schön. Hellgelb gestrichen, aber kaum möbliert, da die Familie erst kürzlich umgezogen ist. Wir gingen schlafen – es war bereits 3 Uhr nachts - also bei euch war es um eins.

Fazit: Auch wenn ein Bild mehr als 1000 Worte sagt - Realität kann überraschen

Erste Eindrücke

Ich wachte von dem Lachen eines Kleinkindes auf. Dascha war also auch wach. Sie rannte laut lachend durch die Wohnung. Ihre Mutter schien zu kochen. Xjuscha schlief noch- ich beschloss ein Weilchen liegen zu bleiben. Irgendwann stand ich dann doch auf und ging ins Bad. Ich hörte meine Gastmutter zu Dascha sagen: „Charlotte ist aufgestanden!" Das Kleinkind quiekte, rannte in Xjuschas Zimmer und brüllte: „AUFSTEHN!" Danach schnappte es sich ein Xylophon, hämmerte darauf herum und sang aus Leibeskräften irgend ein russisches Kinderlied. Anschließend rannte sie wieder durch die Wohnung und rief: „Ich fliege mit dem Flugzeug weit fort!" ...vermutlich war dieser Satz von mir angeregt worden. Ich verließ das Bad und stand einem niedlichen kleinen Mädchen mit Pausbäckchen und langen, blonden Haaren gegenüber. Sie grinste vergnügt. Wir frühstückten. Es gab Bliny (Eierkuchen) in Miniaturform und Cornflakes. Man fragte mich nach meinem Befinden und ich log - da ich immer noch krank bin.

Wir gingen spazieren. Ich sah eine typisch russische Stadt. Sechsspurige Straßen, schlechte Wege und Müll. Dennoch strahlt Tscheboksary dabei einen ganz gewissen Charme aus, da sich zwischen Wohnblöcken auch historische Kirchen befinden und die Stadt im Allgemeinen sehr grün ist.

Das ist die Straße, an der ich jetzt wohne. Die Kirche ist verglichen mit den Wohnblocks recht klein.

Wir gingen zur Maniküre und zum Kontaktlinsenkauf. Letzteres erfolgte in einer Augenklinik. Sehr sauber und ordentlich - nicht, was ich aufgrund von Vorurteilen erwartet hatte. Auch die Ärztinnen boten einen ungewohnten Anblick. Make up, Lidschatten und Lippenstift - Absatzschuhe und Bluse. Dennoch so stilvoll kombiniert, dass alles durch den Arztkittel perfekt aussah. Danach kauften Xjuscha und ich noch Brot und Milch ein.

Wieder in der Wohnung bezog ich meine Schrankfächer - wie es scheint, werde ich zehn Monate teils aus Schrank, teils aus Koffer leben müssen. Ich verteilte die Gastgeschenke. Meine Gastmutter umarmte mich zum Dank für einen schwarzen Glitzerschal und Pralinen. Es war seltsam - vermutlich auch weil sie so klein ist. Meine Gastschwester freute sich sichtbar über die Lady Gaga CD. Aber am schönsten war die Reaktion Daschas. Ich schenkte ihr ein rosa Einhorn aus Stoff. Sie drückte es an sich, sagte schüchtern "Danke" und verschwand - nur um mit dem Einhorn durch die Wohnung zu rennen und eine Art russisches Galoppgeräusch von sich zu geben. Wir gingen noch einmal hinaus, diesmal um Xjuschas Freunde im Stadtzentrum zu treffen. Wir fuhren mit einer „Marschrutka" – einem Kleinbus.
Xjuschas Freundinnen trafen wir vor einem McDonald's. Wir aßen etwas und spielten Karten. In russischen McDonald's ist das Kartenspielen verboten, sodass der eigentliche Sinn beim Spiel darin bestand, nicht erwischt zu werden. Ihre Freundinnen sind ungefähr so groß wie ich und sehr dünn. Eine von ihnen hat ein grünes und ein braunes Auge – faszinierend.

Wir gingen erneut hinaus. Es ist noch immer ungewohnt kalt. 9°C. Wir gingen spazieren - diesmal an der Wolga[1] entlang.

---

[1] Später bemerkte ich, dass es nur ein Seitenarm der Wolga war.

Ich sah russische Kirchen, Wohnblocks und ein Denkmal, welches für die „Mutter der Tschuwaschen" steht (ich lebe jetzt in der Republik Tschuwaschien).

Anschließend kaufte ich mir ein russisches Hausaufgabenheft, welches sich ein bisschen vom deutschen unterscheidet. Meine ersten Einkäufe in Russland waren also einmal Pommes und Fanta und ein Hausaufgabenheft.

Wieder in einer Marschrutka waren in Stöckelschuhen staksende Frauen zu sehen, von denen die meisten nur einen Joghurt am Tag zu essen scheinen.

Auf dem Weg zur Wohnung sah ich, wie ein russisches Mütterchen neben der sechsspurigen Straße, auf der Wiese vor der Kirche, eine Kuh und mehrere Schafe weiden ließ - ein seltsamer Anblick.

In der Wohnung wurde mir Dima - Xjuschas älterer Bruder vorgestellt, welcher studiert und nicht mehr zu Hause lebt. Ein sympathischer junger Mann, welcher furchtbar nuschelt. Aber trotz nur einem Tag Aufenthalt in Russland habe ich gelernt Mimik, Gestik und Wortbrocken zu einer richtigen Reaktion und Antwort zusammenzufügen. Er war begeistert von meinem Russisch und sehr an Deutschland interessiert. Mein Reisepass löste Begeisterung aus – vor allem das Entschlüsseln der fremden Buchstaben. Dima ging nach dem Abendbrot. Mittlerweile habe ich erfahren, dass Dascha aus einer zweiten Ehe meiner Gastmutter stammt und dass dieser Haushalt auch gänzlich ohne Männer funktioniert.

Gerade habe ich eine Art russischer Sandmann angeschaut. Sehr interessant - ich habe maximal 5 Worte verstanden - aber die Bilder sind schön bunt und das Gute-Nacht-Lied einschläfernd. Zudem ist die Uhrzeit von Interesse, um welche diese Kindersendung ausgestrahlt wird. Denn jetzt ist es hier 20 Uhr.

Ich habe Xjuscha erzählt, dass es in Deutschland nicht so üblich ist Absatzschuhe zu tragen - das erzählte sie ihrer Mutter. Kurz darauf kam Dascha quietschend vor Freude in Xjuschas 8-cm-Pumps zur Tür hinein gestolpert. Man erklärte mir, das mache sie häufig.

Der Tag klingt nun langsam aus und ich bin gespannt auf morgen. Am ersten September - dem ersten Schultag - verschenkt man Blumen an Lehrer und putzt sich heraus. Alles sehr ungewohnt hier. Auch ein spezielles Programm soll auf mich warten - was auch immer das bedeutet.

Fazit: Ein Russland ohne herausgeputzte Frauen ist undenkbar.

Meine Gastschwester Xenia   Meine Gastmutter Irina mit Dascha

Man putzt sich heraus

Am 1. September putzt man sich in Russland heraus, denn heute ist ein Feiertag. Man beschenkt Lehrer mit Blumen und begrüßt die neuen Mitschüler. Ich zog also eine weiße Bluse und schwarze Jeans an und steckte mein Haar hoch.

Xjuscha trug in etwa dasselbe - nur dass sie keine Ballerinas, sondern Absatzschuhe trug, was ihre kleine Schwester dazu animierte durch die Wohnung zu hüpfen und zu rufen : „Ich will Stöckelschuhe auch haben!" Sehr niedlich.

Irgendwie sehe ich auf dem Bild gequält aus... ich und gestellte Fotos! In der Hand halte ich mein Hausaufgabenheft. Darauf steht: "Dnevnik" ausgesprochen: "Nivnik", was so viel wie Tagebuch bedeutet.

Wir gingen zum „Trolleybus" - ein Bus mit Oberleitungskontakt, also wie bei einer Straßenbahn. Es war warm im Bus - was mich sehr beruhigte. Bei – 40°C will ich auf keinen Fall 20 Minuten im kalten Bus sitzen- obwohl sich nun unweigerlich die Frage stellt, ob die Heizung bei – 40°C noch mitspielt. Wir fuhren also bis zur Schule. An der Haltestelle angekommen mussten wir noch ein Stückchen laufen.

Wir kamen an der Schule an und trafen Xjuschas Freundinnen vom Vortag wieder - man begrüßte mich herzlich. Die Schule ist als eine Art Rechteck aufgebaut - mit Innenhof. In besagtem Hof fand später eine kleine Feier statt, von welcher ich noch nichts ahnte. Überhaupt merke ich, dass ich die Dinge einfach auf mich zu kommen lasse, was sonst eigentlich gar nicht meine Art ist.

Ich wurde einer Lehrerin vorgestellt, welche mich herzlich begrüßte und mir erklärte, dass ich mich bei Fragen und Problemen sofort an sie wenden könne. Dann sagte sie mir, dass ich bei der kleinen Feier im Innenhof der Schule mich vor versammelter Mannschaft vorzustellen hätte... womit ich schon erste Fragen und Probleme hatte… . Ich sah in den Innenhof der Schule. Es erinnert alles an DDR-Plattenbau. Auf einer Treppe standen Mikrofon, Lautsprecher, und alles war mit Luftballons geschmückt. Xjuscha und ich gingen zum Hof. In meinem Kopf ratterte es, was ich nun sagen sollte: ich entschied mich für Standard: „Guten Tag. Ich heiße Charlotte R. Ich komme aus Deutschland und werde an eurer Schule lernen." Xjuscha sagte das genüge.
Die Erstklässler machten den Anfang. Sie traten in die Mitte des Hofes und einige sangen. Alles sehr niedlich anzuschauen. Die Mädchen in Röcken mit

weißen Strumpfhosen und riesigen weißen Schleifen im Haar - was mich ein bisschen an Mickey Mouse erinnerte. Die Jungs in Anzug. Danach folgten lehrreiche Ansprachen der Schulabgänger- auf welche Höhen und Tiefen man sich denn einzustellen hätte. Die Schulleiterin sagte in etwa dasselbe. Aber vermutlich habe ich von beidem nur diesen Teil verstanden. Dann war ich an der Reihe.

Plötzlich stand ich auf der Treppe mit Mikrofon in der Hand und alle sahen mich an. Ich hab noch nicht mal in meiner deutschen Schule so etwas gemacht, doch in diesem Moment war ich seltsam entspannt.

Ich sagte meinen Text. Es gab Applaus. Die Lehrerin, welche mich zuvor mit netten Worten geködert hatte, um mir die bittere Pille des Auftritts leichter unterschmuggeln zu können, sah mich strahlend an. Offenbar hatte ich bestanden.

Vor Stolz platzend ging ich zu Xjuscha zurück. Ein kleines Mädchen schloss die Veranstaltung ab, indem es von einem Jungen auf die Schultern genommen, durch die Menge getragen wurde und mit einer Glocke das neue Schuljahr feierlich einläutete, während Luftballons in den Himmel stiegen und Musik ertönte.

Nach der Veranstaltung henkelte sich Lera (Ljera ausgesprochen) bei mir ein. Ich hasse es eingehenkelt umher zu laufen, weil ich mir entweder wie ein Klatschweib oder eine Oma, welche nicht mehr allein gehen kann, vorkomme. Aber ich wollte mich nicht unbeliebt machen und ließ sie gewähren. Sie ist mir von Xjuschas Freundinnen am symphatischsten - sie ist erholsam natürlich. Lera ging mit mir und Xjuschas Freundinnen zum Klassenraum. Dort begrüßte mich die Klassenlehrerin in perfektem Englisch. Sie wurde allerdings gleich darauf hingewiesen, dass mein Russisch gut sei. Dies höre ich hier häufiger... aber ich glaube, man ist einfach nur höflich.
Diese Schule, welche ich nun die nächsten 10 Monate besuchen werde, ist eine Englisch-Intensiv-Schule. Das wurde mir mitgeteilt, als ich fragte, warum die

16

Zimmernamen (wie Chemiezimmer) in Englisch geschrieben sind. Auch Schüleraustausch soll hier zur Routine gehören. Alles sehr beruhigende Fakten. Ich setzte mich in die Klasse - immer in der Gruppe von Xjuschas Freundinnen. Die Lehrerin (welche übrigens einen knielangen, enganliegenden Rock, Nylonstrümpfe, schwarze, knielange Absatzstiefel und eine Bluse trug…in Deutschland ein seltener Anblick) verwies die Klasse darauf, dass sie nun fleißig zu lernen hätten. Ich analysierte die Klasse. Am einprägsamsten waren die 12-cm- Pumps einer 14-jährigen…welche ein wenig später von den 8-cm-Pumps einer 9-jährigen getoppt wurden.

Auch dieser Klasse wurde ich vorgestellt. Nach ca. zwei Stunden Schulaufenthalt konnten wir gehen. Wir standen in der Eingangshalle der Schule, als mich ein Kerl fragte: „Hey… bist du die Austauschschülerin, welche bei uns lernen wird?" Ich entgegnete etwas überrascht (auch weil er offenbar meine weltbewegende Ansprache verpasst zu haben schien): „Ja." Ich weiss, es ist nicht viel, aber er quatschte gleich weiter: „Und du bist aus Deutschland?" Ich entgegnete wieder meine zwei Buchstaben. Daraufhin rief ein Mädchen neben ihm: „Ja! Gewonnen!" Beide kehrten in ihren Freundeskreis zurück. Ich musste lachen. Man wettet also schon, woher ich komme. Es ist seltsam jetzt „die Deutsche" zu sein, obwohl mich Xjuschas Freundinnen immer brav Charlotte nennen, was auf Russisch eher ein Scharrrrlota ist. Apropos mein Name. Als ich einem weiteren Mädel vorgestellt wurde, sagte sie bei der Nennung meines Namens nur: „süß!" Was bitteschön ist an Charlotte süß?!

Wir fuhren mit dem Bus zu McDonald's, spielten Karten und aßen. Das Spiel heißt übrigens „Davno - vor langer Zeit" …wenn ich es richtig übersetzt habe. Ich habe Xjuscha einiges über Deutschland erzählt, z.B. dass es dort nicht üblich ist Absatzschuhe zu tragen oder Miniröcke - und schon gar nicht beides zusammen und dass eine Unterrichtsstunde an meiner deutschen Schule 90 min dauert… beides sorgte für entgeistertes Erstaunen bei Xjuschas Freundinnen. Besagte Mädchen kämmten sich übrigens im McDonald's ihre endloslang erscheinenden Haare in aller Öffentlichkeit ... danach wurde der Lippenstift gezückt. Ganz ehrlich, ich hoffe bald ein paar Kerle kennen zu lernen, denn das wird mir hier langsam wirklich etwas zu tussig…

Xjuscha und ich verabschiedeten sich von ihren Freundinnen und gingen wieder zur Schule, um mich in Tscheboksary registrieren zu lassen - schließlich will ich nicht illegal hier sein. Dann besuchten wir ihre Mutter, welche in unserer Schule arbeitet. Sie stand in einem Meer aus geschenkten Blumen, begrüßte uns fröhlich und drückte mir eine Sim-Card in die Hand. Sehr billig. Eine SMS kostet umgerechnet ca. 3 Cent und ein Anruf 1,3 Cent - Anrufe im selben Netz sind kostenlos. Das ist vermutlich der Grund, warum hier jeder permanent telefoniert - sogar im Unterricht ist Handygebimmle normal. Nunja, jetzt habe ich eine neue Nummer - schreibt mir am besten E-Mails, da ich nicht verstanden habe, welche Kosten bei Ferngesprächen auf mich zukommen. Wieder in der Wohnung habe ich meinen Krempel sortiert und mich mit Xjuscha über alles Mögliche unterhalten. So weiß ich nun auch meinen Stundenplan für morgen. Die Schule beginnt 8:30 Uhr ...aber es fallen drei Stunden aus. ☺ So habe ich morgen nur Englisch, Sport, Mathe und Biologie ...das alles auf Russisch...ich bin gespannt....

Nachmittags kam Daschas Oma zu Besuch. Sie brachte Kuchen mit und begann schonungslos auf mich einzureden...unter anderem habe ich verstanden, dass sie meint ich sei schön und sehr weit gereist. Meine Reisefreudigkeit (danke liebe Eltern) löst hier wahre Begeisterung aus. Dann kam Xjuschas Opa und brachte Dascha, welche aus dem Kindergarten kam, mit. Er hatte eine Wassermelone gekauft, über welche wir uns auch noch hermachten. (Ich habe bereits Suppe, Kekse und Kuchen gegessen) Dascha wurde immer lauter. Sie schrie und lachte, hüpfte auf ihrer Oma hin und her anstatt zu essen. Ich fand den Anblick ganz niedlich, da ich ihn nicht gewöhnt bin, aber Xjuscha und Oma fanden es wohl weniger lustig. Daschas Oma benutzte mich inzwischen als Druckmittel. Wenn Dascha ein verbotenes Wort benutzte oder rumalberte hieß es: „Daschenka, möchtest du etwa, dass Charlotte dich so sieht? Dann denkt sie: so ein.... (habe ich nicht verstanden) Mädchen!" Ich fand's witzig...nur machte ich mir etwas Sorgen, dass ich mich auf diese Weise unbeliebt machen würde.
Xjuscha rief ihre Mutter an und fragte, wann sie nach Hause kommen würde. Ihre Mutter antwortete, es würde noch etwas dauern, da meine Registration in dieser Stadt offenbar unangenehmer Papierkram bedeutet. Dascha rief voll Sehnsucht: „Ich will mit Mami reden! Gibt mir Mami!" Xjuscha gehorchte und gab ihr Handy. Dascha sagte: "Hallo!" und gab das Handy freudestrahlend zurück. Dann stopfte sie sich Kuchen in den Mund, saß ein Weilchen ruhig da, um dann vom Schoß ihrer Oma aufzuspringen und zu sagen: „Ich geh' kacken." Sehr unweiblich... aber im Alter von 3 Jahren ist eine solch konkrete Äußerung fast noch niedlich. Nun kam auch meine Gastmutter nach Hause und brachte mir einen kleinen Porzellanelefanten als 1. September Geschenk mit. Daschas Oma schien erleichtert über die Ablösung. Auch Dascha kam freudestrahlend angesprungen. Sie war wieder schrecklich aufgedreht und warf mit Kissen um sich. Ich hob sie auf. Sie warf erneut. Ein Kreislauf, der ihr zu gefallen schien.

Daschas Oma verabschiedete sich und Xjuschas Schwester irgendwelchen Grades (habe ich nicht ganz verstanden) kam zu Besuch. Eine typisch russische, junge Frau. Schwarze, lange Haare, Pumps und zu dünn. Sie ist sehr nett und interessiert sich für Deutschland. Fragte, ob meine Eltern sich Sorgen machen und ob ich eine Schwester hätte. Das werde ich häufiger gefragt und wenn ich entgegne ja, eine Zwillingsschwester mit blonden, glatten Haaren und grünen Augen sieht man mich entgeistert an und ich muss Fotos zeigen. Auch die Taschenuhr, welche mir meine Eltern zum Abschied schenkten löst Begeisterung aus.

In der Zwischenzeit schnappte Dascha sich eine Tube Zahnpasta und sang aus Leibeskräften hinein... wenn Zahnpasta nicht mal das ideale Mikro ist....

Wir gingen wieder in die Küche und aßen Pizza. Meine Gastmutter erklärte mir, ich würde dick und rund nach Deutschland zurück kommen und wenn mein Essverhalten so weiter geht, glaube ich ihr.
Ich habe wieder die Gute-Nacht-Geschichte mit Dascha angeschaut, nachdem Dascha mich vor den Fernseher zog. Sehr interessant und bunt. Diesmal habe ich ein bisschen verstanden.

Randnotiz:
Ein russischer Hund macht nicht „Wuff" sondern „Gaff". Woher ich das weiß? Nun, Dascha ist mit einem Hund durch die Wohnung gerannt und rief „Gaff, Gaff"

Fazit: Ohne Dascha wäre mein Aufenthalt vermutlich nur halb so lustig.

Erster Alltag mit Erkältung

Heute Morgen habe ich gedacht ich muss sterben. Mein Hals tat weh und meine Ohren auch. Xjuschas Mutter war bereits auf Arbeit - wir hatten drei Stunden später, da 3 Lehrer krank geworden waren. Ich teilte Xjuscha meine Erkrankung mit. Sie gab mir Medizin. Russische Medizin. Medizin, vor welcher mich mehrere Leute schon gewarnt hatten. Ich nahm sie dennoch, trank eine Tasse Tee (wie immer hier), mischte Vitamin C aus Deutschland unter und stopfte mir einen Löffel Honig in den Mund. Das muss reichen. Einen Vorteil hatte die ganze Angelegenheit: Ich musste nicht zu Sport. Der Tag war gerettet. Wir frühstückten, zogen uns an und verließen die Wohnung - ich setzte vorbildlich eine Mütze auf und band ein Tuch um, um Schadensbegrenzung zu betreiben.

Mit dem bekannten Trolleybus fuhren wir zur Schule- diesmal habe ich ein Bild gemacht.
Übrigens bin ich nun stolze Besitzerin einer Monatskarte, wodurch ich nicht jedes Mal den horrenden Preis von 10 Rubel (ca. 25 ct) löhnen muss.

Nach dreißig Minuten stiegen wir aus und holten, wie bereits am Vortag, Lera vor ihrer Wohnung ab und liefen zur Schule.
Meine erste Stunde im fremden Schuljahr war Englisch. Russisches Englisch hört sich sehr witzig an. Hier kann man kein „r" kein „h" „nk" oder „ng"... sprechen. Meine Lehrerin kann zum Glück gutes Englisch. Wir bekamen eine Aufgabe. Ich erfüllte sie so gut, dass ich am ersten Tag in der fremden Schule eine 5 - also eine 1 - bekam. Prima! So kann das weiter gehen. Danach hatten wir Sport. Ich war etwas erstaunt, als ich in einem mit Holzfußboden versehenen großen Zimmer stand, welches nun die Sporthalle ist. Auch die Umkleideräume sind unheimlich. An dieser Stelle möchte ich einen Gruß an Frau H**k senden - ich weiß ihren komfortablen Sportunterricht nun zu schätzen. Ich setzte mich an den Rand - zusammen mit ca. 5 anderen Mädchen,

welche ich bereits kannte. Sie erklärten, sie hätten keine Lust und würden deshalb nicht mit machen.

Ein paar andere Mädchen spielten etwas „Volleyball"- wenn man das überhaupt so bezeichnen darf, denn es war eher: „Hilfe! Der Ball kommt! Renn weg! Ich hab Angst!" ...sehr niedlich. Einige von ihnen trugen nicht einmal Sportbekleidung.

Die Mädchen, die mit mir am Rand saßen, fragten mich nun aus. Wie es mir geht, wie es in Deutschland ist, wie die Schule ist, ob ich eine Schwester habe, wie die aussieht, ob es mir hier gefällt, ob ich russisches Essen mag, wie lange ich bleibe, wie ich meine Haare zusammen gesteckt habe und wie wunderbar schlank ich sei. Ich beantwortete alle Fragen. Nun begannen Diskussionen, wer neben mir in der nächsten Stunde sitzen darf. Vor allem in Deutsch bin ich ein begehrter Banknachbar. Anschließend kehrten die Mädels wieder zum Alltagsgeschwätz zurück...also zu meiner Taschenuhr, meinen weiten Reisen und ihren Haaren. Man gewöhnt sich dran….

Danach Mathe. Eine Lehrerin, welche dem Wort „Mathematiklehrer" alle Ehre macht. Regungsloser Gesichtsausdruck und scharfer Ton. Wiederholung - binomische Gleichungen, wie es scheint. Das kann ich…jedenfalls so fast - wenn mich auch das Hintergrundgerede in einer fremden Sprache etwas ablenkt. Es folgte eine Stunde Biologie, bei einer Lehrerin welche die gesamte Stunde durchredete. Sie unterhielt sich zu Anfang mit mir. Fragte mich nach meinem Befinden, woher ich komme (sie dachte zuerst aus Russland), ob ich schon Genetik und Ökologie in der Schule gehabt hätte und noch etwas anderes, was ich mit einem lächelnden Kopfnicken beantwortete, aber nicht verstand. Später gab sie mir die Aufgabe, Informationen über das Hochwasser in Deutschland zusammenzutragen und der Klasse vorzustellen. Als ich entsetzt fragte: „Auf Russisch?!" lachte die Biologieklasse verständnisvoll. Na das kann was werden… Nach 40 Minuten hatte ich auch das überstanden - jede Stunde hier dauert übrigens kurze 40 Minuten. Also man kann ja viel

Schlechtes über das deutsche Schulsystem sagen, aber unsere 90 Minuten[1] sind erstklassig.

Dann kam noch eine Überraschung. Wir mussten alle zum Schularzt und uns auf Kopfläuse untersuchen lassen. Seltsam. Aber ich habe keine - welch Wunder. Dann kam meine Gastmutter an, schnappte mich und schleifte mich erneut zum Arzt, um meine Halsschmerzen untersuchen zu lassen. Herrgott an Halsschmerzen ist noch keiner gestorben - von meinen Ohrenschmerzen wusste sie ja nichts. Es kam raus - oh Wunder - dass alles harmlos ist und bald weggehen würde. Na das hätt´ ich auch ohne Arzt sagen können….

Anschließend gingen wir in der Schulkantine etwas essen. Hier ein Gruß an die deutsche Schulspeisung: Gelobt und gepriesen sei das schuhsohlenartige Fleisch deiner Kantine! Verehrt sei deine versalzene Suppe!…

Ich aß Nudeln mit Wurst. Also mit Wurstscheibe. Wurstscheibe schmeckte ekelhaft. (Vorstellungskraft für meine Eltern und Schwesterli: schmeckt wie die Wurst an der Tankstelle in der Slowakei.) Die Nudeln schmeckten nicht mal nach Pappe, aber besaßen ihre Konsistenz.

Lera, Natasha, Xjuscha und ich gingen hinaus. Wir suchten ein Geschäft auf, um mir russische Schulhefte zu kaufen, damit, falls etwas eingesammelt wird, nicht immer mein ganzer Block weg ist. Ich hielt es für eine sinnvolle Anschaffung, da vor allem unsere Mathelehrerin zum Einsammeln neigt. (Da hier ohne Kopien gearbeitet wird schreiben alle in Hefte.)

Als wir bis zur Busstation schlenderten fiel mir auf, wie breit hier die Fußwege sind. Sie sind so breit wie zu Hause die Fahrbahn. Heute war übrigens ein angenehm warmer Tag. 20°C!

---

[1] Entscheidung des Schulleiters in sächs. Gymnasien: Blockunterricht 2x45 min

Wir fuhren wieder mit dem Bus zur Wohnung.

Nach dem üblichen Tässchen Tee machte ich Mathehausaufgaben ... oder besser: Ich riet, was die Aufgabenstellung bedeuten könnte und löste die Aufgabe nach meinem Ermessen.

Meine Gastmutter kam mit Dascha nach Hause. Dascha rannte permanent zu mir. Nachdem wir gegessen hatten und die Hausaufgaben fertig waren wollte sie mit mir spielen. Sie warf mit Plüschtieren nach mir, spielte mit mir Ball, umarmte mich, rief meinen Namen immer und immer wieder, zupfte an meiner Hand um mir etwas zu zeigen usw. Meine Gastmutter sah es mit Wohlwollen. Dann kam wieder Daschas Oma vorbei. Man stelle sich hierbei aber bitte keine alte runzlige Frau vor. Sie ist vermutlich 55. Sie hat blondierte, schulterlange Haare, viel Lippenstift, Lidschatten und eine Top Figur. Das nenn' ich mal Oma! Auch sie nahm voll Entzücken zur Kenntnis, dass Dascha mich bereits liebgewonnen hatte. Und noch begeisterter war sie, als ich auf den Nieser meiner Gastmutter mit: „будте сдоровы!" (also: „Gesundheit!") reagierte.

Daschas „Oma"[1] wollte mein Geburtsdatum wissen. Zuerst dachte ich, sie notiere es sich um es nicht zu vergessen, weil sie mir etwas schenken möchte. Doch sie schrieb und schrieb. Sie bastelte die Zahlen auseinander und zusammen. Dann sah sie auf und erklärte mir, was ihr die Zahlen verraten haben:

- Ich kann keine Naturwissenschaften. (Ich musste grinsen, denn das stimmte.)
- Ich habe normal viel Energie (Was auch immer das heißen mag.)
- Ich habe einen starken Geist und eine große Aura.
- Ich habe ein schwaches Herz.
- Ich habe null Temperament, weshalb mir die Kerle in Scharen nachlaufen
  (Nein das habe ich nicht falsch übersetzt, denn ich ließ es mir von Xjuscha ins Englische übersetzen - für mich ergibt das allerdings keinen Sinn, oder doch?)
- Mein sexuelles Interesse ist gleich null.
  Ich beschäftige mich lieber mit Menschen und helfe ihnen oder lerne.
  Diesen Fakt fand meine Gastmutter sehr sympathisch.

Nun gut, es halte jeder davon was er mag.

Ich habe heute übrigens wieder das Mütterchen ihre eine Kuh und die Schafe vor unserem Wohn-block hüten sehen - diesmal hatte ich einen Fotoapparat dabei.

Fazit: Man weiß erst was man hatte, wenn man es nicht mehr hat....
Wie wahr, wie wahr.

---

[1] Da Daschas Oma noch so jung und gutaussehend für eine Großmutter ist, schreibe ich zur Unterscheidung ab sofort bewusst „Oma" (in Anführungsstrichen).

Russische Namensbildung

Heute erste Stunde Mathe. Das nenn' ich 'nen Tagesbeginn. Wir hatten zwar erst zur Zweiten, aber dennoch: Mathe. Mit der Mathelehrerin. Es ist zwar etwas peinlich, aber ich sitze in der 9. Klasse und kann nichts - sicher auch, weil ich nicht verstehe was ich machen soll. Nach Mathe hatten wir Englisch und haben einen Test geschrieben. Oder besser: Ich habe geschrieben und die anderen abgeschrieben. Es war sehr einfach ... ein paar Zeitformen-wiederholungen, wenn ich nicht geschusselt habe wird es eine Fünf. Danach quälten wir uns durch 40 min Informatik.

Ich hatte zuvor noch nie etwas vom Programmieren bzw. der Programmier-sprache gewusst, da ich Informatik das letzte Mal in der 7. Klasse hatte. Nun, jetzt hatte ich es. Schrecklich. Aber da muss ich wohl auch irgendwie durch. Wir wurden über den Umgang mit den Computern belehrt und mussten dies bescheinigen. Auf dem Zettel hatte Folgendes zu stehen: Name, Vorname und Abstammung. Also schrieb ich zum ersten Mal in meinem Leben Folgendes: Riedel, Charlotte, Udovna. Das ist kein Scherz - hier bin ich unter anderem eine Udovna - eine Tochter des Udo. Klingt witzig, Udovna. Bei der Unterschrift vergaß ich, dass ich diese besser auf kyrillisch tätigen sollte und unterschrieb wie gewohnt. Meine so fremdartige Unterschrift sorgte für helle Begeisterung unter meinen Banknachbarinnen. Übrigens arbeitet man hier in Mathe und Informatik mit lateinischen Buchstaben.

Danach hatten wir Deutsch. Endlich mal ein Fach, welches ich beherrsche. Die Deutschlehrerin spricht gut. Sie fragte mich woher ich komme und wie lange ich hier sein werde. Auch bemerkte sie, dass sie gehört habe, dass ich gut Russisch könne und fragte diesbezüglich, wie lange ich schon lerne. Ich fühlte mich geehrt und antwortete wahrheitsgemäß. Da die Klasse erst ein Jahr Deutsch lernt, wurde erst mal wiederholt, was in den Sommerferien vergessen wurde. Wir sprachen also das Alphabet durch und machten Wortsprech-übungen. Ich musste mir ein Schmunzeln verkneifen. Denn zum Beispiel aus einem „München" wird im russischen Akzent ein „Miünchien". Ich musste noch ein paar Texte vorlesen und obwohl ich langsam und deutlich las, sahen mich alle an, als käme ich von einem anderen Planeten. Deutsche Wörter/Sätze die hier viele können sind: „Eins, zwei, drei, und ich liebe dich." Wobei das „ch" wie bei dem Wort „Kuchen" ausgesprochen wird.

Dann noch eine Stunde - ich sehe schon: Freitag wird mein Lieblingstag. Unangekündigter Test. Na klar! Ich schreibe gern mit leichtem Fieber, Kopfschmerzen und Husten einen unangekündigten Mathetest, von dem ich nichts verstehe! Aber ich musste durch, denn Xjuschas Frage, ob ich unbedingt mitschreiben müsse wurde mit einem verbissenen „Ja!" beantwortet. Zwecks dessen wurde ich sogar noch umgesetzt. Ich sitze in Mathe jetzt neben einem schadenfrohen Jungen. Überhaupt sind alle Kerle in der 9. schrecklich pubertierend, werfen mit Papierfliegern und verprügeln sich. Schrecklich. Da lob ich mir meinen tussigen Bekanntenkreis. Apropos - hier habe ich ein Bild - damit ihr `ne Vorstellung bekommt wie lang die Haare vieler Mädels hier sind. Das zweite Bild zeigt eine normale Neuntklässlerin. Sie trägt einen kurzen Rock und Absatzschuhe…

Ich versuchte die Aufgaben zu lösen - aber ich verstand nicht, was sie von mir verlangten. Termumformung? Ausklammern? Soll ein Ergebnis rauskommen? Irgendwann schrieb ich hin: „Ich weiss nicht, was ich machen soll. Entschuldigen Sie." Ich hoffe die Mathelehrerin bringt mich deshalb nicht um. Nach der Schule ging es nach Hause - in einem schrecklich zugestopften Bus. Aber das ist hier normal. Übrigens fährt der Fahrkartenkontrolleur immer mit, um gleich abkassieren zu können - sollte man in Deutschland auch mal einführen.

In der Wohnung angekommen aßen wir und machten Hausaufgaben. Mathe versteh' ich immer noch nicht. Sehr deprimierend. Danach schauten wir Vampire Diarys auf Russisch. Das ist die Serienausstrahlung von Twilight. Ich finde diese Sendung schon auf Deutsch schwachsinnig, aber mit russischer Synchronisation wird die Angelegenheit fast lächerlich. Aber ich mache gern alles mit - schließlich bin ich hier um das russische Alltagsleben kennen zu lernen.

Dann kam meine Gastmutter mit Dascha nach Hause. Stolz zeigte sie mir, wie gut ihr der von mir geschenkte Schal steht und erklärte sie hätte ihn heute getragen. Dank Dascha hatte die angenehme Ruhe ein Ende. Sie hielt uns wie gewöhnlich auf Trab. Immer noch finde ich die Kleine zum Knutschen. Vor allem wenn sie einem Anweisungen gibt. Man sitzt am Essenstisch und sie sagt: „Los iss!" „Du hast es nötig!" Oder wenn man die „Oma" begrüßt: „Bleib da stehn! Du musst Omi begrüßen!" Sie ist schon sehr niedlich. Wie immer wurde ich von meiner Gastmutter mit Süßigkeiten vollgestopft. Ich muss hierbei mal anmerken, dass nicht alles russische Konfekt schlecht schmeckt - zu meinem Pech ist auch das Gegenteil der Fall. Danach legte meine Gastmutter fest, dass ich von nun an in der Schulkantine mitessen würde - zum Glück arbeitet diese am Samstag nicht, also würde ich morgen vor ihr verschont werden. Ja richtig! Ich werde morgen in die Schule gehen. Seltsam. Aber hier ist es normal. Vermutlich hat man hier deshalb so viele Ferien und Feiertage - irgendwie muss man die zerschuftete Jugend wieder aufheitern...

Als ich erneut husten musste, ging Xjuscha zu ihrer Mutter und erzählte ihr, mir ginge es schlechter. Darauf hin musste ich eine Tablette einnehmen und mit Solelösung meine Nase ausspülen. Ich war gerade am Ausspülen, als Dascha die Tür öffnete und mir ein niedliches Lächeln schenkte, welches viele kleine Milchzähne zeigte. Sie fragte : „Was machst du da?" Da ich nicht wusste, was meine Aktivität auf Russisch heißt sagte ich nur: „Frag Xjuscha." Sie fragte. Xjuscha antwortete. Ich spülte aus. Sie kam erneut rein, fragte wieder... Irgendwann gab man ihr Süßigkeiten und sie war still. Ich glaube es gibt keinen niedlicheren Anblick als ein Kleinkind, welches sich zufrieden, mit Schoko verschmierter Schnute ein Konfekt nach dem anderen reinstopft und dabei zufrieden lächelt. Ihre „Oma" kam und holte sie ab. Zuvor analysierte sie noch meinen Vornamen:

- Er passt nicht zu meinem Geburtstag.
- Ich bin neugierig.
- Ich bin ein Arbeitstier.

Wieder halte hiervon jeder, was er will. Dascha verabschiedete sich von allen - nur mich wollte sie nicht umarmen - obwohl sie mir sonst ständig um die Beine sprang.

Eine angenehme Ruhe stellte sich ein und meine Gastmutter erklärte, dass morgen nach der Schule putzen angesagt ist. Klasse...da freu ich mich...
Xjuscha und ich schauten noch eine Folge Dr. House auf Russisch. Sehr witzig. Wenn zu Beginn der Serie die Namen der Schauspieler eingeblendet werden, liest ein Sprecher diese vo - immerhin sind die Namen in lateinischen Buchstaben geschrieben. Die Synchronisation lässt mich schmunzeln. Im Hintergrund ist der amerikanische Originalton wahrnehmbar.

Anschließend nahmen wir unsere übliche 4. Mahlzeit ein und meine Gastmutter sagte wie immer in 1000-facher Wiederholschleife: „Iss, Iss!" Wehe ihr nennt mich Moppelchen, wenn ich wieder zu Hause bin!

Bevor ich schlafen ging trank ich noch einen Tee. Meine Gastmutter sagte, er sei gut für mich...ich trank ihn, obwohl vom Teewasser aufgedunsene Rosinen darin schwammen. Zwar lecker, aber unheimlich. Denn ich hörte sofort auf zu husten. Ich schlief wie ein Baby....

Fazit: Naturheilmittel können doch anschlagen. (insofern nichts anderes dem Tee beigemischt war)

Samstags auch Schule

An einem Samstag zur Schule zu müssen ist schon schrecklich, aber an einem Samstag zweimal Geometrie, Bio, Info und Sport zu haben ist der Super-Gau. Ich quälte mich dennoch mit schmerzenden Ohren, schmerzendem Hals, Husten und Schnupfen, in einem vollgestopften Bus, zur Lernanstalt.
Erste Stunde Informatik. Unsere Lehrerin redete wieder von Qbasic-Schreibweisen und ich habe das Gefühl, schon fast zu verstehen, was sie von mir will. Heute haben wir am Computer programmiert. Bzw., die Klasse blödelte am Rechner rum und ich schaute fasziniert zu.
Zweite Stunde Geometrie. Wir bekamen unsere Tests wieder- unsere Hausaufgaben wurden gleich mit zensiert. Im Test habe ich eine 2 – ich wusste ja auch nicht, was genau ich zu tun hatte. In den Hausaufgaben eine 4 (umdenken nicht vergessen- eine 4 ist hier eine 2). In Geometrie begannen wir ein neues Thema: Vektorfunktionen. Ich weiß nicht genau, ob diese erst in Klasse 11/12 in Deutschland behandelt werden, oder ob man sie abgeschafft hat, jedenfalls habe ich keinerlei Vorkenntnisse und ein russischer Lehrbuchtext hilft mir auch nicht beim Lösen einer Textaufgabe. Das kann heiter werden.
Danach hatten wir Sport. Es war sehr überraschend. Ich kann mich einfach nicht daran gewöhnen, wie locker der Sportunterricht hier angegangen wird. Man sagt, man habe keine Sportkleidung oder keine Lust. Der Lehrer hält einen 5- minütigen Vortrag und gut. Ich war krank, also blieb mir der Sport erspart.
Es wird Karten gespielt oder einer neuen Lieblingsbeschäftigung nachgegangen: Charlotte alles Mögliche fragen, bis sie Löcher im Bauch hat. Wieder musste ich meine Reiseländer aufzählen. (Ich war bisher schon in 18 Ländern, aber alle zusammen sind nicht so groß wie Russland) Wieder die selben begeisterten Gesichtsausdrücke. Eine Diskussion über Wunsch-

reiseländer folgte. Eine Schülerin sprach ganz begeistert von Deutschland und wie gern sie dort hin wolle.

Dann kamen Fragen wie: „Habt ihr Internet in Deutschland?" oder: „Kennt ihr Schnitzel?" äääähem - auf letztere Frage hätte ich am liebsten geantwortet. „Wir sind dessen Erfinder[1], Dummerli!"

Die Pausenglocke schrillte - immer noch ungewohnt, da diese an meiner Schule abgeschafft wurde und nur zu den großen Pausen ein angenehmer Gongton ertönt.

Ich ließ eine weitere Stunde Vektorfunktionen über mich ergehen. Übrigens ist der Unterricht hier komplett anders gestaltet. Der Lehrer redet und man hört zu. Wenn Aufgaben zu lösen sind, so muss jemand an die Tafel und diese dort lösen - die anderen im Heft. Von wegen alle im Heft und dann vergleichen - Fehlanzeige.

In Geografie ließ ich meine Gedanken schweifen. Die Lehrerin schien nett zu sein, aber sie diktierte und die Schüler schrieben - für mich unmöglich da zu folgen. Etwas frustrierend - muss ich zugeben. In der 9. Klasse behandelt man hier immer noch sein Heimatland. Zweifelsohne ist Russland groß genug dafür. Ich empfinde dies als richtig - Deutschland sollte man in deutschen Schulen auch länger als nur in Klasse 5 behandeln!

Besonderes Extra: Das Geografiezimmer besitzt sogar einen Beamer!

Biologie gebärdete sich besonders seltsam. Denn keiner ging hin. Stattdessen saßen wir in der Sporthalle und schauten den schlaksigen, pubertierenden Jungs dabei zu, wie sie einen nach dem anderen Korbwurf verpatzen. Ich musste an Deutschland und an die sportlichen Kerle in meiner Klassenstufe denken. Diesmal unterhielten sich die Mädels darüber, was sie mir kochen könnten, damit ich ein typisch russisches Gericht kennen lerne. Ich bin mal gespannt, wann der Rummel um mich aufhört. Ich weiß, dass er es irgendwann wird.

Die Glocke schrillte. Wir gingen in das Klassenzimmer meiner Gastmutter. Sie begrüßte uns und drückte uns Konfekt in die Hand. Schon wieder essen! Gemeinsam mit ihr kauften wir einen Internetstick für mich. Welch eine Aktion! In Russland ist dazu der Pass eines Erwachsenen nötig! Mein Internetstick kostete mich 1100 Rubel- umgerechnet etwa 28 Euro. Hierbei sind die ersten zwei Monate schon komplett bezahlt und ich kann theoretisch nonstop ins Internet (Liebe Grüße an zu Hause mit der Internetbegrenzung) …ich werde aber weiterhin maximal abends online sein, da ich hier bin um etwas zu erleben und nicht um euch permanent zu schreiben. Jeden weiteren Monat wird mich meine Internetnutzung ca. 13 Euro kosten. Meine Gastmutter beglückwünschte mich zu meinem ersten wichtigen Kauf in Russland.

Wir gingen in einen Supermarkt und kauften Lebensmittel - u.a. Garnelen, da ich sagte, ich habe so etwas noch nie gegessen. Also wird es demnächst

---

[1] tatsächlich taucht das „Schnitzel" zuerst im 19.Jh in Wien auf.

Garnelen geben. Ich weiß nicht, was ich davon halten soll. Dann zeigte mir meine Gastmutter fröhlich zwei Sorten Pumpernickel und fragte, ob das wirklich aus Deutschland komme. Ich musste an einen Campingurlaub mit meiner Familie denken, denn da hat vor allem mein Vater das ekelhafte Zeug gegessen.

Wieder in der Wohnung gab es erneut zu viel zu essen. Anschließend gab es eine Konferenzschaltung mit meinen Eltern - das erste Mal überhaupt. „Oma", Gastmutter, Dascha und Xjuscha saßen gespannt da. Via Skype sah man sich nun gegenseitig. Es war eine herzliche - wenn auch etwas unbeholfene - Begrüßung. Ich unterhielt mich mit meinen Eltern und meiner Schwester. Meine Gastfamilie saß wie gebannt auf dem Sofa. Sie hörten zu. Versuchten zu verstehen. Selbst Dascha, welche vorher wieder mit ihrem Ball herumtobte, war ganz still. Irgendwann gingen sie in die Küche. Es tat gut mit meiner Familie zu reden. Ich stand zwar bereits im E-Mail-Kontakt mit ihnen, aber reden und sehen ist etwas anderes. Es tat sehr gut. Es hat mein Heimweh, welches ich von Zeit zu Zeit verspüre, etwas gemildert. Wir beendeten das Gespräch - ich ging in die Küche.
Meine Gastmutter sagte zu mir, dass sie sich mit „Auf Wiedersehen!" von meinen Eltern verabschieden wollte - ich entschuldigte mich und meinte beim nächsten Mal werde ich es berücksichtigen. Man fragte mich, worüber ich mich eben unterhalten hätte - ich erzählte so gut es ging.
Als die „Oma" gegangen war, kochten Xjuscha und ich. Oder besser Xjuscha kochte, denn über Dascha war ein plötzlicher Anflug von Liebe gekommen. Sie hatte offenbar zum erstenmal vernommen, dass ich woanders herkomme und eine eigene Familie habe. Sie fragte mich, woher ich komme und erklärte entschlossen sie werde auch mal weit weg gehen. Der Anblick des 3-jährigen Mädchen, mit entschlossner Miene, Minihandtasche, in den viel zu großen Absatzschuhen ihrer Mutter, war sehr niedlich. Danach fragte sie, wie lange ich noch bleiben würde - aber ich glaube nicht, dass sie weiß, wie lange fast 10 Monate sein können.
Ich schnitt Kartoffeln. Dascha scharwenzelte um mich herum. Sie sagte ich solle mich hinlegen. Ich tat es. Sie sprang auf mir herum und sagte, sie sei ein Wolf und ich ein Mädchen und sie werde mich jetzt fressen. Ich fragte ob ich denn schmackhaft sei. Sie sagte zufrieden: „JA!" Xjuscha kochte weiter. Ich ließ mich fressen.
Als meine Gastmutter im weiteren Verlauf des Abends sah, wie Dascha mich umarmen wollte, applaudierte sie zufrieden. Ich platze vor Glück. Jeha!
Wir aßen. Es gab die gekauften Krabben. Sie schauten mich an. Also das Essen. Es schaute mich an. Xjuscha schmunzelte und zeigte mir, wie man Kopf, Schwanz und Panzer abtrennt. Meine Gastmutter traute sich auch nicht. Ich probierte ein Stück. Sehr lecker! Ich kanns nur empfehlen. Dann gab's noch

Kartoffeln, Brot und Kuchen - viel zu viel! Nach dem Essen begann Dascha mich wieder zu fressen. Irgendwann versteckte sie sich im Schrank ihrer Mutter und wollte gefunden werden. Als ihr das zu langweilig wurde, zog sie meine Hauslatschen an. Ja richtig!

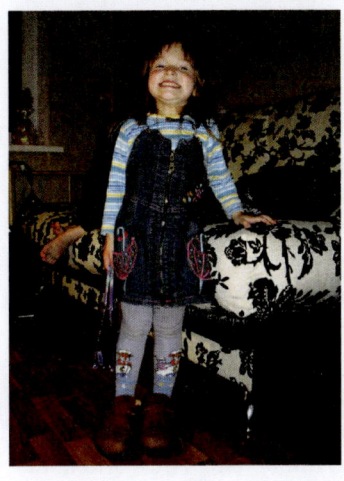

Das Kind, was sonst nur in den Schuhen ihrer Mutter herumstapft, zog quietschvergnügt meine ollen Latschen an. Sie ließ sich damit fotografieren.

In dem Sinne: Gute Nacht!

Fazit: Nicht bei allen löst ein „Zuhause-Gespräch" Heimweh aus.

Sonntag, 5. September 2010

Entspannter Sonntag

Ich wachte vom Rufen meines Namens auf - und von Schlurfgeräuschen. Ich öffnete die Augen- alle schienen bereits auf den Beinen zu sein. Ich fühlte mich schlecht. Mein Hals tat weh und meine Augen bekam ich gerade so auf. Ich hörte es wieder: „Schaloootaaaa!". Zweifelsohne war es Dascha, die meinen Namen rief. Die meisten Kleinkinder hier sind nicht in der Lage das gerollte „r" zu sprechen, weshalb Daschenka jedes „r" durch ein „l" ersetzt. So zum Beispiel auch das Wort „Wassermelone" - im Russischen „Arbus" – bei Dascha „Allbuss" . Ihre Familie macht sich darüber von Zeit zu Zeit lustig. Aber das ist es wirklich, wenn eine kleine fibsliche Heliumstimme „Allbuss" sagt.
Sie öffnete die Zimmertür und schlurfte in meinen Latschen zur Tür herein. Im Russischen heißen Schlappen übrigens Tabki - sehr passend meiner Meinung

31

nach. Sie sah mich sehr ernst an und fragte erneut, woher ich komme. Ich antwortete: "aus Deutschland". Sie verkündete stolz, sie käme von ihrem Vater. Nach dem Frühstück bettelte Dascha jeden, ihr doch etwas vorzulesen. Ihre Mutter las ihr eine Geschichte vor. Dascha bettelte Xjuscha - sie wollte nicht. Dascha bettelte…MICH?! Ich sagte ich könne nicht lesen, da ich die Freude an russischen Märchen dem Kind nicht verderben wollte, indem ich jedes einzelne Wort verstümmelte. Xjuscha sah mich fordernd an. Ich las. Man grinste. Ich hörte auf. Dascha sagte ich solle weiter machen. Zum Glück kam meine Gastmutter und gab mir etwas zum Halsausspülen. Den gruseligen Wundertee gab es danach - ich habe die „Rosinen" diesmal als Himbeeren identifiziert. Bei dem Schrumpelstatus bin ich mir allerdings nicht sicher. Es ging mir gleich etwas besser.

Xjuscha würde heute zu ihrem Vater gehen, der, wie ich herausgefunden habe, von meiner Gastmutter geschieden ist. Ihr jetziger Mann (und Vater Daschas) lebt und arbeitet in einer anderen Stadt.

Ich bleibe heute in der Wohnung und kuriere meinen kranken Körper.

Wir aßen zu Mittag, als Katja, eine YFU Freiwillige, meine Gastmutter anrief. Sie fragte nach der Gesamtsituation. Ich verstand nicht alle Antworten, nur diese, dass meine Gastmutter sagte, ich sei ein bisschen krank, alles ist sonst gut und dass ich gut Russisch kann. Da sag ich doch mal danke fürs Kompliment! Sie wollte anschließend mit mir reden. Sie fragte, wie es mir ginge und ob ich mich wohlfühle, wie es in der Schule läuft usw. Ich antwortete wahrheitsgemäß. Dann musste ich meine neue Handynummer preisgeben. Katja kündigte ein Treffen mit YFU für nächstes Wochenende an, bezüglich dessen werde sie mich am Freitag anrufen.

Den weiteren Nachmittag verbrachte meine Gastmutter mit Dascha in der Küche. Sie hatte einen russischen Musikkanal laut aufgedreht und sang schief mit. Xjuscha und ich relaxten.

Als ich aufwachte war Xjuscha schon bei ihrem Vater. Ich muss eingeschlafen sein - allein der Fakt des Aufwachens sprach dafür. Gastmutter und Dascha schauten fern - Dascha tanzte zur Musik. Als Dascha mich sah, umarmte sie mich stürmisch, rannte in Xjuschas und mein Zimmer und sagte ich solle ihr jetzt vorlesen. Diesmal konnte ich mich nicht drücken. Meine Gastmutter kam hinzu und unterstützte Daschas Betteln. Ich begann also ein mir unbekanntes, russisches Märchen, welches ich nicht verstand, vorzustottern. Dascha hörte geduldig zu. Als ich aufhören wollte, befahl sie mir weiter zu lesen. Ich schaffte es schließlich bis zum Ende der Geschichte und erntete Lob… was bei meiner Leistung sicher nicht angebracht war.

Meine Gastmutter wollte duschen gehen und übergab Dascha in meine Obhut. Ich fühlte mich geehrt, hatte aber zugleich etwas Muffensausen. Was, wenn etwas passiert? Es passierte nichts - im Gegenteil, es war leicht. Dascha rannte mit ihrem Buggy durch die Wohnung und lachte dabei vergnügt. Alle waren zufrieden.

Da am Wochenende kein Sandmann kommt, musste ich heute wieder ohne Schlaflied ins Bett...

Fazit: Ich sollte Lesen üben!

Montag, 6. September 2010

Erste Woche bereits vorbei

Heute erst zur dritten Stunde - feiner Beginn für einen Montagmorgen. Weniger wunderbar jedoch die dritte Stunde - Algebra. Xjuscha und ich fuhren mit dem Bus zur Schule. Der Bus war wie immer rappelvoll und überall hörte man es schniefen und husten. Es ist Erkältungszeit, und ein Bus ist da nicht nur ein Bus, sondern eher eine Bakterienkutsche, in welcher Xjuscha und ich uns nun jeden Tag 40 Minuten befinden werden. In der Schule angekommen, begrüßen wir wie immer mit einem freundlichen Kopfnicken den Wachmann am Eingang. Diesen habe ich euch bisher vorenthalten, doch er ist sozusagen Teil der Schule. Anschließend begrüßte mich freudestrahlend meine Klassenlehrerin und fragte mich ob ich mich wohlfühle und alles zu meiner Zufriedenheit sei. Ich antwortete bejahend. Sie fuhr fort indem sie mir sagte, dass ich mich nicht über schlechte Noten ärgern solle, das würde noch werden. Im weiteren Verlauf des Gesprächs erklärte sie mir, dass Loren, eine Amerikanerin, am Donnerstag an diese Schule – ebenfalls für ein Jahr - kommen würde. Sehr interessant. Eventuell eine gute Möglichkeit mein Englisch zu verbessern. Zudem meinte sie noch, ich würde bald meinen persönlichen Stundenplan, der meinem Verständnis einigermaßen angepasst sein wird, bekommen. Weiter erzählte sie noch, dass die Mathelehrerin neu ist, weshalb diese nicht wisse, wie man mit Gastschülern umgehe und dies noch zu lernen hätte. ...Ich würde sagen das bedeutet: Eins zu null für mich!

In Englisch behandelten wir ein Buch, welches alle über die Sommerferien (in Russland 3 Monate) zu lesen hatten: Dr. Jekyll and Mr. Hyde. Zum Glück hat mir mein Vater vor ein paar Jahren das Buch mit den Worten: „Lesen fördert die Bildung und du magst doch spannende Bücher" in die Hand gedrückt, so dass ich dem Unterrichtsgeschehen folgen konnte. Wieder fiel mir das seltsame

Englisch der Russen auf. Doch diesmal habe ich eine Begründung parat. In der Pause habe ich mir ein aufgehängtes Bild von William Shakespeare angesehen. Darunter stand in kyrillischen Buchstaben: „Uilliam Schekspeare". Ihre Schriftzeichensetzung und die der Engländer ist einfach nicht konform, weshalb es sehr schwer für einen Russen ist, gutes Englisch zu erlernen.

Nach Englisch war es Zeit, wieder einmal zu essen. Xjuscha und ich gingen in die Kantine. Ihre Mutter tischte uns Suppe und Salat auf. Durchaus essbar. Ich aß auf, doch als ich auf den Tisch sah, stand bereits ein Teller mit seltsam aufgequollenem Reis und rosafarbenen - ja nackt erscheinenden - Würstchen. Xjuscha rettete mich vor dem Verzehr dieser Speise, indem sie ihrer Mutter sagte ich sei bereits satt. Danke!

In der Geografiestunde hielt unsere Lehrerin einen Monolog über die an Russland angrenzenden Gewässer und Länder, bis ihr Handy klingelte. Unbeirrt nahm sie das Gespräch an, telefonierte, legte auf und fuhr mit ihrem Monolog fort. Ich sah mich in der Klasse um; keine irritierten Gesichter. Es ist normal.

Dann kam mitten in der Stunde eine Krankenschwester ins Klassenzimmer und bat uns alle zum Arztzimmer. Dort wurden wir gewogen und gemessen. Sehr seltsame Prozedur, das letzte Mal habe ich so etwas in der 7. Klasse mitgemacht. Ich komme mir jetzt ein bisschen wie ein Elefant vor. Die meisten Mädels hier wiegen um die 40 Kilo. Ich glaube gerade mal 2 Mädchen wiegen fast so viel wie ich.. Meine Gastschwester ist niedliche 1,58m groß und wiegt bedenkenswerte 39 Kilo. Ich bin praktisch ein ausgewachsenes Mammut im Gegensatz zu ihr mit meinen 1,70m und 53 Kilo.

In der Pause beschlich mich Mutter Natur - oder anders: ich musste aufs Klo. Ich weiss, ihr fragt euch jetzt wieso ich das erzähle. Abwarten! Ich ließ mir die Toilette zeigen. Einmal und niiieee wieder! Schultoiletten sind in Russland nicht mit Türen ausgestattet! Kabine ja - Tür nein. Schrecklich. Aber ich hätte es mir denken können, denn bei meinem Besuch in St.Petersburg war es ebenso.

Die nächste Stunde war Tschuwaschisch. Das ist die Ursprache dieser Region. Ich war sehr gespannt darauf diese Sprache zu hören. Doch als ich sie hörte, musste ich mir ein lautes Auflachen verkneifen. Tschuwaschisch klingt wie ein Mix aus Türkisch und Chinesisch. Es besitzt die „ü" aus dem Türkischen und das abgehackt Schnelle aus dem Chinesischen. Sehr lustig. Hier ein paar Worte, deren Bedeutung ich bereits wieder vergessen habe : scharach, nüro, sülchan.

Die Schule war vorbei und Xjuscha, Lera und ich gingen in einen Supermarkt. Zu meiner Überraschung sah er aus wie ein gewöhnlicher, deutscher Supermarkt: groß, hell, zu große Auswahl, sauber. Wir gingen hinein - doch bevor wir den Eingang passieren durften, wurden unsere Schultaschen in zwei Plastikbeutel eingepackt und anschließend zugetackert, vermutlich gegen Ladendiebstahl. Man kommt sich schon leicht veräppelt vor, wenn diese Arbeit von einem Menschen in einer Uniform mit der Aufschrift: „saubere Umwelt" durchgeführt wird. Wir kauften Süßes und Sushi.

Letzteres aßen Xjuscha und ich als wir in der Wohnung waren. Anschließend war Hausaufgaben machen angesagt.

Xjuscha verabschiedete sich bald darauf, um mit ihrer Mutter Lampen einkaufen zu gehen. Man ließ mich allein in der Wohnung - ein wahrer Vertrauensbeweis. Ich vertrieb mir die Zeit mit dem Schauen von russischen Komödien und anderen sinnlosen Serien, von denen ich sogar ein bisschen verstand.

Als meine Gastfamilie heimkehrte gab es Essen. Meine Gastmutter meinte ich esse wie ein Spatz - und das obwohl ich das Doppelte meiner üblichen Portion verzehrte. Da ich Sport hasse, werde ich wohl darauf hoffen müssen, dass der bitterkalte russische Winter meinen Energieverbrauch so stark fördert, dass zukünftige überschüssige Pfunde verbrannt werden. Nach dem Essen übergab ich meiner Gastfamilie eine Tafel deutscher Milkaschokolade. Zu meinem Glück liebt man diese hier über alles - mein halber Koffer ist voll davon. Ich übergab Xjuschas Lieblingsschokolade als kleines Dankeschön, dass die erste Woche so wunderbar verlaufen ist. Und das ist sie wirklich! Xjuscha hat heute erzählt, dass Lera ein bisschen traurig war, als sie hörte, dass ich bald einen eigenen Stundenplan haben werde und kaum noch mit ihr im selben Unterrichtsraum sein werde. Ich dagegen finde es prima - um ehrlich zu sein habe ich etwas Angst, meiner Gastschwester allzu bald auf die Nerven zu fallen. Immerhin teilt sie zur Zeit Zimmer, Freunde und Schule mit mir.

Meine Gastmutter sagte mir, dass morgen Elektriker eintreffen werden. Wie bereits erwähnt - meine Gastfamilie ist erst kürzlich umgezogen und somit ist alles hier unfertig. Ich bin mal gespannt, wie es ist, die Wohnung mit russischen Handwerkern voll zu haben. Xjuscha und ich werden wie immer allein sein, da ihre Mutter arbeitet...ich bin gespannt...

Heute Abend werde ich noch den Sandmann mit Dascha anschauen. Ohne Spaß - ich freu mich drauf. In diesem Sinne: gute Nacht!

Fazit: Alles hat zwei Seiten. Einen neuen Stundenplan zu bekommen ist vermutlich aus schulischer Sicht leichter, doch man ist auf sich gestellt. Allein in der Wohnung zu sein ist Vertrauen aber auch Verantwortung. Den Sandmann anzusehen ist kindisch aber auch sprachfördernd.

Die Einladung

Heute Morgen hatte ich das Sagen. Ich musste Xjuscha beweisen, dass ich allein zur Schule hin und auch zurück finde. Wir stiegen in unseren üblichen Bus Nr. 1 ein. Mittlerweile habe ich meinen Lieblingsplatz im Bus. Ich stehe gern ganz hinten und sehe aus dem Rückfenster, wie die Morgensonne Tscheboksarys Straßen bescheint.

Unsere erste Stunde war Chemie. Die Chemielehrerin ist sympathisch. Eine schlanke, ältere Frau (Mitte 60) mit weißen, schulterlangen Haaren und großen, blauen Augen. Sie hat eine angenehme Art über diese schrecklich unverständliche Thematik zu sprechen. Ich hatte zum ersten Mal ein wenig Freude an Chemie - und das obwohl ich in Deutschland schon kaum etwas verstehe.

Anschließend Algebra, wir schrieben einen Test. Wie immer verstand ich die Aufgaben nicht und wie immer konnte ich nun raten, ob ich die Formel nach x umstellen oder umformen soll oder einfach schreiend wegrennen...

Als wir den Mathematikraum verließen, hielt mir ein Junge die Tür auf. Es ist immer noch etwas irritierend, wie zuvorkommend die Jungs hier sind. Man kann russische Jungs durchaus als Gentleman bezeichnen.

Nächste Stunde Physik. Die plötzliche Kälte im Raum musste von der Lehrerin ausgehen. Diese war in einem Kostüm gekleidet und trug ihre Haare streng hochgesteckt. Unter ihren zusammengezogenen Augenbrauen befand sich eine große, rechteckige, schwarze Brille, welche ihr strenges Aussehen nur unterstützte. Ihre Aussprache war scharf. Zum Glück rettete mich das Klassenfoto vor ihrem Unterricht.

Xjuscha hatte mich am Vorabend bereits vorgewarnt, aber wirklich froh sah ich dem Klassenfoto nicht entgegen. Ich hasse Fotos. Ich werde prinzipiell in ungünstigen Momenten, in welchen ich rede oder besonders blöd dreinglotze, erwischt. Die Klasse sollte nun fotografiert werden. Hierzu hatten sich alle besonders schick gemacht - überhaupt kleidet man sich eine Woche nach dem ersten September immer noch ordentlich. Mädchen in Blusen, Röcken, Schleifen, Schminke und Absätzen - Jungs im Anzug. Alle nahmen Aufstellung. Nun wurde aber nicht einfach fotografiert - nein. Es wurde herumgemodelt und herumgemodelt. Die Füße der Mädchen in der ersten Reihe in einer Linie aufreihen! Alle Mann Brust raus - Bauch rein! Du noch hier und du dort hin! Zum Schluss stand ich in der Mitte oben - garantiert auf dem Foto zu erkennen. Wie wunderbar...

In der darauffolgenden Geschichtsstunde fielen mir wieder die Hefte auf. Ein Hausaufgabenheft in Russland ist ordentlich. Die Schrift jedes Schülers ist lesbar. Nicht wie in Deutschland, wo mein Hausaufgabenheft einem vollgeschmierten Malbuch glich. Die Schulhefte sind ebenfalls ordentlich und sauber. Sehr faszinierend, so ganz ohne Smileys oder Kommentare zur langweiligen Unterrichtsstunde!

Ich notierte mir etwas. Man schaute begeistert auf meine in Deutsch geschriebene Notiz. Einziger Kommentar: „Krass…"

Und nun war Kantinenessen angesagt. Heut gab es Kartoffelbrei mit seltsam kaltem Fleischklops. Alles in allem genießbar. Im weiteren Verlauf der Pause machte ich ein paar Bilder.

Lera, Xjuscha und ich im Eingangsbereich der Schule. Dieses Bild wurde vom Wachmann am Schuleingang gemacht - nochmals danke! Der Gute brauchte 5 Anläufe bis ein einigermaßen brauchbares Bild von uns raussprang (obwohl dies auch nicht sooo bombe ist).

Während der Geschichtsstunde erklang ein langes Schrillen der Schulglocke. Feuerübung! Man schlurfte in atemberaubender Geschwindigkeit zu einer der drei Treppen, welche zum Ausgang führen. Feuertreppe? Fehlanzeige! Durch die Wechselsprechanlage war immer wieder eine Durchsage zu hören - aber die Umgebungsgeräusche waren zu laut, ich verstand nicht, was ihr Inhalt war. Nun standen wir alle bei 15°C (gefühlte 10°C) draußen auf dem Hof. Man unterhielt sich, lachte und blödelte etwas herum, bis man wieder hinein durfte.

In „Sport" wurde ich wieder gelöchert. Ich stand erfolgreich Rede und Antwort. Absolut unvorhergesehen war die Einladung von Lisa (das Mädchen mit den hüftlangen Haaren). Sie fragte mich, ob ich zusammen mit ihren Freundinnen am nächsten Wochenende bei ihr übernachten möchte. Ich bin eigentlich kein Fan von so etwas, da die meiste Zeit Kosmetiktipps ausgetauscht und über Jungs geredet wird - ich finde das nicht sonderlich spannend. Aber vielleicht ist dies in Russland anders und Lisa ist sehr nett-zudem ist das Familienleben einer anderen russischen Familie vielleicht auch ganz spannend. Ich habe also zugesagt. Die restliche Sportstunde musste ich den Mädels deutsche Schimpfwörter beibringen, welche ich aus Rücksichtnahme an dieser Stelle nicht erwähnen werde.

Dies hatte zu Folge, dass in der darauffolgenden Tschuwaschisch - Stunde in der Klasse deutsches Fluchen zu hören war. Die Lehrerin verstand es zum Glück nicht. Und wenn ich gestern sagte, Tschuwaschisch sei ein Mix aus Türkisch und Chinesisch, so revidiere ich heute das Chinesisch und ersetze es durch Arabisch. Viele Worte enden auf „-ala! oder „-ele" wodurch die Sprache wirklich einen arabischen Touch bekommt. In der Pause erklärte mir die Lehrerin, dass Tschuwaschisch wirklich türkische Wurzeln hätte. Wie faszinierend!

Das sind Nastja und Grischka während der Feuerübung. Nastja ist das Mädchen mit den unterschiedlich farbigen Augen (links braun, rechts grün).

Nach der letzten Stunde mussten wir uns beeilen. Bereits um drei würde der Elektriker da sein. Ich bestand erfolgreich meinen Schulwegtest.
Entgegen jedem Vorurteil, welches russische Pünktlichkeit betrifft, war der Elektriker eine Viertelstunde zu früh. Er machte seine Arbeit und ging wieder. Während er da war, war auch Xjuschas Großvater da. Beide gingen gleichzeitig. Wir waren nun mit Aufräumen beschäftigt, denn der Elektriker hatte einige Bohrarbeiten durchgeführt.

Anschließend führte meine Gastschwester wieder eines ihrer langen Telefongespräche mit Sascha. Xjuscha liebt telefonieren über alles. Ich nicht. Aber, jeder wie er möchte!

Meine Gastmutter und Dascha kamen nach Hause. Es gab etwas zu essen. Danach geigelten Xjuscha und ich etwas herum und Dascha wurde gebadet. Wie immer sang sie dabei aus vollem Hals irgend ein russisches Kinderlied. Dascha hing den restlichen Abend an meinem Rockzipfel. Wollte spielen, mir die Haare kämmen und flechten und auch dass ich sie tröste, als sie sich einen 1cm winzig kleinen Kratzer zuzog - weswegen sie ca. 10 min weinte. Es war das erste Mal überhaupt, dass ich ein todunglückliches Kleinkind auf meinem Schoß hatte. Aber ich hab die Sache ganz gut gemeistert- es ist doch faszinierend welch großes Gewese man um einen kleine Kratzer machen kann. Dann fragte sie mich plötzlich ungläubig, ob ich Mama und Papa hätte und wenn ich welche hätte, wo die denn wären. Ich musste schmunzeln, denn sie hatte offenbar seit der Skype - Unterhaltung nicht verkraftet, dass auch ich Eltern habe.

Dann gab es unsere übliche 4. Mahlzeit - ganz ehrlich: Irgendwann gewöhnt man sich daran so viel zu essen…beängstigend…

Meine Grippe gestaltet sich mittlerweile seltsam. Ich war beim Schularzt. Er sagte, es ist keine Grippe. Jetzt muss ich 3mal tägl. 2 Tabletten nehmen, aller zwei Stunden eine Lösung gurgeln und bekomme nachts Wärmepflaster auf den Rücken geklebt - ich bin völlig in den Händen der russischen Medizin. Etwas beängstigend, aber ich habe soviel verstanden, dass der Arzt meinte, wenn ich es nicht täte, würde ich bald Fieber bekommen. Und das alles, obwohl ich mich gar nicht mehr so schlecht fühle. Aber macht euch keine Sorgen - schließlich werden die Kranken hier auch irgendwie gesund.

Jetzt ist wieder Sandmann angesagt. Jeha!

Fazit: Ich glaube es gibt kaum einen Tag, an welchem hier nicht irgend was Spannendes passiert!

Hier ein Bild vom Flur meiner Schule, damit ihr eine bessere Vorstellung bekommt, wie es dort aussieht.

Körbe werfen

Als Xjuscha und ich heute am Morgen das Foyer der Schule betraten, standen drei Jugendliche unter dem großen „Welcome" Schriftzug und wünschten allen einen "guten Morgen". Für mich war es etwas irritierend - ein Begrüßungskomitee gibt es an meiner deutschen Schule nicht. Xjuscha meinte, jede Woche sei eine andere Klasse dran mit Begrüßen - also auch bald wir…

Die erste Stunde war Geometrie angesagt. Keine Lust! Die Mathelehrerin hat einen furchtbar nervigen Tick. Sie sagt permanent „tak". Übersetzt bedeutet das „so". Sie kommentiert den Schüler mit dem Satzbeginn: „tak", sie schreibt die Hausaufgaben an, ist fertig, „tak". Sie beschreibt eine Funktion mit dem permanenten Uhrgeräusch dazwischen und auch einen Vektor zeichnet sie während eines besonders langen „taaaak". Schrecklich nervig! Auch ihre russischen Schüler lästern darüber. In dieser Doppelstunde gab es die Tests wieder. Obwohl es mir eigentlich herzlich egal ist, welche Note ich aufgrund von Verständigungsproblemen bekomme, stand diesmal keine Note unter meinem Test sondern: „angesehen". Ja das „eins zu null für mich" hatte wohl größere Auswirkungen als ich dachte. Noch überraschter war ich, als die Mathelehrerin in der Stunde auf mich zu kam und sich bei mir entschuldigte- von wegen sie hätte nicht gewusst, dass ich Ausländerin bin. Jaja, von wegen! Xjuscha hat sich bei den Tests extra gemeldet und gefragt ob ich mitschreiben müsse. Soviel zum Thema Lehrer - Schülerkommunikation. Übrigens müssen Xjuscha, Natascha und ich in Mathe zu dritt an einem 2er-Tisch sitzen, da zu wenig Tische vorgesehen sind und die Klassenstärke bei ca. 30 Schülern liegt. In Sport wollte mir der Sportlehrer nicht noch einmal abkaufen, dass ich krank bin. Er wollte eine ärztliche Bescheinigung. Xjuscha und ich gingen zum Schularzt. Dieser sagte, dass eine einfache Entschuldigung von Xjuschas Mutter genüge. Wir gingen also zu ihr, in das Klassenzimmer einer Grundschulklasse. Mir fiel wieder auf, wie sehr es sich von den Oberstufenklassenräumen unterschied. Die Einrichtung war neu und sauber, der Raum angenehm warm, hübsch dekoriert und ein kleiner Wasserspender stand bereit. Unsere Klassenzimmer sind eher kalt (wenn auch zum Glück wärmer als draußen), alt und der Wasserspender wich einer Staubschicht, welche sich über die alte Einrichtung gelegt hatte. Meine Gastmutter schrieb nun also für Xjuscha und mich eine Entschuldigung. Es klingelte unterdessen. Die Kinder rannten blitzschnell auf ihre Plätze und standen schnurgerade zur Begrüßung bereit. Noch etwas, was ungewohnt ist. In meiner deutschen Schule musste man nur noch selten zur Begrüßung des Lehrers aufstehen. Die Lehrerin begann nun den Unterricht. Sie stellte Xjuscha und mich als große Neuntklässler vor - ich musste ein wenig schmunzeln, da ich jetzt eigentlich in der elften Klasse wäre. Sie stellte mich zusätzlich als Deutsche vor und meinte, man könne mir nun Fragen stellen, während sie noch die Entschuldigung schreibe. Da stand ich nun. Mit Xjuscha und ein paar Freundinnen vor ca. 30 hübsch angezogenen kleinen Russen, deren neugierige Augen mich durchbohrten. Sie fragten, wie ich heiße, wo ich wohne und welche Tiere ich auf Russisch sagen kann - mehr Fragen kannten sie offenbar nicht, denn diese wurden immer wieder gestellt. Ich bekam Applaus für mein großes Tierwissen und wurde zusammen mit den anderen Mädchen und der Entschuldigung entlassen.

Dann folgte die übliche Fragerei im Sportunterricht. Diesmal war vor allem meine Kleidung von Interesse. Man fragte mich, ob das Tuch, welches ich trug, ein Designerstück sei, denn man habe ein solches in einem Designerkatalog gesehen. (Das Tuch, welches ich trug war „der Putzlappen" – betreffende Personen wissen Bescheid.) Dann sollte ich deutsche Namen nennen und wieder einmal aufzählen wo ich überall schon war. Ja, je länger ich hier bin, desto mehr fällt mir auf, wie sehr die Russen von Europa ausgesperrt sind. Kein Wunder also, wenn sich ihre Kultur anders entwickelt, als die unsere. Dann sollte ich noch deutsche Nachnamen aufzählen - wobei meiner als sehr schön empfunden wurde…warum auch immer…

In der Pause zwischen den zwei Sportstunden kam eine Achtklässlerin, um mich zu begrüßen. Sie stellte sich auf Englisch vor - ich antwortete auf Russisch. Sie sah verwundert Lera an. Lera meinte nur: „Sie kann gut Russisch!" Also redete die Fremde auf Russisch weiter - in einer atemberaubenden Geschwindigkeit. Lisa meinte im Nachhinein, sie hätte auch nicht verstanden, was die Fremde in dem Moment von mir wollte. Ich schaute die Fremde also verständnislos an. Sie schaute enttäuscht zu Lera mit den Worten: „Sie versteht nichts!" Lera meinte nur: „Du redest aber auch verdammt schnell!" Also sprach sie erneut zu mir, diesmal, als ob ich schwerhörig sei: „G-E-F-Ä-L-L-T E-S D-I-R B-E-I U-N-S?" Langsam fühlte ich mich in meiner Ehre etwas angekratzt - schließlich sprachen die anderen auch in ihrer gewohnten Sprachgeschwindigkeit mit mir. Ich antwortete also auf die selbe Art: „J-A! S-O-N-S-T W-Ä-R I-C-H N-I-C-H-T H-I-E-R!" Lera lachte laut los - auch die andern mussten schmunzeln - sie hatten also verstanden. Die Fremde nahms humorvoll und verabschiedete sich bald darauf zur nächsten Stunde. Auch wir gingen wieder zu „Sport". Ich hatte so lange keinen Sport mehr gemacht, dass ich wirklich Lust drauf hatte, mal ein paar Körbe zu werfen - auch um zu sehen, ob meine Fähigkeiten noch mehr nachgelassen haben. Ich nahm also einem der Jungen, welche nach dem 10. Anlauf immer noch nicht trafen den Ball ab - warf und traf. Nahm auf, warf und traf. Das schaffte ich mehrmals hintereinander - ich platzte vor Stolz…das gab es noch nie! Die Jungs sahen mich etwas entgeistert an. Ich beschloss es gut sein zu lassen, bevor ich zu meinen eigentlich nicht vorhandenen Sportfähigkeiten zurückfinde. Im weiteren Verlauf der Sportstunde sagten mir die Mädels, dass sie sehr froh seien mich hier zu haben. Ich war gerührt. Dann wurde ich noch zum Kino am Samstag eingeladen.

Die Pause darauf war wieder essen angesagt. Diesmal Nudeln mit Fleisch. Gar nicht so übel.

Nach einer Stunde Englisch war bereits Schulschluss. Ich musste kurz an Deutschland denken, und dass die Elftklässler am Donnerstag doppelt so viele Stunden haben, wie ich heute hatte.

Lera, Xjuscha und ich gingen anschließend wieder durch die Läden bummelnder zentral gelegene Standort der Schule ist wirklich praktisch für alle Shoppingfans – nur ich gehöre leider nicht dazu.

Ein Foto vom Zentralkaufhaus. Die Schrift auf dem Dach besagt dies zumindest: "ценральный универмаг" - nur eines der Kaufhäuser und Läden im Stadtzentrum.

Aber ich habe nichts gegen ein paar Blödeleien im Laden, welcher für saubere

Umwelt ist - diesmal habe ich ein Foto von der nichtsnutzigen Plastetüte gegen Diebstahl (das „Designertuch" ist zu sehen).

Dort habe ich mir den ersten Schokoriegel (mit vernünftiger deutscher Schokolade) seit 1 ½ Wochen gegönnt. Der Himmel! Ich als Schokoladenfanatikerin muss allerdings zugeben, dass die russischen Schokoladennaschereien mittlerweile auch genießbar sind.

Auf dem Weg zur Wohnung begegneten wir Xjuschas Großeltern. Vor mir stand ein kleines, wackeliges Ehepaar. Die Frau: ein typisch russisches

Mütterchen. Der Mann: passend zum Mütterchen. Ich schätzte beide etwa auf 80. Später fragte ich Xjuscha. Sie antwortete sie seien 70. In dem Sinne: Liebe Grüße an meine knackigen, ebenfalls ca. 70jährigen Großeltern daheim! In der Wohnung angekommen gab's etwas zu essen. Ich machte den Abwasch und erledigte Hausaufgaben.

Als meine Gastmutter mit Dascha nach Hause kam, hatte ich zum ersten Mal die ehrenvolle Aufgabe einem kleinen Mädchen ihre kleinen Schühchen auszuziehen. Dascha wollte heute besonders viel Aufmerksamkeit. Sie überhäufte mich mit Küssen und wollte ständig in den Arm genommen werden. Ich tat es gern. Nach der vierten Mahlzeit des Tages und dem Sandmann musste ich meine Hände und Füße in sehr heißes Wasser tauchen und heißen Knoblauchdampf unter einem Handtuch einatmen. Danach ins warme Bett und schlafen.

Zum Thema shoppen habe ich noch eine lustige Geschichte für Euch. Gestern schrieb mein Vater folgende E-Mail:

```
...bitte achte beim Geld abheben am Automaten auf
sinnvolle Summen. Kein Mensch hebt 1,26 € am Geldautomaten
ab! Da sind die Gebühren möglicherweise höher als die
abgehobene Summe!...
```

Dabei hatte ich mich nur vertippt und anstatt 500 Rubel eben 50 Rubel abgehoben. (Aber auch 12,60 € hebt wohl in Deutschland keiner am Automaten ab.)

Fazit: Die Eingewöhnungsphase dauert an.

Lotte allein zu Haus'

Wir hatten heute erst zur dritten Stunde. Die Pause nach unserer ersten Unterrichtsstunde des Tages, welche Englisch war, stand ich in einer Gruppe von Mädchen meiner Klasse und unterhielt mich. Eines der Mädchen schenkte mir plötzlich ein Armband - eines der selbstgemachten Freundschafts-armbänder. Sie meinte, sie hätte es für mich gemacht. Wieder war ich gerührt, bedankte mich und ließ es mir umbinden - nun also noch ein Freundschaftsarmband, welches mein Handgelenk ziert. Unser Gesprächsthema war übrigens der russische Winter. Man erzählte mir allerhand Horrorgeschichten. Anfangend bei einfrierenden Frisuren und aufhörend bei in dicker Daunenjacke, Stiefel, Schal, Handschuhen und Mütze in der Schule sitzen. Letztes Jahr seien es −30°C gewesen - das doppelte von dem, was ich eigentlich gewöhnt bin. Ich hoffe, dass die Heizung in meiner Wohnung bei solchen Temperaturen noch mitspielt!

In Chemie mussten wir (bzw. meine russischen Klassenkameraden) auswendig gelernte Definitionen aufsagen- und dazu aufstehen! Es ist schon seltsam. So etwas habe ich, um ehrlich zu sein, bisher nur im Film gesehen: Wie man aufgerufen wird, sich hinstellt und runterrattert, wartet, bis der Lehrer „setzen" sagt und sich setzt. Ja, in einer russischen Schule herrscht halt noch "Zucht und Ordnung".

Die Mathematiklehrerin hatte heute in Algebra einen Anflug von Menschlichkeit, denn sie lächelte ein bisschen als sie die neue Mathereferendarin vorstellte. Besagte Referendarin setzte sich im Klassenzimmer nach hinten und beobachtete nun das Unterrichtsgeschehen. Und während ich nun Formeln von der Tafel abpinselte, die ich nicht verstand, da die Definition auf Russisch war, lachte sie plötzlich. Die Mathelehrerin lachte. Sie lachte ein warmes - wenn auch kurzes - Lachen. (Befremdlich, aber schön.)

In der Mittagspause gab es Borschtsch[1]. Sehr lecker. Dazu gabs ein Mischbrot, welches ein bisschen nach Pumpernickel schmeckte - übrigens das einzige dunkle Brot, was ich hier bisher gesehen habe. Als die Schulklingel uns zur nächsten Stunde rief, aßen wir gemütlich weiter. Mit Pünktlichkeit hat man es hier nicht so. Wir kamen 10 Minuten zu spät zu Biologie - aber die Lehrerin auch.

Die Biologielehrerin ist sehr nett. Sie gab mir ihr Lehrbuch zum Durchblättern und Lesen, während sie etwas für die anderen diktierte, dem ich sowieso nicht hätte folgen können. Ich muss feststellen, dass ich alles darin bereits behandelt habe: Fotosynthese und Genetik. Also theoretisch glaube ich darüber Bescheid zu wissen.

Nach Bio waren Xjuscha und ich noch beim Schularzt. Nach wie vor ungewohnt, dass es hier einen festangestellten Schularzt gibt. Der Arzt ist mit seinem Latein am Ende. Er meinte, er höre keine seltsamen Lungengeräusche und wisse nicht woher mein Husten kommt. Er meinte, wir sollen zu einem anderen Arzt gehen und Blut abnehmen lassen, um dieses zu untersuchen.

→ kleine Zwischennotiz: Ich fühle mich nach wie vor gut.

---

[1] Suppe, welche u.a. mit roter Bete zubereitet wird

Weil Xjuscha heute ein Date mit Sascha hat, fuhr ich allein zur Wohnung. Während der Busfahrt bemerkte ich, wie groß der Unterschied zwischen Männlein und Weiblein hier ist. Frauen hier habe ich euch oft beschrieben - obwohl ich dazu noch ergänzen muss, dass es durchaus „normale" Frauen in Jeans und ungeschminkt oder sogar Übergewichtige gibt. Diese fallen allerdings zwischen den aufgestylten Gazellen nicht auf. Die Männer hier dagegen tragen entweder jobbedingt Anzug oder einen Jogginganzug - dies ist nicht jobbedingt. Einige sehen mit Vokuhila[1] und „Rotzbremse" (Schnauzbart) ein bisschen aus wie aus den 80er Jahren des vorigen Jahrhunderts. Auch hier gibt es wieder die Ausnahme: ordentlich Gekleidete (nicht im Jogginganzug), aber diese fallen zwischen den vielen Männern, welche weniger Wert auf ihr Äußeres legen, nicht ins Gewicht.

Ich trat aus dem Fahrstuhl, schloss die Tür auf, zog sie hinter mir zu. Allein! JEHA! Ich drehte die Musik auf meinem Laptop laut, öffnete eine Tafel Milkaschokolade, welche mir Anne geschenkt hat - lieben Dank! - aß etwas und tanzte hemmungslos durch die leere Wohnung. Ich wusch das Geschirr und meine Wäsche - beides per Hand. (Wir haben immernoch keine Waschmaschine.) Dann räumte ich die Wohnung auf, machte Hausaufgaben und verbrachte die restliche freie Zeit damit, die Süßigkeit - welche ich so vermisst habe - deutsche, leckere, köstliche, zartschmelzende Milkaschokolade mit Karamell, zu verzehren und schief zur Musik mitzusingen.

Gegen 6 kam meine Gastmutter mit Dascha nach Hause. Bevor wir wieder zu Abend aßen, spielte ich mit Dascha. Es ist schon fast beeindruckend zu sehen, wie sehr sich ein Mensch darüber freuen kann auf einem Drehstuhl gedreht zu werden. Und nachdem ich sie als böser Wolf zum Essenstisch gejagt hatte, aß sie brav.

Xjuscha kam um 9 nach Hause. Sie erzählte von ihrem Date und wir aßen erneut. Sandmann wurde während des Essens geschaut.

Fazit: Russische Frauen müssen sich für die wenigen hübschen Männer so aufstylen, damit sie einen Anständigen abbekommen .

---

[1] Beschreibung der Frisur: **vorn kurz, hinten lang**

Das Telefonat

In der ersten Stunde des Tages, welche Physik war, wurden wir von einer Inspektorin belehrt. Sie belehrte uns über das Verhalten im öffentlichen Raum. Ich verstand nur so viel, dass nach 22 Uhr nicht mehr auf den Straßen herumgelaufen wird und dass Alkoholkonsum untersagt ist- die üblichen Verhaltensregeln also. Während ich mit halbem Ohr der Rede, welche ich nicht verstand, zuhörte, ließ ich meinen Blick schweifen. Er blieb an den Diplomen an der Klassenzimmerwand hängen. Sehr auffällig waren hier weiß, blau und rot - die Farben der russischen Flagge - eingearbeitet. Überhaupt ist die häufige Verarbeitung dieser Farben in Lehrbüchern oder Diplomen sehr auffällig. Mein Blick wanderte weiter und blieb an den Bildern wichtiger Physiker stehen.

In jedem Klassenzimmer hier sind Bilder wichtiger Persönlichkeiten des entsprechenden Lehrfachs aufgehängt. Ich persönlich finde das gut - quasi eine „Auf-einen-Blick-Zusammenfassung".

Bild: Albert Einstein

In Deutsch hatten wir Aufgaben bekommen, die Lehrerin war entschuldigt. Ich war sehr gefragt. Jeder wollte die Antworten zuerst wissen und fünf Mal wiederholt, da man nicht gleich verstand. Sehr anstrengend, wenn so viele auf einen einreden und man nicht weiss, welchem man zu erst helfen soll, aber es tat irgendwie ganz gut zwischen all der Sprachunsicherheit in Russland sich daran zu erinnern, dass es anderen genau so geht.

In der Mittagspause sah ich, wie sich die Mädchen gegenseitig die Haare flochten - ein Anblick an den man sich mittlerweile gewöhnt - wenn auch in Deutschland undenkbar.
Wir gingen in die Kantine. Heute fiel mir zum ersten Mal auf, dass man einen direkten Einblick in die Küche hat. Dort stehen große Töpfe - das Kochwasser wird eimerweise hinzugegeben. Ein faszinierender Anblick. In Deutschland

habe ich maximal gesehen, wie die Kantinenfrauen die Folie vom gelieferten Essen abzogen.

Während ich meinen Plov[1] aß winkte mir breit grinsend ein Kind aus der Klasse zu, von welcher ich mich gestern hatte löchern lassen müssen. Sehr niedlich.

Nach der Schule war ich zusammen mit Lera und Xjuscha bei Xjuschas Freund Sascha eingeladen. Er geht an dieselbe Schule wie wir und lernt Deutsch. Er nutzte die Gelegenheit, um ein bisschen mit seinem Deutsch zu punkten und erzählte, seine Verwandten seien Deutsche. Alles in allem ein sehr netter Junge - hiermit also offiziell aus meiner Sicht für Xjuscha für gut befunden.

Bei ihm in der Wohnung schlugen wir uns den Bauch mit russischem Gebäck und Konfekt voll. Wir blieben bis um vier, dann fuhren Xjuscha, Sascha und ich zu unserer Wohnung.

Dort angekommen, telefonierte ich via Skype mit meinem Freund und überließ Xjuscha und Sascha unser Zimmer. Als meine Gastmutter nach Hause kam, kochten wir zunächst gemeinsam und aßen dann zu Abend. Auch sie scheint Sascha für gut zu befinden.

Den Sandmann sahen wir auch. Übrigens ist dieser nicht wie sein deutscher Kollege. Zuerst erfolgt eine Anmoderation durch niedliche Plüschtiere und eine aufgestylte Moderatorin und dann eine kurze Geschichte. Heute kam wieder eine Folge „Mascha und Bär". Sehr lustig. Kurz zusammengefasst ist Mascha ein kleines Mädchen, welches dem Bär permanent auf die Nerven geht und seine Tagespläne (z.B. Angeln) zerstört ohne es tatsächlich zu beabsichtigen. Zum Schluss gibt's meistens 'ne Moral und der Bär hat Mascha trotzdem noch lieb. Nach der Geschichte kommt noch ein Gute-Nacht-Lied und Schluß. Also eigentlich nichts mit Sandmann.

Fazit: Mein Blog wird kürzer, wenn ich nicht so viel Zeit zum schreiben habe.

PS (weil ich mehrfach gefragt wurde): Wieviel kostet ein Brot?

Ein Brot kostet zwischen 10 und 30 Rubel. Das macht umgerechnet 25 bzw. 75 Cent. Übrigens habe ich hier noch keinen Bäcker gesehen. Brot scheint es hier nur abgepackt und unknusprig im Supermarkt zu geben.

---

[1] russisches Reisgericht mit Fleisch (traditionell Ziegenfleisch, wird aber mittlerweile auch mit Huhn zubereitet), sehr lecker

Doppeltes Lottchen

Heute war der zweite Samstag, an welchem ich zur Schule musste. Ich frage mich, ob ich mich jemals daran gewöhne. Heute war kein Gedränge in der Bakterienkutsche. Ein Sitzplatz war aber nur für Xjuscha möglich. Ich stand am anderen Ende des Busses, an meinem Lieblingsplatz und sah aus dem Fenster. Ein Mann mit einer unglaublich beißenden Fahne stieg ein und fiel prompt auf mich. Bevor der volltrunkene Koloss mich völlig unter sich begrub, eilten mir zwei Kerle zu Hilfe und setzten den Trunkenen an der nächsten Bushaltestelle zum Ausnüchtern ab. Ich bin ganz froh, dass russische Männer zum „Frauenbeschützer" erzogen werden. Nun ja - kleiner Schock am Morgen vertreibt Kummer und Sorgen. Dieser Mann war übrigens der einzige, welchen ich hier bisher betrunken erlebt habe. Auch trinken oder rauchen habe ich noch keinen gesehen. Vermutlich wird das hier alles heimlich praktiziert.

In der Schule angekommen, begrüßten mich meine Freundinnen herzlich mit: „Scharrlii!" Ja ihr habt euch nicht verlesen - Scharli ist ab jetzt mein hiesiger Spitzname. Auch ich bin etwas darüber enttäuscht, dass er so „unrussisch" ausfiel.

Hier ein Bild von der Schule - diesmal aus einer anderen Perspektive. An dieser Schule lernen übrigens ungefähr 1000 Schüler!

Die erste Stunde war Informatik. Heute herrschte allgemeine Schläfrigkeit, weshalb ich permanent an Deutschland denken musste und daran, dass ihr alle noch schlaft, während ich die Schulbank drücken muss. Der Schultag zog sich endlos hin. Und dass, obwohl die Pausen an einem Samstag verkürzt sind und wir nur fünf Unterrichtsstunden hatten.

Da die Schulspeisung am Samstag geschlossen ist, mussten Xjuscha und ich in das Klassenzimmer meiner Gastmutter, um dort zu essen. Xjuschas Mutter gab

uns Pizza und eine Art Hot Dog. Während des Verzehrs schauten wir dem Unterrichtsgeschehen zu und grinsten die Kinder an, welche sich ab und zu umdrehten, meinen Namen flüsterten und winkten. (Von der selben Klasse hatte ich mich vor ein paar Tagen löchern lassen müssen- erinnert ihr euch?) Noch in der selben Pause suchte Xjuscha einen Stift in meiner Federmappe. Sie stieß dabei auf eine Tintenpatrone. Sie nahm sie. Schaute sie an. Sah mich an. Schaute auf die Patrone und fragte schließlich : „Was ist das?" Ich bekam mich fast nicht wieder ein! Jemand der nicht weiß, was eine Tintenpatrone ist! Aber auch die anderen aus meiner Klasse konnten diesem Ding keine Funktion zuordnen. Ich nahm einen Füller aus meiner Federmappe. Man betrachtete ihn neugierig. Probierte das Schreiben aus und befand ihn für gut. Man erklärte mir, dass es einen Füller - geschweige denn eine Tintenpatrone - ihres Wissens nach hier nicht gäbe.
Sachen gibt's, die gibt's gar ni!

Als wir nach Schulende in der Wohnung ankamen, schliefen meine Gastmutter und Dascha. Xjuscha und ich nutzen die Gelegenheit, um auch etwas auszuruhen: Schule und Dascha - dass kann schon sehr anstrengend sein. Nach ca. einer Stunde weckte mich meine Gastmutter. Katja (YFU-Zuständige) hätte angerufen und würde sich gern mit allen um 5 im McDonald's treffen. Da es bereits um vier war, machte ich mich auf den Weg. Zuvor musste ich meiner Gastmutter versichern, selbigen überhaupt zu kennen. Ich fuhr also mit dem Trolleybus bis zur entsprechenden Station und lief danach ein kurzes Stück bis zum McDonald's. Alles klappte reibungslos. Im McDonald's waren wir insgesamt zu fünft. Wenn man noch den Jungen, welcher in Kasan untergebracht ist, dazunimmt, so sind es immerhin stolze 6 Schüler, welche mit YFU nach Russland wollten. Das ist wahrhaftig nicht viel. Aber so war es eine gemütliche Runde. Ich musste etwas schmunzeln. Eine Deutsche sitzt in Russland im McDonald's und unterhält sich Englisch - zudem kann sie sich Englisch (im Gegensatz zu Russisch) mühelos verständigen. Wir wurden noch einmal belehrt, was wir dürfen und was nicht. Katja fragte uns, wie wir in der Schule und in der Familie zurechtkommen und ob es Probleme gäbe. Ich habe keinerlei Probleme. Ich verstehe vor allem im Unterricht nicht viel - aber in meiner Familie fast alles. Meine Gastmutter ist wirklich sehr lieb. Dascha ist zum Knutschen- wenn auch hin und wieder nervig. Xjuscha ist eine Freundin geworden. Ich komme mit der Familie wunderbar klar (bis jetzt), noch kenne ich die übrigen Familienmitglieder nur flüchtig - aber ich denke: „Der Apfel fällt nicht weit vom Stamm", also können betreffende Großeltern auch nach mehrmaligem Treffen nicht schrecklich sein.
Als ich mich auf den Rückweg machte, dämmerte es bereits. Es war gerade mal um sieben. Katja hatte uns noch erzählt, dass Austauschschüler während ihres Austauschjahres bis zu 15kg zunehmen. Da ich das auf keinen Fall will, werde

ich wohl ab nächstem Monat ein Fitnessstudio (oder was es auch immer in der Richtung hier gibt) suchen, um nicht als „doppeltes Lottchen" nach Hause zu kommen.

Ich kam ohne Zwischenfälle in der Wohnung an, erzählte meiner Familie, wie das Treffen war und aß etwas. Meine Gastmutter erzählte mir, dass Dascha erhöhte Temperatur habe. Nun ist Dascha also auch krank. Obwohl - mir geht es schon besser. Ich muss kaum noch husten und meine Halsschmerzen halten sich in Grenzen. Die Ironie hierbei ist, dass es seit dem Absetzen der Medikamente besser geworden ist.

Da heute Samstag ist, werde ich ohne Sandmann ins Bett müssen. Gute Nacht!

Fazit: Ich werde kein doppeltes Lottchen!

Sonntag, 12. September 2010

Der Besuch

Meine ersten Worte heute morgen waren: „Or nee!" Es war meine Reaktion auf die Uhrzeit. Es war erst neun Uhr. Neun Uhr an einem Sonntag und Dascha rennt durch die Wohnung und freut sich so laut, dass ich aufwache. Gestern war Schule. Ich frage mich, wann ich hier richtig ausschlafen kann. Ich stand also auf. Schlurfte ins Bad und anschließend zur Geräuschquelle - welche mich auch sofort stürmisch begrüßte. Ich frühstückte und unterhielt mich mit Xjuscha darüber, wie müde wir wären und wie sehr wir wünschten, Dascha schliefe noch.

Nach dem Frühstück schlurften Xjuscha und ich immer noch im Halbschlaf in unser Zimmer und legten uns wieder hin. Nur damit Dascha fünf Minuten später ins Zimmer kommen und zum Ballspielen auffordern konnte. Als sie genug hatte, wollte sie das Zimmer verlassen - doch sie hatte die Tür geschlossen. Jetzt tüftelte und ruckelte sie lautstark an dem kniffligen Drehknauf der Zimmertür herum, bis man ihr half. An Schlafen war also nicht mehr zu denken. Meine Gastmutter machte laut Radio an, welches nun durch die Wohnung klang. Wie bereits schon letzten Sonntag begann sie jetzt zu putzen. Später kochten wir gemeinsam. Es gab Salat mit Meeresfrüchten (sehr lecker) und danach Champignons (welche aus der Pilzzucht von Xjuschas Vater kamen) mit Kartoffeln (auch sehr lecker) und anschließend noch russisches Gebäck. Im Zuge dieses Kochens wurde ich gleich noch gefragt, ob es in Deutschland auch Champignons gäbe.

Nach dem Essen fuhren wir zu Xjuschas Vater. Das Treppenhaus der Wohnung war stark beschädigt und ich hatte etwas Angst davor, was mich in der Wohnung erwarten würde. Doch die Wohnung bestand aus vielen kleinen Zimmern, welche sehr heimelig eingerichtet waren. Außerdem wohnte dort nicht nur ihr Vater, sondern auch Tanja, eine nette Frau, welche vermutlich die neue Freundin des Vaters ist (keine Ahnung wie die Verwandtschaftsbeziehungen tatsächlich aussehen) und Dima (Xjuschas Bruder). Wir sahen zunächst „Transformers" auf Russisch. Ich verstand sogar etwas - die Qualität war wie die eines normalen Kinofilmes. Dann aßen wir. Es gab Piroggen, Kuchen, Süßgebäck und Konfekt. Dabei sahen wir „Mulan" und ich wurde ausgefragt, wie es mir denn hier gefalle und ob ich meine Heimat sehr vermisse. Dann aßen wir nochmal. Es gab Kartoffeln mit Rind und Salat. Wieder sehr lecker, doch langsam befürchtete ich, ich könne platzen. Bald darauf verabschiedeten Xjuscha und ich uns, da es bereits dunkel geworden war. Ich muss sagen, dass mir bisher die ganze Familie sehr sympatisch ist.

Wir trafen uns noch kurz mit Sascha, welcher uns bis zur Bushaltestelle begleitete. Das war auch das erste Mal, dass ich auf Russisch jemanden beschimpft habe. Natürlich spaßig gemeint - übersetzt habe ich Sascha einen „Esel" genannt - hier ein durchaus übliches Schimpfwort. Xjuscha war sichtlich stolz auf meine Fortschritte - darüber musste ich grinsen.

Gegen neun waren wir in der Wohnung und riefen Xjuschas Vater an, damit er sich keine Sorgen machte. Xjuschas Mutter zwang uns noch etwas zu essen auf. Ich habe allmählich das Gefühl, seitdem sie verstanden hat, dass ich nicht fett werden will, mästet sie mich absichtlich. Naja, schlappe 5 deftige Mahlzeiten und Süßkram an einem Tag - da geht doch noch was! ☺
Auch heute kam kein Sandmann…ich hoffe ich kann trotzdem einschlafen…

Fazit: Ich muss dringend mal 'ne Pause einlegen.

Ruhetag

Weil es mir nicht so besonders gut ging, lief ich nachts in die Küche und trank etwas Wasser. Meine Gastmutter kam dazu und fragte: „Willst du dich umbringen!?" Leitungswasser ist kein Trinkwasser! Ein Unterschied zu meiner Heimat, der nicht unerheblich ist und den wir in Deutschland vermutlich viel zu wenig schätzen.

Ich habe beschlossen, heute nicht zur Schule zu gehen, um mich mal einen Tag zu schonen. Evtl. verschwindet meine nicht definierte Krankheit dann. Meine Gastmutter hat angedroht, dass es morgen zum Arzt geht, und, um ehrlich zu sein, bin ich nicht sonderlich scharf darauf...

Da ich heute nichts gemacht habe – außer geschlafen, gegessen und Wohnung aufgeräumt - nutze ich den Platz um euch ein wunderbares Gerät vorzustellen.

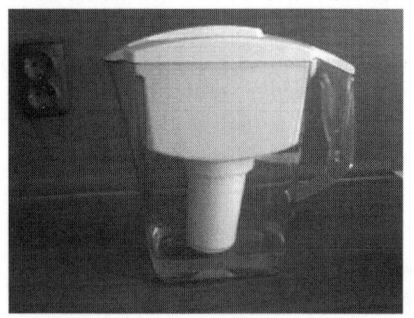

Dieses Gerät ist ein Wasserfilter.

Man füllt das Leitungswasser in den oberen, weißen Bereich der Kanne hinein und wartet, bis das Wasser in den durchsichtigen Teil gelaufen ist, denn dann ist es gefiltert. Sagt meine Gastfamilie jedenfalls.

Aber da wir sowieso nur Tee trinken und das Wasser deshalb abgekocht wird, mach' ich mir keine Sorgen darum.

Halb vier skypte ich wieder mit meinem Freund. Es tat gut - obwohl er diesmal die Dreistigkeit besaß leckere deutsche Schokolade vor seiner WebCam (also vor meinen Augen) zu essen. Er versprach, mich darauf hinzuweisen, wenn ich anfange Schleifchen oder große Glitzerschnallen klasse zu finden - denn das will ich auf gar keinen Fall. Ich habe große Angst in dem Jahr ein tussiges aufgestyltes Mädchen zu werden! Also war es ein beruhigendes, wohltuendes Gespräch, dessen Ende nur allzu bald kam.

Meine Gastmutter kam gegen sechs nach Hause. Ich kochte Abendessen und machte Tee. Nach dem Essen zerrte mich Dascha in Xjuschas und mein Zimmer, schubste mich sanft aufs Sofa und meinte ich solle mich hinlegen. Danach verbrachte sie eine halbe Stunde damit, auf mir herum zu rutschen und zu turnen. Später schnappte sie sich einen Wischmopp und sang hinein, als wäre es ein Mikrofon samt Mikrofonständer. Sie lachte und tanzte dazu, nach wie vor ein herzerwärmender Anblick - zumal ich selbst wohl solch ein Kleinkind gewesen bin.
Halb neun war Xjuscha zu Hause – ich erwärmte das Essen und machte erneut für alle Tee. Wir unterhielten uns und um neun sah ich wieder den Sandmann - endlich mal wieder!.

Fazit: Ich liebe Technik!

Ich bin ein Wolf!

Trotz Husten ging ich heute in die Schule. Ich wurde freundlich mit den Worten: „Scharrli ist da!" begrüßt. Es war ein normaler, langweiliger Schultag. Sascha kam nach der Schule wieder mit zur Wohnung. Ich ließ den beiden Privatsphäre und skypte mit meinem Freund. Ich weiß, dass ich das Skypen eindämmen muss, um mich mehr auf das Austauschjahr zu konzentrieren. Aber der erste Monat ist noch als eine Art Ausnahme gedacht. Im Laufe der Zeit wird der Kontakt abnehmen - und auch die Menge der Tagebucheinträge wird nachlassen, da mich der russische Alltag immer mehr vereinnahmen wird. Um ehrlich zu sein, kann ich es kaum erwarten, meinen eigenen Stundenplan zu haben - zumal das bedeutet, dass ich in der 10.Klasse sein werde. Die Mädels - vor allem Xjuscha - sind total lieb, aber auf Dauer merkt man eben, dass sie erst in der 9. Klasse sind.
Ich skypte also mit meinem Freund. Wie gewohnt tat es gut…obwohl er mich diesmal mit dem Verzehr von Schoko - Donuts ärgerte.

Als meine Gastmutter nach Hause kam, aßen wir. Wen wundert's: Es war zu viel. Ich kann es kaum erwarten, mit dem Sport zu beginnen!
Nach dem Essen trieb uns Dascha in den Wahnsinn. Sie sprang im Zimmer auf und ab und schrie: „Ich bin ein Wolf!" Und das eine halbe Stunde lang - ungelogen! Sascha lag irgendwann auf dem Sofa in Embryonal-Schutzhaltung und hielt sich ein Kissen auf die Ohren. Doch dann kam Daschas Mutter und trug das schreiende Kind aus dem Zimmer - zum Glück. Sascha ging nach dem Sandmann.

In dem Sinne: Lieber Gruß aus 2400 km Entfernung.

Fazit: Der Kontakt mit den Liebsten wird geringer werden.

Hier mal ein Foto eines normalen Ampel-grünwerd-Wunsch-Druck-knopfs …haben die Dinger eigentlich 'ne richtige Bezeich-nung?

Arztbesuch

Ich wurde heute zum Ball eingeladen. Die Mädchen meiner Klasse fragten mich, ob ich nicht Lust hätte bei einem Ball mitzutanzen. Sie sahen mich aufmunternd an und meinten, sie könnten auch nicht tanzen und das würde uns demnächst noch gelehrt werden. Ich kann schon tanzen - Bronzekurs erfolgreich abgeschlossen. Darum mach' ich mir also keine Gedanken. Eher wie bezahlen und mit wem tanzen - nicht zuletzt woher ein Kleid bekommen? Wie kommt das Kleid dann mit nach Hause? Ist es zu schwer für ein Paket? Es wird gemunkelt, dass es auch einen Winterball geben wird. Ansonsten wieder ein normaler Schultag in Tscheboksary. Im Sport war heute Sprint angesagt, meine Krankheit ist also durchaus positiv zu betrachten.

Eines der angesagtesten Schimpfwörter ist übrigens „Blödmann" - oder im russischen Fall: „Bliötmän". Das ist das einzige von meinen einst genannten Schimpfwörtern (erinnert ihr euch? Ich wurde doch mal gebeten deutsche Schimpfwörter zu nennen), welche sie behalten haben.
Außerdem musste ich heute von Weihnachten erzählen. Man sah ein Funkeln in den Augen der Mädels, als ich von einem strahlenden Weihnachtsbaum, Plätzchen, Wartezeit, Kirche und Geschenken erzählte. Nun sind alle Fan von Weihnachten und finden ihr Neujahrsfest blöd… ich lerne es erst noch kennen.

Nach der Schule gingen Xjuscha und ich ein bisschen durch die Geschäfte bummeln. Unter anderem fragten wir bei einer Post nach wieviel ein Paket nach Deutschland kostet - aber wir wurden zu einer anderen Poststelle geschickt, welche wir morgen aufsuchen werden.

Um fünf holten wir meine Gastmutter von der Schule ab - und danach Dascha vom Kindergarten. Die Kindergärtnerin , welche eine liebe, rundliche Frau mit sehr viel Make-up ist, fragte mich, wie es mir in Tscheboksary gefalle und ob ich überhaupt etwas verstünde. Ich antwortete es gefalle mir und ich verstehe immerhin schon ein bisschen. Das ist überhaupt witzig, wenn andere Schüler Xjuscha auf mich ansprechen und ich daneben stehe. „Woher ist sie? Wie alt? Wie lange? Wie findest du sie? Versteht sie etwas?" - Und dann kommt mein Einsatz: „Ja!"
Also wo war ich? Ach ja. Wir gingen gemeinsam zum Krankenhaus, um einen Arzt aufzusuchen. Das Krankenhaus sah aus wie in den 60er/70er Jahren erbaut - etwas alt, aber durchaus wie ein Krankenhaus. Auch der Arzt wirkte professionell. Man verschrieb mir ein Medikament und heiß baden.
Anschließend kauften wir das Medikament und ich machte – nur für euch- ein Foto vom „Eurospar" welcher direkt neben der Apotheke ist.

54

Es ist wirklich ein Spar.- Hier gibt es übrigens viele Produkte aus Deutschland. Pumpernickel, Schokolade, Bier usw...

Wir aßen zu Abend. Ich war schrecklich müde und wäre am liebsten bei Daschas abendlichem Spiel: ich-nerv-dich-bis-du-schreiend-zusammenbrichst an die Decke gegangen, nur weil ich weiß, dass sie dort nicht hinkann. Irgendwie habe ich noch meine Hausaufgaben zusammengekritzelt und bin todmüde ins Bett gefallen.

Ich werde wie ein Baby schlafen - wenn ich nicht husten muss.

Fazit: Ein russischer Arzt ist nicht schlechter als jeder andere!

Donnerstag, 16. September 2010

Heimweh - ein blöder Tag

Heute ging ich nicht zur Schule. Ich ruhte mich aus.

Ich habe fast die gesamte Nacht durchgehustet. Ich lag bis drei Uhr wach und konnte nicht aufhören zu husten. Ich versuchte Tee und gurgeln - beides half nichts. Wenn man nachts in einem fremden Land, in einer fremden Wohnung, in einer fremden Familie wach liegt, es einem schlecht geht und man Schuldgefühle hat, weil man glaubt alle Familienmitglieder zu wecken, hat man nur einen Gedanken: nach Hause! Man will nach Hause - ohne Umwege, ohne 10 Monate Wartezeit - nur sofort nach Hause. Man will in sein eigenes Bett, und das Gefühl jemandem zur Last zu fallen will man auch los haben. Gestern Nacht lag ich also bis 3 Uhr wach und wollte nach Hause - zu meinen Lieben.

Meine Gastmutter kam irgendwann ins Zimmer - ich hatte sie also wirklich geweckt. Sie gab mir Tee. Ich trank. Das Husten wurde weniger. Erschöpft schlief ich ein.

Fazit: Krank sein ist zu Hause am schönsten!

Wieso versteht sie etwas?

Ich ging heute wieder zur Schule, denn schließlich bin ich unter anderem hier, um die Sprache zu lernen. Unter Leute kommen schadet auch nicht.
Die erste Stunde Algebra. Wir schreiben einen Test. Ein wunderbarer Start in einen Freitagmorgen. Das Spicken hier ist übrigens sensationell. Es wird über Bänke hinweg getuschelt, von den Spickzetteln auf den Handinnenseiten abgeschrieben, Zettel vom Klassenbesten mit bereits gelösten Aufgaben durchgereicht und sogar Fotos werden gemacht, welche per SMS an eine der höheren Klassen geschickt werden und man so nur noch auf eine Lösungs-SMS warten muss. Jedes Mal faszinierend!

Nach dem Test wurden wir von der Referendarin unterrichtet. In Deutschland hätten alle Jungs sabbernd mit Stielaugen in ihrer Schulbank gesessen - aber hier war ihre Erscheinung normal. Sie trug eine fliederfarbene Bluse, einen engen, knielangen Rock, Nylonstrümpfe und an den Füßen schwarze mind. 10cm hohe Pumps. Ihre braunen, glatten Haare reichten bis zur Taille - sie trug sie offen. Insgesamt eine bildschöne Erscheinung- nur ihre Augen ließen eine gewisse Härte erkennen. Im Mittelalter hätte man sie für ihr bezauberndes Äußeres und den Fakt ihres offenbar erfolgreichen Mathematikstudiums sicherlich als Hexe verbrannt. Aber wir leben im 21. Jh. und ich bin in Russland - keinem außer mir schien ihr Wissens-Schönheitscocktail aufzufallen.

In der darauffolgenden Pause bekam ich von Sonja ein Armband mit der Aufschrift: „Scharli" geschenkt. Sie freue sich sehr, dass ich hier bin. Ich mag Sonja auch sehr - mit eine der wenigen Personen hier, mit welchen ich wirklich auf einer Wellenlänge bin. Sie ist nur 1.60m groß, trägt ihre braunen Haare meist geflochten und ist ebenfalls Brillenträgerin. Sie scheint nicht viel von Absatzschuhen, Schleifen, Rüschen, rosa Schminke usw. zu halten. Sehr erfrischend. Eine von Grund auf liebe und ehrliche Persönlichkeit.

In der Essenspause gingen Sascha, Xjuscha, Lera und ich Essen fassen. Heute schmeckte es wieder besonders scheußlich - man konnte es dem Essen sogar ansehen. Der zweite Gang war Kartoffelbrei, seltsam gräulich verfärbt und ohne Beilage. Ich sah das Essen angewidert an, als einer von Saschas Kumpels kam. Er sagte zu mir: „Russisch! Russisch! Kartoffeln! Russische Kartoffeln! Hm lecker!" Wobei ich erwähnen sollte, dass er schrie, als ob ich taub sei. Ich fühlte mich etwas, nun ja, unterschätzt, oder für schwachsinnig erklärt. Ich grinste den Spargeltarzan an und erwiderte: „Idiot. Glaubst du ich bin blöd?" Sein Gesicht schlief ein. Er tuschelte zu Sascha: „Woher kennt sie russische Schimpfwörter und wieso versteht sie etwas?" Ich übernahm das Antworten: „Sascha hat sie mir beigebracht und Russisch lerne ich in der Schule." Er schaute irritiert und ging fort. Ich zog es vor, die russischen Kartoffeln nicht zu essen - auch die versalzene Suppe sagte mir nicht zu. Ich aß Salat mit Brot.

Wir wollten gerade den Speiseraum verlassen, als ein kleines Mädchen - vermutlich 7 Jahre alt - mich kleinlaut von der Seite mit : „Hallo!" begrüßte. Ich sah sie an. Sehr klein, lange blondbraune Haare zu einem Zopf zusammengebunden und mit einer riesigen, weißen Schleife fixiert. Sie trug einen blauen Karo-Faltenrock und eine weiße Bluse. Ihre großen braunen Augen betrachteten mich neugierig. Ich sagte : „Hallo!" Sie ging nicht weg. Sie sah mich an. Ich war irritiert und fragte mit einem freundlichen Lächeln: „Wie geht es dir?" Sie antwortete, dass es ihr gut gehe und fragte mich dann, ob es mir hier gefalle und was mein Lieblingsfach sei, bevor sie sich schnell wieder zu ihren Freundinnen an den Essenstisch setzte. Ich finde vor allem die letzte Frage sehr süß. Ich möchte von einem Fremden auch immer zuerst wissen, welches sein Lieblingsfach ist.
Bevor ich den Raum verließ, winkte ich dem Mädchen zu. Es strahlte und winkte zurück.

In Deutsch habe ich heute eine 5 bekommen. Jeha! (wieder daran denken: 5 beste Note - 1 schlechteste). Es wäre auch echt peinlich gewesen, wenn's keine 5 geworden wäre. Deutsch (bzw. Französisch - je nach Wahl) hat man hier nur einmal die Woche - ist meiner Meinung nach etwas sinnlos.

Nach der 7. Stunde hatte ich's endlich geschafft und fuhr mit Xjuscha zur Post, um nachzufragen wieviel ein Paket nach Deutschland kostet. Das Weihnachtspaket scheint wohl flachzufallen - einfach zu teuer.

Xjuscha fuhr zu Sascha - ich zur Wohnung. Ich aß etwas und schrieb am Blog. Bald kam auch Xjuscha nach Hause. Wir quatschten ein bisschen, bis meine Gastmutter nach Hause kam. Wir machten Tomatensalat mit Champignons und Pelmeni (aus der Tüte). Sehr lecker - wir essen übrigens immer warm. So etwas wie: "Ich habe eine Scheibe Brot und suche mir Wurst oder Käse dazu" gibt es hier kaum, sogar das deutsche Wort «бутерброд» (Butterbrot) wurde in den russischen Wortschatz übernommen, weil es kein eigenes Wort dafür gibt.

Fazit: Nach Regen folgt auch wieder Sonnenschein.

Mädelsabend

Und wieder quälte ich mich an einem Samstag zur Schule.
Ich hatte die Nacht deutlich besser geschlafen, da ich mich selbst behandelt habe. Anstatt gurgeln, Tee und Tabletten, habe ich einfach warme Milch mit Honig getrunken und schlief wie ein Stein. Dennoch endete der Schlaf zu früh und die Schule rief.

Der Schultag zog sich scheinbar absichtlich in die Länge - wie an jedem Samstag. In der Russischstunde malte ich vor mich hin - aus Langeweile - und wurde prompt ermahnt - das erste Mal hier... fast ein denkwürdiger Augenblick.

Die Mädels unterhielten sich heute in der Pause hauptsächlich darüber, welcher Schauspieler am heißesten ist - wie gesagt manchmal merkt man eben, dass sie erst 9. Klasse sind. Irgendwann fiel der Name von Till Schweiger. Ich fragte erstaunt nach und bekam eine Lobeshymne auf den Film „Keinohrhasen" zu hören. Was nicht alles bis nach Russland rüberschwappt!

Nach der Schule gingen Xjuscha und ich zu ihrer Oma. Ich kannte sie und Xjuschas Opa bereits flüchtig. Erinnert ihr euch, ich habe sie als typisch russisches Mütterchen beschrieben.
Beim Mütterchen waren bereits Dascha und meine Gastmutter. Der Kindergarten hat in Russland Samstags geschlossen, was denkbar blöd für alle Lehrer mit Kindern ist. Deshalb war Dascha den Vormittag über beim

Mütterchen und ihre Mutter (und gleichzeitig die Tochter des Mütterchens) kam nach der Schule hinzu.

Es gab Piroggen mit Gehacktem und Kohl als Füllung. Dabei dürft ihr euch jetzt keine Klischee-Teigtasche vorstellen. Das Wort „Pirog" bedeutet nichts weiter als „Kuchen" und ungefähr genau so sahen die Piroggen auch aus. Ein Blech mit Teigmantel - in dem Teigmantel die Füllung. Man schneidet – wie bei einem Blechkuchen - Stücke heraus. Sehr lecker. Dann gab's noch Melone. Später kam noch die Schwester von meiner Gastmutter vorbei. Jetzt war auch die zweite Fuhre Piroggen fertig - diesmal mit Apfelfüllung. Außerdem gab es „Scharlottka"[1]. Charlotte isst Scharlottka... Ich sagte, es sei sehr lecker und erwähnte gleichzeitig, dass es in Deutschland keine Piroggen gibt. Man sah mich an und lachte. Schließlich fragte man mich, ob wir nur Brot essen würden und von was wir überhaupt leben würden. Dima (Xjuschas Bruder) kam auch noch vorbei - auch die Tochter der Schwester meiner Gastmutter und deren Tochter kamen zu Besuch. Bald war auch Mütterchens Mann zu Hause. Also eine große Runde und immer mehr Essen wurde angekarrt. Ich gab mich irgendwann geschlagen und erklärte mich für satt - egal ob das nun unhöflich ist oder nicht.

Um vier verabschiedeten Xjuscha und ich uns und bekamen prompt noch einen Apfel als Wegzehrung mit - wir könnten nach der Fressorgie ja auf einem 20-min-Weg zu Lisa verhungern. Ja, wir waren auf dem Weg zu Lisa. Mädelsabend mit Übernachtung war angesagt.

Lisas Wohnung ist klein, aber sehr modern eingerichtet. Ihre Mutter war an dem Abend nicht zu Hause - so ein Glück aber auch. Lisa erzählte mir, sie habe ihrer Mutter Bilder von mir gezeigt und sie habe erwidert, ich sei sehr schön. Keine typische deutsche Frau. Ich fragte, was Lisas Mutter damit gemeint habe. Man erklärte mir, dass deutsche Frauen im Allgemeinen selbstbewusste Mannweiber sind - in dem Sinne grüße ich meine Mannweiber zu Hause.

Es war ein toller Abend. Wir machten ein bisschen Party, bestellten uns eine viel zu große Pizza und sahen irgendeinen russischen Film an. Typischer Mädelsabend eben. Lisa meinte irgendwann, es komme ihr vor, als sei ich nicht erst seit ein paar Wochen, sondern schon seit Jahren hier und mit ihnen befreundet - Lera, Seda (Sjeda ausgesprochen), Xjuscha, Natascha und Nastja stimmten zu. Ganz ehrlich, ich hab die Mädels lieb gewonnen - ich kann sie zweifelsohne als Freundinnen bezeichnen. Wir blödelten noch bis um 2 Uhr. Dann beschlossen wir schlafen zu gehen, da Xjuscha und ich um 6 Uhr aufstehen müssen, weil ihr Vater uns mit nach Nischni Nowgorod nehmen wird. JEHA!

Fazit: Ich hab' meine Mädels lieb!

---

[1] hiesiger Name für einen Apfelkuchen

Nischni Nowgorod

Der Wecker klingelte um 6 Uhr. An einem Sonntagmorgen! Wie bereits letzte Woche festgestellt, komme ich hier vermutlich nie zu meinem Ausschlafen bis um 10 oder um 11 Uhr.

Im Schlaftaumel verließen Xjuscha und ich Lisas Wohnung und liefen etwa 10 Minuten bis zu der Wohnung von Xjuschas Vater. Wir stiegen in den KIA des Vaters ein. Seine Freundin Tanja - von allen Tante Tanja genannt - stieg zusammen mit ihrer Tochter Jana ein. Tante Tanja klingt auf Russisch sehr lustig, denn Tante heißt hier: „Tjötja" Also heißt sie „Tjötja Tanja". Alles bereits vertraute Gesichter - ich war ja schon mal zu Besuch bei Xjuschas Vater.

Wir fuhren um 7 Uhr los. In Russland gibt es keine Autobahn - die Fahrt würde 4 Stunden dauern. Ich machte ein Foto vom Sonnenaufgang...

... und von einer Leuchtschrift, welche mir auffiel.

Stellt euch mal vor in Deutschland gäbe es ein Haus auf dessen Dach "DEUTSCHLAND" steht. Auf diesem Dach hier steht jedenfalls "RUSSLAND"

Kaum hatten wir Tscheboksary verlassen, fuhren wir durch Wald. Wald, Wald, Wiese, Wald und nochmals Wald. Die Straße war zwei - bzw. dreispurig und meist von schlechter Qualität.

Es begann zu regnen, weshalb ich keine weiteren Bilder machen konnte. Aus einem fahrenden Auto bei Regen, da sind gute Fotos mit meinem Fotoapparat unmöglich. Einmal fuhren wir durch ein Schlagloch, welches so tief war , dass das Wasser bis zur Windschutzscheibe schwappte. Doch nach dem Passieren einer Straßenausbesserungsbaustelle wurde die Fahrbahn besser, um nicht zu sagen qualitativ hochwertig - insofern ich das mit meinen zarten 16 Jahren einschätzen kann. Die Straße schlängelte sich über Berge, Wiesen und Nadelwälder. Wir fuhren durch kleine Ortschaften, welche mich schwer an russische Märchen erinnerten. Zu beiden Seiten der Straße standen dann niedliche kleine Backsteinhäuser aus weißem und rotem Backstein und auch kleine Holzhäuser mit bemalten Fensterläden waren zu sehen. Wir sahen auch zwei Mütterchen. Eine Szene wie aus dem Märchenbuch.

Nach vier Stunden waren wir in Nischni Nowgorod. Wir fuhren zunächst zum „Fantastika" - einem riesigen Einkaufszentrum. Dort wollten wir uns nach wärmerer Kleidung umsehen.

Die Winterkollektion ist noch nicht in den Läden - also die für –40°C. Kleidung ist in Russland sauteuer. Ich kaufte mir zwei Pullover. Der eine ist ein normaler Pulli, welchen ich auch beim deutschen Winter tragen würde. Der andere ist sehr dick gestrickt - ein Rollkragenpullover, in dem ich auch kältere Tage abkann. Weitere Kleidung werde ich mir in Tscheboksary kaufen, wenn die Temperaturen ins Bodenlose fallen. Während des Shoppens henkelte sich Tante Tanja bei mir unter, grinste mich an und meinte, der Winter würde schon nicht so schrecklich werden…na wenn sie sich da nicht mal irrt…

Unsere Zeit war knapp bemessen - schließlich kommen noch 4 Stunden Rückfahrt hinzu, die man nicht im Dunkeln zurücklegen möchte, jedenfalls nicht bei der Straße. Wir stiegen wieder ins Auto und fuhren tiefer in den Ort hinein. Den Teil Nischni Nowgorods, welchen ich gesehen habe, finde ich nicht sonderlich schön. Es ist eine Kombination aus alten Häusern, welche renoviert sind und jenen, denen man ihr Alter ansieht. Hinzu kommen Neubaublocks und Holzhüttchen, eine 6 spurige Straße und schlechter Straßenbelag. Noch immer regnete es. Eine Straßenbahn fuhr an uns vorbei. Sie ist nicht mit einer mir bekannten Straßenbahn zu vergleichen. Diese hier bestand aus nur einem Waggon und war weiß, rot und rostfarben. Zudem quietschte sie beängstigend und ich war froh dort nicht drin zu sitzen. Xjuscha erzählte, sie sei noch nie mit einer Straßenbahn gefahren, so etwas gäbe es in Tscheboksary nicht, man habe Trolleybusse, Marschrutkas, Busse und Taxis. Wir hielten an und stiegen aus, um uns die alte Stadtmauer zu betrachten. Man hat von der hochgelegenen Stadtmauer eine wunderbare Sicht auf einen Nebenfluss der Wolga. Ich möchte endlich mal an die Stelle der Wolga, wo sie so breit sein soll, dass man das andere Ufer nicht mehr sehen kann. Aber zunächst gibt's hier ein paar Bilder von der Stadtmauer und dem Ausblick. Leider hatte mich die Technik wieder besonders lieb und mein Fotoapparat beschloss nicht mehr anzugehen - obwohl ich Ersatzakkus mit hatte.

Hier seht ihr ein verpenntes Lottchen an der Oka in Nischni Nowgorod an einem regnerischen Tag, mit gequältem Grinsen. (39 Kilo meets Mammut.)

Jaa...gut, die Oka vielleicht doch ein bisschen breiter als die Elbe.

Wir alle waren hungrig und auch das Wetter veranlasste uns nicht, länger durch die Stadt zu laufen, sondern zum „Mega" zu fahren - eine weitere Einkaufs-meile. Xjuscha rief begeistert „Ikea!". Ich sah sie grinsend an und fragte, was so toll am Ikea ist. Sie erwiderte, sie war erst zweimal dort und wäre total begeistert von dem Laden. Mir schlief das Gesicht ein. Ich selbst war so oft im Ikea, dass ich keine Ahnung mehr habe wie oft das war. Man erklärte mir, in

Tscheboksary gäbe es kein Ikea (Gedächtnisstütze: Tscheboksary ist die Hauptstadt von der russischen Teilrepublik Tschuwaschien!). Mein Gesichtsausdruck blieb unverändert, veränderte sich jedoch, als Xjuschas Vater meinte er selbst sei noch nie in einem Ikea gewesen. Anschließend scherzte er: „Das ist eben Tundra, da gibt's nicht überall ein Ikea!" Ich lachte und schlug vor im Ikea was essen zu gehen. Die Preise sind niedrig und das Essen ist gut. Ich aß Pommes, mit kleinen Schnitzeln und einem Stück Schokokuchen. Ich bezahlte selbst - zwar lasse ich mich nach Nischni Nowgorod kostenlos kutschieren, aber mein Essen lasse ich mir nicht auch noch spendieren. Sichtlich zufrieden mit dem Ikeaessen machten wir uns auf den Rückweg - es war bereits 5 Uhr. Höchste Zeit zu fahren!

Noch immer regnete es. Ich finde es etwas schade, nur so wenig bei so schlechtem Wetter gesehen zu haben. Ich glaube ich komme hier kein zweites Mal her - für Xjuscha war es das 3. Mal in Nischni Nowgorod.

Ein alter Wachturm der Stadtmauer. (Baubeginn war 1501)

Wir kamen erst um neun in der Wohnung an. Meine Gastmutter erwartete uns. Sie hatte neue Bettwäsche rausgelegt, also begann ich 9 Uhr nachts mein Bett zu beziehen. Ich dachte nun, mich könnte nichts mehr schocken. Keine schlechten Straßen, zu viel Essen, große Familienzusammenkünfte, keine Straßenbahnfahrten, keine Ikeabesuche. Aber falsch gedacht! Meine Gastmutter fragte mich doch tatsächlich, ob ich meine Bettwäsche nicht bügeln wolle. Meine Bettwäsche jetzt noch **b ü g e l n** ? aaah!… das ist ernst gemeint? Ich lehnte dankend ab und meinte es genüge mir so.

Ich war todmüde und fiel wie ein Stein ins Bett.

Fazit: Erwarte das Unerwartete!

Guten Morgen, Schönheit!

Wenn man an einem Montagmorgen verpennt in die Schule kommt und mit den Worten „Guten Morgen, Schönheit!" begrüßt wird, dann ist das eine der besten Startmöglichkeiten in die Woche. Heute morgen war wieder Begrüßungskomitee angesagt. Diesmal war Klasse 11 dran. Ich betrat im Halbschlaf das Eingangsfoyer und lächelte, weil ich das Komitee jedesmal witzig finde. Man rief mir im Chor ein: „GUTEN MORGEN!" zu - und ein Kerl, welcher weiter am Rand stand ergänzte „...SCHÖNHEIT!" Ich lächelte dankbar und eilte Xjuscha hinterher, welche mich auf dem Weg zur ersten Stunde längst abgehängt hatte.

Die erste Stunde war Algebra - mittlerweile ist diese Stunde für mich zu einer Art Abschreibübung verkommen. Ich versteh' nichts von den Aufgaben - zum einen, weil ich nicht verstehe, was ich errechnen soll und zum anderen, weil ich nicht weiß wie ich etwas berechnen würde, wenn ich die Aufgabe verstünde.
In der Essenspause gab es wieder seltsam nackt aussehende Würstchen mit nicht identifizierbarem weißen Schleim dazu. Ich bevorzugte deshalb erneut Salat. Seda aß wieder eines der leckeren Milchbrötchen, welche noch mit Zucker bestreußelt sind. Ich fragte wieviel es koste. Sie antwortete: „5 Rubel." Ich fragte erneut nach, denn ich war nicht sicher, ob ich richtig verstanden hatte. Doch auch auf Englisch und mit Pantomime blieben es umgerechnete 12 Cent. Da sag' ich doch mal: „Hallo Pausenimbiss!" Natürlich ist hier nicht alles so billig - der Rest in der Schulcafeteria ist ungefähr genauso überteuert, wie an jeder anderen Schule auch. Hier eine Zwischeninfo an meinen Vater, der sich seit Jahren fragt, ob es ein Wort für „Brötchen" im Russischen gibt - ja gibt es. „Brötchen" heißt „Bulotschka".

Die Mädels und ich unterhielten uns wieder einmal über den Winter in Tscheboksary. Ich fragte ob es das so genannte „Sterngeflüster" hier auch gäbe. „Sterngeflüster" ist eine Erscheinung, welche nur bei sehr niedrigen Temperaturen auftritt. Wenn der Atem während des Ausatmens beim Kontakt mit der Winterkälte gefriert und in Form kleiner Eiskristalle zu Boden fällt, so nennt man das „Sterngeflüster". Eigentlich hatte ich kein „Ja!" als Antwort erwartet, doch genau dieses wurde mir jetzt erwidert. Lisa sah mich an, lachte und rief: „Manchmal müsste man von deinem Gesicht einen Film drehen!" In der Tat muss ich etwas erschrocken ausgesehen haben - zumindest war ich das. Ich finde die Vorstellung, dass mein Atem gefriert und ich ihn in der Hand halten kann seltsam. Der russische Winter macht mir sowieso etwas zu schaffen - schließlich hat der selbst Napoleon in die Flucht geschlagen!

In der Geografiestunde malte ich wieder etwas. Die Lehrerin redete und redete. Immer wieder sagte sie im monotonen Tonfall: „Richtet eure Aufmerksamkeit auf..." Doch niemand richtete seine Aufmerksamkeit auf irgendetwas und da konnte sie das noch so oft verlangen. Hier also mein Bild von meiner etwas andersartigen Prinzessin - sie ist mir persönlich sympathischer, als meine erste Stundenmalerei.

Wir verließen das Schulgebäude nach sieben Schulstunden. Es regnete. Na klasse. Wir eilten zum Trolleybus. An der Haltestelle wurde ich darauf hingewiesen mindestens einen Meter von der Fahrbahn Abstand zu nehmen. Ich verstand nicht gleich warum. Der Trolleybus kam. Es hatte sich erstaunlich viel Wasser am Fahrbahnrand gesammelt - und wie mir später auffiel - auch in den Unebenheiten der Fahrbahn. Der Bus sorgte für eine kleine Flutwelle von mindestens 1 Meter Höhe - jetzt war ich froh, Abstand genommen zu haben. Man muss hierbei erwähnen, dass es nicht aus Kannen gegossen hat - es regnete. Wir stiegen ein und fuhren zur Wohnung.

Heute musste ich wieder Wäsche waschen. Ich schnappte mir also das Waschmittel und las zum erstenmal die Verpackung. In kyrillischen Buchstaben stand da „Mif" ...besser „Mief" ausgesprochen...das Waschmittel heißt also „Mief". Na, wenn das nicht kontraproduktiv[1] ist. Ich wusch meine Blusen und Pullover … hier ein lieber Gruß an die Waschmaschine zu Hause und Mami, welche besagtes Maschinchen immer mit meiner Wäsche fütterte. Ganz ehrlich, ich vermisse diesen Luxus.

Als meine Gastmutter mit Dascha nach Hause kam, wurde ich zum Kochen mit eingespannt. Heute ist es 7 Jahre her, dass sich meine Gastmutter und ihr jetziger Mann kennen gelernt haben. Zur Feier des Tages gab es wieder Scharlottka. Aber mal ehrlich - typisch Frau…wer merkt sich ernsthaft mal den Tag, an dem man sich das erste Mal gesehen hat? Nach dem Sandmann wurde ich von Dascha zum Vorlesen genötigt. Sie bestand darauf und meinte ich könne lesen, also solle ich es tun. Ich gab mich geschlagen und haspelte ihr ein Märchen vor. Danach ging ich erschöpft ins Bett.

Fazit: Wenn es regnet, Abstand zur Fahrbahn halten!

---

[1] später lernte ich, dass „mif" soviel wie „Mythos" bedeutet

Schalotte wird fett zurückgehen!

Heute Morgen gab es Weißbrot mit Marmelade. Um genau zu sein war es Himbeermarmelade - nun war mir auch klar, woher die Himbeeren in dem wundersamen Hustentee kamen, welchen ich einst von meiner Gastmutter verabreicht bekommen habe.

In der Bakterienkutsche ging es anschließend wieder zur Schule. Draußen ist es mittlerweile 15°C kalt - es sind allerdings gefühlte 10°C. Dies hat zur Folge, dass die Scheiben beschlagen und mir die Sicht auf die Straßen Tscheboksarys versperren. Dies wiederum hat zur Folge, dass ich mich auf den vollgestopften Bus konzentriere, weil ich mich nicht ablenken kann. Um es nachvollziehen zu können, müsst ihr euch Folgendes vorstellen: Man nehme einen uns bekannten Bus. Man setze nun auf jeden Platz je einen Menschen und stelle auf jeden freien halben Quadratmeter einen weiteren Menschen. Jetzt arbeitet man noch ein paar kleine Hubbel in die Straße ein, lässt den Bus an der nächsten Haltestelle halten und noch ein paar Leute einsteigen. Nun wisst ihr wie es in meiner Bakterienkutsche zugeht.

In Chemie ist mir wieder eine kleine Besonderheit aufgefallen, welche ich euch nicht vorenthalten möchte.

Da in der russischen Sprache kein „h" vorgesehen ist, sind die meisten Russen nicht fähig dieses zu sprechen. Es hat ein bisschen gedauert, bis ich kapierte, dass immer wenn die Lehrerin „Asch" sagte ein „h" gemeint ist. Aus meinem gewohnten „H" bei Wasserstoff wird also plötzlich ein „Asch" - geschrieben wird trotzdem ein „h".

In der Physikstunde wanderte mein Blick zum Fenster hinaus, das Bild welches ich nun wahrnahm möchte ich euch nicht vorenthalten. Es ist eine Baustelle ...im wahrsten Sinne des Wortes...

In der Pause wurde ich grinsend mit „Scharrrlottotschka" in eine Gesprächsrunde aufgenommen. Ich sah Natascha entgeistert an- sie lachte und meinte der Spitzname werde sich nicht durchsetzten…ich war beruhigt.

Der Schultag schien wieder kein Ende zu haben - um so fröhlicher ist man, wenn man feststellt, dass dem doch nicht so ist.

Als Xjuscha, Sascha, Lera und ich das Schulgebäude verließen, passierten wir – wie an jedem Tag - den Wachmann am Eingang. Er sitzt da an einem Tisch und liest meistens irgend ein Klatschblatt. Wie jedes Mal schoss mir durch den Kopf, dass Wachmann an einer so ruhigen Schule zweifelsohne der langweiligste Beruf überhaupt ist - mal abgesehen von Zahnpastatuben-zuschrauber in einer Fabrik .

Auf dem Weg zur Wohnung legten wir einen Zwischenstopp bei dem kleinen Einkaufskomplex „Schupaschkar"[1] ein.

In der Wohnung angekommen ließen wir uns die Pizza schmecken und philosophierten darüber, ob ich nun Sport nötig hätte oder nicht. Die Angst ...ja man kann es wirklich Angst nennen... die ich habe, als „doppeltes Lottchen" in die Heimat zurückzukehren begleitet mich hier jeden Tag - aber ich esse trotzdem zu viel ... also keine Sorgen um eventuelle Unterernährung an dieser Stelle. Sascha meinte, ich hätte keinen Sport nötig - aber er steht auf propere Mädels, weshalb er Xjuscha immer zum Essen ermahnt. Xjuscha meinte ebenfalls, ich hätte es nicht nötig, da ich eh nicht zunehmen würde. Dennoch würde ich heute einen Schnupperkurs mitmachen.

Es war 6 Uhr, als ich mich in Sportkleidung in einer kleinen Sporthalle in Begleitung meiner Gastmutter und Daschas wiederfand. Eine Frau Ende 50 mit weißen, kurzen Haaren, pinkfarbenen Lippen und rosa-schwarz geschminkten Augen begrüßte uns. Sie meinte, ich würde heute erst mal eine Schnupperstunde mitmachen. Meine Gastmutter verabschiedete sich. Da war ich nun allein, zwischen ca. 15 weiteren Mädels bzw. Frauen, welche alle bereits Aufstellung genommen hatten. Die freundliche Frau drückte mir einen Holzstab, welcher ca. 1,50m lang war, 0.5kg-Hanteln und eine Yogamatte in die Hand. Sie meinte, ich solle keine Angst haben- es würde schon nicht schwer werden. Alle weiblichen Geschöpfe in dem Raum sahen in Richtung einer komplett mit Spiegeln bedeckten Wand - schließlich sollte man bei Fitnessübungen auch sehen, ob man es richtig macht. Über den großen Spiegeln hingen mehrere Fernseher. Die Frau schaltete das Video, die Musik und die Lichteffekte ein. Die Trainerin (freundliche Frau mit dem krassen Make-up) erklärte mir, ich solle die Bewegungen der Sportlerin auf der linken Seite des Bildschirmes nachmachen. Ich meisterte meine Aufgabe ganz passabel. Ab und zu kam die erstaunlich fitte 50jährige auf mich zu und meinte ich sei eine Frau und solle eine aufrechte, freundliche Haltung beibehalten und

---

[1] „Schupaschkar" ist der Name für Tscheboksary (auf Tschuwaschisch)

nicht zu einem verkrampften Kartoffelsack zusammenfallen. Das war aber leichter gesagt als getan - ich war dennoch nicht schlecht.

Auf dem Bildschirm waren noch zwei weitere Frauen zu sehen. Eine die ein Muskelaufbautraining ausübte und eine weitere, welche Konditionstraining vorführte - ich machte übrigens Problemzonen – Training, wie mir später gesagt wurde.

Die Musik war basslastig - was mir persönlich sehr zusagte – die Lichteffekte waren nur leichter Farbwechsel, aber dennoch passend. Alles in allem war es eine angenehme, wenn auch anstrengende Sportstunde. Anschließend unterhielt ich mich mit der Trainerin. Sie redete schonungslos schnell und kompliziert auf mich ein. Zwischendurch immer die Frage ob ich verstanden hätte- ich bejahte, denn ich bezweifelte, dass sie andere Sprachen beherrschte, auf welche sie ausweichen könnte. Ich habe so viel verstanden, dass das so genannte „Scheiping-Programm", eines der besten Trainingprogramme überhaupt ist. Mehrfach ausgezeichnet und von Ärzten bestätigt. Sie zeigte mir Bilder von Frauen, welche von fett zu furchtbar attraktiv mutierten - eben durch besagtes Programm. Um ehrlich zu sein bezweifle ich etwas, dass dieses Training wirklich solch eine Wirkung zeigt, aber das werde ich ja noch sehen. Sie erklärte mir die Kosten und dass beim nächsten Mal sämtliche Körpermaße genommen werden, um ein eigenes Programm auszuarbeiten und den Erfolg nachvollziehen zu können. Eigentlich wollte ich nicht Problemzonen bearbeiten - dazu bräuchte ich erst mal welche - aber schaden kann es nicht und ich werde die Horrorvorstellung von 15 Kilo mehr auf den Rippen los. Nächsten Donnerstag werde ich wieder hingehen.

Von dem Sportraum bis zur Wohnung muss ich nur einen kurzen Weg von etwa 5min zurücklegen - es machte mir also nichts aus, dass es bereits dunkel geworden war.

Ich betrat die Wohnung. Meine Gastfamilie begrüßte mich freundlich. Die „Oma" war zu Besuch. Sie war eine Woche in Sotschi gewesen, um dort ihren Urlaub zu verbringen. Sie hatte mir sogar etwas mitgebracht. Ich bedankte mich höflich.

Es war ein Magnet auf welchem links oben "Sotschi" geschrieben ist. Sieht schön aus - na wie siehts mit der nächsten Urlaubsplanung aus, Papa?

Während des Abendessens wurde ich ausgefragt wie ich das Training fand und ob ich es weitermachen würde. Ich fand's klasse! Ich mache weiter! Meine Gastmutter wechselte irgendwie sehr geschickt das Thema, denn plötzlich fragte sie mich, wie ich denn die Jungs hier so fände. Ich sah sie entgeistert an. Erstens weiß sie, dass ich vergeben bin und zweitens reden wir hier immer noch von den pubertierenden Spargeltarzanen der 9.Klasse. Ich sagte ich habe bereits einen Freund. Sie gab sich nicht zufrieden. Darauf hin sagte ich: „Nun ja...ist die 9. Klasse...es sind halt Bubis..." zuckte dabei mit den Schultern und setzte ein desinteressiertes Gesicht auf. Meine Gastmutter musste lachen. Sie meinte daraufhin zur „Oma" wie sehr es ihr gefalle, dass ich immer frei heraus sage, was ich denke. Ich grinste.

Dascha schrie plötzlich mitten in die Abendbrotunterhaltung: „Schalotte wird fett nach Deutschland zurückgehen!" Hallendes Gelächter unterbrach das Gespräch. (Dascha ersetzt immernoch das gerollte "r" durch ein "l" - weshalb ich „Schalotte" bin) Während meine Gastmutter sich freute, dass Dascha das Wort „Deutschland" kannte, freute ich mich darüber, dass wenigstens einer hier meine Bedenken verstanden zu haben schien.
Nach dem Sandmann verabschiedete sich die „Oma", ich widmete mich den Englischhausaufgaben und ging anschließend zu Bett.

Fazit: Sportprogramm wird fortgesetzt

Hier zur Ansicht meine Monatskarte[1], mit der ich zur Schule fahre. (Rückseite und Vorderseite) 330 Rubel sind ca. 8,25 €. Für diesen Preis kann ich in Deutschland gerade einen Tag Bus oder Bahn fahren.

---

[1] Kenner der russischen Sprache sehen, dass es eine Monatskarte vom November ist – aber dort war kein Platz mehr im Buch...

Die Sportstunde

Heute war der erste Tag überhaupt, an dem Xjuscha und ich zusammen mit meiner Gastmutter und Dascha das Haus verließen, um zur Schule zu fahren. Wir stiegen diesmal in den Trolleybus 6 ein - da dieser an Daschas Kindergarten vorbeifährt. Wir setzten uns hin und unterhielten uns. Es war eine angenehme Busfahrt - immerhin **saßen** wir zur Rushhour-Zeit! Es ist verblüffend zu sehen, wie weich die Gesichtszüge der Mitreisenden werden, wenn sie Dascha munter mit ihrer Mutter plaudern sehen.

Xjuscha und ich stiegen aus, mussten aber noch ein kleines Stückchen zur Schule laufen - wieder eine neue Gegend Tscheboksarys entdeckt. Wir schlenderten durch eine Allee – ich habe mal ein Bild gemacht.

Zwei Stunden Sport standen heute unter anderem auf dem Stundenplan. Also nichts wie in die Sportklamotten und rein in die Sporthalle. Jede Sportstunde denke ich, ich bin im falschen Film. In meiner deutschen Schule wurde man getadelt, weil man die Haare nicht geschlossen trug und deshalb verletzungsgefährdet war. Heute habe ich Mädchen in Minirock und Pumps beim Schlagballweitwurf gesehen, wobei in dem Aufzug die Möglichkeit weit zu werfen nicht gegeben ist.

Ich spielte zunächst mit Volleyball. Ich war gar nicht so schlecht, doch dann überdehnte ich leicht ein paar Sehnen der linken Hand und setzte mich an den Rand, um die Hand zu schonen. Irgendwann spielten Kolja und noch ein Junge Basketball. Mir kribbelte es in den Fingern. Sie forderten mich auf mit zu spielen - ich lehnte ab...meine Hand tat schließlich noch weh. Ich habe allmählich genug von Volleyballspielen, denn das machen wir mittlerweile jede Sportstunde. Man steht an seinem Platz und schlägt ab und zu an den Ball...

Als Kolja wieder vor mir stehen blieb, den Ball vor sich prellte und mich auffordernd ansah, beschloss ich meine Hand zu ignorieren, sprang ruckartig auf und luchste ihm den Ball ab. Ich prellte ein Stück, drehte mich um und grinste ihn an. Er sah etwas erstaunt aus. Ich prellte zum Korb, warf und traf natürlich nicht. Der andere Kerl nahm den Ball auf , warf und traf. Das konnte ich nicht auf mir sitzen lassen und wiederholte meinen Wurfversuch. Diesmal traf ich und auch jedes weitere Mal, als ich warf - es grenzte an ein Wunder. Irgendwann war ich richtig in das Spiel der zwei aufgenommen - es machte großen Spaß, obwohl ich mich miserabel fand. Irgendwann hielt Kolja inne und fragte: „Spielt ihr in Deutschland im Sportunterricht Basketball und Volleyball?" Ich erwiderte: „Wir machen viel mehr - rennen, werfen, springen, verschiedene Ballspiele, Turnen...- wir ruhen uns nicht jede Sportstunde aus...wie hier..." Er zog erstaunt die Augenbrauen hoch und meinte dann schließlich: „Du bist echt sportlich! Was ich beim Volleyball und Basketball gesehen habe, ist wirklich gut!" Ich war erstaunt. Keine Ahnung, was ich hätte erwidern können. Das war mir neu. Ich bin sportlich! Und als nächstes werde ich bestimmt zum Kaiser von China gekrönt! Der Junge bestätigte Koljas Aussage, was diese nicht weniger surreal machte. In dem Sinne: Liebe Grüße an meine Sportlehrerin, welche immer noch vom Gegenteil überzeugt ist.

In der darauffolgenden Pause wollte ich mir für dieses Buch notieren, was ich erlebt habe - damit ich auch ja nichts vergesse euch mitzuteilen. Als ich gerade meine Notizen ansah merkte ich, dass sie im „Mixalphabet" geschrieben sind. Die Notizen sind auf Deutsch verfasst, wobei ein paar Buchstaben aus dem kyrillischen Alphabet reingerutscht sind - hoppla! Ich hoffe das bekomme ich bald in den Griff!

Nach der letzten Unterrichtsstunde kam meine Klassenlehrerin auf mich zu. Sie meinte, ich bekäme bald meinen eigenen Stundenplan - aber das höre ich ja schon seit 2 Wochen. Diesbezüglich fragte sie mich nun, welche Fächer ich denn in Zukunft nicht mehr haben möchte. Das ist doch mal der Traum eines jeden Schülers - Stundenplan ohne Naturwissenschaften und Sport. Aber ich bin ein notorischer Schleimer, weshalb ich lediglich Tschuwaschisch und Sport abwählte. Sie nahm beides zur Kenntnis und lächelte verständnisvoll, als ich Sport nannte.

Sascha kam nach der Schule wieder mit zu uns. Ich ließ die beiden in Ruhe und skypte mit meinem Freund.

Wir aßen zu Abend. Anschließend sah ich wieder zusammen mit Dascha den Sandmann - diesmal saß sie auf meinem Schoß und fragte mich über den fremden Kerl, welchen sie eben auf meinem Computerbildschirm gesehen hatte, aus. Irgendwann war ihr Interesse für das rosafarbene Mondwesen beim Sandmann größer, sie hörte auf zu fragen und schmiegte sich an mich. Ich hab das kleine manchmal wirklich nervige Mädchen sehr lieb gewonnen - muss ich gestehen.

Gute Nacht!

Fazit: Ich bin sportlich!

Ich verstand alles!

Heute morgen ging der Fahrstuhl nicht! Ich wohne hier in der 7. Etage und der Aufzug geht nicht! In den letzten Tagen hatte er immer ein schleifendes Geräusch von sich gegeben, welches so laut war, dass meine Gastmutter nicht schlafen konnte, sobald jemand den Fahrstuhl benutzte. Aber ein schleifendes Geräusch ist hier weiter nichts Dramatisches! Ich würde heute noch zum Sport gehen. Unvorstellbar wie ich nach einer Stunde kraftraubendem Sport in die 7. Etage ohne Fahrstuhl kommen soll. Aber noch war ja nicht aller Tage Abend und Treppen runter laufen ist nicht schlimm….

In der ersten Unterrichtsstunde des Tages, welche Russisch war, schrieben wir ein Diktat. Die Lehrerin sah mich erstaunt an, als ich todesmutig ein Blatt Papier zückte, um mitzuschreiben. Sie fragte, erfreut ob ich es wirklich versuchen wolle und ich sagte, dass ich es zumindest probieren werde. Der Text handelte von Jungs, Schiffen, einer Expedition und Piraten. Ich habe sogar einen vollständigen Satz aufschreiben können! Ich merkte, dass sich die Lehrerin große Mühe gab - sie wiederholte oft was sie diktiert hatte und gab acht auf ihre Aussprache. Sehr lieb von ihr, aber dennoch hatte ich aller drei Worte Lücken zu verzeichnen. Aber das wird noch! Als ich an ihren Tisch kam, um das Diktat abzugeben (welches durch die mit drei Punkten gekennzeichneten Wortlücken eher aussah wie ein Morsealphabet) schenkte sie mir ein Kompliment bezüglich meines Schals. Ihr wisst schon, der „Designerschal". Ein Kompliment am Morgen vertreibt Kummer und Sorgen, kann ich dazu nur sagen.

In Sport spielte ich wieder mit Kolja und dem anderen Jungen Basketball - wobei mir diesmal klar geworden ist, warum ich den Namen des einen nicht kannte. Sein Name ist ebenfalls Kolja. Ich schreibe hier übrigens immer nur von Spitznamen - nicht dass ihr glaubt, jede zweite heiße Mascha oder

Natascha. Kolja ist die Kurzform für Nikolai. Also, wie dem auch sei, ich spielte mit den beiden Basketball - meine Spielart war wie gewohnt „Mädchenbasketball" aber egal, es machte Spaß.

In der darauf folgenden Pause gesellte ich mich zu einer Gesprächsrunde hinzu. Man fragte mich, ob ich schon mal „Scharlottka" gegessen hätte - ich sagte ich hätte bereits. Sonja meinte darauf hin „Egal! Wir machen noch mal Scharlottka für dich und diesmal wird Scharrrlotta mit Scharrrrlottka fotografiert!" Ich grinste - mal sehn, ob wir das wirklich am Samstag machen. Anschließend wurde ich ausgefragt, welche russischen Märchen ich kennen würde und ob ich hier schon mal im Kino war. Ich zählte ein paar Märchen auf - z.B: „Der Kloß" also „Kolobok"- und gestand, hier noch nie im Kino gewesen zu sein. Die Mädels plapperten nun hastig durcheinander, was man noch alles für mich kochen und mir zeigen müsste. Ich grinste erneut- bin mal gespannt wie lange der „Hype" um mich anhält. Dann wechselte ich das Thema und meinte, dass mir die Schokolade, welche es nur hier gibt, sehr gut schmecke. Sonja lächelte und meinte: „Ja dann kaufen wir dir Schokolade! Und du nimmst russisches Konfekt mit nach Deutschland! Wir eröffnen ein Business!" Ich lachte und wir begannen nun darüber zu philosophieren wie wir unsere Firma nennen und wann wir eröffnen.

In Biologie bekam ich wieder ein Biologiebuch zum Durchlesen. Jede Stunde gibt mir die freundliche Biologielehrerin ein Buch zum Lesen. So langweile ich mich nicht, während sie die ganze Stunde diktiert, was die Schüler auswendig zu lernen haben, und ich lerne auch noch ein paar Vokabeln. Fledermaus und Herz gehört jetzt mit zu meinem Wortschatz.

Die siebte Stunde war Business-English. Meine erste Stunde Business- English überhaupt! Es war eine lustige Stunde, denn keiner passte auf. Wir gingen Reisevokabeln durch wie z.B.: Visum, Gepäcksammelstelle, Flugticket… aber da ich viel gereist bin (lieben Dank an meine Eltern) sind mir solche Begriffe auf Englisch bereits geläufig. Also nutze ich die Stunde, um mit Lisa, Seda und Kolja rumzublödeln. Am Ende der Stunde hatte Kolja mein - ich zitiere: „Original in Deutschland gekauftes Tuch" um und ich seinen Schlips. Wieder eine neue Vokabel: „Schlips = Galstuk"…erinnert an das deutsche Wort „Halstuch" oder?

Anschließend brachte ich Kolja bei, wie man auf Deutsch seine Krawatte wiederverlangt - er kann es vielleicht brauchen, denn er lernt Deutsch.

Charlotte mit Kolja und Elija - in ordentlicher Schulkleidung. An mir sieht man übrigens das „Designertuch".

Nach der Schule fuhr ich allein zur Wohnung. Xjuscha und Lera gingen bei McDonald's was essen. Da ich mittlerweile weiß, wie lange sich ein kurzes Essen bei den beiden hinziehen kann, ging ich nicht mit. Heute würde ich wieder Sport haben und wollte - dank der guten deutschen Erziehung - nicht zu spät kommen.

Ich kam auch nicht zu spät. 10 Minuten zu früh - dass nenn' ich doch mal pünktlich. Eigentlich kommt man hier immer 10 Minuten zu spät - man ist eben entspannt. Aber ich werde nicht absichtlich zu spät kommen! So- wo war ich? Ach, ja. Also machte ich wieder 60 Minuten Sport. Nach ca. 30 Minuten tat mir bereits alles weh und ich musste die Zähne zusammen beißen. Die Zeit verging und meine Puste mit ihr. Dann kam noch ein Liedremix namens: „I will survive" – also: „ich werde überleben" – sehr passend.
Nach einer Stunde hatte ich es überstanden und fühlte mich gar nicht mal so schlecht. Die Trainerin bat mich wieder zu sich. Ich bezahlte für diesen Monat und führte anschließend ein Gespräch mit ihr - wann wir mein Gewicht messen würden, wann ich trainieren kann, was ich zu beachten hätte und so weiter. Und hier kommt die Sensation des Tages: Ich verstand alles! Bei einigen Worten habe ich nachfragen müssen und sie hat andere Worte gewählt, aber ich habe wirklich verstanden, was sie mir erklärte. Wenn man die Sprache nicht richtig beherrscht, so gewöhnt man sich irgendwann an, Mimik, Gestik und Tonfall zur richtigen Reaktion zusammenzureimen. Manchmal reicht schon ein erstauntes „Ja?" und das Gegenüber ist zufrieden.
Aber diesmal musste ich kein gekünstelt verständnisvolles Lächeln aufsetzten - es war echt. Ich unterschrieb den Zahlungsbeleg mit meinem Namen - und Abstammung „Udovna" … immer noch befremdlich, wie viel Wert darauf gelegt wird, dass man die Tochter von Udo ist.

Ich betrat das Wohnhaus und hoffte, dass der Fahrstuhl funktioniert - er tat es. Welch ein Glück!

Als ich in der Wohnung ankam wurde ich stürmisch von Dascha begrüßt. Sie rannte auf mich zu während sie schrie: „Schalooootttaaaa!" Und wumms war sie an meine Beine gestoßen und hatte diese auch sofort fest umklammert. Niedlich.

Meine Gastmutter hatte Freundinnen zu Besuch. Sie begrüßten mich herzlich und fragten mich wie der Sport war. Ich meinte nur: „Ich sterbe!" und sorgte damit für erheiterte Gemüter. Ich wollte etwas essen. Doch sie wiesen mich gleich darauf hin, dass nach Sport für 2 Stunden essen gestrichen ist - ansonsten nimmt man zu statt ab. Na klasse.

Ich duschte und quatschte mit Xjuscha. Eine Stunde nach meinem Sportprogramm gab´s dann doch Abendessen - soviel zu den zwei Stunden. Nach dem Sandmann ging ich erschöpft zu Bett.

Fazit: Nach Sport: Essen = gestrichen!

Freitag, 24. September 2010

Angebrannte Scharlottka

Heute ist mir aufgefallen, dass sich der Kleidungsstil wieder normalisiert. Zwar sind Pumps und enger Rock immer noch ein Muss, aber z.B. in meiner Klasse sehen die Mädels mittlerweile „normal" aus. Also fast ungeschminkt und ohne Pumps.

In Deutsch plauderte meine Lehrerin mit mir - auf Russisch. Sie regte sich darüber auf, dass nur eine Stunde in der Woche Deutsch unterrichtet werde. Recht hat sie! Eine Sprache ist so kaum erlernbar! Sie formulierte es auf eine witzige Art und Weise. Hier ist es üblich, wenn man etwas ironisch meint, die Floskel „gratulierst du" anzuwenden. Im Sinne von „Siehst du das auch so ?" Sie sagte Folgendes: „Nur eine Stunde Deutsch in der Woche - gratulierste[1], Udovna!" Wiedereinmal meine Abstammung von Udo - sogar im Schulheft sind Zeilen für Name, Klasse und Abstammung vorgesehen!

Außerdem schrieben wir noch einen Test in Deutsch. Alle tuschelten wie wild auf mich ein - ich wusste nicht, wem zuerst helfen…ich hoffe ich habe trotz der Helferei nicht meinen eigenen Test in den Sand gesetzt….

---

[1] Dies habe ich zu Anfang nicht richtig verstanden und deshalb falsch übersetzt. Eigentlich sagt man hier: „Kannst du dir das vorstellen?!" bzw. „Stell dir das mal vor!", wenn man eine Situation besonders betonen möchte.

Ansonsten war der Schultag eher langweilig und ereignislos - halt Schule.

Das sind Seda, Lisa und Sonja (meine liebe Sonja)

Nach der Schule war wieder Sascha bei uns und zog mich freundschaftlich mit meinem Akzent auf. Er wiederholte immer wieder auf welche Art ich „Hallo!" also „Privjet!" sage- dabei übertrieb er ziemlich, sodass daraus ein „Privjeeeet!" wurde. Sehr fies – aber durchaus lustig, solang ich weiß, dass er es freundschaftlich, witzig meint. Er ist ganz witzig - wenn auch etwas eingebildet.

Zusammen mit Xjuscha und Sascha kochte ich anschließend Abendessen. Meine Gastmutter würde erst gegen um neun nach Hause kommen. Wir kochten Pelmeni mit Scharlottka. Die Pelmeni waren lecker - allerdings aus der Kühltruhe und die selbstgemachte Scharlottka ist uns angebrannt. Ich hab ja gesagt man muss Butter unter den Teig machen vorm Backen, aber Sascha wusste es besser und meinte: „Psst! Du weißt gar nicht wie man Scharlottka macht! So etwas gibt es bei euch gar nicht! Also lass erfahrene Einheimische machen!" Also ließ ich ihn machen…

Gute Nacht!

Fazit: Der Kleidungsstil kann hier durchaus normal sein!

Ein wundervoller Samstag

Wieder ein halber Samstag in der Schule „verschwendet". Wieder ein Samstag, den man hätte ausschlafen können...

In Chemie schimpfte unsere Lehrerin wieder, weil niemand auch nur ansatzweise verstand, was sie von uns verlangte. Aber eigentlich ist sie eine liebe, verständnisvolle Lehrerin.

Kolja fragte mich in der darauffolgenden Pause, ob ich „Bulotschka" sehr lieben würde. Mit vollem „Bulotschkamund" antwortete ich „Ja!".

Ich liebe diese Dinger wirklich sehr - hier mal ein Bild: Bulotschka, ein einfaches Milchbrötchen mit Zucker...

Ein schrecklicher Schultag bestehend aus: Informatik, 2x Chemie, Algebra und Biologie ging doch irgendwann zu Ende und ich war froh, den freien Nachmittag begrüßen zu können.

Wir gingen zunächst zu Sascha und aßen Nudeln. Es kamen noch zwei Freundinnen von ihm hinzu, welche die ganze Zeit: „Cool!" sagten. Also war alles „Cool"- und das wiederum mit der Zeit schrecklich nervig. Und dann noch auf Englisch angesprochen zu werden und das Englisch dann noch extra langsam und gedehnt, als ob man schwachsinnig wäre - das ist erniedrigend. Aber ich antwortete einfach auf Russisch...wieder einmal erstaunte Gesichter und die Frage woher ich Russisch könne. Wie meine Informatik-und-Gk-Lehrerin in Deutschland schon richtigerweise zum Abschied zu mir sagte: „Du lässt dir die Butter schon nicht vom Brot nehmen!"

Dann war ich mit Lera, Xjuscha und Elija im Kino. Das erste Mal in Russland im Kino. Ein 3D Film - ich glaub bei euch ist der unter dem Namen „Resident Evil" in den Kinos- bin mir aber nicht sicher. Nun ja es ging um Zombies, sinnloses Rumgeballere und Abgemetzel, einen Virus, der die Menschen in besagte Zombies verwandelt und so weiter. Ich fand den Film nicht so klasse - sinnloses Gemetzel. Aber immerhin habe ich verstanden, worum es ging. Die anderen fanden den Film übrigens auch nicht so berauschend.

Xjuscha, Lera und Elija mit 3D Brille.

Anschließend spazierten wir alle noch ein Stück. Ein sehr schöner Tag ging zu Ende…

Ich habe allmählich realisiert, dass ich in Russland bin - es mag sich komisch anhören…aber so ist es. Ich habe einen Monat gebraucht um hier anzukommen. Ich fühle mich irgendwie dazugehörig. Man behandelt mich wie eine von ihnen. Ich bin nicht „die Deutsche", ich bin „Scharli" . Ich habe Freunde gefunden- ich komme mit wirklich allen gut aus. Es macht mir Spaß Dinge gemeinsam mit meinen Mädels zu unternehmen. Auch die Angst, meiner Gastschwester Xjuscha irgendwann auf die Nerven zu gehen, habe ich nicht mehr. Sie meint immer noch, dass sie froh ist, dass ich hier bin. Und sie behandelt mich wie eine gute Freundin. Meine Gastmutter scheint mich lieb zu haben und Dascha gesteht mir ab und zu ihre Zuneigung. Die gesamte weitere Familie ist freundlich und die Lehrer auch. Ich verstehe immer mehr und meine Aussagefähigkeit verbessert sich (wenn auch langsam). Ganz ehrlich: Ich find's prima hier!

Fazit: Ich bin angekommen! Ich bin in Tscheboksary - und das sehr gerne!

PS: Eine „Leserfrage" aus meinem Blog: Wieviel kostet Benzin?
Der Liter Benzin kostet zwischen 20 und 30 Rubel. Umgerechnet also 50/ 75 Cent.

Nowo Tscheboksarsk

Als ich heute morgen die Augen öffnete, schien die Sonne warm in mein Gesicht. Dascha war wach. Man hörte es eindeutig. Meine Gastmutter war natürlich auch wach - immerhin schlafen sie und Dascha im selben Zimmer. Irgendwann verließen sie die Wohnung. Stille durchdrang die Wohnung. Ich schloss meine Augen und widmete mich wieder dem Schlaf, welchen ich dringend benötigte.

Gegen um 11 stand ich auf. Xjuscha war auch wach. Ich öffnete das Fenster unseres Zimmers. Ein leichter Wind wehte, die Sonne schien warm und hell. Es schien ein wunderbarer Spätsommertag zu werden.

Meine Gastmutter und Dascha kamen gegen 11 nach Hause. Sie waren in der Kirche gewesen und anschließend noch Kleinigkeiten einkaufen. Das war Daschas erster Besuch in einer Kirche - meine Gastmutter platzte vor Stolz, zumal sich Dascha vorbildlich verhalten haben soll. Eigentlich scheint meine Gastfamilie kein großer Kirchengänger zu sein - dennoch gläubig. In der Küche stehen Ikonen auf einem Regal und jedes Familienmitglied trägt ein Kreuz um den Hals.

Wir frühstückten. Kurz darauf kam die Schwester meiner Gastmutter zu Besuch. Sie brachte selbst genähte Gardinen im Schlafzimmer an. Sieht wirklich wunderbar aus. Heller blau/grüner Stoff kunstvoll aufgehängt.

Gegen ein Uhr verließen wir die Wohnung und liefen zur Haltestelle. Wir warteten auf eine Marschrutka. Falls ihr euch nicht mehr erinnert: Eine Marschrutka ist ein Kleinbus, der eine bestimmte Strecke abfährt und man überall einen Haltewunsch äußern kann- egal ob Straßenrand oder Haltestelle. Der Fahrer einer Marschrutka fährt und kassiert gleichzeitig ab. Die Dinger sind schneller als ein Trolleybus - eben weil sie nicht überall halten und weil die meisten Fahrer fahren, wie vom Teufel besessen. Wenn man möchte, dass eine Marschrutka anhält, um einsteigen zu können, so stellt man sich an eine Haltestelle und winkt betreffender Marschrutka zu. Man weiß übrigens nie, wann eine Marschrutka oder ein Trolleybus (oder sonstiges öffentliches Verkehrsmittel) an betreffender Haltestelle vorbeifährt. Es gibt keine Fahrzeiten wie in Deutschland. Man stellt sich an eine Haltestelle und wartet.

Wir holperten in einem Affenzahn über die Straße, verließen Tscheboksary und fuhren nach Nowo Tscheboksarsk (Neu Tscheboksary). Die Stadt ist gerade mal 50 Jahre alt. Nach 20 Minuten waren wir angekommen. Wir würden heute eine weitere Schwester meiner Gastmutter besuchen.

Uns öffnete eine kleine, freundliche Frau (ca. 1,60m), mit blondierten, kurzen Haaren, in Jeans und Pulli. Wir wurden hinein gebeten. Xjuscha und ich gingen zunächst in das Zimmer ihrer Tochter. Diese lobte mich für mein Russisch und dass, obwohl ich kaum etwas gesagt hatte.

Wir gingen in die Küche. Es wurde furchtbar viel Essen aufgetafelt. Nudeln, Tomatensalat, Huhn, Rotebeetesalat, Eierkuchen, Brot und Kuchen. Die drei Schwestern unterhielten sich.

Irgendwann richtete die Gastgeberin das Wort an mich. Nach den Standardfragen wie es mir hier gefalle und ob ich meine Familie vermisse bzw. umgekehrt, bat sie mich etwas auf Deutsch zu sagen. Ich stellte mich auf Deutsch vor. Sie war begeistert. Sie erklärte Deutsch in der Schule gehabt zu haben und nichts mehr zu können. Plötzlich war das Thema Deutschland angeschnitten. Sämtliche Verwandtenbeziehungen nach Deutschland, Verwandte, welche nach Deutschland verreist sind oder Deutsch sprechen können wurden aufgezählt - erstaunlich viele. Dann kamen die Glatteisfragen. Ob meine Großväter im Krieg gewesen wären und wer gewonnen hätte. Meine Gastmutter hatte mich das schon einmal gefragt - ich war also vorbereitet. Mein erster Satz war: „Deutschland hat den Krieg verloren und viele Deutsche finden es schlecht, was damals passiert ist." In den Gesichtern konnte ich ablesen, dass ich richtig geantwortet hatte. Ich erzählte also weiter, wer nun gewonnen hätte. Meine Gastmutter unterstütze mich und meinte ich wüsste, was in der Vergangenheit passiert ist - was wirklich passiert ist. Wieder eine Prüfung erfolgreich gemeistert.

Zu unserer geselligen Runde kam noch der Freund der Tochter der Schwester meiner Gastmutter hinzu. Er schlug vor, spazieren zu gehen um mir Nowo Tscheboksarsk zu zeigen. Also machten sich Xjuscha, Tochter, Dennis (der Freund) und ich auf die Strümpfe. Ich fragte, was es hier Sehenswertes gäbe. Er lachte und meinte. „Nichts! Überhaupt nichts!" Wir spazierten an Neubaublocks vorbei, über schlechte Wege - eine Art Tscheboksary ohne große Geschäfte. Ich Blödi habe natürlich meinen Fotoapparat in der Wohnung gelassen. Wir gingen in einen Supermarkt und Dennis fragte mich, ob wir so etwas in Deutschland auch hätten. Ich antwortete: „Nein wir leben in Bäumen und jagen unser Abendessen selbst!" Xjuscha lachte, denn auch sie wusste, dass er nicht der erste war, der mir diese unsinnige Frage stellte. Ansonsten unterhielten wir uns nett. Er ist wirklich lustig und wollte mir zunächst alle russischen Schimpfwörter beibringen. Am Skatepark von Nowo Tscheboksarsk machten wir eine Pause und stopften russisches, wahnsinnig leckeres Konfekt in uns. Die Sonne schien immer noch warm - wie ich heute morgen bereits ahnte, war es ein wunderbarer Spätsommertag. Aber die nächste blöde Frage wartete bereits auf mich. Dennis' Freundin fragte mich, ob ich mit meiner Familie in Deutschland englisch sprechen würde. Äh…äh…man weiß manchmal bei solchen Fragen nicht, ob es ernst gemeint ist. Ich bin in solchen Momenten fast sprachlos und frage mich, woher solche Unüberlegtheit nur kommen kann.

Bei Anbruch der Dunkelheit verließen wir Nowo Tscheboksarsk und fuhren zur Wohnung zurück. Dascha und meine Gastmutter gingen sofort zu Bett. Xjuscha sah eine Folge „Vampire Diaries" auf ihrem Laptop und ich schrieb an diesem Buch bis ich wiedereinmal ohne Sandmann ins Bett musste.

Ein ereignisreicher, wunderbarer Spätsommertag ging zu Ende.

Fazit: Ich kenne die deutsche Geschichte.

Heute war es still

Heute Morgen herrschte Stille. Seit nun 4 Wochen werde ich von folgenden Worten eines quengelnden Kleinkindes geweckt: „Ich will schlafen!" Und dies sehr flehend und laut - jeden einzelnen Morgen. Doch heute war Stille. Meine Gastmutter schlich leise durch die Wohnung - das tat sie sonst nie. Xjuscha und ich standen auf. Xjuschas Mutter erzählte uns, Dascha hätte Fieber bekommen und würde heute nicht in den Kindergarten gehen. Schon seltsam…gestern fuchtelte sie noch quietschvergnügt mit einem Eierkuchen durch die Gegend und heute liegt besagtes Kind mit fieberroten Wangen im Bett und schläft. Das Mütterchen (die Mutter meiner Gastmutter) wird heute auf sie aufpassen, während wir alle in der Schule sind.

In der Schule erzähle mir Natascha fröhlich, sie habe meinen Blog mit Hilfe von Google Translator lesen können. Er gefalle ihr sehr und sie werde den heutigen Blogeintrag wieder lesen. Auch Lisa meinte, sie hätte die letzen beiden Blogeinträge gelesen. Ich bin froh, dass er ihnen gefällt.

In Geografie war die Lehrerin nicht da - warum auch immer. Wir blödelten herum und machten ein paar Bilder. Mascha erzählte mir, sie fände meinen Akzent klasse und würde gern so sprechen wie ich. Sie versuchte es daraufhin. Es gelang ihr nicht. Während ich es schlecht finde, dass ich einen Akzent habe, so finden viele meinen Akzent hier schön.

Ich habe außerdem heute meinen eigenen Stundenplan bekommen. Sonderlich anders ist er nicht. Ich habe ab und zu Russischunterricht in der 7. Klasse. Die Lehrerin wies mich darauf hin, dass, wenn der Anspruch zu hoch ist, ich auch in tiefere Klassen gehen könnte. Außerdem werden noch weitere Änderungen im Stundenplan auf mich zu kommen und der Besuch der Tschuwaschischstunde ist für mich von nun an nicht mehr nötig.

Deshalb kam es dazu, dass ich heute eine Stunde früher Schluss hatte als Xjuscha. Da sie mich gebeten hatte Milch einkaufen zu gehen, tat ich das auf dem Weg zur Wohnung.

Wieder ist mir eine Besonderheit aufgefallen, über welche ich euch noch nicht in Kenntnis gesetzt habe. Es gibt hier nur Milchtüten - keine Tetrapacks.

In der Wohnung angekommen machte mir eine quietschvergnügte Dascha die Tür auf. Das Mütterchen wirkte etwas gestresst - kein Wunder, wenn man bedenkt, dass sie den halben Tag allein mit Dascha fertig werden musste. Ich erkundigte mich, wie es Dascha ginge. Sie hatte noch etwas Fieber, aber sonst schien es ihr gut zu gehen. Ich legte die Milch in den Kühlschrank. Kurz darauf fing das Mütterchen an Eierkuchen zu backen. Super! Ich liebe Eierkuchen! (Aber nichts geht über die Eierkuchen meiner Oma - Liebe Grüße!) Ich beschäftigte Dascha und Mütterchen kochte. Wir aßen. Anschließend machte ich Hausaufgaben und wusch meine Wäsche.

Gegen um 5 rief meine Gastmutter an. Sie fragte, wie es Dascha ginge und erklärte, dass das Mütterchen bald gehen werde und ich kurz allein mit Dascha wäre, solange bis sie nach Hause käme. Ok. Kurz – das bekomm' ich hin. Wiedereinmal große Verantwortung, welche mir aufgebürdet wurde.

Ich beschäftigte Dascha eine geschlagene Stunde! Sie turnte auf mir herum und versuchte Fotos zu machen. Ziel war es mich mit dem Plüschtiger zu fotografieren.

Von ungefähr 20 Versuchen ist das hier eine der brauchbarsten Aufnahmen.

Als meine Gastmutter endlich zu Hause war, hörte Dascha auf zu quengeln. Denn irgendwann hatte sie begonnen, immer wieder zu fragen, wo ihre Mama ist, wie lange sie noch brauche und wann sie denn endlich da sei.

Daschas Mutter erzählte mir, welche Ausnahme ich sei. Keiner, kein einziger Austauschschüler, welcher an meiner russischen Schule war, wurde bisher in die 7. Klasse Russischunterricht gesetzt. Kein Einziger! Alle wurden den 2. oder 3. Klassen zugeteilt - ich aber der 7.! Ich fühle mich nun mehr als geehrt und habe leichtes Muffensausen den Anforderungen nicht genügen zu können. Immerhin ist diese Schule ein Gymnasium und da ist die Muttersprache in der 7. Klasse kein Zuckerschlecken!

Xjuscha kam gegen 20 Uhr von Sascha nach Hause. Wir aßen. Auch heute ging ich ohne Sandmann zu Bett.

Fazit: Mein Akzent ist klasse!

Der Präsident ein Bär?

Ich habe eine Antwort gewusst!! Ich habe eine Antwort gewusst!!! Bevor ich euch meinen Tag in chronologischer Reihenfolge schildern werde, musste ich das los werden: In Chemie habe ich eine Antwort gewusst! Dazu aber später mehr.

Bereits heute morgen wusste ich, dass Dascha wieder in den Kindergarten gehen würde - ihre Mutter schlich nicht durch die Wohnung, was ein sicheres Zeichen dafür ist, dass es Dascha besser ging. Ich stand auf und wankte noch im Standbymodus ins Bad.

Als ich Xjuschas und mein Zimmer wieder betrat, fiel mein Blick zum Fenster. Weiß. Ich sah aus dem Fenster und ich sah nur: weiß. Zunächst dachte ich die Scheiben seien beschlagen und öffnete das Fenster. Immer noch: weiß. Nur schwach erkannte man die Umrisse des Spielplatzes und der umliegenden Häuser. Wir machten uns auf den Weg zur Schule. Die Sichtweite betrug etwa 100m.

Hinter diesem Haus ist normalerweise die große Kirche, welche ihr schon auf vielen Bildern gesehen habt, zu sehen.

Und dann passierte es auch schon. In der ersten Stunde des Tages wusste ich etwas. Nicht nur dass ich eine Antwort wusste, nein ich wusste eine Antwort in Chemie! Schon allein das ist bemerkenswert für mich Naturwissenschaftsmuffel. Aber wenn man bedenkt, dass ich dazu eine russische Frage verstanden haben muss und dann noch die Antwort auf Russisch gekannt haben muss, grenzt es an ein Wunder. Die Frage war allerdings sehr simpel. Die Lehrerin hielt einen rötlichen Indikatorteststreifen hoch und fragte, was die Farbe uns nun verrate. Ich wusste es. Es ist eine Säure - auf Russisch: „Kislota". Meine erste richtig beantwortete Frage im normalen Unterrichtsgeschehen bereits nach 28 Tagen! Mensch - da war ich stolz auf mich!

Doch meine naturwissenschaftliche Wunderstimmung sollte auch noch einmal in Physik zum Tragen kommen. Wir hatten letzte Stunde einen Test geschrieben. Über Vektorfunktionen und was immer das mit einem Koordinatensystem und Physik zu tun hat. Ich habe keinen blassen Schimmer davon. In Deutschland hatte ich das bisher noch nicht in der Schule. Ich habe fast nichts verstanden - nicht mal, was ich im Test eigentlich zu tun hatte. Aber offenbar reichte das bisschen, was ich verstanden hatte für eine 3 im Test (wieder umdenken). Damit war ich besser als mancher Muttersprachler! Die Lehrerin hat im Laufe der Stunde bemerkt, dass ich gar keine Russin bin und bat mich nach der Stunde zu sich. Sie meinte es sei ihr eine Freude mich kennen zu lernen und lobte mich für meine Leistung. Nastina (die Klassenbeste) meinte im Nachhinein zu mir, dass mich die Physiklehrerin sehr gern hätte.

Anschließend hatten wir Geschichte. Nastina saß neben mir. Ich hab sie sehr gern - vor allem wenn es darum geht, neue Wörter zu lernen. Ich frage sie ein unbekanntes Wort und sie erklärt es wunderbar, sodass ich dessen Bedeutung verstehe.

Sie meinte irgendwann stolz, sie wisse, wie die Bundeskanzlerin Deutschlands heiße. Ich nannte daraufhin den Namen des russischen Präsidenten: Medvedjew. Als ich ihn im Laufe des Gesprächs wiederholte, sagte ich nur: „Medved". Nastina und ich mussten sofort lachen. Mir war klar, dass ich auf den Posten des russischen Präsidenten gerade einen „Bär" gesetzt hatte. Nastina meinte: „Klar! Ihr habt einen Menschen und wir haben einen Bären!" Mein erster großer Versprecher hier.

Dann hatte ich Russisch in der 7. Klasse. Die Schüler sind furchtbar lieb und neugierig. Ich saß nun also in der 7. Klasse im Russischunterricht - ratet mal wie viel ich verstanden habe! Nein- falsch! Ich habe ein bisschen was verstanden. Die Lehrerin las einen Text über „den Helden Russlands" vor. Ein älterer Text. Ich habe ein paar Worte verstanden, aber keine Zusammenhänge - ich hoffe das bessert sich, schließlich erwartet man hier viel von mir.

Und schon hatte ich Schluss. 5 kleine und doch anstrengende Stündchen und da ich kein Tschuwaschisch mehr habe, konnte ich bereits zur Wohnung gehen. Dort machte ich Hausaufgaben und packte meine sieben Sachen für den Sportkurs, welchen ich heute wieder besuchte.

Ich wurde heute öfter gelobt für meine Ausführung der Sportübungen. Diesmal kam das Lied „Rescue me!" Also „Rette mich!" Da war ich grad dabei Sit ups zu machen und dachte in etwa dasselbe. Nach einer Stunde hatte ich es geschafft.

Als ich aus dem Sportraum trat, regnete es. Ich stellte meinen Jackenkragen hoch und joggte das kurze Stück zur Wohnung. Diesmal verzichtete ich auf den Lift und benutzte die Treppe bis zur 7. Etage. Morgen wird mir sicherlich alles weh tun und wenn nicht, habe ich etwas falsch gemacht.

Ein köstlicher Duft stieg mir in die Nase. Sie kochten gemeinsam mit Sascha. Es gab Champignons mit Kartoffeln und als Nachtisch Melone und verschiedenen Süßkram. Und ich durfte nichts essen... ich flüchtete mich zunächst unter die Dusche. Danach setzte ich mich brav an den Essenstisch und widerstand den Leckereien. Meine Gastmutter drängte mich zu essen und das, obwohl sie selbst dabei war, als ihre Freundinnen mich darauf hinwiesen, dass man zunähme, wenn man direkt nach dem Sport isst. Ich aß ihr zuliebe eine Scheibe Melone und sagte wahrheitsgemäß, ich hätte bereits Suppe gegessen. Dennoch war ich furchtbar hungrig. Aber ich blieb standhaft - auch als meine Gastmutter zum 5. Mal nachfragte ob ich nicht doch etwas essen wolle, was selbst Xjuscha dazu brachte leicht aus der Haut zu fahren und ihrer Mutter zu sagen, dass ich jetzt bestimmt nichts essen werde.

Ich sah wieder gemeinsam mit Dascha den Sandmann an. Endlich mal wieder mit Gute-Nacht-Lied zu Bett gehen. Das schläft sich gleich viel besser!

Gute Nacht!

Fazit: Man erwartet viel von mir - vielleicht zu viel.

Mittwoch, 29.September 2010
Durchhänger

Der zweite Tag mit totalem Durchhänger. Der zweite Tag innerhalb 29 Tagen, an dem ich mich überfordert fühlte. Ich hatte heute wieder Russisch in der 7. Klasse. Ich verstand rein gar nichts. Die Tatsache, dass ich nichts verstand und dass derjenige, der mich in diese Klasse gesetzt hat, tatsächlich glaubt ich könne so viel, machte mich traurig. Ich will gern so gut sein um alles zu verstehen, aber das bin ich nicht. Ich bin die erste, welche in die 7. Klasse Russischunterricht gegeben wird und versage prompt.

In Sport wurde meine Laune noch mehr getrübt. Einige Mädels warfen mit den Basketbällen, als wären sie auf einer Blumenwiese und müssten rosa Wattebäusche einander zuspielen. Schrecklich. Und dann noch das typische Mädchengekicher dazu. Nastina und Sonja saßen neben mir und meinten: „Alles wird gut! Tief ein- und ausatmen! Wir können sie auch nicht leiden…die sind immer so. Mooommm."
Ich reagierte mich durch ein Basketballspiel mit Kolja ab.

Vor dem anschließenden Englischtest bat ich meine Englischlehrerin (und YFU- Freiwillige) mich in die 6. Klasse Russisch zu versetzen - ich war fast zu stolz, um sie das zu bitten. Sie lächelte sehr verständnisvoll und meinte es sei ihr fast klar gewesen, die 7. sei eine der schwierigsten Klassen im Russischunterricht. Wirklich besser fühle ich mich dadurch nicht.

Obwohl ich nach der Englischstunde eigentlich Schluss gehabt hätte, ging ich noch zum Mathematikunterricht ebenfalls in der 7. Klasse, welche ich bereits kannte.

Ein kleiner Junge namens Wasja, welcher mich schon bei der ersten Russischstunde freundlich begrüßt hat, bat mich meinen Namen auf Deutsch auf ein Blatt Papier zu schreiben. Ich tat ihm den Gefallen. Als ich mich in der Stunde zu ihm umdrehte sah ich, wie er meinen Namen fein säuberlich abschrieb und farblich gestaltete - sehr süß. Wasja hat eine liebe Art. Er ist ca. 1,60m groß, hat kurze braune Haare und treue, ehrliche Augen. Man erzählte mir er wolle mich unbedingt kennen lernen. Er sprach mich auch sofort an und war sehr interessiert an Deutschland.

Dann kam der Lichtblick des Tages. Wir behandelten Funktionen. Steigende und fallende und wie man diese in ein Koordinatensystem einträgt. Mal abgesehen davon, dass das eins der wenigen mathematischen Dinge ist, welche ich noch selbständig auf die Reihe bekomme, habe ich fast alles, was die Lehrerin sagte verstanden! Damit meine ich nicht nur grobe Zusammenhänge sondern auch die Wörter - fast alles! Auch ein paar neue Wörter wie „Gleichung" oder „monoton steigend" kann ich nun zu meinem Wortschatz ergänzen.

Die Amerikanerin, welche ebenfalls an dieser Schule ist, saß übrigens mit mir in dem Matheunterricht. Nach der Stunde unterhielt ich mich mit ihr. Sie besucht den Russischunterricht der 2. Klasse und versteht fast nichts. Während ich mich mit ihr auf Englisch unterhielt, fielen mir permanent die russischen Vokabeln ein, aber nicht die englischen - schrecklich, wenn man sich auf Englisch verständigen muss. Aber sehr zu meiner Zufriedenheit, denn das bedeutet, dass mich der russische Alltag und Sprachgebrauch bereits mehr eingenommen hat, als ich zunächst dachte.

Ich machte mich auf den Weg zur Wohnung. Als ich das Schulgebäude verließ, riefen mir einige aus der 7. „Tschüß Scharrloota!" hinterher - ich musste grinsen.

In der Wohnung waren bereits Xjuscha und Sascha. Wir quatschten etwas, bis die beiden Dascha vom Kindergarten abholten. Xjuschas Mutter wollte heute eine Waschmaschine kaufen, weshalb sie Dascha nicht vom Kindergarten abholen konnte. JEHA! Eine Waschmaschine! Welch lang entbehrter Luxus, den ich nun zu schätzen weiß!
Meine Gastmutter kam ohne Waschmaschine nach Hause, sagte aber, sie habe sich nun für ein Modell entschieden und werde dieses bald kaufen.

Ich sah wieder den Sandmann und ging zu Bett.

Fazit: Was einen nicht umbringt, macht einen stärker!

Ein Monat!

Heute Morgen fuhr ich allein zur Schule. Xjuscha hatte etwas Fieber bekommen und blieb deshalb zu Hause.
Als ich das Klassenzimmer betrat, sah man mich mit großen Augen an. „Wie, du allein? Wo ist Xjuscha?" Ich meinte sie sei krank und ich wäre allein gefahren. Man lobte mich für meine Leistung - dabei ist nun wirklich nichts dabei zum Trolleybus zu laufen, in die 1 einzusteigen und zur Schule zu fahren.

Nach der Schule ging ich mit den beiden Koljas durch die Geschäfte bummeln. Meine Gastmutter hatte mich beauftragt, Brot, Pelmeni und Süßkram einkaufen zu gehen. Wir kauften Pelmeni und Brot. Es fehlte nur noch der Süßkram. Die beiden führten mich in ein Geschäft - ins Paradies. Ein kleiner Laden, welcher bis zur Decke mit russischem, schokoladigem Konfekt gespickt war. Ich machte große Augen und bat die beiden mir zu verraten, welche Süßigkeiten die leckersten seien. Die beiden meinten, sie wissen nicht, was mir schmecke. Kolja (Mr. Galstuk - der mit der Krawatte, erinnert ihr euch?) ging an die Kasse und sagte Folgendes: „Hallo! Wir haben 45 Rubel. Bitte stellen sie uns eine Tüte mit leckerem Konfekt zusammen. Sie ist Ausländerin und weiß nicht, was ihr schmeckt." Ich lachte. Die Verkäuferin sah etwas erstaunt aus, aber schaufelte fleißig das Konfekt in eine Tüte. Wir bezahlten und gingen zum Kino.
Da die halbe Klasse am Samstag ins Kino geht und keiner weiß, was wir eigentlich ansehen wollen, wollten wir das nun klären. Es endete in Unentschlossenheit zwischen einer Komödie und einem Dinosaurierfilm in 3D. Ich habe wieder eine neue Vokabel gelernt. Auf einem Kinoplakat war ein durchtrainierter Mann zu sehen. Ich fragte, was die Bezeichnung für einen solchen Muskelprotz sei und man antwortete mir: „Katschok".

Gegen halb 4 machte ich mich auf den Weg zur Wohnung - Xjuscha hatte den ganzen Tag noch nicht gegessen, weshalb ich dringend die Pelmeni abliefern musste.

Sascha öffnete mir die Wohnungstür. Xjuscha ging es etwas besser. Wir kochten und aßen die Pelmeni und verputzen anschließend das Konfekt.

Dann war wieder Sport angesagt. Natascha hat beschlossen auch dieses Fitnessprogramm mitzumachen. Wir trafen uns vor dem Training, quatschten auf dem Weg zum Sportraum und betraten diesen.

Die Trainerin war sichtbar erfreut, dass ich noch mehr Kundschaft mitgebracht hatte. Sie wies Natascha ins Programm ein. Wieder eine Stunde Qualen – aber diesmal wurde ich nur einmal verbessert.

Als ich die Wohnung wieder betrat, hörte ich lautes Weinen. Dascha weinte und schrie wie am Spieß. Sie wollte zu ihrer Mama, die aber heute noch etwas länger arbeiten musste.
Da saßen wir drei nun und hatten keine Ahnung, wie wir das bitterlich schreiende Kind beruhigen sollten. Wir riefen Xjuschas Mutter an - in der Hoffnung sie könne Dascha beruhigen. Es klappte nicht. Erst als die so herbeigesehnte Mami endlich da war, hörte Dascha auf zu schreien. Sascha war unterdessen schon aus Verzweiflung nach Hause geflüchtet. Daschas Mutter schimpfte mit ihr, es gäbe keinen Grund sich so aufzuführen - richtig so!

Anschließend überreichte ich eine Tafel Milkaschokolade und bedankte mich für den wundervollen ersten Monat in Tscheboksary - in dieser Gastfamilie. Man freute sich sichtlich über die Worte und natürlich über die Schokolade - noch am selben Abend war sie aufgegessen.
Unfassbar, ich bin schon einen ganzen Monat hier. Ich habe mich mittlerweile wirklich eingelebt und Freunde gefunden. Alle sind sehr hilfsbereit. Egal, neben wem ich in der Stunde sitze, ich kann immer nachfragen, was gerade aufgeschrieben wird, was das bedeutet usw. Ich bekomme hier so viel Unterstützung, werde überall mit einbezogen und erfahre so viel Freundlichkeit - ich kann gar nicht anders, als mich hier wohl zu fühlen.

Tja, da heute ein besonderer Tag für mich ist, nutze ich die Gelegenheit, um mich bei allen meinen Unterstützern zu bedanken - sowohl denen in Tscheboksary als auch in der Heimat!

Liebste Grüße aus Tscheboksary!

Lotte

Fazit: Ich habe sehr viel erlebt in diesem Monat!

PS: Noch etwas Interessantes zur Begrüßung:
Nur der männliche Teil der Bevölkerung gibt sich zur Begrüßung die Hand. Das ist auch unter Schülern üblich. Frauen dagegen wird normalerweise nicht die Hand gegeben. Ihnen wird nur die Hand als Hilfe gereicht (z.B. beim Aussteigen aus dem Bus.) Gut zu wissen.

Das nenn' ich mal ein Erfolgserlebnis!

Wieder ein normaler Schultag in Tscheboksary. Dennoch gab es ein erwähnenswertes Erfolgserlebnis. Wir hatten heute wieder Physik. Ich habe einen gewissen Ehrgeiz bezüglich dieses Faches, da ich möchte, dass mich die Lehrerin weiterhin für eine hervorragende Schülerin hält. Zur Zeit dreht sich in Physik alles um Geschwindigkeit und deren Berechnung. Eigentlich nicht schwer - wenn nicht die Grundvorausetzung zum Berechnen der gesuchten Werte das Verständnis der Textaufgabe wäre. Aber dennoch gelang es mir heute drei Aufgaben zu lösen. Es waren simple Aufgaben. Nach dem Schema: Ein Traktor fährt in der und der Zeit mit der und der Geschwindigkeit. Berechne den zurückgelegten Weg! Ich bin zwar noch Lichtjahre davon entfernt, selbst so etwas verfassen zu können, aber das Verständnis solcher Textaufgaben ist doch schon mal ein Anfang!

In der 6. Stunde hatte ich zum ersten Mal Russischunterricht in der 6. Klasse. Ich verstand deutlich mehr, als in der 7. Klasse. Ich werde diese wohl weiterhin besuchen, obwohl es natürlich trotzdem sehr schwierig ist.

Da ich durch den Besuch des Mathematikunterrichts in der 7. Klasse nicht mehr zu dem der 9. Klasse muss, hatte ich heute eine Stunde eher Schluss als Xjuscha. Ich bummelte durch die Läden und erkundete ein paar neue Wege. Es ist auch manchmal gut, wenn man allein auf Entdeckungstour geht. Während ich so bummelte, fiel mir wieder auf, wie gewöhnlich der Anblick einer Frau mit Flechtkorb und Reisigbesen, welche das Laub zusammenfegt, hier ist. Es hat etwas längst Vergangenes an sich, jemanden mit Flechtkorb und Reisigbesen Laub zusammenfegen zu sehen. Auch fielen mir wieder die streunenden Katzen und Hunde auf, welche es hier zu Hauf gibt.
Ich kaufte ein paar Schreibhefte für Englisch, Mathe und Physik ein und fuhr anschließend zur Wohnung.

Als ich dort ankam, machte ich Hausaufgaben. Bald darauf kamen Xjuscha und Sascha.. Sascha fallen Naturwissenschaften nicht schwer, weshalb er immer bei Hausaufgaben helfen muss. Er überprüfte meine gelösten Aufgaben in Physik. Noch ein Erfolgserlebnis! Ich konnte 6 von 9 Aufgaben lösen und diese waren auch noch richtig! Ich freute mich so sehr drüber, dass Sascha meinte, ich werde das noch meinen Enkeln erzählen. Er sagte ich würde dabei in einem Schaukelstuhl sitzen und immer wieder sagen: „Hört mir zu! Ich habe in Russland Physikaufgaben selbst und richtig gelöst!"

Bald kamen meine Gastmutter, ihr Vater, die „Oma" und Dascha. So viel Besuch heute! Zum Abendessen wurde viel aufgetafelt: Pizza, Kuchen, Muffins, Schokolade, Brot usw. Meine Gastmutter erzählte vom Elternabend, welcher kürzlich stattfand. Xjuscha ist Klassenbeste!

Dann analysierte „Oma" Saschas Geburtsdatum genau so, wie sie es einst bei mir gemacht hatte. Es war eine gemütliche Runde, bis die „Oma" um 20 Uhr die Wohnung verließ. Auch Sascha ging bald.

Nach dem Sandmann ging ich brav in mein Bettchen. Apropos Bettchen - in der russischen Alltagssprache wird viel verniedlicht. Man isst keinen Apfel, sondern ein Äpfelchen. Auch liest man ein Büchlein und kein Buch.

Und da wir gerade bei allgemeinen Neuigkeiten sind, kann ich euch gleich noch erzählen, dass heute die erste Nacht mit Temperaturen unter 0°C war! Minus zwei Grad Celsius und das Anfang Oktober! Sogar Raureif habe ich heute morgen sehen können! In dem Sinne ein dreifaches Hoch auf die Zentralheizung, denn von den fast winterlichen Temperaturen merk ich in der Wohnung nichts.

Fazit: Ich mache Fortschritte - wenn auch kleine. Aber wie heißt es so schön: Mühsam ernährt sich das Eichhörnchen!

Samstag, 2. Oktober 2010

Tag der Gesundheit

Daschas lautes Lachen erfüllte heute morgen die Räume unserer Wohnung und weckte mich. Heute ist „Tag der Gesundheit" an meiner Schule. An einem Samstag im russischen Schuljahr findet kein Unterricht statt - dieser Tag war heute. Es ist schon etwas nervig nie richtig ausschlafen zu können, da Dascha das Wort „leise" - und vor allem dessen Umsetzung - offenbar nicht kennt.

Um 11 skypte ich mit meiner Familie. Die wirkliche Entfernung zueinander wird einem vor allem durch das Skypen bewusst. Es ist die Tatsache, dass man einen Computer benutzen muss, um einander sehen zu können. Dennoch war es schön zu sehen , dass sich im Grunde nichts verändert hat. Meine Mutter spricht immer noch höher, wenn sie sich freut, mein Vater ist immer noch entspannt und ruhig. Meine Schwester grinst immer noch niedlich, wenn sie sich freut mich zu sehen und ist wie gewohnt etwas wortkarg - wenn auch zu meinem Bedauern. Wir unterhielten uns, bis ich mich schließlich auf den Weg ins Kino machte.

Man hatte mir einen Sitzplatz zwischen den beiden Koljas gekauft. Wir sahen eine russischen Film namens: „Die Monster". Ich verstand ziemlich viel vom Film - mehr als nur den groben Inhalt. Der Film war langweilig - wiedereinmal menschheitsvernichtende Riesenmonster. Ich gehe eigentlich auch nicht ins Kino wegen der Filme, sondern eher wegen der Gesellschaft. Da saß ich also zwischen den zwei Kojas, die sich einen Spaß draus machten mich beim Film sehen zu stören. Also plauderte ich eher mit den beiden, als auf den Film zu achten - war aber auch wesentlich unterhaltsamer.

Nach dem Kino gingen wir alle noch zu McDonald's. Dort spielten wir wieder Kartenspiele, aßen etwas - kurz gesagt wir hatten jede Menge Spaß.
Danach spazierten wir noch etwas und machten uns auf den Heimweg.

Nastja und Timur, Lisa, Xjuscha, Elija, Lera, Lena und Natascha

In meinem russischen Heim angekommen erwartete man uns bereits. Die „Oma" und Sascha waren zu Besuch. Die „Oma" hat Saschas Namen analysiert und erzählte ihm nun welche Eigenschaften und Begabungen ihm mitgegeben worden seien. Auch meinen Namen „Charlotte" hatte sie analysiert. Sie erzählte mir Folgendes:

- ich besitze eine sehr feminine Art
- zudem eine gewisse Schönheit
- auf andere Menschen mache ich meistens einen positiven Eindruck
- in Sachen Beziehung mag ich stabile Verhältnisse und bin sehr treu
- ich besitze viel Temperament
- dieses wiederum ist mir bei meinen Partner egal - er soll nur treu sein und mir besagte stabile Verhältnisse verschaffen können. Andernfalls, so meinte sie, hätte ich kein Problem damit ihn zu verlassen

(Wieder halte jeder davon was er will.)

Sascha fragte dann noch, welchen Berufsweg sie ihm empfehlen würde. Nun war auch ich neugierig geworden. Ich habe momentan so gar keine Ahnung, womit ich mal meine Brötchen verdienen werde (nur viele Brötchen sollten es sein). Sie meinte, meine Begabung liege in Sprachen und ich sei auf dem richtigen Weg. Na das hört man doch gerne!

Wir unterhielten uns noch lange. Irgendwie kamen wir auf das Thema Handy zu sprechen und dass Xjuscha wieder ihre 100 Frei-SMS am Tag überschritten hatte - mir ist immer noch ein Rätsel wie sie so viel am Tag simsen kann. Ich erzählte, dass mir aufgefallen ist, dass hier alle permanent simsen oder telefonieren. Im Unterricht simst man - den Lehrer stört es nicht. Am Essenstisch simst man. Als wir im McDonald's waren, sprang alle 10 Minuten jemand auf, weil er telefonieren müsse. Selbst auf der Toilette telefoniert man hier! Schrecklich! Man fragte mich, wie es in Deutschland sei. Ich erzählte, dass Handys in der Stunde verboten sind, beim Essen (vor allem mit der Familie) gar nichts zu suchen hätten und wenn man mit Freunden zusammen ist, man nicht alle naselang aufspringt, um mit jemand anderem mittels besagtem Kommunikationsgerät zu reden. Man sah mich mit großen Augen an. Die „Oma" begann während meiner Erzählung zu lachen und meinte schließlich: „Das nenn' ich mal eine gute Erziehung - beim Essenstisch kein Handy!" In dem Sinne liebe Grüße an meine „Erzieher".

„Oma" und Sascha verabschiedeten sich und wir anderen gingen erschöpft zu Bett.

Fazit: Ich habe eine gute Erziehung genossen!

Sonntag, 3. Oktober 2010

Hurra, wir haben eine Waschmaschine!

Liebe Mama, lieber Papa! Ich bin euch zu tiefst dankbar, dass ihr nicht vor drei Jahren beschlossen habt, ein nerviges Kleinkind in die Welt zu setzen...

An einem Sonntagmorgen um 6 Uhr wegen klein Dascha wach zu sein, kann einem schon leicht den rosigen Sonntagshorizont verdunkeln.

Gegen 7 Uhr kam die „Oma" vorbei. Sie analysierte die Namen der Schüler meiner Gastmutter (immerhin 34!). Meine Gastmutter wollte wissen, wen man zur Mathematikolympiade bzw. zum Sprachwettbewerb schicken könne.

Ich bedeckte meine Ohren mit einem Kopfkissen und döste noch eine Stunde vor mich hin. Die „Oma" verabschiedete sich bald darauf und meine

Gastmutter und Dascha machten einen Spaziergang - Xjuscha und ich nutzen Daschas Abwesenheit, um noch etwas zu schlafen.

Der restliche Tag plätscherte so vor sich hin. Das einzig nennenswerte Ereignis ist, dass jetzt unsere Waschmaschine funktioniert - hurra! (Sie wurde übrigens vorgestern angeliefert)

Welch Luxus in unserer bescheidenen Wohnung! Ja, hier trifft wieder zu: „Man weiss erst was man hatte, wenn es fort ist." Ich freue mich wirklich, meine Jeans nicht mehr per Hand waschen zu müssen! Jeha!

Fazit: Ohropax kaufen!

Montag, 4. Oktober 2010

Ich denke in Russisch!

Heute habe ich angefangen zusammenhängende russische Sätze zu denken. Bereits nach einer Woche schwebten einzelne, russische Worte durch meinen deutschsprachigen Gedankengang.

Ich denke jetzt also zum ersten Mal in einer anderen als meiner Muttersprache. Nach Mathematik wollte ich mich wieder mit der Amerikanerin unterhalten und diesmal fiel mir nicht mal mehr „Wie geht es dir?" oder „Was hast du heute noch vor?" ein. Permanent dachte ich an die entsprechende russische Frage - aber englische Vokabeln wollten mir einfach nicht einfallen.

Im Fach Englisch klappt meine Sprachfähigkeit hingegen noch sehr gut. Ich arbeite permanent mit und habe wieder eine 5 bekommen (also eine 1)! Ich möchte mal wissen woran das liegt, dass ich mich außerhalb der Stunde nicht mehr anständig auf Englisch unterhalten kann...

Während meiner Heimfahrt mit dem Trolleybus beschäftigte ich mich damit, einen russischen Zungenbrecher[1] zu lernen.

Als ich in meinem russischen Heim ankam, war es ungewohnt warm. Offenbar hat jemand ein Erbarmen mit uns gehabt und die Zentralheizung angestellt.

Am Nachmittag nahmen Sascha, Xjuscha und ich noch eine Blumenlieferung an. Nun ist unsere Wohnung mit Alpenveilchen und Orchideen bestückt.

---

[1] Den Zungenbrecher gibt es im Anhang und für die besonders interessierten Leser auch zum Anhören unter **www.russlandlotte.de**.

Auch die erste Wäsche wurde in der neuen Waschmaschine gewaschen. Sie wäscht wunderbar leise und gründlicher als ich. Wie ich diesen Luxus vermisst habe!

Es wird nach und nach richtig wohnlich in der frisch bezogenen Wohnung.

Fazit: Ich kann wirklich in einer andern Sprache denken!

Der Schulweg. Bei dem Verkehrstumult möchte ich kein Autofahrer sein.

Dienstag, 5. Oktober 2010

Lehrertag

Heute war ein besonderer Tag. Um genau zu sein: Lehrertag. Während bei uns in Deutschland dieser besondere Tag immer mehr in der Versenkung verschwindet, wird er hier groß gefeiert.

So kam es, dass die übliche Begrüßungstruppe in der Schule heute Luftballons in der Hand hielt, an den Tafeln stand geschrieben: „Zum Lehrertag!" und den Lehrern überreichte man Blumen oder Konfekt.

Aber hier hören die Feierlichkeiten nicht auf. Es ist des Weiteren noch üblich, dass die Schüler der älteren Klassen in den jüngeren Klassen unterrichten und die entsprechenden Lehrer während dessen gemeinsam Tee trinken und entspannen.

Lera, Sascha, Xjuscha und ich unterrichteten heute in der Klasse meiner Gastmutter.

Erste Stunde Sport. Die Jungs mit Sascha raus in die Kälte und wir Mädels in die Turnhalle - 34 Schüler müssen ja irgendwie aufgeteilt werden. Ich dachte man müsste die nun großartig beschäftigen… Xjuscha trat gegen einen Fußball und rief „Fußball!" und die Mädels der zweiten Klasse stürzen sich laut kreischend auf den Ball und traten darauf ein, als gäbe es kein Morgen mehr.

Da sie sich offenbar selbst bespaßen konnten, spielte ich mit Kolja Basketball, bis die Pausenglocke tönte.

Wir unterrichteten noch zwei weitere Stunden. Es ist schon nicht leicht, solch eine Rasselbande unter Kontrolle zu halten - dennoch war es wesentlich spaßiger als normaler Unterricht. Zum Dank versorgte uns meine Gastmutter mit Keksen und Tee.

Nach der Schule schlenderte ich mit Mr. Galstuk (einer der Koljas) noch durch die Läden. Ich kaufte mir Briefpapier und -umschläge. Nun kann ich auch mal Briefe in die Heimat schreiben...wenn ich eine ruhige Minute finde... .

Um 5 ging ich wieder zum Sport. Diesmal ein neues Programm - dabei konnte ich das alte nicht mal richtig. Wie immer wahnsinnig anstrengend.

Am Abend besuchte uns noch die „Oma", welche ich wirklich als sympathische und vor allem kluge Frau beschreiben kann. Ich habe sie gern - wie fast alle hier.

Also: Alles paletti. In dem Sinne - liebste Grüße!

Fazit: Der Lehrertag sollte in Deutschland nicht so vernachlässigt werden!

Zusatzinformation: Ich schreibe jetzt nur noch jeden Dienstag, Freitag und Samstag. Langsam stellt sich hier für mich Alltagsstress ein. Ich muss lernen und mache viel mit Freunden. Ich möchte, dass mein Text interessant bleibt, weshalb ich nicht mehr täglich schreiben werde.

Freitag, 8. Oktober 2010

Der Hype

Am Mittwoch hatte ich wieder Russisch in der sechsten Klasse - um genau zu sein, habe ich stolze 6 Mal in der Woche dieses immer noch sehr schwierige Fach.

In der sechsten Klasse hat der Hype um mich gerade erst angefangen. Und er ist weitaus heftiger, als in der 9. Jede Pause vor besagter Unterrichtsstunde bildet sich ein Kreis neugieriger Schüler um mich. Und dann beginnt das schonungslose Kreuzverhör: "Wo wohnst du?" "Warum bist du hier?" "Gefällt es dir hier?" "Ist Russisch schwierig?" Und so weiter…

Nur Wasja ist anders. Er unterhält sich auf eine sympathische, ruhige und nicht verhörende Art mit mir. Er bot mir an, bei den Russischhausaufgaben zu helfen. Er ist wie einer der lieben Jungen aus den alten Verfilmungen Erich Kästners - mit treuen Augen, gut erzogen, absolut ehrlich und fleißig.

Dann hatte ich meine erste Stunde in der 10. Klasse: Englisch. Dort war auch die Amerikanerin untergebracht worden. Wir alberten 'rum und bekamen schließlich die Aufgabe, Sätze in die entsprechende Zeitform zu setzen. Sie meinte immer wieder: „Was lernen die hier? Ich habe keine Ahnung was das ist! Das ist so umständlich! Wenn die so viele Zeitformen anwenden, werden die ausgelacht in Amerika!" Also liebe Grüße an die heimischen Mitschüler, welche dieselben 12 verschiedenen Zeitformen büffeln. Im nächsten Test schreibt ihr einfach hin: „In Amerika verwendet man die eh nicht!"

Auf dem Bild sieht man Nastja und Natascha... und noch Vlad, der Natascha ein Elchgeweih zaubert.

Und ja: ihr habt richtig gehört! Wir alberten 'rum! Ich bin wieder im Stande Englisch zu sprechen.

Auch eine Untersuchung vom Schularzt fand statt. Sehvermögen, Wuchs usw. Das wurde an meiner Schule in der 7. Klasse einmal durchgeführt - hier findet dieser Komplettdurchcheck, zu dem sogar ein Psychologenbesuch gehört, jedes Jahr statt!

Und da wir alle schon auf Besuch eingestellt waren, beehrte uns gleich noch die Miliz und belehrte uns erneut, zu dem Thema Drogenkonsum und Ausgehzeiten.

Am Freitag waren wir 10 Minuten zu spät zur ersten Stunde. Durch meine Erziehung bin ich es gewöhnt, mich zu beeilen, wenn ich zu spät komme. Aber hier meinte Xjuscha nur: Mach keinen Stress!" Und tatsächlich - die Lehrerin war 15 min zu spät. Überhaupt scheint hier die Klingel nicht Unterrichtsbeginn zu bedeuten, sondern eher: In den nächsten fünf Minuten kann man sich langsam auf den Weg zum Klassenzimmer begeben. Eine sehr entspannte Lebensweise - auf jeden Fall stressfrei und Herzkasper verhindernd.

Auch zwischenmenschlich läuft alles prima. Meine Gastmutter scheint mich wirklich gern zu haben. Am Samstag werden wir eine Wohnungseinweihungs-feier zelebrieren. Die gesamte Familie hat sich angekündigt - das kann was werden! Jedenfalls half ich am Freitag bei den Vorbereitungen. Meine Gastmutter war sichtlich begeistert und überhäufte mich mit Lob.

Und da ich gerade dabei bin, zu berichten was am Samstag geplant ist, kann ich gleich noch ergänzen, dass ich das Examen in Englisch ablegen werde. Ich habe keine Ahnung, was mich erwartet. Ich hoffe einfach nur, nicht zu versagen.

In dem Sinne: Eine erholsame Nacht euch.

Fazit: Bloss keinen Stress machen...

Sonntag, 10. Oktober 2010
Fresskoma

Am Samstag war der große Tag. Der Tag der Englischprüfung. Ich habe Xjuscha einem Verhör unterzogen. Sie antwortete, diese Prüfung würde jedes Jahr stattfinden und bestünde aus 4 Teilen. Einem schriftlichen, einem Hör-, Grammatik- und mündlichen Teil. Wer diese Prüfung besteht, bekommt ein nettes Papier, auf welchem seine Leistung bestätigt wird.

Da saß ich nun an einem Samstag in meiner Schule und schrieb nach erfolgreich überstandenem Schulalltag eine Englischprüfung. Mir schwirrten zahlreiche Gedanken durch den Kopf, zum Beispiel: Deutsche sitzt in Russland und legt eine Englischprüfung ab... welch' Nonsens...
Oder: Alle Welt klagt über Umweltverschmutzung und überflüssige Papierverschwendung und nun schreiben mehrere hundert Schüler einen Test, der einen ca. 0,5 m dicken Papierstapel hervorbringt.

Sowohl der schriftliche als auch der Hör-Teil waren nach 2 Stunden überstanden. Nun war der mündliche Teil an der Reihe. Man reihte sich in lange Warteschlangen ein. Natascha und ich betraten den Gesprächsraum. Wir wurden geprüft und aufgefordert, bestimmte Themen zu diskutieren. Als die zwei Prüferinnen merkten, dass ich Deutsche bin, wurde ich gleich auf Englisch zu meiner Heimat und den Beweggründen meines Austausches verhört. Ich wurde mit den Worten: „Danke, es war uns eine Freude mit dir zu sprechen und viel Erfolg hier!" entlassen.

Als ich um 6 endlich die Schule verließ konnte ich die Englischprüfung als „gar nicht schlecht gemacht" abhaken. Viel mehr sage ich nicht dazu, denn ich möchte mich lieber nicht zu weit aus dem Fenster lehnen.

Als Xjuscha und ich das russische Heim betraten, saß die versammelte Familie in der Küche und aß. Ich wurde allen vorgestellt. Ein Mann sprach mich an – die Menge an Namen und Familienbeziehungen war zu groß, um mich zu erinnern, wie er hieß und welche Rolle er in dieser Familie inne hat. Er sprach auf Englisch und meinte, er müsse es für seinen Job etwas auffrischen. Kein Problem, spreche ich eben Englisch. Ich unterhielt mich mit ihm, bis meine Gastmutter zu Xjuscha und mir meinte, wir sollten essen kommen. Aus Gewohnheit sagte ich „Lasst uns essen gehen!" auf Russisch. Mein Gesprächspartner sah mich mit großen Augen an. Den Blick kenne ich mittlerweile. Er meinte: „Du kannst Russisch! Und wie! Ohne Akzent!" Ich lachte dankbar und war auch erstaunt - das erste Mal etwas akzentfrei gesagt… so oft wird das sicherlich nicht vorkommen.

Der Abend war sehr schön. Xjuscha, ich und ihr Bruder unterhielten uns den gesamten Abend über. Das muss man den Russen wirklich lassen - feiern können sie wirklich gut. Es wurde gelacht, getanzt, geredet und natürlich gegessen.

Xjuschas Verwandtschaft ist wirklich sehr nett. Alle sind lieb und freundlich. Egal mit wem ich mich unterhalte, ich treffe immer auf angenehme Leute in ihrer Familie.

Am Sonntag erklärte meine Gastmutter, es sei Resteressen angesagt. Ich sah auf die Rester. 3 Salate, Piroggen, Fisch, Kartoffelsuppe, Konfekt, Brot, Wurst, Käse, … genug um noch morgen davon zu essen. Den restlichen Tag waren wir nun dazu verpflichtet, zu essen. Ansonsten war es ein ruhiger, ereignisloser Sonntag.

Dascha turnte ab und zu wieder auf mir herum und fragte schließlich wieder, wo meine Familie sei. Ich antwortete, sie sei weit weg in Deutschland und dann erstaunte sie mich. Sie meinte: „Zeig mir Bilder!" Ich gehorchte und zeigte ihr die Bilder auf meinem Laptop. Das kleine Mädchen kletterte auf meinen Schoß und hörte meiner Erklärung zu und beäugte mit großen, neugierigen Augen die Fotos. In diesem Moment kam sie mir auf einmal so verständnisvoll und „erwachsen" vor, keine Spur von dem quirligen Kleinkind.

Am Ende des Sonntages hatten wir erfolgreich alle Reste vertilgt und konnten uns – unfähig zu etwas anderem mit den überfüllten Bäuchen - dem Fresskoma (Schlaf) widmen.

Fazit: Hier versteht man was vom Feiern!

Dienstag, 12. Oktober 2010

2 mal 5 ergibt ☺

„Nur ein freier Tag in der Woche ist definitiv zu wenig..." Das war mein erster Gedanke, als ich am Montagmorgen aufstand.

In Englisch hatte ich meine Hausaufgaben fehlerhaft erledigt. Am vergangenen Donnerstag und Freitag hatte ich anstatt Englisch andere Stunden und musste deshalb jemanden nach den Hausaufgaben fragen.
Wir mussten uns hinstellen und die Lehrerin fragte der Reihe nach immer einen kleinen Teil der Hausaufgabe ab. Die Person, welche mir die falschen Aufgaben nannte, hatte ihre Hausaufgaben wenigstens auch falsch. Ich war eine der Letzten, welche antworten musste - ich merkte also, dass meine Hausaufgabe falsch war. Diese Fehlleistung gestand ich natürlich nicht ein, denn immerhin habe ich hier den Ruf eines Englischgenies inne- und den gilt es so lang wie möglich zu behalten! Ich antwortete einfach aus dem Stegreif heraus und sah dabei in mein Heft, als ob ich meine Antwort abläse. Die Hausaufgabe war umfangreich und immer wieder fragte die Lehrerin einen nach dem anderen zu den unterschiedlichen Aufgaben ab. Ich saugte mir immer neue Antworten aus den Fingern - immer erstaunt, dass die Lehrerin an diesen nichts auszusetzen hatte. Zum Schluss erhielt ich eine 5 für exzellent erledigte Hausaufgaben. Unfassbar! Doch ein Glück kommt selten allein und so gesellte sich eine weitere 5 hinzu. Zwei 5en in einer Englischstunde - daran könnt' ich mich glatt gewöhnen…

Im russischen Heim angekommen, beschloss ich meiner Gastmutter einen Gefallen zu tun und hackte ein großes Bündel Petersilie (ein Strauß von ca.5 cm Durchmesser an den Stängeln). So eine kleine Geste und doch freute sich meine Gastmutter sehr darüber. Sie meinte, endlich habe mal jemand erkannt, dass man auch helfen könne.

Am Dienstag (heute) schrieb ich in der ersten Unterrichtsstunde einen Test in Algebra. Ich glaube, ich habe zumindest die Aufgabenstellungen verstanden- ob ich auch noch richtig gerechnet habe, ist wieder etwas anderes.
In Geschichte saß ich neben Nastina. Sie ist sehr interessiert an Deutschland - eigentlich an allem. Sie saugt Wissen förmlich wie ein Schwamm in sich auf. Ich erzählte ihr also von meiner Heimat und schrieb ihr die 16 Bundesländer Deutschlands samt russischer Übersetzung auf. Ihre Augen leuchteten, während ich schrieb und erzählte.

Als ich am späten Abend aus dem Fenster sah, schneite es. Der erste Schnee fiel hier also am 12. Oktober.

...Liebste Grüße

Fazit: Also nehmt euch zu Herzen, dass ein anderer Mensch ein Funkeln in den Augen hat, wenn man ihm vom deutschen Alltag erzählt.

Donnerstag, 14. Oktober 2010

Volle Punktzahl

Meine Gastmutter meinte heute am Morgen, dass der Schnee schnell tauen würde, aber in 40 Tagen mit dicken, weißen Flocken zu rechnen ist. Um ehrlich zu sein, freue ich mich nicht auf den Winter. Meine Eltern schickten vor einiger Zeit ein Paket ab, in welchem sich unter anderem meine Winterjacke befindet. Aber dieses Paket scheint immer noch unterwegs zu sein, weshalb ich ohne Winterjacke bin. Wenn es dauerhaft kälter werden sollte, werde ich mir wohl hier eine kaufen müssen.
Ich machte mich also auf den Weg zur Schule. Während ich gestern dank Regens um riesige Pfützen tänzelte und aufpasste, von vorbeifahrenden Autos nicht nass gespritzt zu werden, so lief ich heute an Wiesen vorbei, welche mit einer leichten Schneedecke überzogen waren.

In Russisch bekam ich mein Heft wieder, welches zwecks Bewertung zweier Hausaufgaben eingesammelt worden war. Ich schlug es auf. Einmal Note 4 und einmal sogar 4+! Bei den Hausaufgaben hatte mich natürlich Xjuscha unterstützt, dennoch waren mindestens 50% von mir erledigt worden.

Erfolgserlebnis! Und da aller guten Dinge drei sind, gesellte sich in Algebra noch eine weitere 4 auf meine Hausaufgabe hinzu, welche ich komplett selbstständig gelöst hatte! DAS nenne ich ein wirkliches Erfolgerlebnis!

In Englisch musste ich etwas vom deutschen Weihnachtsfest erzählen. Als ich erzählte, dass wir einen Adventskalender haben und was das überhaupt ist, meinte man fasziniert, dass es so etwas hier nicht gäbe, aber wenn, dann wäre es ein Kassenschlager.

Ich blätterte etwas durch das Englischbuch und überflog eine Seite, auf welcher verschiedene berühmte Festlichkeiten beschrieben waren. Man fand Informationen zum Karneval in Rio, St. Patrics Day und Oktoberfest! Ich wusste zwar, dass es weltbekannt ist, und dass jedes Jahr Menschen aus aller Herren Länder dahin pilgern - aber dass es sogar im Englischunterricht erwähnt wird, ist wirklich eine kleine Sensation!

Nach der Schule erfragten wir unsere Ergebnisse von der Englischprüfung. Eine Maximalprozentzahl von 25% war in jedem der vier Teile der Prüfung zu erreichen. Hier meine Resultate:

Lesen: 18,5%
Schreiben: 24%
Hören: 19%
Sprechen: 25%
Gesamt: 86,5%

Es gibt leider kein Zertifikat. Es ist nur zur Feststellung des eigenen Wissensstandes. Man meinte zu mir, dass mein Resultat als „ausgezeichnet" eingestuft wurde. Na klasse, da habe ich nun ein ausgezeichnetes Resultat und bekomme kein Zertifikat!

Was meine eigene Meinung zu meiner Leistung angeht, weiss ich, dass ich es besser kann. Die Ergebnisse im Lesen und Hören sind schlecht und vermutlich auf meine neue Umgebung und leichte Sprachverwirrung zurückzuführen. Aber immerhin einmal volle Punktzahl! Da meinte es die Prüferin wohl ernst, als sie meinte, es habe ihr Freude gemacht sich mit mir zu unterhalten…

Anschließend holten wir Dascha vom Kindergarten ab, da dort das Licht ausgefallen ist und man nicht möchte, dass die Kleinen im Dunkeln sitzen. Es regnete etwas. Dascha sprang mit einem kleinen, bunten Regenschirm in der Hand von einer Pfütze in die nächste. Sie quietschte und lachte dabei - wieder erinnerte sie mich an die Erzählungen meiner Eltern, welche meinten ich sei solch ein Kleinkind gewesen.

Fazit: Wir haben die Paketlaufzeiten unterschätzt.

Schnee

Gestern taumelte ich im Halbschlaf zum Fenster und sah hinaus. Schock. Weiß. Schnee im Oktober! Ich habe das mal fotografisch festgehalten.

Blick aus Xjuschas und meinem Zimmer.

Nach der Schule war der Schnee zum Glück wieder geschmolzen und ließ eklig matschige Fußwege und überflutete Straßen zurück. Dies wiederum hatte zur Folge, dass ich auf dem Heimweg abermals um Pfützen tänzelte.

Im russischen Heim angekommen traf mich der zweite Schock des Tages. Ich hatte Durst und wollte Tee aufsetzten. Ich drehte den Wasserhahn auf, drehte… drehte… aber Wasser kam und kam nicht. Ich versuchte es im Bad - auch da kein Wasser. Wir hatten also kein Wasser. Klasse. Draußen sammelt es sich auf den Straßen, aber in der Wohnung haben wir keines.
Ich hatte nicht viel Zeit um darüber groß in Panik zu verfallen, da ich bereits um 5 Uhr beim Sport bestellt war. Diesmal würde ich „getestet" werden.

Zwecks dessen musste ich einen russischen Fragebogen ausfüllen. Zum Glück half mir die Trainerin. Es waren Fragen rund um meine Gesundheit- ob ich rauche, Herzerkrankungen habe und so weiter. Anschließend wurde ich vermessen. Körpergröße, Beinlänge, Armlänge, Bein-, Hals-, Handgelenk-, Taillenumfang usw. Alles was an einem menschlichen Körper mit Zahlen festzuhalten ist, wurde notiert. Dann noch ein Fragebogen zu meiner Freizeitgestaltung und zu den Essgewohnheiten. Gefolgt von einigen sportlichen Tests, z.B. wie viele Liegestütze ich kann oder wie viele Kniebeugen innerhalb von 4 Minuten ich schaffe. Ersteres waren schlappe 3 und letzteres immerhin 105.

Am nächsten Mittwoch wird mir mitgeteilt, welches Training ich ab sofort habe und in welchem Zustand sich mein Körper befindet.

Danach folgte das einstündige Sportprogramm. Diesmal tönte aus den Lautsprechern „This is the end!" Während also jemand sang „Das ist das Ende" hatte ich wieder mal das innerliche Bedürfnis dem zustimmen zu müssen.

Etwas langsamer als sonst ging ich nach Hause - die 105 Kniebeugen und anschließender Sport waren eindeutig spürbar.

Heute war mein erster Gedanke „okno"[1]. Also stürmte ich zum Fenster und schaute hinaus. Kein Schock. Kein Weiß. Kein Schnee. Hier Foto:

Es sollte ein regnerischer, kalter Tag werden. Wieder Pfützen und nassspritzende, vorbeifahrende Autos. Es ist wirklich immer noch unfassbar für mich, wie uneben die Straßen sind und wie viel Wasser sich dadurch auf den Straßen sammelt!

Nach der Schule gingen Xjuscha und ich mit der Englischlehrerin (und YFU-Freiwilligen) mein Visum verlängern. Es stellte sich heraus, dass ich die falschen Fotos hatte - sie dürfen nicht glänzend sein. Außerdem fehlte noch ein Dokument. Im Klartext hieß das für Xjuscha und mich: Hinaus in den Regen, Dokumente holen, Kopie davon anfertigen und dann noch Passbilder machen.

Alles klappte reibungslos. Als wir die Passbilder machten, wurde die Fotografin unglaublich lieb, als sie erfuhr, dass ich Ausländerin bin und die Bilder für mein Visum benötige. Sie erzählte, bei ihr hätte mal eine Thailänderin gelebt und bei Freunden ein Deutscher...

Es ist immer wieder interessant zu sehen, wie gastfreundlich und gutmütig die Menschen hier sind - vor allem wenn sie erfahren, dass man von außerhalb ist.

Schließlich hatten wir unsere 7 Sachen beisammen und fuhren wieder zu der Englischlehrerin, um endlich mein Visum zu beantragen. Wir füllten Formulare aus. Der Beamte war überrascht, dass ich bereits verstand was er sagte - ich bin immer noch unzufrieden mit meiner sprachlichen Leistung. Soweit ich

---

[1] „Fenster" : russ. окно (okno)

verstanden habe, ist mein Visum innerhalb von 20 Werktagen fertig. Dieses gilt dann bis zu meiner Abreise.

Xjuscha und ich kamen erst gegen 7 Uhr in der Wohnung an - der Behördengang hat die gesamte Zeit von 14 bis 19 Uhr beansprucht! Die „Oma" war zu Besuch. Wir aßen zu Abend und gingen anschließend erschöpft zu Bett.

Fazit: Die Menschen hier sind gastfreundlich, aufgeschlossen und hilfsbereit.

Sonntag, 17. Oktober 2010

Selbstlose Kinderlein

Gestern in der Schule bemerkte die Geografielehrerin zum erstenmal, dass ich Ausländerin bin. Da sitz' ich nun 1,5 Monate in ihrem Unterricht und sie merkt erst heute, dass ich gar nicht verstehe, was sie sagt. Mir wurde der zu schreibende Test erlassen. Ich blätterte stattdessen etwas im Geo–Buch. Und nur gaaanz zufällig las ich besonders lang die Seiten, welche mein Banknachbar, Mr. Galstuk, zum Lösen seines Tests benötigte. Die Spickmethoden werden immer dreister. Heute haben sogar welche Sitzplätze getauscht und für einander die Antworten hingeschrieben, die sie wussten. Das macht eine Lernaufwandverringerung um 50%!

Nach Schulschluss unterhielt ich mich noch etwas mit Lisa, Seda, Nastina und Nastja. Sie meinten, dass Prognosen für diesen Winter folgendermaßen lauten. Kurz und bündig: -50°C!! Das sind 10°C tiefer als hier üblich sind! Das machen die doch mit Absicht! Nur, damit ich zum Eiszapfen werde!
Ich hörte mich hysterisch lachen. Man meinte daraufhin, man müsse es mit Humor nehmen, es werde schon nicht so schlimm. Nastina nannte ein Beispiel für Humor: „Wer im Sommer nicht verbrannt ist, erfriert im Winter." Und da sage noch mal einer, die Engländer hätten den schwarzen Humor…

Heute verließen meine Gastmutter und Dascha früh am Morgen die Wohnung, um zur Kirche zu gehen. Wunderbar. Ruhe. Ausschlafen. Gegen 10 blinzelte ich verschlafen und sah wie leichter Schneefall begann… umdrehn… weiterschlafen. Elf Uhr standen Xjuscha und ich auf. Wir frühstückten in aller Ruhe und beschlossen anschließend eins auf wohlerzogene, selbstlose Kinderlein zu machen und putzten die Wohnung. Am Vorabend hatte meine Gastmutter darüber geklagt, dass ihr nie jemand helfen würde und dass sie morgen wieder die Wohnung putzen müsse, Und da wir etwas Angst hatten, sie würde – statt nur mit dem Zaunspfahl zu winken - uns mit diesem erschlagen, wischten wir den Boden, die Regale und spülten das Geschirr ab. Meine Gastmutter freute sich riesig, als sie in ihr ordentliches Heim kam. Gewünschter Effekt erzielt. Auftrag erfolgreich ausgeführt.

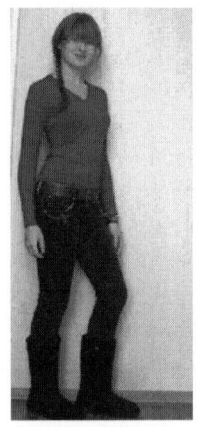

Nach dem Mittag gingen Xjuscha und ich zusammen mit Lera und Sascha shoppen. Ich kaufte mir ein paar Strumpfhosen, einen Pulli, Handschuhe und extradicke Schuhe, welche Leder, Fleece und Fell beinhalten. Ich hoffe diese halten den russischen Winter wirklich ab.

Links seht ihr mich mit Winterstiefeln und neuem Pulli - und gezwungener Grinse...
Es war ein schöner Tag. Fast 10 Grad warm.

(Wer aufgepasst hat: Es war Sonntag, aber es gibt in Russland keine Reglementierung der Öffnungszeiten. Jedes Geschäft legt seine Öffnungszeiten selbst fest. Sehr entspannend Sonntags einzukaufen.)

Am späten Abend rief mich Katja an und fragte mich, ob ich am „Sprachenfestival" teilnehmen würde. Einfache Aufgabe: 15 Minuten zusammen mit Clemens und Sophia (auch Austauschler) über unser Heimatland Deutschland reden - auf Russisch oder Englisch. Ich sagte zu, wenn ich auch noch nicht weiß ob diese Entscheidung wirklich so gut war.

Fazit: Samstag zur Schule zu müssen ist doch nicht so übel

PS.: Ich habe völlig vergessen zu erwähnen, dass ich seit ca 2 Wochen gesund bin und wir wieder fließend Wasser haben.

Mittwoch, 20. Oktober 2010
Highlight!

Am Montag schrieben wir in Algebra einen Test. Auch die Hausaufgabe musste wieder einmal abgegeben werden. Das Einsammeln und Zensieren von Hausaufgaben wird hier übrigens fast jede Stunde durchgeführt - ganz im Gegensatz zu dem, was ich aus Deutschland gewöhnt bin. Nun ja, der Test ging so.

Am Dienstag bekamen wir die zensierten Schriftstücke wieder. Die Spannung steigt... in dem Test habe ich eine 4! Aber noch nicht zu früh freuen - schließlich gibt es noch zwei zensierte Hausaufgaben. Einmal 5 und eine 4!! Na wenn ich da nicht mal die Aufgabenstellung verstanden habe! Suuper! An dieser Stelle erlaube ich mir meinen Vater zu zitieren, welcher mir vor kurzem schrieb: „Ich hätte nie gedacht, dass ich mich mal über Vieren freue!" Ja, ja an dieser Stelle hätte James Bond wiederum gesagt: „Sag niemals nie!"

Nach der Schule traf ich mich mit Sophia und Clemens zwecks Krisensitzung. Wie ihr bereits wisst, müssen wir am Sonntag bei einem Sprachenfest über Deutschland erzählen. Das Problem ist, dass wir keine Ahnung haben, wo, wann, vor wem und worüber genau. An dieser Stelle fühlen wir uns von unserer Organisation etwas allein gelassen - nach dem Motto: macht mal! Aber wer weiss, vielleicht naht die Rettung bald. Wir setzten uns ins McDonald's und besprachen die Ablaufdinge. Sophia wird uns vorstellen und grob etwas über die deutsche Sprache erzählen. Anschließend vermittelt Clemens einfache Sätze wie: „Guten Tag!". Gefolgt von mir – ich versuche einen Zungenbrecher[1] beizubringen, welchen ich mir zunächst erst mal selbst erfolgreich beibringen muss...
Die übrige Zeit plauderten wir über unser Leben hier und unsere gesammelten Erfahrungen. Es ist wunderbar, sich zur Abwechslung mal wieder auf Deutsch zu unterhalten, mit Leuten welchen es ebenso wie einem selbst geht. So erfuhr ich, dass ich die Einzige – von uns dreien – bin, welche Noten bekommt, na klasse! Nein ich reg mich nicht auf...

Im russischen Heim angekommen, fand ich eine leere Wohnung vor. Xjuscha war dabei Dascha vom Kindergarten abzuholen, da meine Gastmutter beim Zahnarzt war. Kurz nach meinem Eintreffen klingelte es. Ich fragte durch die abgeschlossene Tür wer da sei. Ein Mann stellte sich vor und meinte, er wolle mit meiner Mutter sprechen. Es klang wichtig – ich öffnete die Tür. Letztendlich war es nur ein Kartoffelverkäufer. Ich lehnte dankend ab und er ging. Dennoch wieder ein kleines Erfolgserlebnis. Ich habe einen Menschen, welcher in seiner gewohnten Sprechweise sprach, verstanden und so geantwortet, dass er verstand.

Der Mittwoch wurde mit einem Diktat in Russisch eingeläutet. Ich äußere mich jetzt nicht genauer zu meinem Bauchgefühl - am Ende ist es vielleicht falsch und sorgt für Enttäuschung.
Aber ich sage mal so viel: ich habe mehr als 50% der Worte verstanden, welche diktiert wurden.

---

[1] siehe Anhang

In Englisch lasen wir einen Text über verschiedene Volkstrachten. Ein Abschnitt war Deutschland gewidmet. Dort stand nun, dass der Norden Deutschlands Trachten albern und der Süden Deutschlands besagte Volkskleidung klasse findet usw. Was man nicht so alles in einem Englischbuch der 10. Klasse nachlesen kann!

Mein persönliches Highlight der Woche geschah heute. Meine Gastmutter kam in der Pause zu mir und meinte: „Scharloota, dein Paket ist da!" Mein Paket aus Deutschland ist da! Mit dem warmen Mantel, auf welchen ich so sehnlich warte! Ich war so glücklich, dass ich Xjuscha umarmte und hochhob - ganz ehrlich, sie muss dringend was essen - ich konnte jeden Knochen spüren! Xjuscha grinste, Lera lachte laut, meine Gastmutter freute sich mit mir. Wunderbar! Am Donnerstag holen wir das Paket von der Post ab. Es ist 17kg schwer! Bin gespannt ob kleine Überraschungen eingepackt wurden…

In der darauffolgenden Stunde bekamen wir Besuch. Ein deutscher Mann, welcher gerade sein Studium beendet hatte, erzählte uns etwas über die deutsche Sprache. Er gestaltete es zweisprachig. Zunächst sprach er auf Deutsch - schließlich solle man auch mal hören, wie Deutsch klingt und dann übersetzte er es ins Russische. Sehr witzig. Ich verstand beide Versionen. Ich konnte mir ein Grinsen nicht verkneifen. Ich sah die neugierigen, freudigen Blicke meiner Klassenkameraden, die merkten, dass ich wirklich verstand, was er in dieser seltsamen Sprache sagte. Irgendwann merkte auch er, dass alle Augen abwechselnd auf mich und dann auf ihn gerichtet waren. Er fragte, warum denn alle so seltsam grinsen würden und man antwortete ihm, ich sei auch aus Deutschland. Nun wurde es noch spaßiger. Er und ich wechselten ein paar Sätze auf Deutsch. Die Gesichter meiner Mitschüler - zum Schießen! Nach der Stunde musste ich allen erzählen, worüber wir uns unterhalten hätten. Ich sehe ihn vermutlich beim Sprachenfestival am Sonntag wieder.

Am Abend ging ich zur Auswertung meines Fitness-Tests. Mein Körper hat eine 3 bekommen (1 ist die beste Note, 5 die schlechteste). Außerdem habe ich jetzt schwarz auf weiß, dass ich zu fett bin. Mein Körperfettanteil liegt bei 30,1%- sollte aber maximal bei 24,5% liegen. Außerdem ist meine Kondition so schlecht, dass man mich fragte, ob ich Herzprobleme hätte. Na danke. Leicht frustrierend… Nun ja, ich habe jetzt einen Ernährungsvorschlag und ein individuelles Training zweimal die Woche. An den Ernährungsplan kann ich mich bei meiner essfanatischen Umgebung eh nicht halten. Da werde ich wohl beim Training ranklotzen müssen (obwohl ich eigentlich nicht weiß, wo an mir Fett sein soll).

Fazit: Ich bin zu fett…oder die Maßstäbe zu dünn?

Ich liebe Russland!

Der gestrige Donnerstag begann fantastisch. Unser Bus fuhr Xjuscha und mir vor der Nase weg, als wir darauf warteten, dass die Ampel grün wird. Das bedeutete nun warten. Die Temperaturen befinden sich um den Gefrierpunkt und es weht ein heftiger Wind - zudem kam leichter Nieselregen auf. Wir warteten. Das Nervige am Warten auf den Bus hier ist ja nicht das Warten an sich - sondern die Ungewissheit, wann der Bus nun kommt. Ob in 5, 10 oder 15 Minuten – man weiß es nicht. In solchen Momenten wünsch' ich mir den deutschen Busfahrplan. Ich fror als der Bus endlich um die Ecke bog. Zum Glück würde es heute das letzte Mal vor dem Winter sein, dass ich meine Übergangsjacke tragen würde - schließlich werden wir heute mein Paket abholen. Wir stiegen in den Bus ein. Schrecklich. Noch weniger Platz als sonst. Diesmal hatte ich nicht mal meinen üblichen, knappbemessenen ¼ Quadratmeter, sondern nur Platz um mich hinzustellen. Wer Platzangst hat, sollte vermeiden zur Rush-hour mit dem Trolleybus zu fahren. Man quetscht und drängelt, keine Zeitschrift passt zwischen einen selbst und die übrigen Mitfahrer. Bei jeder Haltestelle scheinen mehr einzusteigen als auszusteigen. Irgendwann begann die Busfahrerin entnervt Durchsagen zu rufen, dass sie die Türen nicht schließen könne und gefälligst Leute aussteigen sollen. Das führte dazu, dass sie die Türen schließen konnte - aber nur weil man sich noch mehr zusammenquetschte. Und hatte ich mich eben noch über den Wind und die Kälte geärgert, so freute ich mich darüber, als ich aus dem zu warmen Bus mit beschlagenen Scheiben ausstieg.

In Geometrie erhellte sich meine Stimmung. Der Test, welchen wir in der vergangenen Algebrastunde geschrieben hatten, wurde zurückgegeben. Die Lehrerin trat an mich heran. Sie sah ernst aus. Ich machte mich auf das Schlimmste gefasst. Mit einem Mal hellte sich ihr Gesicht auf. Sie sagte : „Scharlotta - kakaja molodjez!" (übersetzt: „Charlotte - welch' ein Prachtkerl!" Wobei Prachtkerl hier auch für weibliche Geschöpfe angewendet wird.) Ich schlug das Heft auf: eine 5! Eine glatte 5 in Mathematik! Ich bin im Ausland in Mathe besser als in meiner Heimat!! Nun gut - es ist die 7. Klasse, aber ich kann mich trotzdem nicht erinnern wann ich überhaupt mal 'ne eins in Mathe bekommen habe! JEHA!

So hoch gehoben, so schnell gefallen. In Russisch wurde das Diktat zurückgegeben. Bei mir steht ein einfaches „angesehen" darunter. Das schreiben die Lehrer hier bei allen Austauschlern, wenn es eigentlich eine 2 gäbe, da man besagte Schülerlein nicht frustrieren will.

109

Biologie war am Donnerstag einfach nur genial. Mitten in der Stunde wurde der Liebling der Lehrerin aufgefordert sich ins Vorbereitungszimmer zu setzen und Tee zu trinken. Ich stutzte. Hatte ich richtig verstanden? Tee trinken - kein Unterricht für ihn?

Nach 5 Minuten sah mich die Lehrerin an, bemerkte, dass sie diesmal vergessen hatte, mir wieder eins der super spannenden Biologiebücher zum Durchlesen gegeben zu haben und meinte: „Dir muss ja furchtbar langweilig sein, wenn ich diktiere und du kaum etwas verstehst! Geh Tee trinken!" Sie verließ das Zimmer. Ich folgte ihr. Bevor ich das Klassenzimmer verließ winkte ich meinen Klassenkameraden grinsend zu, was für Erheiterung sorgte.

Da saß ich nun in der Biologiestunde und futterte zusammen mit dem Lehrerliebling Kekse. Er erzählte, er habe hier letztes Jahr fast immer gesessen und wenn ich wolle, könne ich sogar den Computer einschalten und darauf spielen. Ich lachte und meinte: „Ich liebe Russland!" Er antworte grinsend: „Ich auch!"

Am Spätnachmittag ging ich wieder zum Sport. Mein neues Trainingsprogramm hat es in sich. Zwischendurch musste ich entkräftet eine kleine Pause einlegen, in welcher ich mir mein altes, entspanntes Programm zurück wünschte. Nach ein paar Minuten strampelte ich mich weiter ab, in der Hoffnung, dass die Schinderei wirklich etwas bringt und meine Sportnote vielleicht mal besser als 3 (deutscher Maßstab) wird.

Total fertig kam ich im russischen Heim an - nur ein Gedanke: Dusche! Ich öffnete die Tür. Und da stand es. Mein Paket. Mein 17 Kilo schweres Präsent aus der geliebten Heimat. Meine warme Jacke…

Dascha sprang mir freudig entgegen und rief: „Puppenwagen! Puppenwagen!" Das Mädchen wünscht sich seit Ewigkeiten einen Puppenwagen und geht damit allen auf die Nerven. Meine Gastmutter bat mich, einen Puppenwagen aus Deutschland zu besorgen, da hiesige Puppenwagen hässlich oder überteuert seien.

Ich öffnete das Paket. Obenauf lag ein Brief - die Handschrift meiner Mutter. Sie schrieb im Namen der Familie, dass ich ihnen fehlen würde, was im Paket drin ist und was sie noch hinzugefügt haben. Während ich las, sprang Dascha um das Paket, zerrte daran und rief immer wieder: „Puppenwagen!"

Ich sah nun genauer in das Paket. Ein Geschenk für Irina fiel mir ins Auge. Ein roter Tischläufer und ein Brief um genau zu sein. Der Brief war Russisch verfasst, was unweigerlich dazu führte, dass meine Gastmutter meinen Vater nun für ein Russischgenie hält, da der Brief fehlerfrei ist und mit dem Namen meines Vaters unterschieben. Zur Zeit lebt allerdings eine Austauschschülerin aus Moldawien bei meiner Familie, weshalb ich vermute, dass der Brief eigentlich von ihr verfasst wurde.

Für Xjuscha war ein grüner Pulli mit der Aufschrift: „Naschkatze" vorgesehen. Sie freute sich - schließlich ist ein Pulli mit deutschem Aufdruck hier etwas Besonderes.

Und dann war da der langersehnte Puppenwagen - welcher noch zusammengebaut werden musste. Kein großer Akt an sich. Nur Achsen einsetzen, Räder befestigen und auseinander klappen. Meine Gastmutter meinte nur: „In solchen Momenten fehlt uns der Mann im Haus!" Ich grinste. Wie gesagt kein großer Akt - und schließlich ist es ein Puppenwagen für ein 3-jähriges Mädchen, also weder besonders groß noch schwer. Ich baute den Puppenwagen innerhalb von 5 Minuten zusammen und versetzte meine Gastmutter damit in Staunen.

Dascha schnappte sich sofort den Puppenwagen, legte eine Puppe hinein, rannte mit ihm begeistert durch die Wohnung und brüllte : „Daaaankeee!"
Ich sah erneut ins Paket. Mein Blick blieb bei „Hamley" hängen. Hamley ist ein grünes Plüschtier, welches wir einst in England im gleichnamigen Kaufhaus kauften. Seitdem reist er überall mit hin. In jedem Familienurlaub gibt es ein Foto, auf welchem Hamley zu sehen ist. Mein Vater haucht dem Plüschtier Leben ein. Ein Beispiel: Wenn meine Mutter verreist, so schickt mein Vater Tage zuvor ein Paket an die Unterkunft meiner Mutter. Wenn meine Mutter das Paket dann nach ihrer Ankunft öffnet, befindet sich in ihm Hamley und ein Zettel auf welchem steht „Ich bin schon da!".

Nun ja, hier mal ein Bild von unserem vielgereisten Familien-plüschtier im niegel-nagel-neuen Puppenwagen.
Hamley war unter anderem schon in England, in Frankreich, Spanien, an der Ostsee, in Italien (Sizilien), Tschechien, Polen ...und nun auch Russland!

Ich sah wieder in das Paket. Ich fand einen Hustentee von meinen Großeltern, welchen sie im Gedenken an meine schlimme Erkältung zu Beginn meines

Aufenthaltes beigelegt hatten. Zudem noch ein Schreiben und Smarties von ihnen. Ich freute mich sehr - vor allem über die schokoladigen Smarties, welche bereits das Zeitliche segnen mussten.

Dann fand ich noch Bücher, Schokolade (welche ich hier zu gegebenen Anlässen verschenken werde, da Milkaschokolade hier sehr teuer ist), meine übrigen Kleidungsstücke und vor allem meinen langersehnten Wintermantel im Paket.

Ganz unten lag ein Brief von meiner Schwester. Mein Zwilling hatte es sich nicht nehmen lassen einen persönlichen Gruß zu senden. Da ich Angst hatte weinen zu müssen, beschloss ich den Brief morgen zu lesen, wenn ich allein in der Wohnung sein würde.

An dieser Stelle: Vielen Dank an meine Familie für das Paket - im Allgemeinen für die tatkräftige Unterstützung meines Austauschjahres. Danke!

Der Freitag würde ein guter Tag werden. Das merkte ich daran, dass ich, als ich aus der Haustür trat, nicht fror. Es wehte kein Wind und in meinem Mantel war mir warm. Es wurde noch besser. Im Trolleybus war heute kein Gedränge - ich ergatterte einen Sitzplatz!

Nach einem kurzen Schultag von nur vier Stunden - von welchen eine eine Freistunde war - kehrte ich in mein russisches Heim zurück. Sturmfrei. Ich nutzte die Abwesenheit der gesamten Familie, um die Schokolade in meinem Koffer zu verstecken. Der Anblick der leckeren Schokolade würde unweigerlich dazu führen, dass ich alles abgeben müsste und nichts mehr zu verschenken hätte.

Auch las ich den Brief, welchen mein Zwilling verfasst hatte. Meine Reaktion war wie erwartet und ich war froh, dass niemand zu Hause war.

Bald kehrten Dascha, Xjuscha, Sascha und meine Gastmutter heim. Meine Gastmutter fragte mich, ob ich morgen auf Dascha aufpassen könne, da sie arbeiten müsse und keiner sonst Zeit hätte. Wie passend. Morgen muss ich ausnahmsweise nicht zur Schule, da ein Wettbewerb geschrieben wird. Der Gewinner bekommt ein Auslandsjahr in Amerika finanziert - und da ich kein russischer Staatsbürger bin, darf ich daran nicht teilnehmen.

Ich muss sagen, ich habe etwas Angst bis um 12 mit Dascha allein zu sein - sie neigt dazu ohne ihre Mutter in Tränen auszubrechen und zu rufen: „Meine Mutter hat mich verlassen und kommt nicht wieder!" Mal sehen wie das wird…

Bald darauf klopfte es an der Tür. Die Volkszählung. Ich musste besondere Fragen beantworten z.B. Herkunft, Zweck des Aufenthalts usw. – könnte ja sein ich bin illegal hier. Nun ja - jetzt bin ich in der russischen Volkszählung erfasst.

Nach dem allabendlichen Ritual des Sandmannschauens ging ich zu Bett.

Fazit: Mein Paket ist innerhalb von 5 Wochen hier angekommen und das sogar unversehrt und vollständig! Zudem habe ich erfahren, dass man ein Paket hier von der Poststelle abholen muss...wieder mal ein sehnsuchtsvoller Gedanke an das nervige Klingeln der Deutschen Post am Samstag morgen, welche auch Pakete direkt vor die Haustür bringt...

Sonntag, 24. Oktober 2010

Du bist ein Spion!

Gestern war der beste Tag, welchen ich hier bisher erleben durfte. Obwohl ich dank des Wettbewerbs nicht zur Schule musste, stand ich früh auf, schließlich war Babysitten angesagt. Ich habe keinerlei Erfahrungen was Babysitten betrifft, da ich als einziges Geschwisterchen einen Zwilling aufzeigen kann. Es lief prima - wir bastelten, malten, spielten verstecken... dann fiel mir auf, dass Dascha rote Punkte an ihrem Körper hat. Windpocken. Ich rief meine Gastmutter an. Sie meinte daraufhin, sie würde auf dem Rückweg von ihrer Arbeit Medikamente einkaufen.

Ich beschäftigte Dascha weiter. Ich begann sie auszutricksen. Schließlich musste ich Essen für sie kochen und wollte meine Gastmutter mit einer gewischten Wohnung überraschen. So ließ ich sie sich verstecken und führte anschließend laute Selbstgespräche, wo sie denn nur sei und dass ich sie nicht finden könne, während ich Essen machte und hoffte, sie käme nicht aus ihrem Versteck hervorgekrochen.
Sie kam nicht hervorgekrochen. Ich kochte Bratkartoffeln mit Ei, Gehacktem und dazu Brötchen. Dann wischte ich die Wohnung. Meine Gastmutter war sichtlich beeindruckt, als sie nach Hause kam. Aber ich hatte kaum Zeit mich darüber zu freuen – ich musste weg. Katja hatte am Abend zuvor eine SMS geschrieben, sie möchte uns heute 13 Uhr treffen. Keiner wusste wieso. Ich vermutete, wir würden endlich mal besprechen, worüber wir genau beim Sprachenfest reden würden.
Ich war bereits spät dran. So stürzte ich aus der Wohnung, zog noch im Fahrstuhl Mantel und Schal über. Im Gehen steckte ich meine zerzausten Haare

113

zusammen, damit man mir den doch stressigen Vormittag mit klein Daschula nicht so sehr ansah. Dann legte ich noch einen Sprint zum Trolleybus hin und ließ mich erschöpft auf einen freien Platz fallen. Ein mittlerweile und bedauerlicherweise bekannter Geruch stieg mir in die Nase. Er kam von dem Mann neben mir. Ein beißender, Übelkeit erregender Mix aus Fisch und Alkohol. Schrecklich! Mindestens 2 Mal in der Woche trifft man diesen Geruch im Trolleybus an.

Ich kam mit 5 Minuten Verspätung beim Treffen an. Man nahm es mir nicht übel, da ich vorbildlich angekündigt hatte, dass ich zu spät kommen würde.

Wir gingen in die Universität. Katja erzählte uns, worüber wir bezüglich des Sprachenfestivals sprechen könnten und fragte uns, wie wir hier zurecht kommen würden. Dann gingen wir in einen Saal. Es war wie ein Theatersaal. Große Bühne, sogar Logen, viel Publikum und ein riesiger Kronleuchter. Wir setzten uns - noch dachte ich es wäre nur eine Generalprobe, bei der wir gemütlich zusehen würden. Dann meinte Katja: „Wenn sie euch aufrufen, müsst ihr nur kurz sagen, warum ihr hier seid. Das genügt." Schock. Bühne. Publikum. Hatte ich den gefüllten Theatersaal schon erwähnt? Sophia (auch aus Deutschland) und ich begannen nun zu diskutieren was wir sagen könnten und wer von uns überhaupt etwas sagen würde. Und dann wurden wir auch schon aufgerufen. Der Deutsche, welcher bereits an meiner Schule eine Präsentation gehalten hatte, stellte sich vor. Wir standen etwas abseits von ihm. Ich betrachtete das Publikum - von der Bühne aus noch respekteinflößender.

Links seht ihr das Publikum - von der Hälfte des Saals aus foto-grafiert, wo wir zunächst saßen.

Die Bühne

Er war fertig mit seiner kleinen Ansprache. Ich wollte keine peinliche Pause entstehen lassen und schritt entschlossen - wenn auch selbst verwundert über mein Handeln - zum Mikrofon. Die Scheinwerfer schienen warm und grell in mein Gesicht - so sah ich wenigstens das Publikum nicht. Ich hatte nichts einstudiert - also eigentlich keine Ahnung, was ich jetzt sagen würde und schon gar nicht wie auf Russisch. Ich redete also einfach mal drauf los: „Hallo! Wir sind auch aus Deutschland und werden auch von Deutschland erzählen." Nicht viel, aber es reichte- schließlich war die vorherige deutsche Ansprache lang genug gewesen. Katja sah mich lächelnd an und meinte. „Alles richtig!" Ich hatte also auf einer Bühne, vor einem gefüllten Saal aus dem Stegreif einen grammatisch korrekten Satz gesagt. Jeha! Aber nochmal brauch' ich das nicht!

Es stellten sich noch viele weitere Ländervertreter vor. Unter anderem: Türkei, Südafrika, Polen, Schweden, Norwegen, Armenien, USA, Schweiz, Italien, Spanien usw...
Es wurden noch Fotos geschossen wie alle beisammen stehen, bevor wir endlich die Bühne verlassen konnten.
Wir bekamen ein Papier in die Hand gedrückt. Ein Zeitplan. Darauf stand geschrieben, zu welcher Uhrzeit welche Sprachen präsentiert wurden. Uns war mittlerweile aufgegangen, dass wir nicht erst morgen über unsere Muttersprache sprechen würden, sondern bereits heute. Wir waren nur halbwegs vorbereitet. Das könnte ja was werden...

Erleichterung trat auf, als Katja entnervt ankam und meinte, die Organisatoren hätten uns nicht mit eingeplant und wir könnten bis um fünf tun, wonach uns der Sinn stünde, aber Punkt fünf hätten wir am YFU-Präsentationsraum zu sein. Juhuu! Wir müssen nicht vor einem gefüllten Klassenzimmer auf Russisch herumstottern, was die deutsche Sprache ausmacht.
Wir (drei Deutsche, ein Schweizer, eine Amerikanerin und eine Italienerin) gingen ins Stadtzentrum. Dort kaufte ich mir etwas tschuwaschisches Konfekt, in welches ich mich verliebt habe. Ich finde den mit Haselnuss-Schokoladencreme gefüllten Keks, überzogen von Vollmilchschokolade und Haselnussstückchen leckerer, als alles, was ich bisher an Konfekt probieren durfte.
Danach spazierten wir etwas am Ufer des Seitenarmes der Wolga entlang. Es war ein sonnig warmer Tag.

Pünktlich um 5 waren wir wieder in der Universität. Dort wartete ein freundlicher Herr auf uns, dem „Hiobsbote" praktisch auf der Stirn geschrieben stand. Er meinte, wir könnten in zehn Minuten eine Präsentation halten. Er sah uns eindringlich an, so dass wohl eher von müssen als von können die Rede war.

So machten wir uns notgedrungen auf den Weg zu dem Klassenzimmer, in welchem wir nun sprechen mussten. Vor dem Klassenzimmer begrüßte uns ein ausgelassen fröhlicher Mann. Er meinte: „Ik bin ooch Deutscha, wa!" Alles klar - Berliner. Er erzähle, dass er hier seit 5 Jahren leben würde und fand faszinierend, wie man sich in einem so zarten Alter zu dem Abenteuer eines Austauschjahres entschließen kann.

Auch den Deutschen, welcher an meiner Schule bereits gesprochen hatte, traf ich wieder. Wir alle gingen ins Klassenzimmer. Die einzigen Sprachsicheren überließen uns das Reden. Super. Und ich hatte gehofft, dass wir durch die zwei Männer entlastet werden würden!

Sophia sprach zunächst über Dialekte und die Geschichte der deutschen Sprache. Clemens vermittelte einfache Sätze wie: „Guten Tag!" Oder „Ich liebe dich." Anschließend sprach ich darüber, dass es einige deutsche Wörter in der russischen Sprache gibt z.B.: Wunderkinder, Butterbrot, Absatz, Buchgalter (Buchhalter), Galstuk (Halstuch - hier aber Krawatte), Gastarbeiter … .

Anschließend stellten wir uns der Fragenflut der neugierigen Zuhörer. Zum Glück hatten wir die zwei Männer an unserer Seite, welche uns bereitwillig übersetzten. Dennoch versuchten wir so gut es ging selbst zu antworten und zu verstehen. Es wurden unzählige Fotos von und mit DEN Deutschen geschossen.

Nach der Präsentation kamen ein paar Studentinnen auf mich zu und meinten: „Du lebst jetzt also schon ein Jahr hier…" Ich :"Nein, den zweiten Monat." Die Reaktion: „Krass! Man hört manchmal keinen Akzent, wenn du sprichst!" Ich „Danke!" Daraufhin die Studentinnen: „Schon wieder!" Die übrigen Austauschler hatten das Gespräch mitbekommen. Jetzt fingen die auch noch damit an, wie gut ich Russisch könne und wie deprimierend es sei, dass sie es nicht so gut können würden. Ich kann NICHT gut Russisch!

Dennoch führten die Erfolge und Komplimente dazu, dass ich mich mit einem breiten Grinsen – bis über beide Ohren - auf den Heimweg machte.

In der Wohnung wurde ich von Dascha, Gastmutter, „Oma", dem Schwager meiner Gastmutter und einer weiteren Oma freundlichst begrüßt. Volles Haus. Anschließend wurde mein gekochtes deutsches Mittagessen sehr gelobt - und dabei waren es doch nur olle Bratkartoffeln.

Als Xjuscha nach Hause kam, war sie in Begleitung ihres Bruders und zwei seiner Kumpel. Xjuscha meinte, die beiden wollten mich unbedingt kennen lernen. Sie heißen Schenja und Schenja. Zwei Menschen – ein Name. Der eine Schenja war vor kurzem für 3 Monate in Amerika.

Während die Kerle sich an der gut gefüllten Essentafel vergnügten, erzählte ich Xjuscha wie mein Tag war. Wie abgedreht und unorganisiert. Es sprudelte aus mir raus. Und während ich so sprudelte, kamen die Kerle ins Zimmer. Man sah mich mit großen Augen an. Schenja (welcher in Amerika war) sprach mich auf Englisch an und meinte, er wolle sein Englisch auffrischen. Ich unterhielt mich mit ihm auf Englisch. Zwischendurch fragten die anderen mich etwas auf Russisch - ich antwortete Russisch. Schenja hielt inne, grinste und meinte: „Du bist ein Spion!" Ich irritiert, aber grinsend: „Was? Bist du blöd? Wieso glaubst du das denn?" Er: „Englisch kannst du. Deutsch kannst du. Wenn du russisch sprichst, hat man teilweise den Eindruck du würdest hier leben - als wäre es deine Sprache und schön bist du auch noch - also Spion!" Ich lachte, bedankte mich und unterhielt mich weiter mit ihm. Schenja ist bereits 20, und als ich ihm aufzählen musste, welche Länder ich bereits bereist habe, meinte er: „Ich fühle mich wie ein kleiner Junge neben dir!" Ich musste erneut lachen. Erfrischend. Jemand der älter ist als ich - jemand der auch Austauschler war und mit mir auf einer Wellenlänge ist. Wir unterhielten uns noch ein Weilchen - wobei er merkte, dass mein Russisch doch nicht so perfekt ist wie zunächst geglaubt.

Gegen 10 verließen alle Gäste die Wohnung. Ein anstrengender, erfolgreicher, prägender Tag ging zu Ende. Ich habe auf ein Kind aufgepasst, stand auf einer Bühne, habe mich Fragen gestellt und für einen Spion erklären lassen. Und heute früh wusste ich gerade mal, dass ich auf Dascha aufpassen würde!

Am Sonntag gingen Xjuscha und ich einkaufen. Das erste Mal, dass ich Eier ohne Karton drum herum gekauft habe. Zehn Eier in einer Plastiktüte. Seltsam. Wir mussten gehen, weil Dascha die Windpocken hat. (Ein niedlicher Anblick, denn diese Krankheit wird hier mit einer grünen Paste behandelt. Dascha ist am ganzen Körper grün gepunktet.) Jedenfalls musste deshalb meine Gastmutter auf sie aufpassen, da Dascha bereits eitel ist und ihre Erscheinung keinem zeigen will.

Anschließend gingen wir Natascha zum Geburtstag gratulieren. Im McDonald's, welch' wunderbarer Ort um seine Geburt zu feiern... *hust*
Im McDonald's erkannten mich einige Studentinnen wieder. Es bildete sich eine Ansammlung um mich. Xjuscha und Freundinnen sahen mich erstaunt an. Keine Zeit darauf zu reagieren. Man quatschte mich von allen Seiten zu. Eine fragte, ob ich irgendetwas aus Deutschland bei mir hätte, was ich ihnen eventuell schenken könne. Ich schenkte ihnen eine Busfahrkarte. Diese sehen hier wirklich komplett anders aus. Sie freuten sich riesig und zogen angeregt quatschend ab.

Fazit: In Russland scheint das Motto: „Erwarte das Unerwartete!" wirklich zu gelten...

Fanpost!

Es war wieder einmal Schuluniformpflicht angesagt. Eigentlich ist es das hier jeden Tag. Jeder Schüler sollte ein weißes Oberteil und schwarze Hosen tragen...nur hält sich kaum jemand daran. Doch am Montag war es ernst. Jeder, der nicht in Schuluniform erschien, würde fotografiert und im Schulhaus ausgehängt werden. Ich dachte also, heute würden alle brav in schwarz-weiß gekleidet sein. Pustekuchen. Fast ein Viertel der Schüler lief immer noch in Jeans und Pulli durch die Schule - bin mal gespannt, wann die Fotos ausgehängt werden. Die Schuluniform ist faszinierend neu für mich, denn an meiner deutschen Schule gab es diese – zum Glück- nicht. Auch neu für mich ist der „Diensthabende Schüler". Darunter versteht man, dass der Schüler zur Aufsichtsperson wird. Jede Woche ist eine andere Klasse eingeteilt.

Diejenigen, welche „im Dienst" sind müssen:

- am Morgen das Begrüßungskommando im Foyer sein
- in den Pausen die Fluraufsicht führen
- groben Müll von den Schulfluren entfernen

Einen Vorteil hat es dennoch für den Schüler: Wenn er „im Dienst" ist, wird er an der Schulcafeteria sofort bedient und muss nicht warten. Es ist wirklich sagenhaft, was jede Pause an der Cafeteria passiert. Sobald die Pausenglocke schrillt, spurten Schülerscharen an die Cafeteriatheke, drängeln und quetschen, wedeln mit ihren Geldscheinen und jeder will zuerst an der Reihe sein. Es erinnert an einen türkischen Basar. Wenn ich mir überlege, dass man in England sogar an der Bushaltestelle in einer Reihe ansteht...also da könnte man sich hier doch wirklich mal 'ne Scheibe abschneiden!

Ein weiteres Paket trudelte gestern ein. Ein Paket meiner Großeltern mütterlicherseits. Inhalt: ein Brief, eine rosa Weste für Dascha (die hier alle total klasse finden - meine Gastmutter bedankt sich tausendfach bei euch, Oma und Opa), ein roter Pulli für Xjuscha, Entspannungstee für mich, sowie eine warme Mütze und dicke Socken (werde ich sicher gebrauchen können), viel Schokolade, Kakao und eine silberne vierblättriges-Kleeblatt-Brosche, welche mir Glück bringen soll. Vielen, vielen Dank! Ich freue mich sehr darüber!! Socken und Mütze werden sicherlich bald Verwendung finden, das Kleeblatt trage ich bereits und Teile der Schokolade sind nun schon an einem besseren Ort.
Übrigens ist „Paket bekommen" hier ein viel größerer Aufriss, als in Deutschland. Zunächst findet man einen Zettel der zuständigen Poststelle im

Briefkasten. Anschließend muss ein Erwachsener des Haushaltes mit Pass zum Postamt. Dort werden Formulare unterschrieben und Pass kontrolliert - erst dann wird das Paket ausgehändigt. Nichts mit mal eben aus der Haustür treten, Unterschrift leisten und Paket entgegennehmen...

Als ich heute nachsah, ob ich neue E-Mails bekommen habe, traf mich der Schlag. Fanpost. Ernsthaft! Fanpost. Beim Sprachenfestival hatte ich meinen Namen bei einer russischen Chat–Community angeschrieben, um eine Kontaktierungsmöglichkeit zu bieten. Und nun hatte ich 10 Freundschafts- anfragen und mindestens genauso viele Mails. Man schrieb mir, wie sehr unsere Präsentation gefallen hätte, dass ich gut Russisch könne, alles was mit Deutschland zu tun hat klasse ist, und man mich unbedingt näher kennen lernen wolle. Dabei wurden unglaublich viele Smileys, Küsschen und Ausrufezeichen verwendet. Ich antwortete allen - mal seh'n wie das weiter geht.

Am Abend kam noch ein Schulfreund meiner Gastmutter zu Besuch. Er meinte, er habe schon von seinem Sohn (welcher in meine Klasse geht) gehört, dass ich gut Russisch könne und würde dies bestätigen. Wir aßen zu Abend. Meine Gastmutter und der Gast sprachen angeregt über vergangene Zeiten.

Nach dem Essen bedankte ich mich – wie immer - für die Mahlzeit (das ist hier so üblich, sogar die eigenen Kinder sagen immer brav danke nach einer Mahlzeit). Meine Gastmutter sah mich begeistert an und meinte: „Hör mal! Bald sprichst du akzentfrei!" Und wieder einer mehr, der mich für gut russisch sprechend hält, und dabei habe ich immer noch nicht das Gefühl sonderlich wortgewandt zu sein.

Fazit: Deutschland ist ja soo klasse!

Freitag, 30. Oktober 2010

„Herbstball" bei Schnee

Wenn man sich fragt, wozu man im Sportunterricht auf einem Schwebebalken balanciert und Hindernislauf absolviert, so hat man Russland noch nicht bei Regen erlebt. Am Donnerstag balancierte ich auf Bordsteinkanten entlang, da Fußweg und Straße an einigen Stellen gleichermaßen überflutet waren. Nasses Ekelwetter - wie bereits am vergangenem Donnerstag.

In der Schule alberte ich mit Nastina und Nastja herum. Irgendwann meinte ich im Spaß: „Ihr seid blöd!" Ich konjugierte allerdings falsch, so dass ich sagte: „Ihr seid ein Irrenhaus!" Man klärte mich über meinen Fehler auf - was erneut zu herzhaftem Gelächter führte.

In Biologie wurden der Lieblingsschüler und ich wieder zum Kekse essen und Tee trinken eingeladen. Jeha! Ich wollte höflich sein und nicht alle Kekse aufessen. Die Lehrerin sah während ihrer Stunde mal nach dem Rechten und fragte uns empört, warum wir nicht essen würden. Als sie ein zweites Mal erschien, meinte sie, wir könnten das nächste Mal noch den Computer einschalten, wenn uns langweilig werden sollte. In solchen Momenten liebe ich die russische Mentalität!

Heute war „Tag des Kürbisses" . Ein extra erfundener Feiertag, welcher Halloween ersetzen soll. Wenn ich mich mit meinen Mitschülern unterhalte, so höre ich immer die Übereinstimmung, dass man gern Halloween feiert - aber Halloween ist nun mal ein amerikanischer Feiertag und den kann man ja nicht so ohne weiteres einfach in Russland feiern! Weshalb der „Tag des Kürbisses" eingeführt wurde. Also derselbe Feiertag, nur in Kürbis und damit sofort machbar an einer russischen Schule…

Viele waren verkleidet, Süßes wurde verteilt, die Schule war geschmückt, kleine Gewinnspiele standen zur Teilnahme aus- man hatte sich wirklich Mühe gegeben. Alles in allem ein bunter, lustiger Schultag – besonders lustig für mich, denn ich bekam in Physik und Englisch eine 5.

Das Begrüßungskomitee am Tag des Kürbisses - sehr fröhlich! Kolja, Nastja, Nastina und Sonja

Um 15:30 Uhr begann der „Herbstball". Draußen lag Schnee. Im Oktober einen Herbstball abzuhalten ist durchaus passend- nur der Blick aus dem Fenster lässt einen Winterball für angemessener erscheinen.

Der Ball fand im Versammlungsraum der Schule statt. Einige kamen in Kostümen (schließlich war immer noch Tag des Kürbisses) und wieder andere in Abendgarderobe. Wieder fiel mein Blick auf das Schuhwerk der minderjährigen weiblichen Ballteilnehmer... 15-20cm Absätze...*hust* ich habe von einer Freundin mal ein solches Paar anprobiert. Das Laufen in ihnen ist eigentlich gar nicht so schwer - nur bin ich dann fast 1,90m hoch und das ist eindeutig zu viel!

Zunächst präsentierten einige Klassen selbst gedrehte Filme oder einstudierte Stücke, dann wurden die Lichter gedimmt, die Musik eingeschaltet und der Bass aufgedreht. Spätestens dann ging mir auf, dass das Wort „Ball" mehr ein Codewort für Party war. Ich feierte also mit und verließ die Tanzfläche erst, als ich merkte, dass trotz Aufsicht der Lehrer der Alkoholpegel einiger Feiernder anstieg (natürlich ohne dass die Lehrer etwas davon wussten).

Fazit: Tag des Kürbisses ist Halloween - nur zwei Tage früher!

Samstag, 31. Oktober 2010

Scharlotta bäckt Scharlottka

Der letzte Schultag vor den Ferien! Neuer Schnee, welcher die dreckigen Wege und grauen Häuser mit Weiß bedeckte, ließ Tscheboksary ruhiger und reiner erscheinen. Ich zog zum ersten Mal meine neuen Winterstiefel an - meine Ugi! Der Schnee knirschte unter ihnen, als ich mich mit Xjuscha auf den Weg zur Schule machte. Mollig warm war es in meiner Fußbekleidung. Minus 20°C sollten in ihnen auch ohne extra Socken locker abzuhalten sein.

Nach vier normalen Unterrichtsstunden, in welchen sowohl Lehrer als auch Schüler ungeduldig auf das Vorrücken der Uhrzeiger sahen, gab es einen kleinen Appell. Alle Klassen versammelten sich in Gruppen ihrer Jahrgangsstufe - ich stand mit bei den Neuntklässlern. Wie seltsam. Manchmal vergesse ich, dass ich in Deutschland bereits in der 11. Klasse wäre - damit wäre ich hier schon Abschlussjahrgang, denn es gibt nur 11 Klassenstufen an einer russischen Schule.

Es wurden Urkunden für 5er Schüler und besondere Leistungen verteilt. Xjuschas Freund Sascha ist ein 5er Schüler und lässt das auch alle wissen - es solle ja keiner auf die Idee kommen, einen gewöhnlichen Mitschüler vor sich sitzen zu haben. Wiedereinmal stimmt Zensierung und Leistung nicht überein.

Sascha ist nicht besonders fleißig und macht nie mehr als notwendig - dennoch 5er Schüler mit Auszeichnung...

In der anschließenden Zusammenkunft nur im Klassenverband wurden die Zeugnisnoten verkündet. Dabei gibt es hier ein anderes System, als in Deutschland. Das Schuljahr ist in Viertel aufgeteilt. Jeder Schüler hat in seinem Hausaufgabenheft eine vorgedruckte Tabelle. Dort trägt er pro Schuljahresviertel beim entsprechenden Schulfach seine Gesamtnote ein - anschließend wird es vom Klassenlehrer durch eine Unterschrift für gültig erklärt.

Ich habe leider kein „Zeugnis" bekommen - und das, obwohl ich in einigen Fächern zensiert worden bin.

Gegen 13:00 Uhr wurden wir endlich in die Ferien entlassen! Für mich begann damit der schönste Teil des Tages. Ich war von Sonja eingeladen worden, mit ihr, Nastja und Nastina zu kochen. Ich würde lernen wie man Scharlottka bäckt!

Wir liefen ein kleines Stück bis zu Sonjas Wohnung. Sonja führte mich durch die Wohnung. Es gibt sogar ein Spielzimmer für die kleine Schwester! Sofort musste ich an meine eigene Schwester denken, denn sie würde beim Anblick der Schaukel in dem Zimmer sicherlich bis über beide Ohren grinsen und sofort los schaukeln.

Wir gingen in die Küche. Sonjas Mutter wurde mir vorgestellt. Typisch russisch. Wir waren noch nicht mal richtig in der Küche und die erste Frage war:

„Habt ihr Hunger? Ihr müsst was essen!"

Sonja antwortete: „Mama, wir machen doch gleich Pizza und Scharlottka!"

„Na und? Etwas Brot kann jeder essen!" Ihr Blick fiel dabei auf mich.

„Setz dich! Iss! Du bist schrecklich dürre!" Ich konnte mir ein Grinsen nicht verkneifen. Der Gewinner dieser Runde stand fest. Wir setzten uns und aßen belegte Schnitten und Salat. Das heißt, ich wurde genötigt das Doppelte zu essen, denn schließlich bin ich „furchtbar dürre".

Sonjas Mutter wusste, dass wir allein kochen wollten und hatte sich deshalb bereit erklärt, mit Sonjas Vater zur Datsche zu fahren, damit wir die Wohnung für uns hätten. Aber sie war einfach nicht zum Gehen zu bewegen.

Mutter: „Ihr wollt also kochen? Wisst ihr überhaupt wie man Scharlottka macht? Wartet, ich wähl' euch die Äpfel aus!"

Sonja: „Mama wir können selber Äpfel auswählen!"

Mutter: Jaja, ich bin gleich weg, ich wasch' nur noch schnell die Äpfel!"

Sonja „Mama! Wir können selber Äpfel waschen und schneiden!"

Nastja: „Ehrlich! Ich hab' erst vorgestern mit meiner Mutter Scharlottka gebacken - wir wissen wie das geht!"

Nachdem sie uns abgefragt hatte, welche Zutaten in welchen Mengen für eine Scharlottka notwendig seien und Sonja wegen des Spektakels ihrer Mutter fast an die Decke gegangen wäre, ließ sie uns endlich allein.

Wir buken also Pizza und Scharlottka - beides sehr lecker. Wir hatten viel Spaß und es war ein wunderbarer Nachmittag.

Und links das legendäre Foto: Scharlotta mit Scharlottka!

Scharlottka ist eigentlich ein normaler Apfelkuchen - hier noch mit schwarzen Johannisbeeren verziert.

Als Sonjas Mutter gegen 6 wiederkam, machten Nastja, Nastina und ich uns auf den Heimweg. Sonjas Mutter unterhielt sich kurz mit mir. Wie es mir gehe und ob ich mich hier wohl fühlen würde. Sie erkannte meine Russischenntnisse – sie meinte: „Nun - sie spricht doch normal!" Endlich mal jemand, der nicht glaubt ich könne wunder was wie gut Russisch…

Wir wollten gerade die Wohnung verlassen, als sie mich zurück rief und meinte: „Draußen ist es kalt! Warte!" Sie nahm meinen, bereits umgebundenen, Schal ab, stellte den Kragen meines Mantels hoch und wickelte den Schal erneut um meinen Hals. „Sonst erfrierst du! Hast du keine Mütze?!" „Nein- draußen ist es nicht so kalt. Ich brauche sie noch nicht!" Ein entrüsteter Blick, doch sie ließ uns gehen.

Kaum war ich draußen, band ich meinen Schal wieder auf meine gewohnte Methode um. Das wiederum führte zu Gelächter meiner Freundinnen.
Mal ehrlich! Ich bin allein in Russland und fast 17! Das ist nicht der erste Winter für mich und mit den jetzigen Temperaturen von –5°C bin ich durchaus vertraut! Hier ein lieber Gruß an meine eigene Mutter: Dem Himmel sei Dank bist du keine Glucke!

Nastina und Nastja brachten mich noch bis zur Bushaltestelle. Ich hoffe, wir machen so etwas noch öfter!

Im russischen Heim angekommen war ich froh, mal nicht von meiner Gastmutter zum Essen genötigt zu werden, denn auch sie kannte Sonjas Mutter und wusste, ich würde randvoll zugestopft sein.

Fazit: Man kann keine Scharlottka backen, ohne ein paar Eier zu zerschlagen.

Mittwoch, 3.November 2010

Zwei Monate gingen ins Land

Der Sonntagvormittag verlief ohne besondere Ereignisse.
Um 17:00 Uhr wurde ich von Schenja (welcher mich eine Woche zuvor als Spion bezeichnete) zum Theater abgeholt. Es mag seltsam klingen: 16-jähriges deutsches Mädchen geht mit 20-jährigem Russen ins Theater - ohne weitere Begleitung. Aber Schenja ist wirklich ein beispielhafter Gentleman - ihr werdet es noch lesen.
Wir stiegen in ein Taxi. Also ein altes Auto mit Taxometer und Fahrer. Wir unterhielten uns auf Englisch. Schenja war erst kürzlich in Amerika gewesen und will seine Englischkenntnisse nicht in Vergessenheit geraten lassen. Mir soll das nur recht sein, denn ich merke, wie mein eigenes Sprechvermögen in dieser Sprache langsam aber sicher einrostet. Der Fahrer linste interessiert in den Rückspiegel. Während unserer englischen Unterhaltung wechselte Schenja ab und zu ins Russische, da ihm bereits einige Vokabeln entfallen waren. Der Fahrer linste noch interessierter. Schließlich fragte er Schenja: „Woher ist sie?"
Schenja: „Aus Deutschland."
Fahrer: „Sie spricht wirklich gut Englisch - und Russisch anscheinend auch!"
Ich: „Vielen Dank!"
Schenja: „Ich sag' doch du bist ein Spion!"
Der Fahrer grinst und ich streite es erneut mit einem Lächeln ab.
Im Theater sahen wir eine Komödie - sehr lustig! Ich verstand immerhin grob die Handlung.
Auf dem Weg zum Restaurant unterhielten wir uns. Schenja meint, das nächste Mal müsse er mir unbedingt ein tschuwaschisches Theater zeigen - im Allgemeinen habe ich das Gefühl, dass er sich zu meinem persönlichen Touri-Guide erklärt hat…mir soll's recht sein!
Schließlich fragte ich ihn wie sein vollständiger Name sei. Er nannte ihn. Ich sah ihn an. Er nannte ihn erneut. Das kann ich niemals im Leben aussprechen! Zu meiner Erleichterung bot er mir an, ihn Jack zu nennen, wie es auch seine Freunde in Amerika taten.

124

Wir gingen in ein Restaurant, welches Gerichte aus Usbekistan anbietet. In solch einem war ich noch nie. Jack wählte aufgrund meiner Unerfahrenheit und des Unverständnisses der russischen Speisekarte ein Gericht für mich aus - sehr lecker! Ich aß Teigtaschen, welche mit Gehacktem gefüllt waren und dazu saure Sahne.

Wir schwatzten den gesamten Abend. Es hatte etwas von einem Wiedersehen mit einem langjährigen Freund. Er meinte schließlich, dass man mir nicht anmerke erst 16 zu sein – er habe das Gefühl mit einer Gleichaltrigen zu reden. Wie gesagt, seine Gegenwart ist sehr erfrischend - mal kein Milchbubi. Er ist permanent positiv gelaunt, lacht und redet viel. Er gab mir noch ein paar Tipps was das Leben in Russland betrifft.

Erste goldene Regel ist, sich vor den männlichen Geschöpfen hier in Acht zu nehmen. Er meinte, er selbst würde 3 Mal in der Woche zum Kampfsport gehen, dadurch fühle er sich sicherer. Und wenn ich wolle, würde er mich mal dorthin mitnehmen.

Zweite goldene Regel: Wer in Russland versucht Vegetarier zu werden könne sich gleich den goldenen Schuss setzen - so meinte er. Der Winter ist kalt - da muss energiehaltige Nahrung aufgenommen werden.

Und dann sagte er noch etwas, was mich sehr zum Nachdenken anregte: „Russland kann man nicht mit dem Verstand verstehen - nur mit dem Herz." Ich enthalte mich an dieser Stelle jedes Kommentars und lasse den Satz als einzelnen wirken.

Um zehn war ich wieder im russischen Heim. Er ließ es sich nicht nehmen, mich direkt vor die Tür zu begleiten - schließlich könnte der Fahrstuhl stecken bleiben! Ein wunderbarer Abend - ich habe mich bestens amüsiert und ich musste nichts bezahlen - auch keine einzige Tür musste ich selbst öffnen. Eine prima Art seinen zweimonatigen Aufenthalt in Tscheboksary zu feiern.

Am Montag kündigte sich hoher Besuch an. Wie gesagt, immer wenn ich glaube zu wissen, was auf mich zukommt passiert etwas Unerwartetes. So glaubte ich am Montag noch, dass mir eine entspannte, fast langweilige Ferienwoche bevorstünde - doch da kündigt sich der Mann meiner Gastmutter an. Da er zur Zeit in einer anderen Stadt lebt und arbeitet, habe ich ihn noch nie gesehen. Aber so viel weiß ich: Er bedeutet alles für meine Gastmutter. Ich fühle mich auf eine Art Probe gestellt. Meine Russischkenntnisse, mein Auftreten usw... Bisher weiß er nicht mehr, als dass ich aus Deutschland komme und bereits auf seine Tochter aufgepasst habe. Als meine Gastmutter ihm neulich davon berichtete, fragte er nur, ob sie noch ganz richtig im Kopf sei. Seine Tochter einer Fremden anzuvertrauen!

Ich war also den ganzen Tag etwas hibbelig - wobei „etwas" untertrieben ist.

Um 10 Uhr stand er dann in der Tür. Er ist mindestens 1,90m groß und schlank - ein gutaussehender Mann. Er gab eine eindrucksvolle Erscheinung ab: langer, dunkler Mantel, Fellschapka, schwarzes, festes Schuhwerk. Sowohl diese, als auch die Kleidung, welche nach Ablegen des Mantels zum Vorschein trat, waren eine Uniform - was meine Hibbeligkeit nicht gerade minderte. Seine Worte waren: „Guten Tag! Sehr erfreut." Ein sympathisches Schmunzeln huschte ihm dabei über die Lippen.

Wir aßen zu Abend. Dascha saß auf dem Schoß ihres Vaters, wie ein kleiner König auf seinem Thron. Immer wiederholte sie: „Das ist mein Papa und nicht eurer! Mein Papa! Ich liebe meinen Papa!"
Besagter Papa richtete das Wort an mich. Und meinte, er habe nun drei Töchter - Dascha, Xjuscha und mich. Er begann von Gemeinsamkeiten zwischen russischer und deutscher Mentalität zu sprechen. Er redete viel und klug - was mich wieder einmal spüren ließ, wie wenig ich verstehe. Er scherzte oft. Zum Beispiel sah er den Apfelkuchen auf dem Tisch an. „Ist das nicht Scharlottka?" Und sah mich (Scharlotta) dabei grinsend an. Im Verlauf des Abends meinte er: „Dann lasst uns mal die Scharlottka anschneiden!" Sieht mich an und sagt: „Jetzt musst du rufen: „neeiiin! Bitte nicht!""
Im Allgemeinen ist er als sehr gebildeter, fröhlicher und witziger Mann zu beschreiben. Dennoch ist das Gefühl, geprüft zu werden, nicht ganz verschwunden.
Zehn Tage wird er in Tscheboksary zu tun haben und dann wieder abreisen.

Am Dienstag ging Dascha wieder zum Kindergarten. Die letzte Woche war sie immer zu Hause gewesen und wurde vom Mütterchen betreut, da Dascha Windpocken hatte.
Dennoch war es kein gewöhnlicher Kindergartentag für das kleine Mädchen. Sie wurde von ihrem Vater hingebracht. Sie grinste bis über beide Ohren, als ihr Held (wieder in eindrucksvoller Uniform) sie an die Hand nahm und mit ihr die Wohnung verließ.

Meiner Gastmutter hingegen ging es trotz Anwesenheit ihres Mannes nicht gut. Den ganzen Vormittag saß sie nervös in der Küche und lernte. Sie würde eine Prüfung ablegen müssen, welche aus vier Teilen besteht. Es ist eine Prüfung für Grundschullehrer - soweit ich verstanden habe, und sie ist nur in Tschuwaschisch abzulegen.
Sie las einige Fragen vor und so viel kann ich mal sagen: Wenn sie die Prüfung besteht, kann sie auch an einer Universität unterrichten. Am Dienstag würde sie den ersten Teil schreiben. Sie hatte bereits die gesamte Flasche Beruhigungstropfen ausgetrunken - doch man sah ihr an, dass sie nicht wirkten. Ich versuchte sie zu beruhigen, indem ich ihr sagte, dass alles gut werden würde - schließlich habe sie bereits Lehrerfahrung.

Für mich war es ein entspannter Tag. Ich schrieb etwas an meinem Blog, skypte mit meinem Freund und zappte durch das russische Fernsehprogramm. Am Abend gingen wir noch zu Xjuschas Vater, da Jana (die Tochter seiner Lebensgefährtin) ihren 11. Geburtstag feierte. Wir aßen ausgiebig, unterhielten uns und gingen nach zwei Stunden wieder.

Am Mittwoch arbeitete ich etwas für den Deutschleistungskurs, welcher mich nach meinem Austauschjahr erwarten wird, vor. Ich las in „Hamlet". Dann ging ich zu meinem Sport. Schrecklich. Monatsanfang bedeutet auch ein neues Sportprogramm - wieder neue, seltsame Verrenkungen, die keiner wirklich nachmachen kann.

Gute Nacht!

Fazit: „Erwarte das Unerwartete" – gilt auch nach 2 Monaten noch!

Samstag, 6. November 2010

Coole Omas

Am Donnerstag war hier Feiertag - um genau zu sein „Tag der Einheit des Volkes". Niemand musste arbeiten – wieder einmal Schülerpech, wenn ein Feiertag in die Ferienzeit fällt.
Wir wurden zum Essen beim Mütterchen eingeladen. Ein nicht weiter spektakuläres Familienzusammenkommen. Dascha blieb beim Mütterchen, wir gingen wieder nach Hause.
Sascha kam zu Besuch. Ich verkrümelte mich in die Küche, sah russisches Fernsehprogramm und ließ die beiden in Ruhe.

Als Xjuschas Mutter und ihr Mann am Abend die Wohnung betraten, rief mein Gastvater: „Na wo ist denn der Kavalier?" Mit seinem gewohnten Grinsen begrüßte er Sascha- die beiden kennen sich bereits. Seit der Ankunft meines Gastvaters weht hier ein anderer Wind- ein positiverer. Meine Gastmutter ist fröhlich und Dascha sowieso. Mein Gastvater scherzt oft. Er ist übrigens auch sehr spendabel. So kann sich Dascha über eine neue Jacke, Mütze, Strickjacke, Handtasche, meine Gastmutter über zwei Kleider, Schmuck, Parfum, neues Handy, neue Winterjacke und Xjuscha über Schmuck und bezahltes Internet freuen. Krass! Er begründete alles mit einer Redensart unter Männern: „Wenn du kein Geld hast, bleib' zu Hause!" Russische Männer scheinen wirklich gern zu schenken - auch Sascha überhäuft Xjuscha mit Schmuck und sonstigen Accessoires.

Am Freitag war ich Schuhe kaufen mit Nastina. Meine Chucks fallen langsam auseinander und die Ugi sind so warm, dass ich die nicht bei matschigem Herbstwetter mit gelegentlichem Schneefall tragen kann. Wir trafen uns an der „Mega Moll". Dort kaufte ich zunächst ein Geburtstagsgeschenk für Xjuscha. Dann liefen Nastina und ich etwas ziellos durch die 5etagige "Mega Moll" auf der Suche nach ein paar Schuhen, welche nicht 5000 Rubel (ca. 130 Euro) kosten. Da wir natürlich nicht stillschweigend nebeneinander her stiefelten, erzählte mir Nastina etwas, was ich durchaus erwähnenswert finde. Sie meinte: „Ihr habt solche coolen Omas in Deutschland!" Ich lachte - das ist mir, seit ich hier bin, auch schon aufgefallen. Der Begriff „Mütterchen" wird hier gelebt. Eine Oma ist hier eine kleine, gekrümmte Frau, welcher das Alter anzusehen ist. Ein Kopftuch, großer Anorak, langer Rock, sowie dicke Wollstrümpfe, welche aus seltsam ausgelatschten Schuhen ragen, sind verallgemeinert ihre Kleidung. Nastina war mal in Deutschland und meinte weiter: „Eure Omas! Zurechtgemacht – alle sehen aus wie 50!" An dieser Stelle einen lieben Gruß an meine coolen, zurechtgemachten Großeltern und auch an Nastina.

Anschließend gings wieder zum Sport. Die Übungen sind so kompliziert, dass selbst die Trainerin auf dem Monitor ab und zu ins Stolpern kommt!

Ich war frisch geduscht und saß im bequemen Jogginganzug und mit nassen Haaren im Zimmer, als mein Gastvater fragte, ob Xjuscha und ich mit ins Kino kämen. Xjuscha rief: „Ja!" Er daraufhin: „Gut dann beeilt euch, in einer halben Stunde fängt der Film an!"

Ich hastete zum Fön, stolperte in meine Klamotten und hoffte mit „vorzeigbar machen" fertig zu sein, bevor man anfangen müsste mich zu ermahnen.

Zehn Minuten später waren meine Haare trocken und hochgesteckt und ich trug vorzeigbare Kleidung. Rekord! Ich selbst wusste nicht, dass ich so schnell sein kann! Ich war früher fertig als meine Gastfamilie.

Mit einem Taxi fuhren wir zum Kino. Auch dieses Taxi hob sich, durch einen Steinschlag, welcher fast die gesamte Windschutzscheibe durchquerte, von allen mir bisher bekannten Taxis ab.

Während der Fahrt erklärte mir mein Gastvater, worum es im Film gehen würde: um den 2. Weltkrieg. Um genau zu sein um die Festung Brest, welche 1941 von deutschen Truppen eingenommen wurde. Jeha! Als ob einem dieser Teil der deutschen Geschichte nicht so schon unangenehm genug wäre…

Eine makabere Situation wie sie im Buche steht. Deutsche sitzt zwischen Russen und schaut sich einen Film an, in welchem das Wüten und Abgemetzel der nationalsozialistischen Truppen zu sehen ist. Der Film hat - soweit ich das beurteilen kann - nichts verfälscht dargestellt. Es ist bei Weitem nicht der erste Film, welchen ich zum Thema 2. Weltkrieg sehe, aber dennoch war es eine neue Erfahrung. Ich habe bisher nur Filme gesehen, wie andere Truppen in Deutschland wüteten, aber nie, wie die deutschen Truppen vorgingen. Insgesamt ein guter Film - wenn auch sehr brutal.

Meine Gastmutter meinte nach Ende des Films: „Fu! Ich mag solche schweren Filme nicht!" Dann sah sie mich an: „Mein Mann hatte Angst dich mit ins Kino zu nehmen."

Ich: „Wieso?" Dabei sah ich zu ihm.

Er: „Ich habe Angst du verstehst es so, als ob alle Russen Deutsche hassen und wir dir deshalb den Film gezeigt haben."

Ich schmunzelte: „Das ist Geschichte! Das war so - wichtig ist nur, dass es momentan nicht so ist und nicht wieder so wird!"

Mein Gastvater lächelte erleichtert.

Er: „Der Film kam zum Feiertag „der Einheit des Volkes" in die Kinos - wir wollten ihn uns einfach ansehen - wie gesagt, ich hoffe du verstehst es nicht falsch…"

Wieder beruhigte ich ihn. Wir führten anschließend ein Gespräch über den zweiten Weltkrieg und die Situation innerhalb der beteiligten Länder heute. Also: Er erzählte und wenn ich etwas verstand, trug ich etwas zum Thema bei. Wieder mal eine bereichernde Erfahrung, welche ich hier sammeln durfte.

Der Samstag war ein ruhiger Tag. Ich skypte mit meinen Eltern. Leider ist mein Internet wirklich schrecklich langsam, so dass die Verbindung zwischendurch abbrach oder stockte. Es scheint allen gut zu gehen - und es tut sehr gut das zu hören. Hier ist auch alles super. ☺

Fazit: 70 Jahre vergingen und noch immer ist der Krieg ein heikles Thema. 70 Jahre vergingen und einem einstigen Feind ist es nun möglich, glücklich auf russischem Boden zu leben und Freunde zu finden.

Dienstag, 9. November 2010

Orthodoxe Wohnungssegnung

Meine Gasteltern und Dascha verließen am Sonntagmorgen die Wohnung. Mittlerweile weiß ich, dass sie – wenn sie denn mal an einem Sonntagmorgen fehlen- in die Kirche gehen. Ich genoss noch etwas die Ruhe, stand schließlich auf und überflog noch einmal meinen Text. Katja hatte uns am Freitag beauftragt, mindestens 300 Wörter über unseren Austausch zu schreiben. Zufrieden mit meinem Schriftstück verpackte ich dieses in eine Mail und schickte sie ab.

Ich wollte mich gerade den Hausaufgaben widmen, als meine Gastmutter mit Dascha überraschend zeitig nach Hause kam. Sie sagte nur: „Zieht euch um! Der Pope kommt in einer Stunde und wird die Wohnung segnen!" Ich verstand nicht gleich - man erklärte es mit anderen Worten. Ich verstand. Wie ich bereits schon einmal geschrieben habe: „Immer wenn ich glaube zu wissen, was als nächstes passiert, passiert etwas Unerwartetes." Zum Beispiel: russisch-orthodoxe Wohnungssegnung statt verschlafener Sonntag.

Nun gab es bestimmte Kleidungsvorschriften. Alle weiblichen Personen des Haushaltes mussten einen Rock und ein Kopftuch tragen. Im Allgemeinen gilt die Regel, je mehr Haut du bedeckst, desto besser. Ich trug also dunkle, blickdichte Strumpfhosen, einen schwarzen Pullover und knielangen Rock und ein blaues Kopftuch. Meine Gastmutter sah mich an und meinte: „Sehr gut!" Während wir begannen unser Mittag zu kochen, schossen mir eine Vielzahl an Gedanken durch den Kopf:

- Wie wird das ablaufen?
- Ist es ein Problem, dass ich evangelische Christin bin?
- Werde ich etwas verstehen?
- Wird der Pope wirklich mit einem Weihrauchgefäß durch die Wohnung gehen?

Pünktlich nach einer Stunde erschien der Würdenträger. Ein kräftiger und respekteinflößender Mann. Er trug einen schwarzen Mantel, darunter ein schwarzes Gewand, welches am Bauch von einem dünnen, ebenfalls schwarzen Band umfasst war. Auf dem Kopf trug er eine schwarze Kopfbedeckung, lange, zu einem Zopf zusammengebundene Haare und einen langen Vollbart.
Er erkundigte sich zunächst, wen er vor sich hätte. Mein Gastvater stellte jedes Familienmitglied vor. Wie ich bereits erwähnt habe, hatte ich etwas Bammel, da ich nicht dem russisch-orthodoxen Glauben angehöre. Er sah mich an und sagte :
„Aus Deutschland?"
Ich: „Ja." Er quatschte munter drauf los, wie lange er Deutsch gelernt habe und dass er bedauerlicherweise alles bis auf das „Vater Unser" vergessen habe. Ich fühlte Erleichterung.

Er betrat die Küche und öffnete den ebenfalls schwarzen Aktenkoffer, den er bei sich trug. Er holte - plump gesagt - einen langen, grün/gold bestickten Schal heraus, welchen er sich so um den Hals legte, dass dieser über seinen Bauch bis ca. 20cm über dem Boden an ihm hinabfiel. Dazu legte er noch "Armstulpen" an, welche auf dieselbe Weise bestickt waren.

Er zündete für jede Person, welche hier lebt, eine dünne Kerze an. (Das alles fand in der Küche statt, wo auch die Ikonen stehen.)

Dann wendete er sich den Ikonen zu und begann zu beten. Als er sich bekreuzigte, zeichneten alle Anwesenden - wie er - mit drei Fingern ein Kreuz: Stirn – Bauch - Schultern, anschließend verneigte man sich vor den Ikonen. Ein seltsamer Anblick. Er betete so schnell, dass selbst Xjuscha - wie sie mir im Nachhinein erzählte - nicht alles verstand. Er bekreuzigte sich während seines langen Gebets oft und immer machten es alle nach. Mein Gastvater drehte sich kurz nach mir um und zwinkerte mir aufmunternd zu. Er schien zu verstehen, dass es eine ungewohnte Situation für mich war.

Der Würdenträger wandte sich einer Plastikflasche, gefüllt mit Weihwasser, zu. In sein Zeitraffergebet baute er den Satz: „Ich nehme mir eure Tasse", ein und füllte besagten Gegenstand mit Weihwasser.

Aus seinem Koffer holte er ein goldenes, faustgroßes Weihrauchgefäß und einen pinselähnlichen Gegenstand.

Dem Hausherren gab er goldfarbene Sticker, auf denen in schwarz das Kreuz der russisch-orthodoxen Kirche abgebildet ist. In jedem Zimmer wurde ein solcher Sticker gegenüber der Tür angebracht. Danach nahm der Geistliche das Weihrauchgefäß und mit dem Weihwasser bespritzte er mit Hilfe des "Pinsels" die Wände der Wohnung. Auch hierbei zeichnete er ein Kreuz. Er begann an der Wand, an welcher die Ikonen stehen, und ging eine Runde durch die Wohnung, wobei er das Weihrauchgefäß mit sich führte, bis er wieder bei den Ikonen ankam. Dabei klingelte sein Handy, welches passenderweise einen Kirchenchor als Klingelton hatte.

Anschließend segnete er jeden Einzelnen von uns auf dieselbe Weise. Eine nasse Angelegenheit. Dascha durfte das übrige Weihwasser aus der Tasse trinken. Damit war die Prozedur beendet. Der Würdenträger nahm alle zuvor angelegten Kleidungsstücke ab und verstaute sie in seinem Koffer. Er redete noch etwas über die Worte Gottes. Ich verstand leider kaum etwas. Insgesamt eher eine respekteinflößende Person. Meine Gastfamilie sah während des Wortwechsels mit ihm abwechselnd in seine Augen und dann wieder auf den Boden. Dagegen war der Pfarrer, welcher mich konfirmiert hat, ja fast ein Kumpel!

Nachdem er gegangen war, aßen wir zu Mittag. Dieses bestand aus Piroggen, Huhn mit Kartoffeln, Pizza und Torte - also wie gewohnt viel.

Fazit: Weihrauch, Weihwasser - und Kirchenchor vom Mobiltelefon.

So etwas sieht man sonst nur im Film

Es war Nachmittag, ich widmete mich gerade meinen Hausaufgaben, als Jack anrief und fragte, ob ich Lust hätte mit ihm an die Wolga zu gehen. Ich sagte zu.

Um 6 holte er mich ab. Wir fuhren mit einer Marschrutka an besagten Fluss. Ich war hier schon oft gewesen (auch ihr wisst durch meine Fotos, wie der Seitenarm der Wolga aussieht, an welchem ich bereits in den ersten Tagen meines Aufenthaltes war), aber noch nie bei Nacht. Das Denkmal und das gesamte Ufer sind hell erleuchtet. Wir spazierten um das Ufer, bis zu einem Cafe, in welchem wir uns hinsetzten und Tee tranken. Wir unterhielten uns über alles Mögliche, angefangen bei Housemusik, über den 2. Weltkrieg und endend bei Schriftstellern und Komponisten unserer Länder. Jack zitierte Puschkin - da werde ich wohl noch lange lernen müssen, bis ich Puschkin in seiner Muttersprache verstehe.

Als wir weitergingen, erklärte er mir tschuwaschische Schriftzeichen und führte mich zu ein paar Denkmälern.

Das ist die Flagge von Tschuwaschien. Auf ihr sind tschuwaschische Schriftzeichen zu sehen. In der Mitte ein Baum, unter ihm Erde und über ihm drei Sonnen, welche Vergangenheit, Gegenwart und Zukunft symbolisieren. (Die Fläche ist gelb, Baum und Erde sind rot.)

Wir gingen an einem Mann und einer Frau vorbei. Als Jack sich nach diesen umdrehte, tat ich es auch - es war offensichtlich, dass Besagte von Besagtem belästigt wurde. Jack meinte: „Warte kurz hier!" Ich blieb stehen. Er ging zu dem Mann - ich stand zu weit weg um etwas hören zu können, aber wirklich Sorgen machte ich mir nicht um Jack - er besucht 3 Mal die Woche einen russischen Kampfsport, welcher auch beim russischen Militär angewendet wird. Der Mann rastete aus - alles ging blitzschnell - auf einmal sehe ich einen roten Punkt auf Jack, welcher vom Laserstrahl der Pistole des Bedrängers ausgeht. Sämtliche Gedanken fallen aus. Waffe! Der Mann schreit Jack solle sich verziehen - sieht mich an - roter Punkt auf mir. Waffe auf mich. Er schreit wieder, wir sollen uns verziehen. Jack und ich drehen uns um und gehen langsam. Ewig schien der Weg, bis ich endlich um die Kurve gehen konnte und somit außer Gefahr war. Jack kam kurz darauf. Ich wollte ihn fragen, was das gerade war - obwohl ich es eigentlich wusste - doch er ging schnurstracks zum nächsten Kiosk und forderte die Verkäuferin auf die Miliz zu alarmieren. Der Mann kam am Kiosk vorbei und bemerkte, dass Jack und ich ebenfalls vor Ort waren. Jack schaltete blitzschnell von einem „Rufen-sie-die- Polizei-Gespräch" auf „Ich hätte gern Kaugummi" um. Der Mann ging weiter.

Während wir auf die Miliz warteten, wurden wir von einer völlig aufgelösten Obdachlosen zugetextet, man müsse sie vor dem Pistolenmann beschützen. Sie war betrunken und schien dies oft zu sein, denn ihre Stimme glich einem Krächzen. Sie verzog sich bald und Jack fand Zeit mir zu erklären, was um alles in der Welt gerade passiert war. Er meinte, es war nur eine Softgun, welche mit Plastikkugeln schießt und allemal blaue Flecke verursacht - nur am Kopf können solche Verletzungen gefährlich werden. Er fragte, ob alles in Ordnung sei. Seltsamerweise war ich wirklich erstaunlich gelassen.

Die Miliz kam nach 5 Minuten. Zwei Beamte. Feste, schwarze Schnürschuhe, Pelzschapka mit Wappen, eine dicke Jacke, welche von einem schwarzen Gürtel umfasst war, an welchem ein Schlagstock befestigt war. Ich stellte in Gedanken einen Vergleich mit der deutschen Polizei an, welche einen kleinen, grünen Drachen Namens „Poldi"[1] als Maskottchen hat...

Wir nahmen die nächste Marschrutka - bloß schnell weg! Ich dachte daran, wie oft ich gehört hatte, das Russland ein gefährlicher Ort sein kann und wie oft ich so etwas im Fernsehen gesehen habe. Erleben ist etwas anderes. Mein Begleiter meinte: „Das ist Russland. So etwas kann passieren - tut es aber zum Glück nicht oft. Es ist etwas, was du am besten gleich wieder vergisst! Wirklich alles in Ordnung?" „Ja - aber ich geh hier nachts nicht mehr ohne männliche Begleitung aus dem Haus…." Und ich meinte, was ich sagte.
Er lieferte mich um 10 an der Wohnungstür ab und erinnerte mich daran, welche russischen Trickfilme ich mir unbedingt ansehen müsste. Ich bedankte mich für den schönen Abend und betrat die Wohnung. Meiner Gastfamilie erzählte ich nur, dass wir spazieren waren und dass es sehr lustig war, und das ist die Wahrheit. (Oder zumindest ein Teil davon.) Ich ging schlafen.

Am Abend mussten Xjuscha und ich auf Dascha aufpassen. Meine Gastmutter hatte Stress wegen des zweiten Teils des Examens und war deshalb beschäftigt. Mein Gastvater war einkaufen gegangen. Ich spielte etwas mit Dascha- wie

---

[1] POLDI: POLizei-DIno, das Maskottchen der sächsischen Polizei wird in Schulen eingesetzt, damit die Beamten mit den Kindern ins Gespräch kommen.

gesagt sie ist die jüngere Ausgabe von mir, also weiß ich, was sie fröhlich macht. Ich fasste sie an einem Arm und einem Fuß und drehte mich um die eigene Achse, so dass Dascha flog, so wie mein Vater es bei mir gemacht hat. Damit hatte ich mir allerdings selbst ein Bein gestellt, denn natürlich wollte sie: „Nochmaaal!".

Meine Gastmutter kam gegen 10 Uhr. Xjuscha und ich waren erstaunt, dass ihr Mann nicht bei ihr war. Wir sind schon davon ausgegangen, dass alles Vorwände waren, um heimlich ungestörte Zeit zu zweit verbringen zu können. Auch Xjuschas Mutter war erstaunt über das lange Fernbleiben ihres Gatten.

Gegen 11 Uhr kam er und begrüßte uns alle fröhlich mit einem: „Guden Dakk!" (Akzent) Seine Frau roch an seinem Atmen. Er hatte nichts getrunken. Offenbar scheinen nicht alle russischen Männer so trinkfreudig zu sein.

Er fragte, wie es mit Dascha gelaufen sei:

Xjuscha: „Zuerst habe ich mit ihr gespielt und dann Scharlotta."

Er: „ Ah, alles klar! Zuerst hat sie dich gestört und dann Scharlotta. Haha."

Er scherzt wirklich gern.

Fazit: Genieße das Leben in vollen Zügen!

Elternsprechstunde

Dienstagabend arrangierte ich ein Gespräch zwischen meinem Gastvater und meinen Eltern - auf dessen Wunsch hin. Wie gesagt, mein Gastvater interessiert sich wirklich sehr für deutsche Geschichte und versucht sogar einfache Wörter zu erlernen.

Da saßen wir nun. Meine Eltern, das moldawische Mädchen, welches zur Zeit als Austauschschülerin bei meiner Familie lebt und als Mitübersetzerin herangebeten wurde, Xjuscha, mein Gastvater und ich - einziges Problem: russisches Internet. Es mag sein, dass es nur an meinem Internetstick liegt, aber das Internet meiner Eltern ist 150 Mal schneller als meines - und das meine ich wörtlich, da wir unsere Internetgeschwindigkeiten gemessen haben.

Jedenfalls waren deshalb nur wir für meine Eltern sichtbar, umgekehrt leider nicht. Zunächst bedankten sich meine Eltern dafür, dass ich hier leben darf. Anschließend folgte ein Gespräch über den zweiten Weltkrieg und die Ansichten meiner Familien. Es ist schon fast erschreckend, wie oft ich mich hier mit dem Thema konfrontiert sehe - dennoch verliert es deshalb nicht an Bedeutung. Im weiteren Gesprächsverlauf luden sich beide Gastfamilien gegenseitig ein, mal zu Besuch zu kommen. Das wird dann vermutlich nächstes Jahr der Fall sein.

Es war eine sehr spannende Unterhaltung, welche als Ergebnis eine Sympathie beider Familien hervorbrachte - zumindest soweit ich das beurteilen kann.

Später am Abend hatten wir Besuch. Meine Gastmutter hatte zwei Arbeits-kolleginnen und Freundinnen eingeladen – auch die „Oma" schaute vorbei, wobei das fast alltäglich ist.

Wieder interessierte man sich sehr für mich und ich wurde prompt von einer der Freundinnen eingeladen, mal zum Essen zu ihr zu kommen. Wie so oft wurden viele Fragen gestellt z.B:

- Esst ihr in Deutschland Suppe? Kennt ihr so etwas überhaupt?[1]
- Gefällt es dir hier?
- Was ist dein russisches Leibgericht?
- Welche Fächer werden in Deutschland unterrichtet?
- Gibt es in Deutschland wirklich so viele gutaussehende, hochgewachsene Männer?
- Gibt es dort wirklich das Oktoberfest?

Die gesellige Runde blieb bis ca. um 21 Uhr bestehen. Dank klein Daschulas Schlafenszeit verließ man die Wohnung.

Der Donnerstag begann wieder mit Morgensport. Immer, wenn ich die erste Unterrichtsstunde in einer der unteren Klassen verbringe, werden 5 Minuten vor dem Unterricht seltsame und vermutlich nutzlose „Aufwachübungen" durchgeführt.

Anschließend bekam ich meinen Test in Algebra zurück - wieder eine 4 juhu!

In Russisch schrieben wir ein Diktat. Diesmal konnte ich alles mitschreiben und das, obwohl ich nicht mal alles verstand…was sich dann auch an der Anzahl meiner Rechtschreibfehler widerspiegelte.

Mein Gastvater verabschiedete sich noch am selben Nachmittag - gerade mal 10 Tage lebte er bei uns. Er belehrte mich, besonders vorsichtig beim Überqueren der Straßen zu sein und erzählte mir zwecks dessen Horrorgeschichten von Trunkenheit am Steuer und ungeduldigen Rasern, welche auch bei Rot vor nichts halt machen. Aber eigentlich ist mir die Ungeduld und „wie vom Teufel besessen"-Fahrweise der meisten Autofahrer hier nicht unbekannt - es ist Alltag.

---

[1] Hintergrund dieser Frage ist, dass die amerikanische Austauschschülerin „Suppe" offenbar nicht kennt

Er wünschte mir viel Glück, meinte man sieht sich evtl. im April mal wieder, und verließ zusammen mit seiner Frau und seinem Kind, welche ihn zum Bahnhof begleiteten, die Wohnung.

Dann wurde Dascha krank. Am Samstag sogar so krank, dass sie mal ruhig dalag – und das obwohl sie doch sonst so quicklebendig ist. Ihre Mutter bestand auch den zweiten von vier Teilen des Examens, welches sie am Samstag ablegte. Am Abend zuvor saß sie wieder nervös in der Küche und als ich ihr sagte, es würde alles gut werden, meinte sie nur mit einem ironischen Grinsen: „Sterben wäre vermutlich leichter."
Ich: „Ja, aber bei Weitem nicht so lustig."
Sie (lachend): „Ja, das ist es überhaupt nicht."
Danach vertiefte sie sich wieder in ihre Bücher

Ebenfalls am Samstag schickte ich Katja den Artikel „Warum ich ein Austauschjahr machen wollte". Nur diesmal auf Russisch. Über 360 Wörter schrieb ich - grammatikalisch alles richtig, aber als Xjuscha es las, grinste sie und mäkelte an jedem Satz, dass man das auf diese Art und Weise normalerweise nicht sagt. Deprimierend. Aber immerhin hatte ich selbständig einen so langen Text geschrieben, welchen sie bemängeln konnte - und sie verstand, was ich eigentlich sagen wollte. Das ist doch schon mal was…oder?

In dem Sinne: Liebste Grüße aus dem herbstlich verregneten Tscheboksary.

Fazit: Ich muss noch viel lernen…

Freitag, 19. November 2010

Klassenfoto

Diesmal sollte es wirklich ein entspannter Faulenzersonntag werden.
Gegen 9 weckte mich Daschas freudiges Gequieke. Ich schlug die Augen auf und kniff sie gleich wieder zusammen, da mir die erstaunlich warme Morgensonne direkt ins Gesicht schien. So gewärmt von der Sonne lag ich noch ein Stündchen in meinem Bett und schmökerte etwas in „Hamlet", um meinem künftigen Pflichtlektürestress in Deutschland etwas vorzugreifen.

Als ich an den Frühstückstisch schlurfte und mich dort niederließ, erklärte mir meine Gastmutter, sie würde mit Xjuscha Vorhänge aussuchen gehen, hätte aber Angst Dascha mitzunehmen, da sie immer noch krank ist. Ich sagte zu, auf sie aufpassen zu können.

Als Dascha und ich allein waren, machte ich auf Daschas Wunsch hin den Film „Bjela Snjeschka"- „Schneewittchen" (in der Disney Trickfilmversion) an. Auch hier ist die Synchronisation wieder brutal, denn die russische Übersetzung ist ausdruckslos gesprochen und der englische Originalton eindeutig hörbar.

Ich sah mir also mit Dascha einen Film an. Ich selbst war begeistert von Disneyfilmen als kleines Mädchen und wenn ich mir jetzt die Disneyverfilmungen ansehe, muss ich schmunzeln. Denn obwohl Schneewittchen schwarze Haare hat, erinnert sie etwas an Marilyn Monroe bzw. allgemein an eine „Vorzeigfrau" aus den 60ern.

Als besagte Schönheit - aufgrund des zweimaligen Wunsches eines bettelnden Kleinkindes - zweimal errettet wurde, kamen meine Gastmutter und Xjuscha wieder.

Wir kochten - aber diesmal deutsch! Im Paket meiner Eltern waren zwei Dosen Sauerkraut und Klöße (nur noch kochen) mit enthalten gewesen, weshalb ich beschloss Klöße mit Sauerkraut und Schweinefleisch zu kochen bzw. zu braten. Ich schnibbelte und brutzelte also vor mich hin. Xjuscha sah fasziniert dabei zu - es war das erste Mal überhaupt, dass sie sah, wie man Fleisch brät, da ihre Mama Fleisch nur auf andere Weisen zubereitet. Für mich hingegen war es das erste Mal, Fleisch nur mit Salz und Zwiebeln würzen zu können, da sich im ganzen Haushalt keine weiteren Gewürze - nicht mal Pfeffer - befinden! Das einzige weitere „Gewürz" in den meisten Haushalten (neben Salz) ist meistens Mayonnaise. Alles wird damit zubereitet. Auf eine hausgemachte Pizza hier kommt statt Tomtatensoße mit Basilikum schlicht und einfach: Mayonnaise.

Mein deutsches Gericht schmeckte allen sehr gut. Vor allem das Sauerkraut schmeckte allen. Die Klöße lösten interessierte Fragen aus, woraus sie denn gemacht wären - aber man wollte auch nicht glauben, dass sie zum großen Teil aus Kartoffeln sind.

Am Dienstag hatten wir Physik. Ich bekam eine 5⁻! Jeha! Diese Leistung führte dazu, dass die Physiklehrerin der Klasse einen furchteinflößenden Vortrag hielt - es könne schließlich nicht angehen, dass ein Nichtmuttersprachler bessere Noten bekäme, als Schüler, welche keine Verständigungsprobleme hätten und sich besagte „faule Socken" mal auf ihren Hosenboden setzten sollen.

Zu mir hingegen ist sie freundlicher denn je. Wer hätte gedacht, dass eine Schülerin, welche für gewöhnlich wirren Formelsalat errechnet, mit dem einige Wissenschaftler evtl. den Anfang der Apokalypse hervorsagen könnten, mal gute Noten schreibt. Hinzu kommt, dass mir das Thema, welches wir z.Z. bearbeiten, in der Ausführung gänzlich unbekannt ist. Denn wir behandeln gerade die krummlinige Bewegung.

Und da wir grad' bei streberhaften Leistungen sind, kann ich euch gleich noch von meinen zwei 4en berichten. Eine in Algebra und eine in Geometrie. In Geometrie ist die 4 etwas Besonderes. Die Aufgabe verlangte, dass man anhand bestimmter gegebener Werte beweist, dass Dreiecke bzw. bestimmte Elemente zweier Dreiecke gleich sind. Das Ganze ohne Rechnung, nur mittels erlernten geometrischen Gesetzen. Von mir verlangten die Aufgaben jedoch etwas mehr als das. Immerhin musste ich Aufgabenstellung und Merksatz verstehen und den verlangten Beweis noch zu Papier bringen. Also wiedereinmal: Jeha!

Am Mittwoch ging Dascha das erste Mal seit einem Monat wieder zum Kindergarten. Einen ganzen Monat war sie permanent zu Hause gewesen, da sie erst die Windpocken und dann eine Erkältung hatte. Im Klartext bedeutete das für uns: abgesehen von Schule jeden Tag mit Dascha… anstrengend ist da noch schmeichelnd formuliert.

Am Freitag ging ich nach der Schule mit der Englischlehrerin (und YFU-Freiwilligen) mein Visum abholen. Auf dem Weg zur Behörde unterhielten wir uns. Sie fragte mich, ob ich Fortschritte mache und wie ich in meiner Familie zurechtkomme. Ich antwortete, dass ich bedauerlicherweise keine Fortschritte bemerke - im Gegensatz zu den anderen Austauschlern, welche mittlerweile wesentlich besser sprechen als am Anfang. In meiner Gastfamilie komme ich immer noch bestens zurecht.

Wir unterhielten uns auch über den russischen Winter. Sie beruhigte mich und meinte, -40°C seien selten hier. Es reden nur alle davon, da bei solchen Temperaturen keine Schule stattfindet und deshalb alle auf ihr Eintreten hoffen. Ein Winter verfüge hier für gewöhnlich über Temperaturen von –25 bis –30°C. Das sind doch mal erfreuliche Neuigkeiten….

Wir holten mein Visum ab. Es ist bis Oktober ausgestellt, aber ich werde wohl eher abreisen - wann genau, weiß ich selbst noch nicht.

Das Klassenfoto ist nun auch fertig. Ich habe die Gesichter bei Personen von welchen ich nicht mit Sicherheit weiß, dass sie ein Bild von sich in meinem Buch gestatten, etwas verwischt. Links unten ist die Schule zu sehen. Rechts ein Bild von mir, wie ich mich zum 1. September, vor versammelter Mannschaft, vorgestellt habe. (Also wird mich hier niemand vergessen, da die kleinen Bildchen auf jedem Klassenfoto abgedruckt sind)

Und ein Bild von dem Mädchen mit den riesigen weißen Schleifen, welches das neue Schuljahr einläutet.

Ach und ich bin übrigens in der Mitte ganz hinten. Auffällig groß - alle anderen großen Mädchen tragen Absatzschuhe. Hier sieht man auch mal die Schuluniform.

Fazit: Sauerkraut mit Klößen kann man auch an der Wolga essen.

Donnerstag, 25. November 2010

Pinguin findet seinen Kindergarten

Gerade noch über den russischen Winter gesprochen, kam er auch schon. Am Samstag, dem 20.11 fiel hier in Tscheboksary wieder einmal Schnee. Vor 38 Tagen sagte meine Gastmutter, dass in ca. 40 Tagen der Winter beginnt, und nun ist er da.

In der Schule wurde ich schmunzelnd begrüßt mit: „Hallo Scharrloottaaa! Der russische Winter ist da! Schon Angst?" oder „ Na wie gefällt dir der Schnee? Das erste Mal dass du welchen siehst, oder?" Also, ich darf doch sehr bitten! Ich kenne Temperaturen bis –20 Grad und selbstverständlich auch Schnee…wenn ich auch befürchte, dass die Menge an Schnee hier noch eine andere wird, als jene, welche ich als normal bezeichne.

Am Sonntag hatte die Schwester meiner Gastmutter Geburtstag. Xjuschas Mutter zeigte sich gnädig und verließ mit Dascha etwas früher die Wohnung, sodass wir noch ein Weilchen schlummern konnten. Natürlich hatte die Sache

auch einen Haken: Wir mussten die Wohnung sauber machen und zum Mittag bei der Geburtstagsfeier erscheinen.
Ich wischte den Boden, putzte das Bad und Xjuscha lernte ihr Gedicht auswendig. An dieser Stelle einen lieben Gruß an meine Mutter, welche mich seit Jahren für selbige Tätigkeiten zu begeistern versucht.

Wir erschienen gegen eins auf der Geburtstagsfeier. Die Wohnung des Geburtstags"kindes" ist sehr klein - gerade mal ein Zimmer. Die Familie saß am Tisch, nebenbei lief der Fernseher. Wir wurden sofort gebeten uns zu setzen und zu essen. (Was anderes hatte ich auch nicht erwartet.) Man fragte mich wieder, wie es mir hier gefalle und was ich hier verloren hätte. Schließlich wurde wieder die Verwandtschaft in Deutschland aufgezählt. Da gibt es mehrere, welche Deutschland bereisten, Deutsch lernten oder, oder, oder. Vor allem eine ehemalige Deutschlehrerin unterhielt sich mit mir - wenn auch auf Russisch.
Während man nun munter gemästet wurde, sich unterhielt und das Gedudel des Fernsehers ausblendete, wurden reihum Glückwunsche überbracht. Aber nicht wie ich es kenne (man nennt seine Glückwünsche und stößt dann einmal auf das Wohlergehen des Geburtstagskindes an), sondern anders: Man nennt seine Glückwünsche, welche anschließend mit einem Schnapsglas Wodka begossen werden. Aber hierbei trinkt nicht nur der Beglückwünschende, sondern alle. Und das geht reihum so… zum Glück war die Zahl der Gäste nicht so groß…
Zum Schluss waren wir Kinder (Xjuscha, Dascha und ich) an der Reihe (selbstverständlich ohne Wodka!). Als ich ihr Erfolg, bei allem was sie sich erhoffe, wünschte, jubelte man begeistert.

Am Dienstag freuten wir uns bereits über Temperaturen von – 10 °C! Der Schnee reichte nun bis zu den Knöcheln und der Wetterbericht für nächste Woche (-20°C) veranlaßte mich, eine Winterjacke kaufen zu gehen.
Zwecks dessen machte ich mich mit Xjuscha und Sascha auf zum Einkaufszentrum „Schupaschkar". Wir setzten uns in den Trolleybus, dessen Fenster nun mit wunderschönen Eisblumen verziert sind.
Im „Schupaschkar" angekommen, fanden wir wonach ich suchte - oder zumindest hoffe ich das. Ich kaufte einen Mantel, welcher Temperaturen bis - 25°C abhalten soll. Xjuscha und Sascha meinten, wenn es kälter als –25°C wird, findet man kaum eine Jacke, die das abhält, sodass Zwiebelprinzip angesagt ist.

Gerade noch Angst vor plötzlichem Wintereinbruch, ist auch schon wieder Tauwetter angesagt. Herumtänzeln um riesige Pfützen und matschige Wege ist an der Tagesordnung. Und ich dachte, das Thema ekliges Matschwetter hätte sich bis zum Frühling erledigt.

Am Donnerstag war der Weg zur Schule eine wahre Tortur. Nicht nur durch besagtes Matschwetter, sondern auch – wer hätt's gedacht - durch meinen lieben Freund: den Trolleybus. In besagtem Fahrzeug wird geheizt - an sich ist das gut. Aber zur Rushhour, wenn man teilweise so dicht steht, dass man gerade mal „eine Handbreit" von den Gesichtern der Mitfahrenden entfernt ist, ja, dann ist das Heizen des Busses nicht notwendig. Durch die dicken Jacken passt gerade mal eine Zeitschrift zwischen den eigenen und die Körper der anderen. Da wünsch ich mir doch meinen Spätsommer in Tscheboksary zurück, wo ich mich über luxuriös viel Platz freuen konnte (halber Quadratmeter ganz für mich allein!).

Wenigstens lohnte sich der Weg zur Schule, denn ich bekam eine 5 in Russisch - aber auch hier hatte ich Hilfe.
In Biologie freute ich mich wieder über Gebäck, Schoki und Tee. Diesmal gesellten sich noch kurz zwei Schülerinnen aus den höheren Klassen (vermutlich 10.) hinzu. Wir wechselten ein paar Worte, als ich schließlich gefragt wurde:
„Du bist doch aus Deutschland, oder?"
Ich: „Ja. Wieso?"
Darauf hin die andere Schülerin: „Oh, entschuldige!"
Ich: „Was denn entschuldigen?"
„Ich dachte, du bist eine normale Schülerin an unserer Schule!"
…dieses Gespräch wird nur mit einem breiten Grinsen meinerseits kommentiert.

Im russischen Heim angekommen, machte ich mich an meine Hausaufgaben. In Russisch mussten wir ein kurzes Märchen verfassen. An sich nicht schwer, nur zwei Probleme:

1. in Russisch
2. Es soll zum Thema: „Kindergarten für Pinguine" verfasst werden

Wegen Letzterem würden schon mal alle Standard-Märchenhandlungen, wie: „Prinz findet seine Prinzessin, tötet den Drachen, und wenn sie nicht gestorben sind, dann leben sie noch heute…" - herausfallen. Ich überlegte also.. „Pinguin findet seinen Kindergarten, tötet den Drachen…" Nein so würde das nicht werden…
Folgendes „Märchen" saugte ich mir schließlich aus den Fingern. Sascha korrigierte meine russische Niederschrift und meinte, es wäre eigentlich gar nicht so schlecht….immerhin musste es übersetzbar bleiben.

Kindergarten für Pinguine

Es war einmal vor langer Zeit ein kleiner Junge, welcher nie in den Kindergarten gehen wollte.
Eines Tages fragte ihn seine Mutter:
„Mein Kleiner, warum willst du nicht in den Kindergarten?"
Und der kleine Junge antwortete:
„Weil Pinguine auch nicht in den Kindergarten gehen!"
Aber Mami (Verniedlichungen wie bereits erwähnt sind hier sehr üblich) sagte:
„Na und? Du bist schließlich kein Pinguin!"
Doch der kleine Junge schrie:
„Ich mag Pinguine und wenn Pinguine nicht in den Kindergarten gehen, dann werde ich das auch nicht! Ich bleibe besser bei dir zu Hause, Mami!"
Die schlaue Mami dachte über das nach, was ihr Kleiner sagte, und antwortete:

„Vor langer, langer Zeit gab es eine niedliche Stadt am Südpol, und dort lebten Pinguine. Diese Stadt war aus Eis. An den Fenstern waren Eisblumen und Eiszapfen hingen von den Dächern.
Jeden Morgen gingen die Pinguinväter zur Arbeit. Die Pinguinkinder gingen zur Schule. Nur die Kleinsten blieben zu Hause bei Mama.
Die Zeit verging und die Mamis wollten auch arbeiten gehen, damit sie mehr Geld hätten. Aber natürlich wollte niemand die Kinder im Haus allein zurücklassen. Deswegen erdachten sie einen Kindergarten für Pinguine. Einen Ort, wo Kinder den ganzen Tag spielen, rennen und springen können, wo sie sicher sind und die Mamis arbeiten können.
Deshalb bauten die Pinguine ein großes Haus aus Eis. In diesem Haus waren viele Zimmer mit Spielzeugen, Attraktionen und so weiter.
Die Kinder liebten ihren neuen Kindergarten und waren froh dorthin gehen zu können."

Nun, mein Junge! Pinguine lieben es zum Kindergarten zu gehen, deshalb wirst du es auch.

Die Endung „Und wenn sie nicht gestorben sind, dann geht er noch heute zum Kindergarten scheint bei russischen Märchen nicht üblich zu sein..."

Fazit: Pinguine gehen in den Kindergarten.

Poschirateli smerti

„Harry Potter und die Heiligtümer des Todes" stand am Freitag auf dem Programm. Der Film war erst kürzlich in die Kinos gekommen und veranlasste uns besagten Ort aufzusuchen.

Zuvor lernte ich extra Vokabeln wie: Flohpulver, Zauberstab, Hermine (auf russisch Germione), Horkrox, Todesser und, und, und- schließlich sollte mein Verständnis nicht an diesen alltagsuntypischen Vokabeln scheitern.

Lera, Xjuscha, Lisa und ich sahen uns also den Film an.

Ein wunderbarer Film - zumal ich die Handlung verstanden habe - sogar Witze habe ich diesmal verstehen können! Einen Lerneffekt hatte die Sache auch, denn ich glaube, ich werde für mein Lebtag nicht vergessen, dass „Todesser" „poschirateli smerti" auf Russisch heißen…wann auch immer ich diese Vokabel gebrauchen werde…

Xjuscha und ich besuchten am Samstag ihre Oma, welche ich bisher noch nicht kennen gelernt habe (die Mutter von Xjuschas Vater). Sie wohnt allein in einer Wohnung, welche sich über der Wohnung von Xjuschas Vater befindet. Sie ist eine kleine, gutmütige und fitte Frau, welche sich sehr über unseren Besuch freute.

Zunächst unterhielten sich meine Gastschwester und sie über kürzlich geschehene Ereignisse, doch schließlich stellte sie die, von mir bereits erwartete, Frage: „Wie gefällt es dir denn bei uns in Tscheboksary? Wie gefällt dir Russland?" Ich erwiderte (wie immer): „Es gefällt mir hier sehr gut und ich liebe Russland. Es ist schwer zu erklären warum, aber es ist so." Ihre Augen vergrößerten sich. Staunend sah sie Xjuscha an: „Die kann aber gut Russisch!" Xjuscha und ich grinsten uns an. Ich erwiderte begründend: „Immerhin lebe ich fast 3 Monate hier, da sollte das auch so sein!" Sie lächelte und begann uns von früheren Zeiten zu erzählen und Fotos zu zeigen.

Nach etwa einer Stunde verließen wir „die Gutmütige" und gingen die Treppe hinunter zur Wohnung ihres Sohnes - Xjuschas Vater. Mit ihm fuhren wir zur „Mega Moll", um für Xjuscha den langersehnten Fotoapparat, anlässlich ihres Geburtstages am Montag, zu kaufen. Allerdings fuhren wir nicht in irgend einem Transportmittel zu besagtem Einkaufszentrum - wir fuhren in einem Auto! Oh, unbeschreiblich langvermisster Luxus! Oh, wunderbares Schnurren des Motors und komfortable Sitzmöglichkeit! Wie habe ich euch vermisst! Nein, mal ganz im Ernst: Ein Auto ist wunderbarer Luxus - wie immer erst dann erkannt, wenn er durch Abwesenheit glänzt.

Er kaufte ihr einen roten Fotoapparat für ca. 100 Euro und dann noch Fotochip… irgendwie ein sehr kostspieliges Geburtstagsgeschenk…oder nicht?

Der Sonntag war vollgestopft mit Hausaufgaben. Vier kleine Aufsätze sollten in Englisch geschrieben werden und ein Text in Russisch (zum Thema: „Blick aus dem Fenster an einem anderen Ort"). Während ich brav vor mich hin schriebselte, ging meine Gastfamilie eine neue Deckenlampe für das Wohnzimmer einkaufen.

Wir schreiben den 29.11. – 0:00 Uhr- ich bin wach und das nicht, weil ich schlafen langweilig finde, sondern um Xjuscha zum Geburtstag zu gratulieren. Ihr Geburtstag ist am 29. und sie wurde 16 Jahre alt. An dieser Stelle erfahrt auch ihr endlich, welches Geschenk ich damals zusammen mit Nastina in der „Mega Moll" kaufte. Eine Kette. Xjuscha hatte sich diese eigentlich kaufen wollen als wir mal shoppen waren, aber sie investierte ihr Geld lieber in einen warmen Pulli. Als sie ein anderes Mal besagtes Schmuckstück kaufen wollte, gab es die Kette nicht mehr - zum Glück ☺. Tja, eben nur der frühe Vogel fängt den Wurm und ich in dem Fall eine begeisterte Umarmung. Als ich dann noch eine Schachtel „I love Milka" (noch aus Deutschland) hervorzauberte, kreierte ich - glaube ich - einen der schönsten Gründe mitten in der Nacht geweckt zu werden.

Am Morgen gratulierten ihr Mutter und Schwester. Die richtige Feier würde am Samstag stattfinden.
Sascha besuchte Xjuscha an diesem besonderen Morgen- er schenkte einen goldenen Kettenanhänger und einen riesigen Blumenstrauß. Sie fuhren gemeinsam zur Schule, während ich mir verpennt und im Schlafanzug einen heißen Tee eingoss - Montags habe ich eine Stunde später.
Ich stapfte durch den Schnee und beobachtete fasziniert Frauen in kurzen Röcken und Absatzstiefeln, wie sie über das Glatteis und die furchtbar unebenen Wege schwebten, als wäre es das Leichteste von der Welt. Abgeseh'n davon: -10°C und Rock??!

In der Schule begrüßte mich grinsend Nastja (mit welcher ich einst Scharlottka buk). Sie meinte: "Mein Bruder hatte gestern Geburtstag und hat viel Süßes geschenkt bekommen. Ich soll dir „Rulada" geben." Rulada ist das göttliche, schokoladige tschuwaschische Konfekt, welches ich zum Fressen gern habe - und das im wahrsten Sinne des Wortes. Ich bedankte mich und ließ Geburtstagsgrüße ausrichten. Es ist faszinierend, wie gastfreundlich die Menschen hier sind - schließlich kennt mich Nastjas Bruder nicht einmal. Nastja hat nur erzählt, dass ich „Rulada" mag.

Fazi: Kleine Geschenke erhalten die Freundschaft.

Frostig erstrahlendes Gold

Seit etwas mehr als einer Woche ist nun Winter bei mir in Tscheboksary. Nur diese kurze Zeit brauchte es, damit es –20°C kalt wird!
Xjuscha und ich stapften zum Trolleybus. An der 10 Minuten Fußmarsch entfernten Haltestelle machte sie mich auf etwas aufmerksam. Weiße Haare. Durch den Feuchtigkeitsanteil im menschlichen Atem frosten die Haare an (eine Art Raureif), wenn man normal atmet und der Atem dabei auf die Haare trifft. Auch mein Schal war etwas weiß an der Stelle, an welcher ihn mein Atem streift.

Im Trolleybus die nächste Überraschung. Diesmal keine beschlagenen Scheiben oder ein paar Eisblümchen, nein - zugefroren! Der Bus bildet damit nun eine geschlossene, zugestopfte Kapsel, von deren Gedränge man sich nicht einmal mehr durch den Blick auf die Straße ablenken kann. Dennoch bleibt der Platz am hinteren Fenster der Kapsel mein Lieblingsplatz. Die Struktur der weißen, undurchsichtigen Eisblumen, welche das ganze Fenster bedeckt, ist faszinierend.... und unbeschreiblich schön, wenn die Morgensonne sie in einem goldenem Licht erstrahlen lassen - es hat etwas von frostig erstrahlendem Gold.

Ich in Winterkleidung.

...aufgrund der Temperaturen erscheint mein Grinsen etwas erfroren...

Nach der Schule lud Xjuscha ein paar Freunde ins Kino ein (zur Nachfeier ihres Geburtstages). Der neue Kinofilm „Rapunzel" stand auf dem Programm.

145

Ich verstand wieder die Handlung des Filmes - wenn natürlich nicht jedes Gespräch im Einzelnen.

Anschließend gingen wir ins McDonald's. Wir nahmen den kürzeren Weg - am Ufer des Wolga-Seitenarmes. Wir hätten es nicht tun sollen. Der Wind wehte heftig, Die Schneeflocken fielen nicht länger senkrecht, sondern waagerecht und peitschten ins Gesicht. Mit den Schals ums Gesicht gewickelt stapften wir voran. Timur meinte irgendwann: „Na, wie gefällt dir unser strenger, russischer Winter?" Ich dachte an den deutschen Winter. Schnee fällt und hüllt alles in ein weißes Kleid aus Stille...hellerleuchtete Vorgartentännchen, geschmückte Fenster... Aber im Windschatten der Hochhäuser hier stürmt es nicht so sehr und ist damit durchaus ertragbar.

Am vergangenen Mittwoch hätte ich in Deutschland mein erstes Adventskalender-Türchen freudestrahlend öffnen können. Aber ich bin nun mal in Russland, weshalb mir stattdessen meine Russischlehrerin zum Erlebnis des russischen Winters gratulierte. Ganz am Rande: Temperatur am Mittwoch: -24°C

Meine Algebralehrerin erkundigte sich am Donnerstag besorgt nach meinem Befinden, aufgrund der niedrigen Temperaturen. Aber ich bin stolzer Besitzer von warmen Stiefeln und einer dicken Jacke - nur im Gesicht ist die Kälte schmerzlich spürbar.

In der Schule lassen jetzt einige sogar ihre Jacken an - wenn auch geöffnet. Ich gehöre (noch) nicht zu Diesen. Im Schulkorridor sind die Fenster mit einer dicken Eisschicht überzogen.

Meine Gastmutter hatte heute einen großen Brief für mich abgeholt. Von meinen Großeltern mütterlicherseits. Sie schickten drei Weihnachtskalender und einen Brief. Ich verteilte die Kalender an die Kinder der Familie und erklärte den seltsamen Gegenstand. Als Xjuscha verstand, dass nun 24 Tage lang jeden Morgen Schokolade auf sie warten würde, sprang sie fröhlich durch die Wohnung (sie ist fast genau so verrückt nach Schokolade wie ich). Xjuscha zeigte ihrer Mutter freudestrahlend den Kalender und fragte: „Darf ich da jetzt ein Türchen öffnen?" Ich meinte: „Ja!" Ihre Augen leuchteten, doch dann sah sie mich an: „Wie?" Ich lachte. Es ist so ungewöhnlich, dass jemand nicht weiss, wie man die Türchen eines Adventskalenders öffnet.

Ich freue mich riesig über den Adventskalender! Ein bisschen Weihnachtsstimmung im russischen Heim. Vielen Dank!

Fazit: Meine gekaufte Kleidung hält, was sie verspricht - Temperaturen bis –24°C sind schon mal kein Problem.

Nikolaustag

Heute ist Nikolaustag…zumindest in Deutschland. Leere Stiefel an einem 6. Dezember hatte ich nicht, seit ich denken kann. An diesem Montag bekam ich zwei Vieren! Und das auch noch auf einen im Unterricht selbständig verfassten Text - gänzlich ohne Hilfe! Jeha!

Benotet wurden Inhalt und Grammatik der anzufertigenden Portraitbeschreibung des Gemäldes: „Das Mädchen mit den Pfirsichen" von Walentin Alexandrowitsch Serow.

Letzten Samstag konnte ich mal wieder ausschlafen. Zumindest theoretisch, denn natürlich war Dascha auch an diesem Morgen nicht gewillt dem Wort „Stille" und dessen Umsetzung weitere Beachtung zu schenken.

Statt Schule würden wir an diesem Tag in das Ballett „Der Nussknacker" von Tschaikowski gehen. (auf Russisch übrigens: „Schtschelkuntschik") Es wäre nicht mein erster Besuch in einem Ballett - aber mein erster in einem russischen.

Xjuscha und ich fuhren zum Theater. Nach dem Ertönen der dritten Glocke begann das Stück. Dennoch kehrte keine Ruhe im Saal ein - nun gut, das ist normal, wenn ein Saal voller Schüler ist… das gibt sich meist innerhalb von 5 Minuten.

Nach einer halben Stunde war ich wirklich geschockt. Niemand achtete auf die Tänzer - die Lautstärke der Schüler war teilweise lauter als das Orchester! Ich sah mich um und bemerkte:

- Quatschende
- Essende
- Musik Hörende
- Sogar im Internet Surfende, dank Mininotebook!

Schon als jemand: „Ey, heißer Typ!" dem Hauptdarsteller zurief, war das Fass zum Überlaufen voll. Doch es ging noch schlimmer: Als der Vorhang fiel,

147

stand ein Großteil der Schüler auf, um hinauszugehen - ohne Applaus!! Kinogeneration...

Ich - etwas verkrampft, da ich leicht geschockt war - Natascha rechts im Bild.

Im Anschluss fragten mich Xjuscha und ein paar andere, wie mir denn das russische Ballett gefallen hätte. Ich schrie fast: „Das kann doch nicht euer Ernst sein?! DAS war kein Theaterbesuch! Das war..." Und dann fluchte ich etwas

und machte meinem Schock Luft. Ihnen konnte ich das sagen, denn sie waren unter den Wenigen, welche sich zivilisiert verhalten hatten. Xjuscha lachte und erwiderte ihren Standardsatz, welchen sie häufiger sagt: „Das ist eben Russland!"

Im russischen Heim waren die Vorbereitungen für Xjuschas Geburtstagsfeier bereits im vollen Gange, als wir ankamen. Kurz darauf kamen auch schon die Gäste - Verwandtschaft. Wieder wurde viel gegessen und auf das Wohl des Geburtstagskindes angestoßen. Xjuscha bekam Geld geschenkt - ausschließlich. Natürlich ist Geld schenken besser, als Unerwünschtes, aber dennoch: Etwas einfallslos finde ich das schon. Sogar ihre Freundinnen hatten ihr (bis auf ein paar Ausnahmen) Geld geschenkt.

Fazit: Es ist cool, hier zu leben, wenn man weiß, dass es nur für ein Jahr ist.

Advent, Advent, kein Lichtlein brennt

Meine Hochgefühle in Sachen Russischunterricht wurden schon am Mittwoch zu Fall gebracht. Erinnert ihr euch noch, dass wir mal ein Märchen „Kindergarten für Pinguine" schreiben sollten? Die Lehrerin hat mein Märchen nicht zensiert - nicht mal „angesehen" drunter geschrieben, wie es eigentlich üblich ist, wenn der Text nicht zensiert wird. Nichts. Ich weiss nicht einmal, ob sie mein Werk von einer Stunde Arbeit überhaupt gelesen hat...

Nach der Schule gingen Xjuscha und ich in ein nahegelegenes Einkaufszentrum, um Geschenke (u.a. für Neujahr) zu besorgen. Wir kauften zunächst ein Geschenk für Lisa, welche am Montag Geburtstag hatte und uns für Samstag zu sich einlädt. Anschließend wollte ich Geld abheben. Alles wie immer. Karte wieder in der Hand - aber Geld ist wo? Leichte Panik. Ich warte ein paar Minuten - vielleicht braucht der Automat nur länger... Schließlich fragen Xjuscha und ich einen Angestellten, was nun zu tun sei. Er meinte, wir sollten die Servicehotline anrufen. Wir riefen an. Wir bekamen den furchtbar nützlichen Tipp uns an die Bank zu wenden. Eine deutsche Bank ist hier allerdings unauffindbar - was meine Besorgnis über den Geldverlust vergrößerte. Wir beschlossen die Shoppingtour abzubrechen und nach Hause zu fahren. Ich schrieb eine Mail an meinen Vater, in der ich um Rat fragte.

Xjuscha und ich hatten am Donnerstag Grund zur Freude. Wir erwischten einen Trolleybus, der so leer war, dass wir sogar einen Sitzplatz bekamen! An einem gewöhnlichen Wochentag, zur Rushhour grenzt das an ein Wunder. Allerdings kamen wir kurz darauf in einen Stau, in dem wir 30min standen, bis der Trolleybus allmählich wieder loszuckelte. Xjuscha und ich sahen uns an: „Na dann fällt eben die erste Stunde aus!" und lachten - schließlich bringt Stress machen in solch einer Situation auch nichts. Zur Krönung rief die Fahrkartenkontrolleurin nun: „Dieser Bus fährt nur bis zum Bahnhof! Nur bis zum Bahnhof!" Meine Gastschwester und ich lachten erneut.

Am Bahnhof stiegen wir aus - mittlerweile war es schon 8:45 Uhr - die erste Stunde begann also vor 15 Minuten. Wir nahmen es gelassen. Aus einem uns unerklärlichen Grund stiegen alle Passagiere des Trolleybusses, welche zuvor mit uns ausgestiegen waren, wieder ein. Da standen wir nun und sahen irritiert zu, wie der Bus die Türen schloss und wegfuhr - was uns wieder zum Lachen brachte. Wenn alles Mist (pardon!) ist - einfach lachen!

Als wir das letzte Stück von der Haltestelle zur Schule liefen, lief uns einer von Xjuschas Freunden hinterher - auch er war in den Stau gekommen und hatte die erste Stunde verpasst. Zu dritt gingen wir zur Schule. Dort saß Natascha, welcher dasselbe wiederfahren war. Wir setzten uns auf die Bänke im Eingangsbereich der Schule und beschlossen wegen der restlichen 10 Minuten nicht in den Unterricht zu gehen. Aber aller „guten" Dinge sind drei - fehlte also noch ein unglückliches Ereignis. Und da kam es auch schon: die Direktorin.

Da saßen wir nun zu viert und waren ihr hilflos ausgeliefert.
Sie: „Nanu?! Wieso sitzt ihr hier?"
Natascha: „Wir sind in den Stau gekommen und nun warten wir auf den Anfang der zweiten Stunde."
Die Direktorin sah auf die Uhr - fünf Minuten bis zur Pause - und richtete ihren durchbohrenden Blick auf den Jungen, welcher mit uns zur Schule gelaufen war.
Sie: „Welche Stunde?"
Er: „Englisch."
Sie: „Na dann! Hopp! Hopp! Wenigstens die Hausaufgaben kannst du noch aufschreiben! Los!"
Er ging irritiert von dannen.
Sie: „Etwas schneller!"
Er flitzte zur nächsten Treppe und von da vermutlich in die Sporthalle…ich kann mir nicht vorstellen, dass er wirklich zum Unterricht gegangen ist.
Nun sah sie uns drei Mädels an. Ich hatte keine Lust auf Geometrie - auch nicht für 5 Minuten.
Sie: „Welche Stunde?"
Ich erwiderte blitzschnell: „Sport!" in der Hoffnung sie würde es als unwichtig empfinden und uns sitzen lassen.
Zu unserem Glück verwickelte sie eine Lehrerin in ein Gespräch.
Ich fragte Xjuscha: „Sag mal…weiß sie überhaupt, dass ich Ausländerin bin??"
Xjuscha grinste: „Keine Ahnung…es scheint, als wüsste sie es nicht…"
Das spricht doch mal für Qualitäten einer Direktorin, wenn sie nicht einmal weiß, wer Gastschüler ist…

Am Nachmittag rief ich meine Mails ab. Mein Vater hatte geantwortet - es sei nichts abgebucht worden – alles in bester Ordnung. Huuuu, Schwein gehabt!

Heute traf ich die Deutschlehrerin, welche mich gleich mal beauftragte, ein Plakat zum Thema: „Weihnachten in Deutschland" anzufertigen. Als ob es nicht schon reichen würde, dass ich jedem Zweiten von deutscher Weihnacht erzählen muss und dass ich es wirklich sehr vermisse… Xjuscha hat sich ein paar Bilder von weihnachtlich geschmückten Städtchen, Weihnachtsmärkten usw. angesehen und meinte: „Ooooh! Wie im Märchen!" Also an alle, welchen Weihnachten zum Hals raushängt - ihr wisst das Märchen nicht zu schätzen. Jeder, mit dem ich hier gesprochen habe, würde sofort Weihnachten feiern wollen.

Fazit: Ich vermisse Weihnachten.

Backe, backe Kuchen

Nach der Schule ging es am Samstag ins Restaurant - in dasselbe, in welchem ich einst mit Schenja usbekisch essen war. Am Samstag feierten wir dort Lisas Geburtstag. Lisa gab eine Runde Sushi und Eis aus. Es war ein wunderbarer Nachmittag mit den Mädels.

Den ganzen Sonntag verbrachte ich damit, mir einen Text über Weihnachten in Deutschland aus den Fingern zu saugen und diesen zu übersetzen. Es ist wirklich nicht leicht, Gegenstände, welche es hier nicht zu geben scheint, (Räuchermännchen, Weihnachtsmarkt, Adventskalender usw.), zu übersetzen. Meinen geschriebenen Text ließ ich anschließend von Xjuscha korrigieren. Wie immer: Grammatik richtig, aber formuliert wird es anders.

Den fertigen und überarbeiteten Text gab ich am Montag der Deutschlehrerin, damit sie überprüfen könne, ob er ihren Vorstellungen entspricht oder ob noch etwas abgeändert werden müsse. Sie nahm ihn entgegen und meinte, in einer Stunde solle ich wieder kommen.
Nach vereinbarter Stunde erschien ich in ihrem Klassenzimmer - wie immer begrüßte sie mich mit: „Mein Sonnchen!" und fuhr fort mit: „Komm rein! Ich habe deinen Text gelesen! Wirklich prima! Ich habe eine Kopie für mich gemacht - ich hoffe das ist in Ordnung?" Ich bedankte mich und gestand, dass Xjuscha geholfen habe. Sie lächelte und schien es für unwichtig zu empfinden.

Noch am selben Tag musste ich in Englisch eine kleine Präsentation zum Thema: „Mein Heimatort" halten. Ein Klacks. Auf Englisch zehn Minuten über meinen Heimatort zu sprechen ist kein Problem. Ich arbeitete mit Beamer, wodurch ich meine Präsentation mit Bildern unterstützen konnte. Nach Beendigung meiner Präsentation sah mich meine Klasse mit großen Augen an. Meine Englischlehrerin meinte: „Wie im Märchen wohnst du da! Die niedlichen Häuschen und so viel Grün!" Wo sie recht hat, hat sie recht! Je, länger ich hier lebe und jeden Tag Plattenbauten mit meist grauer Fassade sehe, desto mehr wird mir bewusst, wie schön es in meiner Heimatstadt ist. Wie auch immer - meine Englischlehrerin schrieb mir eine große, geschwungene 5 ins Klassenbuch. Jeha!

Die Temperaturen haben sich mittlerweile bei minus 10°C eingependelt- es schneit oft, dennoch liegt nicht mehr als 20 cm Schnee. Ich höre in den Nachrichten vom Schneechaos in Deutschland und habe mich gleich mal bei Verwandten und Freunden erkundigt. Sogar schneefrei in Deutschland! Das hätt' ich auch gern, aber das gibt's hier vor −30°C nicht. Apropos Winter: Die

Winterbekleidung hier ist wirklich anders, als selbige in Deutschland. Es gibt die "normale" Bekleidung - sprich: Jacke, Bommelmütze und Winterstiefel - und dann gibt es die hier üblichere Variante, welche Folgendermaßen zu beschreiben ist:

- Frauen in Pelzmantel, Jacken mit großem Pelzkragen, Pelzmützen, Glitzerschals (hat was von eleganten Wildkatzen, die in Absatzstiefeln über das Eis schweben)
- Männer die schlichtere Ausgabe - kaum Unterschied zur "normalen" Bekleidung mal abgesehen davon, dass die (bei uns so genannte) „Russenschapka" ein „Muss" zu sein scheint.

Ach und da wir grad bei Ungewöhnlichem sind. Mir ist vor kurzem aufgefallen, dass man hier keine Klassenarbeiten schreibt. Alle Noten sind gleichwertig - das macht das Lernen doch gleich viel entspannter. Es gibt keine Noten, welche den gesamten Notendurchschnitt hinunterziehen können - ergo: Zeugnis besser (theoretisch jedenfalls).

Auch in Geometrie noch eine kleine Besonderheit: Der rechte Winkel wird in Deutschland durch einen Bogen mit einem Punkt gekennzeichnet. Ich hätte nie gedacht, dass es eine andere Kennzeichnung dafür gibt. Hier wird der rechte Winkel mit zwei Linien gekennzeichnet, sodass diese und der Winkel ein Quadrat ergeben. Aus Interesse fragte ich die Amerikanerin, wie es in ihrem Land wäre - sie malen auch Kästchen. Zwar nebensächlich, aber dennoch interessant.

Am Donnerstag beschloss ich für meine Gastfamilie Weihnachtsplätzchen zu backen, denn schließlich kennt man diese Tradition hier nicht - geschweige denn wie lecker sie ist. Ich fragte meine Oma nach einem Plätzchenrezept, welches sie mir wunderbarerweise per Mail zukommen liess. Ein Hoch auf moderne Technik und meine Großeltern, welche mit ihr umgehen können!

Nun gut, ich buk also Plätzchen - das war allerdings kniffliger, als zunächst angenommen. In meinem russischen Heim ließen sich kein Nudelholz und keine Ausstechformen auftreiben. Nudelholz ist noch beim Mütterchen und Ausstechformen wurden nie gebraucht. Zusammen mit Xjuscha ging ich Zutaten einkaufen. Zunächst im kleinen Supermarkt und dann im Tante-Emma-Laden um die Ecke. In beiden Geschäften ließen sich keine bunten Streußel und keine Mandeln auftreiben (als Verzierung). Geht auch ohne.

Im russischen Heim begann ich dem Rezept meiner Oma Folge zu leisten. Xjuscha machte zunächst begeistert mit, aber als Sascha uns besuchte, buk ich allein weiter.

Allen (Gastmutter, Dascha, Sascha, Xjuscha, „Oma") schmeckten die Plätzchen.

Engelchen, Tannenbäumchen, Sterne, Herzen und Kreise - ohne Ausstechformen. Wenn man keine bunten Streußel o.ä. hat, muss man die Plätzchen eben anders anschaulich gestalten...

Für mein Weihnachtsplakat brauche ich Bilder. Diese habe ich schon – sie müssen nur noch ausgedruckt werden. Zuhause hätte ich jetzt auf ´nen Knopf gedrückt und meine Bilder entgegengenommen. Hier hat keiner einen Drucker daheim (geschweige denn einen Farbdrucker). Nur einer in nächster Umgebung hat einen Farbdrucker: die Direktorin. Im Klartext: am Freitag würde ich das erste Mal wirklich mit der Direktorin der Schule, an welcher ich seit fast 4 Monaten lerne, sprechen.
Zunächst musste ich erst mal herausfinden, wo sich überhaupt das Direktorat befindet. Ich hatte nicht im geringsten Lust mit der Direktorin nur irgendeine Art der Konversation zu führen. Ich fragte zunächst Xjuscha, ob sie mich nicht begleiten würde, doch sie lehnte ab. Sie ist wirklich eine wunderbare Gastschwester und hilft immer, wenn ich sie um etwas bitte, aber in die Höhle des Löwen würde sie mich nicht begleiten - verständlich. Sie meinte, ich solle

Sascha fragen, denn schließlich seien seine Mutter und besagte Person befreundet und Sascha hätte somit mehr als nur einen Stein im Brett bei ihr.

Ich suchte Sascha in der darauf folgenden Pause auf und überfiel ihn mit einem flehenden Schwall an Worten und Hundeblick. Seine Antwort: „Klar." Na, das ging ja einfach!

In der nächsten Pause standen wir vor dem Direktorat und warteten- wir hatten bereits geklopft, aber die Person war beschäftigt. Xjuscha und Lera kamen vorbei und warteten mit uns. Allesamt quatschte ich mit einem Schwall aus Worten zu von: „Schwarzweißdrucke sind auch in Ordnung!" bis: „Ich will noch nicht sterben!"

Meine Gastmutter kam vorbei (ist ja Lehrerin an unserer Schule). Sie öffnete die Pforte zur Höhle, wechselte ein paar Worte mit dem Löwen und schob mich anschließend mit den Worten: „Das ist die Deutsche, welche bei uns lebt", hinein. Rumms. Tür zu. Allein. Na das lief aber anders, als geplant.

Die Direktorin sah von oben auf mich herab: „Was ist geschehen?"

Ich: „Nichts. Ich wollte nur fragen, ob ich farbig drucken dürfte?"

Sie scannte mich prüfend und erwiderte schließlich, mit einer aufgesetzten Miene des Bedauerns: „Leider ist der Drucker kaputt. Er wird bald repariert. Ist das alles?"

Ich: „Ja - wie schade. Dennoch danke. Auf Wiedersehen." In Gedanken hoffte ich, das besagtes Wiedersehen nicht so bald eintreffen würde.

Als ich die Tür hinter mir schloss und einige Schritte mit meinen Freunden gegangen war, rief ich erleichtert: „Ich lebe! Ich lebe!" Das sorgte natürlich für Gelächter. Farbkopien hatte ich immer noch nicht. Aber ein Weihnachtsplakat ohne Farben, wie rot, gold und grün geht doch nun wirklich nicht...

Ebenfalls ein Tag, welchen ich so schnell nicht vergessen werde, war Samstag. Denn ich bekam meine erste Note in mein Hausaufgabenheft geschrieben. Mündliche oder Stundennoten werden dort in eine spezielle Spalte eingetragen und vom Lehrer signiert. Ich sagte die Newtonschen Gesetze, ein paar Formeln und die Darstellung dieser Gesetze mit Vektoren auf. In der Pause zuvor hatte ich alle um den Verstand gebracht, da ich wie eine Irre alle Gesetze vor mich hin brabbelte. Xjuscha meinte nur grinsend: „Wenn du was vergisst, sprichst du einfach auf Deutsch weiter und fängst an über das Wetter zu quatschen - fällt sowieso Keinem auf." Na, zum Glück war das nicht nötig, denn ich bekam eine vier, weil ich nur zwei der 3 Gesetze auswendig gelernt hatte - alles andere war richtig. (Übrigens ist das in Deutschland Stoff der 11. Klasse, also gänzlich Neuland für mich) Jeha!

Nach der Schule besuchten wir Xjuschas Vater und die Gutmütige (andere Oma). Wir unterhielten uns über alles Mögliche. Angefangen bei den Vorteilen, mehrere Sprachen zu können und aufhörend bei dem Glauben an Übernatürliches - speziell Nostradamus, einen Mann, welcher verschiedene

Dinge vorhersagte, welche wirklich eintraten. Ihr könnt den Begriff ja mal googeln.

Am späten Abend rief ich meine Mails ab. Mein Vater sendet Grüße und Bilder aus meiner im Schnee versinkenden Heimatstadt - wie ungewohnt. Und da wir grad wieder mal beim Wetter sind: die Temperaturen sind mittlerweile wieder auf −17 abgesunken, aber von solchen Schneebergen, wie bei euch bin ich hier noch weit entfernt. Zumal der Schnee hier von den Straßen mittels kleiner Laster weggekarrt wird.

Liebste Grüße aus Tscheboksary

Fazit: Seht euch um! Ihr lebt wie im Märchen!

Donnerstag, 23. Dezember 2010

Es grünt so grün, wenn Spaniens ...

Ich: „Wir schreiben jetzt einen Test?"
Mascha (Mädchen aus der 7. Klasse, welches in Algebra neben mir sitzt): „Ja…"
Ich, in Gedanken: „Na gut…wäre nicht der erste unangekündigte Test…"
Mascha: „… das ist der angekündigte Test über den Unterrichtsstoff des halben Schuljahres."
Ich. „WAS?!" Da hab ich anscheinend mal nicht aufgepasst …
Die Lehrerin teilte die Arbeiten aus. Ich löste alle Aufgaben - was ja auch nicht besonders schwer ist in der 7. Klasse… vorausgesetzt man versteht die Aufgabenstellung. Sogar die zwei Textaufgaben löste ich und bin gespannt ob ich auch auf richtige Ergebnisse gekommen bin.
Anschließend Geschichte. Unterrichtsstoff dieses Schuljahr: Erster und Zweiter Weltkrieg. Was für ein Thema- ihr könnt euch vorstellen wie "pudelwohl" ich mich jede Stunde fühle. Diese Stunde hat die Lehrerin dem Unterrichtsstoff schon etwas voraus gegriffen und das Thema des zweiten Weltkrieges leicht angeschnitten, indem sie immer und immer wieder betonte, dass es einen Unterschied zwischen Deutschen und Faschisten gibt. Faschismus gab/gibt es auch in anderen Ländern - nicht nur in Deutschland, so sagte sie. Ich hätte die Frau knutschen können.

Im russischen Heim öffnete mir das Mütterchen die Tür. Dascha und Xjuscha waren krank, weshalb das Mütterchen bei uns wohnte und sich um die Erkrankten kümmerte. Dascha sprang lachend durch die Wohnung und fiel mir quiekend um den Hals. Sie hatte 38 Grad Fieber und ihrer Aussage zufolge auch Kopfschmerzen. Es ist mir ein Rätsel, wie man da so fidel herumspringen kann.

Meine Gastmutter kam am Abend wieder und erzählte, was ihr über die Amerikanerin, welche ebenfalls an meiner Schule ist, zu Ohren gekommen war: Sie rauche, trinke, käme spät in der Nacht erst nach Hause, schwänze die Schule und verkehre in überwiegend männlicher Begleitung. Na das ist doch mal eine wunderbare Art sein Land zu vertreten...

Meine Gastmutter sah mich an: „Ich werde auch häufig zu dir befragt – vor allem von der Direktorin."

Mir blieb das Herz stehen. Hab ich was falsch gemacht? Ich sah meine Gastmutter fragend an. Sie erwiderte meinen Blick mit einem strahlenden Lächeln: „Bei dir kann ich antworten, dass du gut Russisch sprichst, deine Hausaufgaben erledigst, immer höflich bist, zur Schule gehst, Hausarbeiten übernimmst und pünktlich zu Hause bist. Und wenn man mich dann mit großen Augen ansieht und fragt: „Passt sie auch auf Dascha auf?", dann kann ich sagen: „Ja!" Mir fiel ein Stein vom Herzen. Das nenn' **ich** 'ne wunderbare Art sein Land zu vertreten, denn bis zu einem gewissen Punkt macht man das während eines Austauschjahres.

Am Mittwoch hatte mich meine Gastmutter eingeladen meine Freistunde in ihrer zweiten Klasse zu verbringen, da sie in „das Zimmer des Weihnachtsversprechens" gehen würden. Bis dato hatte ich keine Ahnung, was das sein soll.

In der Pause vor dem Unterricht betrat ich also das Klassenzimmer. Ich hatte hier schon ein paar Unterrichtsstunden verbracht- man kannte mich also. Über 60 Kinderaugen waren auf mich gerichtet. Und dann stürzten mindestens 20 Kinder auf mich zu, um mich zu umarmen, begeistert meinen Namen zu kreischen und zu winken. Oha. Damit hatte ich nicht gerechnet. Die Freude über meine Anwesenheit ist immer noch nicht erblasst. Man winkt mir fröhlich zu, begrüßt mich oder brüllt: „HAAALLLOOO SCHAARRLOOOOTAA!!" über den Korridor, nur um mich zu begrüßen- und das in den verschiedensten Klassenstufen.

Da stand ich nun umringt von Kindern, welche schonungslos durcheinander auf mich einquatschten und mich löcherten. Ich sah mich um. Die Amerikanerin war auch da- natürlich, da sie Russisch in der 2. Klasse lernt. Sie grinste mich an und sagte auf Englisch: „Das ist normal." Wir unterhielten uns. Ich habe mich schon öfter mit ihr unterhalten und muss sagen, dass ich sie gar nicht unsympathisch finde, aber ihr Schwänzen und die Tatsache, das sie sich hier fast ausschließlich auf Englisch unterhält, kann ich ebenfalls bestätigen.

Meine Gastmutter - oder besser gesagt: die Lehrerin betrat den Raum. Die vorher hektisch wuselnde Kinderschar war innerhalb eines kurzen Augenblicks mucksmäuschenstill und jedes Kind war an seinem Platz. Fasziniert verfolgte ich das Unterrichtsgeschehen und wie die Lehrerin die Klasse zu absoluter Disziplin gebracht hatte. Die Hausaufgaben wurden kontrolliert. Das Lesen eines Gedichtes sollte geübt werden. Die Amerikanerin und ich wurden aufgefordert laut zu lesen, nachdem zunächst einige der Kinder gelesen hatten. Anschließend wurde beurteilt, wer besser gelesen habe. Ich würde die Auswertung der Kinder mit einem „Gleichstand" zusammenfassen. Jeha! Immerhin war der Text völlig neu für mich und die Amerikanerin hatte bereits einen Tag zum Üben Zeit gehabt. Übrigens muss man bei so was Ruhe bewahren, denn Kinder neigen zu schonungsloser Ehrlichkeit. Dies bedeutet in dem Fall, dass sie hemmungslos unsere Akzente bemängelten. Russisch mit amerikanischem Akzent ist übrigens sehr witzig anzuhören. ☺

Wir gingen also in „das Zimmer des Weihnachtsversprechens". Ein dunkler Raum- nur Kerzen erzeugten eine gemütliche Atmosphäre. Elftklässlerinnen standen in langen weißen Kleidern da und sollten Feen darstellen. Sie redeten uns auf liebevolle, feenhafte Weise ins Gewissen, besser zu lernen und immer artig zu sein. Jeder sollte sich etwas vornehmen, was er ändern wolle- z.B. immer brav auf Mami hören. Anschließend pusteten wir eine Kerze aus und besiegelten damit unser Versprechen der Besserung. Wirklich niedlich gemacht!

In der darauffolgenden Pause gab mir die Deutschlehrerin die Farbdrucke, um welche ich sie gebeten hatte und meinte, dass mein Poster bis Donnerstag fertig sein müsse. Na klasse. Und das konnte man mir nicht früher sagen? Ach mann… die Unorganisiertheit hier ist teilweise etwas nervig.
Um 14 Uhr wurde ich noch von der Musiklehrerin eingeladen das Weihnachts- konzert mitzuerleben. Es war ein wunderbares, kleines Konzert. Ein Chor sang russische und englische Weihnachtlieder und die Kinder der jüngeren Klassen spielten kurze Stücke. Das Niedlichste war ein kleines Mädchen. Sie war ein Engel: lange, zu Locken frisierte, blonde Haare, große, grüne Augen und ein weißes Paar Flügel an ihrem weißen Kleidchen. Bezaubernde Erscheinung. Doch als sie ihr erlerntes Gedicht aufsagen wollte, konnte ich mir ein Grinsen nicht verkneifen. Zu niedlich war der Anblick. Ihre oberen Milchzähne waren ausgefallen und nur ein großer Schneidezahn war zu sehen. Dies machte die engelhafte Erscheinung zwar zunichte, aber die Liebenswürdigkeit vergrößerte es.
Nach der Schule wollte ich mich beeilen, denn ich musste noch ein paar Kleinigkeiten einkaufen gehen, um das Poster verzieren zu können. Lena, ihr Freund und Gera (einer ihrer Bekannten aus der 11. Klasse) riefen mir hinterher, ich solle doch warten. Nach einem kurzen Wortwechsel schloss sich Gera mir an und wir gingen in Richtung Haltestelle. Ich kannte ihn nur vom

Sehen. Er fragte mich allerhand Dinge: „Gefällt es dir hier? Wie lange bleibst du? Hast du Angst, wenn du hier allein unterwegs bist?" Er scherzte etwas und meinte abschließend, dass ich gut Russisch könne. Man verabschiedete sich. Ich betrat ein Geschäft.

Xjuscha hatte mal fallen gelassen, dass sie gern Cola trinken würde und da sie aufgrund leichten Fiebers Ausgangsverbot hat, beschloss ich ihr eine kleine Freude zu machen und kaufte ihr welche. Eigentlich suchte ich noch Weihnachtsdekoration und Watte für das Poster, aber das gab es in dem Laden nicht.

Ich fuhr nach Hause und überraschte Xjuscha mit der Cola. Sie freute sich sichtbar. Kaum angekommen, verließ ich schon wieder die Wohnung, da ich besagte Dekorationsartikel kaufen ging. Um ein Geschäft, welches Watte führt, zu finden, musste ich mich durch zahlreiche Läden fragen, bis man mir schließlich sagte, dass es Watte nur in der Apotheke gäbe. Darauf wäre ich nie im Leben gekommen, schließlich findet man Watte in Deutschland in fast jedem Supermarkt.

Heute stand ich um sechs Uhr auf, um eine Stunde eher zur Schule zu fahren und dort mein Plakat beenden zu können. Wie seltsam. Ein fast leerer Trolleybus. Nur ein paar Menschen auf den Straßen. Stille.
Ich traf eine Lehrerin meiner Schule. Ihr kennt sie bereits. Sie war mit einer weiteren Freundin meiner Gastmutter bei uns zu Besuch gewesen.
Sie begrüßte mich fröhlich und ging mit mir zur Schule. Wir unterhielten uns auf dem Weg, wobei sie u.a. erstaunt fragte, was ich um diese Uhrzeit auf dem Weg zur Schule mache.
7:10 Uhr war ich in der Schule. In Deutschland würde in 20 Minuten der Unterricht beginnen - hier steht man um die Uhrzeit gerade mal auf.

Ich werkelte an meinem Plakat und schaffte es, selbiges zur ersten Unterrichtsstunde fertigzustellen. Ich zeigte es der Deutschlehrerin - sie war begeistert. Gemeinsam brachten wir das Plakat in das Museum zum Thema „Weihnachten", welches in der Bibliothek der Schule eingerichtet wurde.

Überschrieben ist das Plakat mit: **Weihnachten in Deutschland**

Hinter jedem Bild steht ein kleiner Text geschrieben. Die Texte habe ich zu den Themen Dekoration, Nikolaustag, Weihnachten allgemein, Advent, Adventskalender, Wunschzettel, Backen, Weihnachtsmarkt, Weihnachtsmann und Heilig Abend verfasst. Auf der Watte habe ich noch rote und goldene Sterne angebracht.

In der Freistunde lud mich meine Klassenlehrerin ein, im Weihnachtsmuseum der Schule einen Vortrag zu selbigem Thema anzuhören. Ich folgte ihrer Einladung.
Schüler hielten Vorträge über die Art Weihnachten zu feiern. Präsentiert wurden dabei Australien, England, Frankreich und Deutschland. (Wusstet ihr, dass man in Deutschland den Weihnachtsbaum ausschließlich mit Äpfeln, Nüssen und Spielzeug schmückt? Man lernt doch nie aus!)
Anschließend hatte ich Physik. Doch stattdessen sahen wir uns ein Märchen und My Fair Lady an. (in beiden Fällen von Schülern inszeniert) Vor allem My Fair Lady hat mich beeindruckt. Sehr gut gemacht - ich hab' direkt Lust bekommen es mir noch einmal anzusehen!

Fazit: Bisher scheine ich hier einen guten Eindruck hinterlassen zu haben.

Hier ein paar Bilder der dekorierten Schule - schließlich ist bald Neujahrsfest.

С Новым Годом!
Merry Christmas!

Neujahrsglückwünsche und eine Frohe Weihnacht, als große Plakate über dem Schuleingang.

Mehr Schmuck schien auf den Neujahrsbaum (schließlich feiert man hier kein Weihnachten) nicht draufgepasst zu haben....

159

Schneekönigin   Gemütlicher   Schul-Eingangsbereich

Fröhliche Weihnacht überall!

„Es ist Weihnachten!" Das war mein erster Gedanke, als ich heute morgen senkrecht und grinsend in meinem Bett saß.

In der Küche sprang mir Dascha fröhlich um den Hals: „Heute kommt Väterchen Frost in meinen Kindergarten!" Ich fragte lieber gar nicht erst, warum Väterchen Frost, welcher doch eigentlich erst am 31. die hiesigen Kinderaugen zum Leuchten bringt, ausgerechnet am 24. bereits Geschenke verteilen würde. Übrigens ist der Einfluss der „westlichen Welt" hier sehr groß. In Russland feiert man am 7. Januar Weihnachten - und das auch nur mit einem Kirchenbesuch… also eigentlich feiert man Weihnachten gar nicht (laut Xjuscha). Aber dennoch gibt es Grußkarten und Dekorationsartikel, welche mit „Merry Christmas" beschriftet sind, zu kaufen (und werden auch gekauft).

Egal mit wem ich mich unterhalten habe: Jeder scheint hier vom Weihnachtsfest zu träumen. Von Geschenken unter einem erstrahlenden Weihnachtsbaum… Plätzchen backen… Weihnachtsmarkt... usw. . Nun ja, Einfluss hin oder her: Für mich war heute jedenfalls kein normaler Tag! Allerdings war hier für alle anderen ein stinknormaler Tag, was zur Folge hatte, dass ich mich, das erste Mal an einem 24. Dezember, auf den Weg zur Schule machte - na wenigstens ergatterte ich einen Sitzplatz.

In Russisch kam dann die endgültige Einsicht meinerseits, welch gewöhnlicher Tag doch ein 24.12. hier ist:

Lehrerin: „Kinder…welches Datum haben wir doch gleich? 24.? 25.?"

Ernüchterung - dennoch mein Frohsinn ungetrübt.

In der Pause lockte mich Kindergesang in die zweite Etage der Schule. Die Grundschulklassen sangen Weihnachtslieder - zwar englische - aber immerhin. Da stand ich nun 10 Minuten und sah gebannt auf die Kinder, welche mir etwas von der Weihnachtsmusik gaben, auf welche ich bisher verzichten musste. Ich hätte bestimmt noch eine halbe Stunde so stehen können, wenn nicht die Direktorin erschienen wäre, um dem Geschehnis beizuwohnen. Bevor ihr negativ auffallen konnte, dass ich nicht in Schuluniform gekleidet war, machte ich mich auf zur zweiten Stunde Russisch an diesem Tag.

Gegen 16 Uhr skypte ich mit meiner Familie. Da erschienen sie also auf dem Bildschirm: Meine Lieben, mit welchen ich seit 16 Jahren um diese Zeit zusammensitze und ungeduldig auf die Bescherung warte...
Da war meine Mutter, welche schniefend das Zimmer verliess, um sich wieder zu sammeln, meine Schwester, welche breiter grinste, als ich am Weihnachtsmorgen.
Mein Vater, welcher sich erkundigte, ob es mir gut gehe.
Oma, Opa, Großtante und -onkel welche sich sehr freuten mich zu sehen.
Auch die ca. 80 jährige Schwester meines Opas war da und sagte immer wieder fassungslos: „Ich hätte nicht gedacht, dass sie so gut zu sehen und zu hören ist!" Jaa, Technik, die begeistert!
Wir unterhielten uns also, wie es uns gehe, was geschehen sei und wie seltsam ein Weihnachten getrennt von einander doch sei.

Anschließend quatschte ich noch etwas allein mit meiner Schwester. Hach, wie sehr ich doch die Gespräche mit ihr vermisse. Zwar versteh' ich mich mit Xjuscha immer besser und wir quatschen mittlerweile ziemlich viel über alles mögliche - aber mit meinem Schwesterchen ist das doch noch etwas anderes...

Auch das schönste Gespräch hat mal ein Ende und so fand auch meines eins, als meine Schwester zum Kaffeetrinken gerufen wurde, welches vor der Bescherung stattfindet. Es lässt sich schwer beschreiben, was man denkt, wenn man genau weiss, dass die gesamte Familie gerade bei Tisch sitzt und in wenigen Minuten sich gegenseitig eine fröhliche Weihnacht, im Schein der erleuchteten Tanne, wünscht… man fühlt sich etwas einsam!

Meine Gastmutter kam nach Hause. Sie war außer Atem und kramte in ihrer Tasche. Schließlich drückte sie mir einen kleinen Beutel mit Piroggen in die Hand:
„Hier! Ich bin durch die halbe Stadt gerannt nur um deine Lieblingspiroggen, mit Kartoffelfüllung, zu erwischen… aber schließlich ist bei dir heute Feiertag!"
Ich war gerührt. Doch es kam noch besser. Meine Gastmutter bat Xjuscha, Dascha und mich in die Küche. Hinter ihrem Rücken zauberte sie für jeden von uns Geschenke hervor:
„Damit du heute nicht ganz ohne Geschenke auskommen musst!", sagte sie zu mir. Ich war gerührt. In der Hand hielt ich eine weinrote Geschenktüte, welche ich nun öffnete. Ein rosafarbener Plüschhase sah mich an. Ich nahm ihn in die Hand und drückte auf einen Knopf. Er begann zu sprechen. Irgendetwas von Bären und Mäusen - mehr hat selbst meine Gastschwester nicht verstanden. In der Tüte befanden sich außerdem noch zwei Tafeln Schokolade. Ich freue mich wirklich über das Geschenk - auch wenn ich meinen leiblichen Eltern das Geschenk eines sprechenden Plüschhasen, am Weihnachtsabend, im Alter von 16 Jahren, vermutlich nicht so schnell verziehen hätte. Aber in diesem Falle war eher die Geste des Beschenkens das eigentliche Geschenk.

Das ist „Praskowija" - ich wollte extra einen ungewöhnlichen, russischen Namen… allerdings habe ich wirklich Schwierigkeiten mich an diesen zu erinnern, weshalb „Praskowija" meist einfach „Häschen" heißt.

Nachdem wir uns die Piroggen schmecken lassen hatten, sahen Xjuscha und ich „Stolz und Vorurteil" auf ihrem Laptop an. Wunderbarer Film - zwar verstehe ich aufgrund der altertümlichen Sprache fast nichts, aber ich habe ihn auf Deutsch bestimmt schon 5 Mal angesehen.

Fazit: Ein Geschenk von Herzen ist besser als teurer Plunder.

Dienstag, 28. Dezember 2010
Vortragsmarathon

Vorigen Samstag war ich von der Deutschlehrerin gebeten worden, in den 10. Klassen, welche Deutsch lernen, über das deutsche Weihnachtsfest zu erzählen. Im Klartext bedeutete das 6 Mal hintereinander den selben Vortrag in einer Fremdsprache zu halten - 40 Minuten lang... Dennoch sagte ich zu.

Es klappte erstaunlich gut. Ich schwärmte 40 Minuten von Weihnachtsmärkten, Räuchermännchen und Wunschzetteln, unterlegte das alles mit Bildern und hatte sogar meinen Adventskalender, welchen mir meine Großeltern geschickt hatten, mitgebracht. Die Reaktionen meiner Zuhörer waren immer die gleichen:
- zunächst offene Münder: „Oh mann! Die kann ja Russisch..."
- große Augen: „Maaaan! Wieso gibt es bei uns so was nicht?!"
Die Lehrerin betonte mehrmals, dass ich es ohne ihre Hilfe ausgearbeitet hätte - worauf ich auf Xjuschas Hilfe hinwies. Dennoch schien mein Vortrag zu begeistern.
Nach dem kleinen Ausflug in deutsche Tradition waren immer noch ein paar Minuten übrig, in welchen ich mich einem Fragenbombardement stellte:

- Woher kommst du?
- Gefällt es dir hier?
- Wieso ausgerechnet Russland?
- Wie lange lernst du Russisch?
- Welche Unterschiede gibt es zwischen Deutschland und Russland bzw. den jeweiligen Schulen?
- Bei wem wohnst du hier?
- Wie lange bleibst du?
- Wie alt bist du?
- Welche Hobbies usw...

163

Die Deutschlehrerin war so zufrieden mit meiner Ausarbeitung, dass sie mich sogar eine Stunde vollkommen allein reden ließ.

Schon witzig, wenn man in der Pause am Lehrertisch sitzt und die Gespräche der anderen anhört:
„Ach, das ist die Deutsche, die den Vortrag halten wird? In welcher Sprache? Englisch! Kann sie überhaupt Russisch?"
Und dann klingelt es zur Stunde. Ich stehe auf. Sehe dem Schnatterinchen in die Augen und beginne meinen Vortrag:
„Also heute erzähle ich euch etwas über das deutsche Weihnachtsfest. - Weihnachten ist in Deutschland die schönste Zeit des Jahres - es riecht nach Schokolade, frischgebackenen Plätzchen …"
Eine der Klassen beschenkte mich sogar mit Weihnachtsgrußkarten, in welchen sie Glückwünsche zum neuen Jahr und Weihnachten niedergeschrieben hatten - teilweise sogar auf Deutsch! Auch Süßes bekam ich als Dankeschön geschenkt. Ich war gerührt.
Übertroffen wurden diese Aufmerksamkeiten allerdings von dem Geschenk der Deutschlehrerin. Sie schenkte mir eine Schachtel Pralinen, bedankte sich und wünschte mir noch nachträglich frohe Weihnachten - immer wieder beeindruckend, wie gut sie Deutsch kann!
Überwältigt von dem guten Feedback meines Vortrages und den vielen Aufmerksamkeiten machte ich mich auf den Heimweg.

Den Sonntag faulenzte ich im russischen Heim. Das hatte zur Folge, dass ich, als ich am Montagmorgen die Wohnung verließ, nicht schlecht überrascht war. Es hatte geschneit.
Ich stapfte also durch den Tiefschnee, welcher mir fast bis zu den Knien reichte. Na klasse: Die Stapferei würde ich jetzt eine Woche mitmachen müssen, denn solange dauert es ungefähr, bis hier die Nebenstraßen und Fußwege geräumt sind.

Heute hielt ich im Unterricht der tschuwaschischen Sprache meinen Vortag zum deutschen Weihnachtsfest. Die Lehrerin hatte mich gebeten dieses zu tun, da ihr die 10. Klassen ganz begeistert davon berichtet hatten. Außerdem hatte sie noch nichts für die letzte Tschuwaschischstunde vor den Ferien geplant. Also hielt ich zum siebtenmal meinen Vortrag und einen Tag später sogar zum achtenmal, da die Lehrerin so begeistert war, dass sie mich gleich noch vor ihrer anderen Unterrichtsklasse sprechen ließ.

Meine Gastmutter und Dascha verließen am Nachmittag die Wohnung. Sie fuhren zu meinem Gastvater, welcher aufgrund seiner Arbeit z.Zt. 2000 km weit weg arbeitet. Man verabschiedete sich kurz und schmerzlos, denn schließlich würde man sich bald wiedersehen. Nur Dascha war sehr anhänglich und meinte zu mir: „Ich werde dich vermissen." Niedlich. Eigentlich sollte das Mütterchen bei uns wohnen, aber dieses war bereits ausgelaugt von den Strapazen der vergangenen Woche, in welcher sie auf Dascha aufgepasst hatte. Dies führte dazu, dass sie sich nicht bereit erklärte mit uns zu wohnen, denn schließlich seien wir alt genug. Meine Gastmutter sah das etwas anders. Aber ihr waren die Hände gebunden - sie musste uns allein die Wohnung überlassen. Juhu! Natürlich hielt sie Xjuscha und mir nun einen Vortrag. Angefangen beim Ausschalten des Gasherdes, dem Verbot von Herrenbesuch und so weiter. Schließlich meinte sie zu mir:

„Meine Mutter (also das Mütterchen) meinte zu mir, du seist ein anständiges, vernünftiges Mädchen und bereits fast erwachsen. Ich vertraue darauf, dass du auf Xjuscha aufpasst."

Oha. Unerwartete Ehrung und Verantwortung. Natürlich versicherte ich ihr, sich in ihrer Aussage nicht zu irren.

Fazit: Es wird mir Vertrauen entgegengebracht.

Donnerstag, 30. Dezember 2010

Neujahrsgeschenke

Gestern war letzter Schultag vor den Neujahrsferien! Hurra! Ich nutze den Tag, um ein bisschen Väterchen Frost zu spielen - oder in dem Falle vermutlich eher Schneeflöckchen, indem ich liebgewonnene Menschen mit kleinen Geschenken zum Neujahrsfest beglücke. So schenkte ich z.B. Nastina das Buch „Gordost i predupreschdenie" (Stolz und Vorurteil). Sie und auch die anderen Beschenkten freuten sich sehr. Des Weiteren beschenkte ich drei Lehrerinnen mit selbstbeschrifteten Grußkarten und Pralinen. Ich schildere euch mal kurz die verschiedenen Reaktionen bezüglich meines kleinen Dankeschöns.

Ich suchte das Vorbereitungskabinett der Biologielehrerin auf, klopfte an und trat ein. Ich stand einen kurzen Moment lächelnd an der Türschwelle - in der Hand eine A3 große Packung Pralinen und einen Briefumschlag mit der Grußkarte. Schließlich sagte ich:

„Ein frohes, neues Jahr! Das ist nur ein kleines Dankeschön."

Sie sah mich mit einer Mischung von Überraschung und wahrer Freude an,. begann dann hektisch die Schränke des Kabinetts zu durchwühlen und sprach - mehr zu sich selbst, als zu mir:

„Oh das ist aber lieb von dir! Da muss ich dir doch unbedingt auch was schenken...wo hab ich denn...hier waren doch..."
Schließlich fand sie eine unversehrte Schachtel Pralinen, strahlte mich an, überreichte sie mir und meinte (immer noch etwas hektisch, aber sichtlich erfreut):
„Ach meine Gute! Bist du eigentlich katholisch oder evangelisch?"
„Evangelisch"
„Ach...hmm.. na ja egal! (sie bekreuzigte mich, umarmte mich) geh mit Gott meine Liebe! Und du bist immer herzlich zum Teetrinken eingeladen!"

Ich betrat das Unterrichtszimmer der Deutschlehrerin. Sie war nicht da. Ich legte Pralinen und Karte auf den Lehrertisch.

Meiner Englischlehrerin (und YFU-Freiwilligen) überreichte ich ebenfalls Pralinen. Sie nahm sie freudestrahlend entgegen, öffnete sofort die Grußkarte, las sie und meinte:
„Sogar ohne Fehler! Das ist sowieso das beste Geschenk!"

Doch natürlich ließ man auch mich nicht leer ausgehen. Hier ein Bild meiner kleinen Geschenke.

In Algebra beschenkte unsere Lehrerin alle Schüler mit Süßigkeiten - schließlich ist bald Neujahr und das wird hier groß gefeiert. Nur ich bekam nichts. Ich fand es nicht weiter schlimm, denn schließlich ist es nicht meine Klasse und Algebra ist mir so schon eher unsympathisch.

Pascha meldete sich und meinte: „Da lernt Scharlotta nun ein halbes Jahr bei uns, ist nie zu spät und bekommt keine Neujahrssüßigkeiten?!"

Ha! Wenigstens Einem ist es aufgefallen. Die Lehrerin schaute etwas verdutzt aus der Wäsche. Die Schulglocke bewahrte sie davor etwas erwidern zu müssen. Anschließend erkundigte ich mich bei ihr, welche Halbjahresnote sie mir erteilen würde. Eine 4. Das geht schon. Aber dann sagte sie etwas, was mich bis heute aufregt: „Die Amerikanerin bekommt eine 5." Was?! Wie bitte?! Das Mädchen, das einmal in der Woche dem Unterricht beiwohnt und vielleicht gerade mal vier Tests mitgeschrieben hat, soll ein Einserschüler sein? Das ließ ich nicht unkommentiert: „Wie das? Sie ist doch kaum hier? Wie kann man da eine Note für außergewöhnlich gute Leistungen bekommen?" Zum zweitenmal an diesem Tag schaute sie verdutzt aus der Wäsche. Etwas hilflos schwieg sie. Ich verließ den Raum.

Auf dem Heimweg stiegen Väterchen Frost und Schneeflöckchen sogar in unseren Trolleybus ein:
„Ein frohes, neues, gesundes Jahr 2011, meine lieben Freunde! Haha! Wer will ein Gedicht vortragen oder ein Lied vorsingen, um Süßes zu bekommen? Ach! Ich sehe schon du willst etwas vortragen…" Die beiden sorgten mächtig für Stimmung. Schließlich sah er mich an. Och nö… bitte nicht…
„Haha! Ich sehe es dir an - du willst auch etwas sagen!"
„Aber ich kenne kein Gedicht auf Russisch…" (Ich war nicht die erste, die das sagte, viele schienen diese Ausrede zu haben.)
„Egal - sag etwas auf Englisch, Französisch oder Deutsch!"
„Dann sag ich etwas auf Deutsch auf!"
„Na dann mal los!"
„Lieber, guter Weihnachtsmann, schau mich nicht so böse an. Packe deine Rute ein, ich will auch immer artig sein."
Ich weiß, es ist etwas unpassend, Väterchen Frost ein Gedicht vorzutragen, welches für seinen Kollegen gedacht ist, aber mir fiel auf die Schnelle nichts anderes ein. Übrigens schien ihm erst in diesem Moment aufzugehen, dass ich nicht von hier bin: „Ooo! Wunderbar! Auch Väterchen Frost hatte einmal Deutsch in der Schule! Ich heiße…" (sagte er auf Deutsch), und weiter erinnerte sich Väterchen Frost nicht mehr. „Egal du bekommst natürlich etwas Süßes!"

Er drückte mir einen Lutscher in die Hand. Mein erstes Geschenk von Väterchen Frost. Den restlichen Tag grinste ich und freute mich wie ein kleines Kind, was sehr zur Belustigung meiner Gastschwester beitrug.

Endlich im russischen Heim angekommen, brachten wir selbiges auf Vordermann. Geschirr spülen, Wäsche waschen, Boden wischen usw. und alles nur, weil Xjuschas Bruder über Neujahr hier einziehen wird und wir solange zu Xjuschas Vater gehen werden.

Heute suchten wir nur kurz die Schule auf, da die Notenverteilung erfolgen würde und eine Ehrung besonders guter Schüler.
Zunächst fand die allgemeine Ansprache für die 9. Klassen statt, in welcher Einserschüler und Olympiadenteilnehmer geehrt wurden. Schulolympiaden finden hier übrigens sehr häufig statt. Die Teilnehmer werden sogar teilweise vom Unterricht freigestellt, um sich vorbereiten zu können - schließlich repräsentieren sie die Schule.

Dann fand man sich in den jeweiligen Klassen zusammen, der Klassenlehrer hielt eine kleine Ansprache an die Klasse, welche die Erfolge/ Misserfolge der Klasse zusammenfasste. In diesem Falle schimpfte unsere Klassenlehrerin, da man hier oft den Unterricht schwänzt, an Samstagen nicht in der Schule erscheint und es sogar Fälle von Trunkenheit im Unterricht gibt - und das in der 9.Klasse!
Anschließend lobte sie ein paar Schüler und kam auf mich zu sprechen:
„Scharlotta! Mir ist bisher nur Gutes über dich zu Ohren gekommen!
Die Biologielehrein meinte Anfang des Monats zu mir, dass du sehr bemüht wärst Russisch zu lernen. Die Deutschlehrerin ist begeistert von deinem ausgearbeiteten Plakat und dem Vortrag. Die Physiklehrerin schätzt dich für dein Benehmen und deine Leistungen. In meinem Englischunterricht habe ich die Schüler einen Vortrag schreiben lassen zu „Eine Person die ich bewundere" und da gab es sogar welche, die über dich schrieben! Wirklich - ich danke dir: Es tut wahnsinnig gut so etwas zu hören!"

Da muss ich ihr Recht geben. Leider wurden mir keine Noten erteilt. Nur in Englisch und Physik eine 5 und in Algebra eben die 4.

Xjuscha ist übrigens Klassenbeste. Sie hat insgesamt nur drei Vieren – alles andere sind Fünfen!

Fazit: Kleine Geschenke erhalten die Freundschaft.

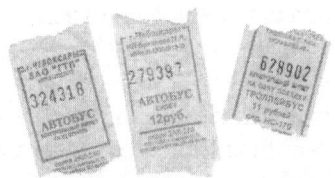

Hier noch einmal ein paar (Trolley-) busfahrkarten zur Ansicht.

Man addiert die linken und die rechten 3 Ziffern. Ist das Ergebnis gleich, bringt das Glück.

Tapetenwechsel

Neujahrsfest in Russland. Endlich: Tannenbaum, Geschenke, Feuerwerk ...
Xjuscha weckte mich um Mitternacht. Sie grinste und sagte: „Gratuliere dir
zum Neujahr!" und drückte mir eine Tüte in die Hand. Ich bedankte mich und
überreichte ihr mein Geschenk (ein Gürtel, welchen sie sich gewünscht hatte,
und eine Grußkarte, in welcher ich mich u.a. für ihre Hilfe bedankte).
Ich öffnete die Tüte. Darin befanden sich Ohrringe und ein Ring- beides hatte
ich mir gewünscht. Des Weiteren enthielt die Tüte noch eine Grußkarte, welche
überschrieben war mit „Für eine Schwester". Ein wunderbarer Start in einen
Tag.
Um 8:30 Uhr stand ich dann auf - das war weniger wunderbar, wenn man
bedenkt, dass dies der erste Ferientag war. Aber schließlich mussten wir noch
Sachen packen, bevor Xjuschas Bruder die Wohnung gegen 10 für sich
beanspruchen würde.

Nachdem wir unsere Siebensachen gepackt hatten, schaltete ich den Fernseher
ein. Es kam ein russischer Trickfilm „Prostokwaschino" (der Name eines
Dorfes). Diesen Film habe ich bereits im Russischunterricht in Deutschland
gesehen - und nichts verstanden. Diesmal sah ich den Film und verstand! Ich
hatte seit einiger Zeit das Gefühl, dass ich keinerlei Fortschritte mehr mache,
weshalb der Beweis des Gegenteils mich etwas beruhigte.

Mit Sack und Pack zogen wir nun bei Xjuschas Vater ein. Eine Dreizimmer-
wohnung im Erdgeschoss ist nun für einige Tage unser neues Heim. Im
Wohnzimmer schläft Jana, die Tochter der Frau von Xjuschas Vater. Dort
schläft nun auch Xjuscha. Ich schlafe im Zimmer, welches Xjuschas Bruder
gehört - aber der wohnt ja zur Zeit im russischen Heim. Ungewohnt, nachts
allein in einem Zimmer zu schlafen - ein Luxus, welchen ich seit vier Monaten
nicht mehr genossen habe.

Viel Zeit, um uns häuslich einzurichten hatten wir nicht, denn wir waren zu
Nastjas Geburtstagsfeier eingeladen worden. Sie feierte im selben Restaurant,
in welchem auch Lisa bereits ihren Geburtstag gefeiert hatte. Xjuscha und ich
schenkten ihr eine Kette, was sie offensichtlich sehr freute. Dann genossen wir
usbekische Küche, quatschten und lachten viel - eben ein Geburtstagsessen.
Anschließend gingen wir zu Xjuschas Omas, um ihnen zum Neujahrsfest zu
gratulieren. Danach aßen wir mit der Familie von Xjuschas Vater - natürlich
lief der Fernseher nebenbei. Es war insgesamt eine gemütliche Atmosphäre -
wenn auch anders, als erwartet. Ich dachte, man beschenke sich und im
Zimmer stünde eine Tanne. Aber weder bei den Großeltern, noch bei Xjuschas

Vater stand ein Neujahrsbaum. Geschenke verschenkten auch nur Xjuscha und ich (Schokolade). Ansonsten bekam Xjuscha etwas Geld. Also bei Weitem nicht mit dem Geschenke- und Dekorationsstress zu vergleichen, welchen wir uns zu Weihnachten in Deutschland machen.

Gegen 10 Uhr machten wir uns auf den Weg zu Sascha, denn dort würden wir ins Neujahr reinfeiern - also „feiern" - wir aßen zusammen mit Saschas Eltern.

Bei Festessen scheint es hier immer das Gleiche zu geben: Hühnchen, Pizza, zwei verschiedene Salate, welche mindestens zu 20% aus Mayo bestehen, Kartoffeln, Piroggen, Sahnetorte aus dem Supermarkt und Suppe. Das gab es hier bei jeder Feierlichkeit - langsam kommt es selbst mir zu den Ohren raus. Zumal man immer von allem etwas essen muss- wenn man ablehnt und sagt man sei satt, so wird mindestens 5 Mal nachgefragt, warum man nicht esse und ob es einem gut gehe.

Sascha schenkte mir eine Märchensammlung von Lew Tolstoi - auch etwas, was ich mir gewünscht hatte. Jeha! Mein erstes, eigenes, russisches Buch!
Wir sahen also das Neujahrsprogramm im Fernsehen. Genau solche sinnlosen Spaßsendungen, welche bei uns kommen - nur den 90. Geburtstag von Ms. Sophie habe ich diesmal missen müssen.

Kurz vor zwölf sahen wir die kurze Neujahrsansprache von Präsident Medwedjew und ich verstand sogar fast alles.
Punkt zwölf wurde die Tannenbeleuchtung einge-schaltet. Der erste Anblick eines geschmückten Tannenbaumes in diesem Jahr. Dennoch muss man hier zwischen Neujahrs- und Weihnachtsbaum unterscheiden, denn ein Weihnachtsbaum ist – zumindest aus meiner Sicht - schöner. Die Neujahrstanne bei Sascha war eine Plastiktanne und gänzlich mit Schmuck überladen - aber das scheint man hier immer so zu machen, wenn ich an die geschmückten Tannen in meiner Schule denke.
Ein paar Feuerwerke waren zu sehen - aber es ist bei Weitem nicht mit der Knallerei zu Silvester in Deutschland zu vergleichen.

Insgesamt fand ich das Neujahrsfest etwas enttäuschend - wenigstens für „die Ausländerin" hätten sie sich Mühe geben können…

Samstag und Sonntag verbrachten Xjuscha und ich damit, jede Menge Serien anzusehen, welche ihr Bruder auf seinem Rechner hat. Hör- und Verständnistraining vom Feinsten!

Ich wünsche euch - wenn auch etwas verspätet - ein frohes, gesundes neues Jahr!

Lotte

Fazit: Auch wenn man hier häufig sagt: Anstelle des Neujahrsfests feiert ihr Weihnachten, so ist das nicht dasselbe. Denn wenn man sich hier nicht beschenkt zu Neujahr, so ist es ein schlichtes Silvester - und Silvester würde niemand mit Weihnachten vergleichen. Man merkt schon allein daran, dass man hier unter Neujahr etwas anderes versteht, als wir unter Weihnachten, da man mich hier häufiger fragt: „Wird zu Weihnachten getrunken?" Das lasse ich mal unkommentiert...

Freitag, 7. Januar 2011

Zeitreise

Die ersten Tage des neuen Jahres fingen schon mal super an. Wir sahen jede Menge Filme, welche sich im Besitz von Xjuschas Bruder befinden. Ansonsten taten wir nichts - außer lange, wirklich lange, schlafen. Endlich bis in die Mittagsstunden schlummern. Jaja, Daschas Abwesenheit hat durchaus ihre Vorteile.

Mittlerweile habe ich den Entschluss gefasst, einen Monat zu fasten. Eigentlich wollte ich am 1.1. beginnen, aber da wir vorübergehend bei Xjuschas Vater eingezogen sind und ich die Gastfreundschaft durch „Extrawürste" in Sachen Essenszubereitung nicht überstrapazieren wollte, habe ich beschlossen, erst an dem Tag zu beginnen, an welchem wir wieder in unser russisches Heim zurückkehren werden. Einen Monat werde ich auf Fleisch, Eier und Süßes verzichten. Warum ich mir das antue? 3 Kilo mehr auf der Waage ist die Antwort. Das macht pro Monat meiner Anwesenheit in Russland fast 1 Kilo mehr! Den Vorgang gilt es zu stoppen. – Ich weiß jetzt schon, dass meine Gastmutter verständnislos die Hände über dem Kopf zusammen schlagen wird, aber da lasse ich mir noch etwas einfallen.

Am 6. Januar war hier Heilig Abend. Am 7. Januar begeht man Weihnachten mit einem Kirchenbesuch.

Xjuschas Vater kam am 6. Januar in unser Zimmer, in welchem wir die meiste Zeit des Tages verbrachten und Filme ansahen. Er sagte: „Scharlotta, kommst du mit ins Dorf?" Viele Fragen. Was für ein Dorf? Wozu? Wenn man hier vom „Dorf" spricht, stelle ich mir immer ein kleines, russisches Dorf aus einem Märchenfilm vor. „Welches Dorf? Wozu?" fragte ich. „Wir fahren zu meinem Bruder und feiern Weihnachten. Das Dorf heißt „Sjenjale - Kotjaki[1]".

„Klar komm' ich mit!" Ich würde mir doch nicht entgehen lassen, ein russisches Dorf und eine Weihnachtsfeier zu erleben.

Fünf Minuten später kam er wieder ins Zimmer und sagte mit etwas unglücklicher Miene: „Wir haben nicht gezählt. Oma, meine Frau, Jana, Xjuscha, ich und du. So viele Leute passen nicht ins Auto - na ja - da müssen wir mal sehen, wie wir das machen."

Eine Viertelstunde später saß ich auf dem Beifahrersitz. Die Rückbank teilten sich die Gutmütige (andere Oma Xjuschas) mit Xjuscha und Jana saß auf dem Schoß ihrer Mutter. Aber hey - das ist nichts, was nicht auch in Deutschland vorkommen würde.
Die Straße war ganz passabel, nur ein paar Schlaglöcher und Unebenheiten hier und da. Das Autoradio spielte die russischen Charts. Ein Lied gleicht dem anderen - meist handeln sie von Liebe, Herzschmerz und Rache oder Kummerertränkung. Aber für eine etwas holprige Autofahrt, durch Wald, über verschneite Felder und bei heranbrechendem Sonnenuntergang, hätte es keine bessere Hintergrundmusik geben können.

Nach ca. einer Dreiviertelstunde waren wir am Ziel. Es war bereits dunkel. Ich stieg aus und sah mich um. Ein breites Grinsen zierte nun mein Gesicht, denn was ich erblickte war: ein Brunnen. Ein funktionsfähiger, mit Eimerchen ausgerüsteter Brunnen.

Ich sah mich weiter um: Da gab es eine Straße, welche links und rechts von Schneehaufen gesäumt war. Und dann waren da noch Häuschen. Kleine, niedliche, teilweise bunt bemalte Häuschen.

---

[1] Name ist tschuwaschischen Ursprungs

Schon jetzt fühlte ich mich, als hätte jemand die Zeit zurück gedreht. Das Brettertor wurde geöffnet und wir herzlichst begrüßt. Hier kannte man mich ja noch nicht - völlig egal - ich wurde sofort wärmstens aufgenommen. Wir betraten das Haus, was zur Folge hatte, dass mein glückliches Grinsen sich bis zu meinen Ohren dehnte.

Zunächst standen wir im Vorraum, welchen ihr auf obigem Bild sehen könnt.

Anschließend betraten wir die Stube. Das ganze Haus bestand nur aus der Stube, einem Schlafzimmer und einer Küche. Gekrönt wurde mein Gefühl, sich in einer Zeitschleife zu befinden, von einem russischen Mütterchen, welches im Sessel saß und strickte.

Man gab uns selbstgehäkelte Hausschuhe. Xjuschas Vater beschloss schließlich, sich mit uns alte Fotos ansehen zu wollen, doch anstatt eines Albums holte er einen Plastikbeutel, prall gefüllt mit unsortierten, unbeschrifteten Fotos aus dem Schrank.

Super Bilder! Menschen, welche auf dem Dorfplatz tanzen, während ein Mann auf einem Schifferklavier spielt usw. Eben wie ich mir das russische Völkchen des vergangenen Jahrhunderts vorgestellt hatte - dass es wirklich so war, ist fast zu schön um wahr zu sein. Die Gutmütige erzählte zu den Bildern. Sie ist übrigens die Einzige, die wirklich permanent mit mir spricht, wenn wir uns sehen (abgesehen von Xjuscha natürlich).

Ein Tisch wurde in der Stube aufgestellt und mit Speisen bedeckt. Xjuscha und ich gingen in die Küche, um uns die Hände zu waschen, da wir den superdicken Hauskater gestreichelt hatten.

Als ich die Küche betrat, war es um mich geschehen. Ich strahlte wie ein kleines Mädchen, was endlich sein gewünschtes Weihnachtsgeschenk in den Händen hält.
Eine winzige Küche - ach ich zeig' euch lieber gleich Bilder, den Anblick will ich euch nicht vorenthalten!

Wir aßen hausgemachte Pelmeni. Nach und nach betraten weitere Familienmitglieder die Stube. Man fragte mich die üblichen Fragen und war anschließend fest davon überzeugt, dass ich fließend Russisch könne. Aber selbst wenn es der Fall wäre, hätte es mir in der russischen Izba[1] nicht weitergeholfen, da man sich hier untereinander auf tschuwaschisch unterhält.
Ein vermutlich 50 jähriger Mann unterhielt sich mit mir. Er war in der DDR stationiert gewesen und konnte noch ein paar Brocken Deutsch - diese Art von Gesprächen führe ich hier öfter. Er meinte, er liebe Deutschland und deutsche Straßen. Er sei weit gereist und selbst in Afrika hätte man bessere Straßen als in Russland, fürchte er. Er verabschiedete sich mit einem Handkuss und meinte, es wäre sehr angenehm gewesen, mich kennen gelernt zu haben. Ich

---

[1] traditionelles Blockhaus, (fast) ohne Nägel errichtet

erwiderte seine Worte höflichkeitsgemäß mit „gleichfalls". Dies und die Tatsache, dass unser vorhergehendes Gespräch auf Russisch stattgefunden hatte, führte dazu, dass er erstaunt guckte und sagte: „Sie spricht Russisch, wie...wie Tschuwaschisch." Dieser Aussage können zwei Bedeutungen zugeordnet werden: Entweder meinte er, ich spräche so gut wie eine Einheimische, oder ich habe einen furchtbaren Akzent. Denn Muttersprachler der tschuwaschischen Sprache haben meist einen starken Akzent, wenn sie russisch sprechen (so sagte man mir).

Während des Essens lief natürlich wieder der Fernseher und es wurde getrunken - zu Weihnachten! Mittlerweile kann ich einen Angetrunkenen innerhalb von Sekunden ausmachen - auch ohne dass diese Person spricht.

Nach dem Essen fragte mich die Frau des Hauses, ob ich mir mal die Lämmer ansehen möchte. Ich willigte ein. Man gab Xjuscha und mir Arbeitsjacken und Valenki[1], damit wir uns unsere Kleidung nicht einsauten.

Natürlich will ich euch meinen Anblick nicht vorenthalten.

Als Sascha das Foto sah, kommentierte er es mit: „Ein echtes russisches Weib!"

Wir betraten den Stall. Die Wände waren mit Frost überzogen, was dazu führte, dass der gesamte Stall glitzerte. Wunderschön! Man drückte mir ein Lämmchen in die Arme.

Der Hund, welcher seine Hundehütte auf dem Platz zwischen Haus und Stall hat (so ähnlich wie ein Dreiseitenhof - nur etwas niedlicher), begrüßte uns, als wir wieder aus dem Stall kamen. Xjuscha zeigte mir anschließend, was eine

---

[1] Valenki sind russische Winterstiefel aus Schafwolle. Sehen etwas plump aus, aber sind absolut wasserfest und warm.

175

Banja ist. Dazu stapften wir über das Grundstück und blieben an einem Häuschen stehen, aus welchem starker Nebel/ Rauch austrat. Wir betraten das Häuschen. Man kann sich das wie eine Art Sauna vorstellen. Es gibt zwei Räume. In einem steht ein Ofen und heizt - dort ist der heißeste Platz um zu „banieren" (saunieren wäre in diesem Falle nicht richtig). Durch eine Tür abgetrennt gibt es einen zweiten Raum, in welchem es nicht ganz so heiß ist. In einer Banja ist die Luft erfüllt vom Holzrauch - ziemlich stickig. Nach dem „banieren" wäscht man sich oder wirft sich vorzugsweise in den Schnee. Die Menschen hier lieben Banja und banieren so oft wie es ihnen möglich ist. Ich hatte weder Handtuch noch Waschzeug dabei... und ich verspürte keinen sonderlich großen Wunsch mir den Raum mit nackten, fremden Frauen zu teilen (Ja Papa, ich weiß, dass du an dieser Stelle die Hände über dem Kopf zusammen schlagen wirst und dich fragen wirst, was um alles in der Welt du an meiner Erziehung falsch gemacht hast, dass ich so prüde geworden bin).

Kurz vor neun Uhr machten wir uns auf die Rückfahrt. Xjuschas Vater setzte uns gleich am russischen Heim ab, denn endlich war Xjuschas Bruder mit seinem Kumpel verreist, womit meine Gastschwester und ich wieder den Luxus des Alleinbleibens genießen konnten.

Die Ferien so allein zu verbringen ist super. Dascha stresst nicht und meine Gastmutter fordert nicht, dass ich mehr essen soll. Sascha besucht uns ab und zu – ansonsten machen wir was mit anderen Freunden. Mittlerweile sehen Xjuscha und ich jeden Abend einen Film gemeinsam an - ein hipp hipp hurra auf das große Filmrepertoire ihres Bruders.

Aber für Xjuscha sind die Ferien nicht ganz so entspannt. So musste sie am 4. und 5. in die Schule, da einige Lehrer Extraunterrichtsstunden gaben, um den Schülern Unverständliches besser zu vermitteln. Das ist hier üblich. Meist findet die „beliebige Stunde" vor der ersten Unterrichtsstunde oder am Nachmittag statt - aber auch nur, wenn es Bedarf dafür gibt. Gar nicht so schlecht, wie ich finde. So etwas scheint es in Deutschland nicht zu geben.

Fazit: Ein russisches Dorf sieht auch heute noch aus, wie aus einem alten Märchenfilm.

PS: Da im Dorf so viel tschuwaschisch gesprochen wurde, habe ich wieder etwas gelernt: „Anne" heißt "Mutter". Für uns ein normaler Vorname, wird hier nur etwas anders (Anje) ausgesprochen. Ich finde das alles spannend!

176

Geburtstag

„Alles Gute zum Geburtstag!" wünschten mir meine Gastmutter und Dascha am Dienstag. Beide waren erst Montagabend zurückgekehrt und nun umarmten sie mich freudestrahlend. Meine Gastmutter ist doch eher als respekteinflößende Person zu beschreiben. Zwar fröhlich und oft scherzend, aber sie weiß ihren Willen durchzusetzen. Vermutlich bemerke ich deshalb nur selten, dass sie kaum größer ist als Xjuscha – also etwa einen halben Kopf kleiner als ich. Niedlich. Den restlichen Tag klebte Dascha an meinem Rockzipfel und meinte immer wieder, sie habe mich vermisst. Niedlicher.

Es ist schon etwas tragisch, ausgerechnet an seinem Geburtstag wieder zur Schule zu müssen. Zudem schien sich keiner an meinen Freudentag zu erinnern - aber wen wundert das schon, denn schließlich waren meine ersten beiden Stunden Algebra und Geometrie. Nicht nur, dass ich von Natur aus eine gewisse Abneigung gegen Mathematik hege, nein, auch die Klasse und die Algebralehrerin sorgen dafür, dass ich Matheunterricht noch mehr verabscheue. Auf dem Weg zum Physikklassenzimmer traf ich Mitschüler meiner Klasse. Als sie mich erkannten, rannten sie auf mich zu, umarmten mich und schrieen laut: „Alles Gute zum Geburtstag!" Man beschenkte mich sogar mit Lidschatten, Schokolade und Büchern. Zu den Geschenken waren jeweils Glückwunschkarten beigelegt, welche mich, um ehrlich zu sein, mehr erfreuten, als das eigentliche Geschenk. So las ich unter anderem davon, wie sehr man sich darüber freue, dass ich hierher gekommen sei, und man mich nicht mehr zurück nach Deutschland lässt. So etwas zu lesen macht schon wahnsinnig froh!
Meiner Klassenlehrerin lief ich in der darauffolgenden Pause über den Weg. Sie strahlte mich an, beglückwünschte mich und beklebte meine Hand mit bunten Stickern. Anschließend schleifte sie mich vor meine Klasse und hielt eine Ansprache, dass heute mein Geburtstag sei und man mir jetzt gratulieren müsse. Da dies bereits auf freiwilliger Basis von allen erfolgt war, verkündete sie, dass nun gesungen werde: „Happy Birthday to you!". Gefolgt wurde das Ständchen von einer kleinen Rede ihrerseits, in welcher sie etwa folgende Worte verlauten ließ:
„Scharlotta, alles Gute zum Geburtstag! Ich wünsche dir Glück, Fröhlichkeit, viele Freunde, Gesundheit und Erfolge beim Erlernen der russischen Sprache. Wir sind froh, dass du hier bei uns bist. Es scheint, als seien alle Menschen in Deutschland gut und freundlich - zumindest wenn sie so sind wie du…"
An den genauen Wortlaut kann ich mich leider nicht mehr erinnern, aber der Sinn ist derselbe. Wie auch immer. Ich freute mich natürlich über die Worte und bedankte mich mehrfach.

In den übrigen Pausen lief mir noch eine Zehntklässlerin über den Weg:
„Hey! Du bist doch die Deutsche?"
„Ja - wieso?"
„Alles Gute zum Geburtstag!"
„Eh…Danke!"
Des Weiteren kamen noch zwei Schülerinnen der 6. Klasse (meiner Russischklasse) auf mich zu:
„Wir gratulieren dir zum Geburtstag!" und überreichten mir eine Schachtel Schokopralinen - jeha!

Im russischen Heim angekommen, ließ ich mir ein Stück meiner selbstgebackenen Scharlottka schmecken. Ja, ihr habt richtig gelesen: Ich habe Scharlottka selbst gebacken. Und das Witzige dabei ist, dass meine Gastmutter und die „Oma" total begeistert waren über die fluffige Konsistenz des Apfelkuchens und unbedingt wissen wollten, was ich gemacht habe, da diese Konsistenz nur sehr schwer hinzubekommen sei und nur den Wenigsten gelinge. Aber das verrat' ich natürlich nicht - hihi.
Nach dem Verzehr meines Quasigeburtstagskuchens ging ich in Xjuschas und mein Zimmer. Auf meinem Laptop lag ein Paket. Xjuschas Geburtstagsgeschenk an mich. Ich öffnete es und fand darin ein paar wundervolle Ohrringe. Gelobt sei der Modegeschmack meiner Gastschwester! Ich legte die Ohrringe zurück und umarmte meine Gastschwester fast stürmisch - aber nur fast, da ich etwas Angst hatte sie könnte mir zerbrechen (sie ist wirklich schrecklich dünn).

Anschließend skypte ich mit meiner Familie - diesmal mit meinen Eltern, meinen Großeltern mütterlicherseits, meiner Schwester und ein paar Freunden, welche Therry eingeladen hatte. Das Internet ist wirklich schrecklich nervig. Immer wieder bricht die Verbindung ab, so dass wir beschlossen, später über Skype zu telefonieren. Inzwischen waren auch die „Oma" und ihr Lebensgefährte eingetrudelt. Wir aßen gemeinsam. Man sprach wieder reihum seine Geburtstagswünsche aus - wiedereinmal wunderbar zu hören, dass man mich gern um sich hat. In dem Sinne: Prost! Anschließend quatschte ich noch lange mit meiner Schwester über Skype, bevor ich glücklich zu Bett ging.

Auch heute abend war die „Oma" bei uns zu Besuch. Sie hatte den Tag meines Geburtstags verwechselt, weshalb sie gestern erst angefangen hatte Piroggen zu backen, was zur Folge hatte, dass sie am Mittwoch erst fertig waren. Wir feierten meinen Geburtstag ein zweites Mal. Meine Gastmutter schaltete die Stereoanlage ein und meinte: „So jetzt wird getanzt!" Dascha ließ sich das nicht zweimal sagen und hüpfte fröhlich drauflos. Ich muss zugeben, es ist etwas gruselig, wie sehr mich Dascha an mein Kleinkindalter erinnert und noch gruseliger ist, dass Xjuscha ein bisschen meiner Schwester gleicht.

Während der Tanzrunde beschloss meine Gastmutter noch einen Reigen aufzuführen, welcher hier an Namens- bzw. Geburtstagen aufgeführt wird. Das Geburtstagskind wird in die Mitte gestellt. Alle anderen fassen sich an den Händen, gehen im Kreis um das Geburtstagskind und singen:

„An Charlottes Geburtstag
Haben wir einen Laib[1] gebacken:
So ein Hoher (man nimmt die Arme nach oben)
So ein Tiefer (man bückt sich nach unten)
So ein Breiter (man vergrößert den Kreis)
So ein Schmaler (man tritt bis an das Geburtstagskind heran)
Laib, Laib, wähle aus wen du liebst." (Der im Kreis Stehende fordert eine andere Person auf den Kreis zu betreten)

Liebste Grüße von eurer glücklichen Lotte

Fazit: Hilfe...oder juhu?! In einem Jahr bin ich volljährig!

Von alten Büchern und Münzen

Gestern lud die Musiklehrerin Xjuscha und mich ein, gegen 14 Uhr das Musikkabinett aufzusuchen. Wir hatten keine Ahnung, was uns erwartet. Kurz zusammengefasst: Xjuscha und ich machen jetzt beim Konzert zum „Tag der Offenen Tür" der Schule mit - und dass obwohl wir gar nicht singen können...na klasse...

Um 15 Uhr war ich mit Natascha am Kino verabredet. Wir sahen „The Tourist" – den neuen Film mit Johnny Depp und Angelina Jolie. Super Film! Ich find's wirklich prima, dass ich mittlerweile viel verstehe.

Es ist schon fast schrecklich, wie schnell die Zeit verfliegt.

---

[1] Übersetzt klingt es etwas merkwürdig, aber „Laib" ist „karawai" auf Russisch und „wähle aus" heißt „wybirai", womit die letzte Strophe heißt: „Karawai, karawai, kowo ljubisch wybirai!" Es gibt also einen Reim und hört sich nicht seltsam an.

Schon jetzt verließ die Amerikanerin Tscheboksary in Richtung Heimat. Gerade mal 4 Monate war sie hier gewesen und es schien, als sei man erleichtert über ihre Abreise. Jedenfalls unterhielt ich mich mit meiner Englischlehrerin (YFU- Freiwilligen) und diese konnte ihre Erleichterung gar nicht in Worte fassen. Sie meinte, dass sie sehr froh sei, dass ich ein Jahr bleibe und nicht die Amerikanerin. Sie meinte mit Amerikanern scheine es – egal über welche Austauschorganisation - immer Stress zu geben.

Am Samstag, nach der Schule, besuchten wir Xjuschas Vater. Wir plauderten über dies und das, bis er mich schließlich fragte, ob ich mir ein altes Kirchenbuch ansehen wolle. Ich stimmte zu und war überwältigt - das tatsächliche Alter des Buches kenne ich nicht. Es ist so dick wie eine Handbreite.
Das Buch ist übrigens nicht in Latein verfasst, sondern in "Altrussisch", welches man heute kaum noch lesen/verstehen kann - in etwa wie unser Althochdeutsch.

Danach holte er noch eine alte Münzensammlung hervor. Rubel aus der alten Sowjetunion. Ca. 3cm Durchmesser und nicht gerade die Leichtesten - viel davon kann man nicht mit sich herumgetragen haben. Sehr faszinierende Münzen. Sie sind wie kleine Bilder. Auf einigen ist Lenin, Marx, Engels oder Puschkin abgebildet. Auch St. Petersburg oder der Rote Platz sind auf den Geldstücken abgebildet. Ich musste schmunzeln, als ich an die kleine, leichte Ostmark dachte.
Er fragte mich:
„Scharlotta, magst du Puschkin?"
„Ja." (Alles andere sollte man in Russland sowieso nicht sagen, denn dieses Volk besitzt einen gewissen Stolz bezüglich dieser Persönlichkeit.)

Er grinste und schenkte mir eine Münze, auf welcher der Kopf Puschkins abgebildet ist.

Ich bedankte mich und muss zugeben, dass – obwohl ich mich sonst gar nicht für Münzen interessiere - mich dieses Geschenk wirklich erfreut.

Hier also meine Einrubelmünze aus dem Jahr 1984.

Fazit: Die Zeit verfliegt – im Großen wie im Kleinen

PS: Um auf eine Frage zu antworten: Ja – inzwischen kann ich Tolstoi im Original lesen! Natürlich gibt es Worte, welche ich nicht kenne, aber der Sinn des Textes ist verständlich. Aber ich lerne Russisch seit der 6. Klasse und das Buch, welches ich lese, ist ein Kinderbuch.

Sonntag, 16. Januar 2011

Paket mit Schwierigkeiten

Zum 1. Mal machten wir uns am 7. Januar auf den Weg zur Post. Mein Geburtstags- und Weihnachtsgeschenkpaket von meiner Familie war endlich angekommen. Doch als wir an der Post waren, hatte sie geschlossen, denn schließlich war am 7. Weihnachten - damit hätten wir rechnen sollen.

Paketabholversuch der 2.: Einen Tag später stiefelten Xjuscha und ich wieder los. Ich hatte Visum, Ausweis und den Zettel, dass das Paket abzuholen sei, eingepackt. Wir redeten mit der Frau am Schalter. Einziges Problem: Das Paket war auf meine Gastmutter ausgestellt und dieses Mal schienen meine Eltern nicht noch zusätzlich meinen Namen draufgeschrieben zu haben - wir gingen wieder.

Paketabholversuch der 3.: Wir standen 5 Minuten in der Post und beratschlagten uns. So schnell würden wir nicht aufgeben, denn schließlich würde meine Gastmutter erst am 11.1. wieder kommen und bis dahin wollte ich mein Paket bereits haben.

Wir gingen also wieder zu der Frau. Sie sah uns und schickte gleich eine andere Zuständige hin. Wir flunkerten, dass meine Gastmutter erst in 6

181

Wochen wieder komme und wir nicht wollen, dass das Paket zurück gesendet wird. Doch selbst als wir auf die Tränendrüse drückten mit: „Das sind Neujahrsgeschenke!" und: „Ich habe meine Familie zu Neujahr nicht gesehen und jetzt will ich nur die Nachricht von ihnen abholen…" Es half nichts. Wir gingen.

Paketabholversuch der 4. : Wieder auf der Straße hatte ich die Faxen dicke: Es muss doch möglich sein mein Paket abzuholen. Entschlossen stiefelte ich zurück. Ich textete die Frau am Schalter zu, dass es doch möglich sein müsse das Paket meiner Eltern abzuholen. Ein Paket aus Deutschland - ich bin Deutsche. Ich schlug sogar vor, den gesamten Absender zu nennen, denn schließlich weiß ich, wie meine Eltern heißen und wo sie wohnen. Mittlerweile hatte man eine dritte Zuständige zu uns geschickt. Sie meinte, es sei zwecklos. In Moskau sei das Paket noch einmal verpackt worden, um es so vor unbefugter Öffnung zu schützen. Ergo: Absender nicht erkennbar. Alle drei Frauen vertrösteten uns mit dem gleichen gekünstelten Gesichtsausdruck: „Nur dem auf dem Paket erwähnten Empfänger können wir das Paket aushändigen." Aaarrrg! Mittlerweile wäre ich dem Schaltertantchen fast an die Gurgel gesprungen.

Paketabholversuch der 5. : Zurück im russischen Heim kamen Xjuscha und ich auf die glänzende Idee, dass wir einfach Dokumente ihrer Mutter vorweisen und somit u.a. bestätigen, dass Xjuscha ihre Tochter ist. Diesmal kam sogar Sascha mit.
Wieder in der Post. Sascha redete wie ein Weltmeister - zunächst bittend, dann fordernd. Er meinte, sie könne doch in die Empfangspapiere hineinschreiben, dass meine Gastmutter das Paket abgeholt hätte und nicht, dass wir es abgeholt hätten – wo sei denn da das Problem? Meine Gastmutter würde nicht zur Poststelle fahren und einen Aufstand machen, weil das Tantchen mir mein Paket ausgehändigt hat! Doch auch das ließ sie kalt. Herrgott nochmal! (Ich bitte um Verzeihung.) Jeden Tag liest man von Korruption in der Zeitung, und nur, wenn ich ein Paket abholen will…
Erfolglos machten wir uns auf den Rückweg. Wir müssen wohl warten, bis meine Gastmutter das Paket abholt…

Am 11. Januar abends holten wir ENDLICH mein Paket ab. Meine Gastmutter war von uns eingeweiht worden, dass wir erzählt hatten, sie komme erst in 1½ Monaten wieder und sie spielte ihre Rolle wirklich gut. Als wir endlich an der Reihe waren, fragte man sie verwundert, warum sie so früh hier sei. Sie antwortete mit wichtiger Miene, dass sie extra aus Moskau hergekommen sei, nur damit man „dem Kind" endlich das Paket seiner Eltern gäbe. Ha! Das hat gesessen. Der Gesichtsausdruck der Zuständigen wurde etwas weicher und fast entschuldigend. Sie überprüfte die Identität meiner Gastmutter und holte anschließend einen großen, verschlossenen Plastiksack aus einem anderen

Zimmer. Man hatte mir bereits vorher erklärt, dass man besonders große Pakete noch einmal in solchen Säcken verpacke, um Diebstahl zu verhindern. Sie zerschnitten den Sack und wogen das Paket, um zu überprüfen, ob es immer noch 10 Kilo waren. Alles paletti. Man händigte uns das Paket aus, wir packten es auf einen Schlitten und kutschten es zur Wohnung.

Ich öffnete meinen Weihnachts- und Geburtstagsgruß aus der Heimat. Zunächst verteilte ich die Geschenke. Eine neue Pfanne für meine Gastmutter, da sie sich immer über das alte Bratgerät aufgeregt hat. Sie schien sehr verblüfft zu sein - seit jenem Tag fantasiert sie, was man nicht alles in der neuen Pfanne zubereiten könne, aber bisher ist sie unbenutzt.
Xjuscha bekam T-Shirts aus H&M. Dieses Geschäft scheint es in Russland nur 3 Mal zu geben (zwei in St. Petersburg, eins in Moskau), umso mehr wünscht sich hier jedes Mädchen Kleidung aus besagtem Modeladen, welchen es bei uns an jeder Straßenecke zu geben scheint.
Dascha bekam Fingerpuppen, welche sie quietschend in Empfang nahm.
Des Weiteren befand sich in dem Paket noch jede Menge Naschzeug, wie Weihnachtsgebäck, Gummibärchen und Milkaschokolade.
Auch warme Socken, der selbstgemachte Kalender meiner Mutter, jeweils ein Schreiben meiner Großeltern und meiner Eltern und das beste Geburtstagsgeschenk, welches ich jemals bekommen habe: Meine Schwester schickte ein kleines Album. Auf jeder Seite befindet sich ein Bild einer meiner Freunde und ein selbstverfasster Gruß von jenem Freund. Ich war überrascht, damit hatte ich wirklich nicht gerechnet. Wunderbar!

Also fassen wir den Empfang des Paketes, zusammen: Danke! Ich hab euch lieb! Auch meine Gastfamilie lässt tausend Dank ausrichten.

PS.: Übrigens scheint ein Brief zwischen zwei und vier Wochen - selbst mit Luftpost - unterwegs zu sein. Hier noch ein Bild:

Der Brief, welchen ich an meine Eltern sendete. Wegen einer etwas unfähigen Postfrau kleben nun elf Briefmarken drauf statt der üblichen vier.

Fazit: Wenn die Regeln eingehalten werden, kann es genauso ärgerlich sein wie im umgekehrten Fall.

Angetrunkene Lehrer...

Die erste Stunde meines montägigen Schultages war Russisch. Wieder mal kamen einige Schüler zu spät und entschuldigten ihr Zugspätkommen mit der Ausrede, dass die Wege hier schlecht geräumt seien. So kamen wir also auf das Thema russische Straßen zu sprechen, was schließlich in einer Lobeshymne der Lehrerin auf deutsche Straßen endete. Ich musste grinsen - sie sagte es etwa wie folgt:

„Och! Die Straßen und überhaupt die Wege in Deutschland! Traumhaft! Gerade, und - ach - einfach wunderbar... ich war mal in Leipzig, als noch DDR war, es gibt da sogar Fahrradwege! Könnt ihr euch vorstellen?! Kleine Wegeabschnitte extra für Fahrradfahrer! Ach ja... Leipzig... da gibt es einen Zoo! Einen wunderbaren Zoo...“

Und einmal den Plauderton angeschlagen, besprachen wir gleich noch ein weiteres Thema: die gestiegenen Kosten für öffentliche Verkehrsmittel. Ja, der Kapitalismus macht auch vor Tscheboksary nicht halt und so sind die Kosten eines Trolleybustickets um einen Rubel gestiegen- bei einer Marschrutka sogar um 2 Rubel. Das hat Auswirkungen auf die Monatskarte. Statt den üblichen 330 Rubel (8 Euro) müssen wir jetzt 500 Rubel (12 Euro) blechen. Eigentlich bekommt man ca. die Hälfte zurückgezahlt, wenn die Eltern ein entsprechendes Schreiben verfassen. Da das mit dem Schreiben meiner Eltern so 'ne Sache ist, regelt das meine Gastmutter für mich.

In einer Pause suchte ich das Zimmer der Deutschlehrerin auf. Ich habe euch noch gar nicht erzählt, dass ich diese Frau wirklich sehr gern habe. Sie ist stets gut gelaunt, hilfsbereit und hat etwas von einer lieben, deutschen Oma, welche ihren Enkeln Märchen vorliest und sie mit Keksen verwöhnt. Wir plauderten etwas. Sie sagte mir, dass ich Mitte Februar einen Vortrag zum Thema „Deutschland“ halten dürfe - 30 Minuten und das auf Russisch. Super... Außerdem schenkte sie mir Hörkassetten und ein Buch mit Puschkinschen Gedichten und „Eugen Onegin“[1]. Sie meinte es sei wichtig zu lesen und zu hören, dass würde die Sprachfähigkeit verbessern. Ich bedankte mich, denn ich freue mich wirklich über diese Aufmerksamkeiten.

Am Dienstag erfuhr ich, dass an unserer Schule für zwei Wochen „die Kommission“ sein wird. „Die Kommission“, wie sie hier immer nur ehrfürchtig genannt wird, beurteilt das Gymnasium. Unterricht, Einhalten der Kleidungsvorschriften usw. werden zur Kenntnis genommen.

---

[1] „Eugen Onegin“ ist Puschkins Hauptwerk, ein Versroman.

Außerdem haben jetzt alle einen neuen Stundenplan. Ich war übereifrig und habe mir meine Stunden selbstständig heraus geschrieben und zu einem Stundenplan zusammen gefügt. Als ich meine YFU - Freiwillige bat mir einen neuen Stundenplan zusammenzustellen, da ich an einigen Tagen sehr wenige Stunden habe oder sich Unterrichtsfächer überschneiden, warf sie einen Blick auf meinen selbstzusammengebastelten Stundenplan und meinte, dass sie ihn noch einmal überarbeiten werde, aber vorerst wäre der völlig in Ordnung. So wie ich sie kenne, wird sie ihn nicht überarbeiten.

Nach der Schule ging's zum Zahnarzt. Ich hatte das Gefühl, ein Loch im Zahn zu haben, und ehe es beginnt zu schmerzen informierte ich meine Gastmutter. Nun hört man so einiges über russische Medizin… ich musste schon einmal in Deutschland Bohren über mich ergehen lassen, weshalb ich eine Heidenangst vorm Zahnarztbesuch hier hatte.
Wir gingen in die Poliklinik. Wie gesagt, so etwas wie eine kleine Arztpraxis scheint es hier nicht zu geben (oder nur sehr selten).
Am Eingang mussten wir blaue Plastikstulpen über unsere Straßenschuhe ziehen- das ist hier in medizinischen Einrichtungen üblich. Mit den lustigen Plastiktütchen an den Füßen stiefelten Xjuscha und ich zum Zimmer des Zahnarztes. Ich verabschiedete mich von Xjuscha mit den Worten: „War schön dich kennengelernt zu haben…" und betrat das Zimmer:
Eine junge, gutaussehende Ärztin begrüßte mich und meinte ich solle Platz nehmen. Der Raum war zwar klein, aber eingerichtet wie eine mir bekannte Zahnarztpraxis. Nur die Frage der Zahnärztin an die Schwester verunsicherte mich:
„Ist das Besteck benutzt?"
Schwester: „Äh…nein…doch - doch!"
Dennoch nahm ich Platz und erklärte ihr, dass ich befürchte, ein Loch im Zahn zu haben. Sie sah ihn sich an und beruhigte mich, indem sie meinte, dass ich noch rechtzeitig vor der Entstehung eines Loches vorbeigekommen wäre.

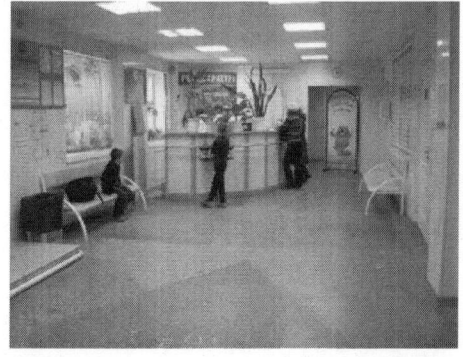

Sie erklärte mir anschließend in russischem Fachchinesisch, was sie jetzt dagegen unternehmen würde.
Ich verstand nichts und fragte deshalb nur: „Wird es weh tun?" Antwort: „Nein." Gut - mehr brauchte ich nicht zu wissen.
Sie versiegelte den Zahn und meinte, ich solle am Donnerstag wiederkommen.

Um drei fand ich mich wieder in meiner Schule ein. Katja (YFU- Zuständige) hat ein Treffen der YFU - Austauschler einberufen. Gemäß deutscher Pünktlichkeit verspäteten sich zwei Mädels eine Stunde, was Katja natürlich etwas verärgerte. Katja begrüßte mich übrigens mit den Worten: „Hey! Du hast abgenommen!" Ich hätte die Frau knutschen können, denn ja - das habe ich. Von 57 Kilo auf 53, womit ich jetzt wieder mein Ausgangsgewicht habe und mich pudelwohl fühle...nur so am Rande... wo war ich? Ach ja: Wir saßen nun zusammen. Die Französin und die Amerikanerin sind bereits abgereist und der Junge, welcher in Kasan untergebracht ist, war auch nicht da, so dass wir zu viert waren. Es ist viel passiert.

Ein Mädchen hat schrecklich zugenommen - bestimmt 7 Kilo! Sie hat übrigens die Gastfamilie gewechselt, da ihre Gasteltern sie gar nicht wollten und Sätze sagten wie: „Ich wünschte sie wäre in ihrem *piiiep* Deutschland."
Sophia spricht viel besser Russisch.
Clemens scheint sich mittlerweile völlig gegen Russland und seinen Austausch zu sträuben. Er spricht schlecht und kommt nicht aus sich raus. Allerdings scheint er auch eine weniger tolle Gastfamilie zu haben.
Katja fragte uns nun aus: Wie geht es euch? Kommt ihr zurecht? Was war schwer für euch? Was erwartet ihr vom restlichen Austauschjahr? Usw.
Fragen über Fragen. Mittlerweile führten wir das Gespräch auf Russisch, wobei einzelne englische Vokabeln untergeschmuggelt wurden.
Katja ermunterte uns am Unterrichtsgeschehen teil zu nehmen und gute Noten zu schreiben. Ich bin wirklich die Einzige, welche etwas für die Schule gemacht hat! Die anderen beginnen erst jetzt zu lernen. Katja meinte, man solle sich eine Scheibe von mir abschneiden und wiederholte die Lobeshymnen, welche meine Physik- und Biologielehrerin auf mich singen und nannte meine Noten. Ich grinste etwas verlegen.
Auf dem Weg zur Haltestelle unterhielten wir uns noch. Schrecklich, wie sehr mein Deutsch eingerostet ist! Über Skype zu reden oder Texte zu schreiben ist kein Problem, aber als ich mich unterhielt warf ich meinem Gesprächspartner einfache Wortgruppen hin oder quatschte einfach auf Russisch weiter.

Am Mittwoch sanken die Temperaturen auf −23 Grad ab. Wir hofften alle, es würden − 35 Grad werden, damit wir nicht mehr zur Schule gehen müssten.

Nach der Schule machte ich mich auf die Suche nach Kopfhörern für meinen IPod Shuffle. Das ist ein winziger IPod. Der ist so klein, dass die Knöpfe zur Lautstäkeregulation etc. an den Kopfhörern angebracht sind. Also suchte ich nicht gewöhnliche Kopfhörer. Die verflixten Dinger scheint es hier nirgends zu geben - ich frage mich schon seit zwei Monaten durch Geschäfte.
Verkaufsgespräch:
„Haben sie Kopfhörer für einen IPod Shuffle?"

„Für was?"

Ich hole die kaputten Kopfhörer raus und zeige sie.

„Nein. So etwas haben wir nicht. Wo haben sie die denn gekauft?"

„In Deutschland."

Ein irritierter Blick folgt.

Genau so im Buchladen. Ich will mir ein Buch mit einem Hörbuch kaufen, um den Ratschlag der Deutschlehrerin zu beherzigen und zu lesen und zu hören.

„Haben sie ein Buch mit CD zum Erlernen der russischen Sprache?"

„Hmpf. Russische Sprache? Nein. Wozu brauchen sie das denn?"

„Ich bin aus Deutschland und würde gerne..."

„Aus Deutschland! Nein wie interessant! Das merkt man gar nicht!"

Es tut jedes Mal verdammt gut, wenn man solches Feedback bekommt. Wobei einfache Gespräche mittlerweile wirklich kein Problem mehr für mich darstellen. Nur Sachverhalte erklären etc. fällt mir noch schwer.

-25°C am Donnerstag. Dies hatte zur Folge, dass die Schüler der Grundschule keinen Unterricht hatten. Menno!

Zweite Stunde war Biologie. Es warteten Tee und Würstchen im Schlafrock auf mich und den Lehrerliebling. Die Biologielehrerin forderte mich hektisch dazu auf, ordentlich zuzugreifen, denn schließlich sei sie selbst Mutter und da ich hier wäre und meine Mutter weit weg, wäre ich jetzt ihre Tochter und sie müsse sich jetzt um mich kümmern. Na klasse. Mache ich so einen hilfsbedürftigen Eindruck? Doch dann erklärte sie mir die Ursache für ihre Zuneigung zu meiner Person:

Ihr Vater war Deutscher. Ihre Schwester wohnt bei Dresden. Deshalb sei sie generell allen Deutschen sehr zugeneigt - außerdem sei sie selbst anders als die anderen: ordentlich und pünktlich, so sagte sie.

Hier ein Bild des Vorbereitungs-kabinetts:

Zwischen Papierstapeln und Büchern herrscht hier noch wirkliche, deutsche Ordnung. ☹

Nach der Schule begleitete mich Sweta zum Zahnarzt, da Xjuscha mit Sascha verabredet war. Die Zahnärztin versiegelte noch einmal den Zahn und meinte, ich solle noch einmal nächsten Dienstag vorbei kommen. Dies sagte sie ungefähr folgendermaßen:

„Kannst du nächste Woche Dienstag wieder kommen?"
Schweigen. Ich dachte: Haste Zeit oder nicht? Sie sieht mich an und bemerkt meinen denkenden Blick:
„Dienstag. D-i-e-n-s-t-a-g. Morgen ist Freitag. Danach Wochenende, dann Montag und dann D-i-e-n-s-t-a-g...."
„Jaja, ich weiss doch, was Dienstag bedeutet. Ich überlege nur, ob ich Zeit habe oder nicht" entgegnete ich mit einem Grinsen.
„Oh! Du kannst wirklich sehr gut Russisch!"
Sweta konnte sich ein kurzes Auflachen nicht verkneifen.

Am Samstag traf mich gleich zweimal der Schlag: Am Morgen betrug die Außentemperatur –30°C! Xjuscha und ich sind hart im Nehmen und stapften zur Bushaltestelle. Dort sah ich mehrere Frauen im Rock – na ja, mit knielangen Absatzstiefeln und Strumpfhosen kann man auch bei – 30 Grad einen Rock tragen...
Xjuscha hatte eingefrostete Haare.

Ein Vorteil hat die Kälte: Im Trolleybus sind Sitzplätze frei, da viele Schüler nicht zur Schule gehen (ab Temperaturen um –30 Grad entscheiden das die Eltern, bei jüngeren Kindern ab Temperaturen um –25°C). Übrigens habe ich seit mehr als 10 Tagen immer einen Sitzplatz im Trolleybus - ein Wunder!

In der Schule folgte Schlag Nummer zwei: ein Sportlehrer und eine Sportlehrerin waren angetrunken! Sie waren nicht besoffen- aber angetrunken! Man meinte zu mir, dass dies beim Sportlehrer in Kombination mit kalten Temperaturen durchaus vorkomme.... ob das ein sonderlich gutes Bild für „die Kommission" gibt...?

In der Schule ist es übrigens auch nicht sonderlich warm. Ich bin froh mir vor einiger Zeit mal einen dicken, gestrickten Rollkragenpulli geleistet zu haben. Anton sprach mir heute aus der Seele, als er in die Luft blies, kurz inne hielt und den Vorgang mit: „Gut, man kann den Atem noch nicht sehen!" kommentierte. Mittlerweile sind die inneren Scheiben der Doppelfenster mit einer leichten Eisblumenschicht überzogen.

Am Abend sagte der Wetterbericht bereits für Sonntag –10°C an. Und noch etwas anderes: Könnt ihr euch noch an die Waldbrände im Sommer in Russland aufgrund der Hitze erinnern? Diese waren ca. 500 Kilometer von hier entfernt - zu Deutsch: Der Wetterbericht sagte voraus, dass sich Temperaturen von 40 Grad wiederholen könnten. Sascha kommentierte meine Befürchtungen eines erneuten Waldbrandes mit: „Und wenn schon - wenn dein Flugzeug abstürzt, kannst du bei „Lost" mitspielen..." Zum Glück bin ich ein Freund des Sarkasmus...

Liebste, eisige Grüße

Lotte

Fazit: Es gibt Vorurteile, welche sich bewahrheiten (bezügl. Alkoholkonsum) und welche die sich als nicht wahrheitsgemäß herausstellen (bezügl. Arzt).

Nach der Schule schneiten Xjuscha und ich noch bei einem Lebensmittelgeschäft vorbei, um Einkäufe zu erledigen. Dort sah ich ernsthaft Glühwein im Angebot! Hier ein Beweisfoto.

Samstag, 29. Januar 2011

Im Sommer fahren wir nach Deutschland

Als ich am Montagmorgen die Wohnungstür abschloss, wurde ich aufmerksam von Katzen beobachtet. Ich hatte es schon mal kurz erwähnt, dass Streuner hier normal sind - auch ich habe mich mittlerweile an die herrenlosen Tierchen in den Treppenhäusern der Plattenbauten gewöhnt. Sie sind wahre Überlebenskünstler, denn trotz der eisigen Temperaturen sind sie am Leben.

Mein Schulweg wird endlich wieder mit morgendlichen Sonnenstrahlen erhellt - was sich gleichermaßen erhellend auf mein Gemüt auswirkt. Noch erfreulicher ist es allerdings, wenn man in der ersten Unterrichtsstunde des Tages (Russisch) gelobt wird, weil man im Diktat nicht mehr allzu viele Fehler gemacht hat. Dennoch ist nicht ein Satz fehlerfrei. Wer glaubt, dass deutsche Rechtschreibung kompliziert sei, hat sich noch nicht mit russischer Rechtschreibung auseinander setzen müssen. Vorsilben wie: „pre" und „pri", welche nur in bestimmten Fällen geschrieben werden, aber fast immer wie

189

„pri" ausgesprochen werden, oder Buchstabensetzung „s", „doppel s", „se" (anderer Buchstabe)" oder „s se" usw. grauenhaft! Zudem gibt es hier noch „Weichheitszeichen" und „Hartheitszeichen". Sie zeigen an, wie einige Buchstaben ausgesprochen werden - jedoch ist der feine Unterschied der verschiedenen Aussprachen kaum hörbar für einen Nichtmuttersprachler. Ich frage mich, ob ich das jemals kapieren werde.

Nach meiner letzten Schulstunde schaute ich wieder bei der Deutschlehrerin vorbei. Wie immer begrüßte sie mich strahlend: „Hallo, meine Sonne! Wie geht es dir? Wie schön, dass du da bist!" Wir unterhielten uns fast eine Stunde lang über Deutschland - allerdings auf Russisch. Sie kann zwar wirklich erstaunlich gut Deutsch (bei Weitem besser, als ich Russisch), aber Übung macht den Meister – und so übe ich. Sie war zweimal in Deutschland und will noch unbedingt „das Weihnachten" in Deutschland erleben - als sie das sagte, funkelten ihre Augen, wie die eines kleines Kindes am Heiligen Abend.

Am Abend sah ich Nachrichten: „Anschlag in Moskau"[1] Aus den Augenwinkeln beobachtete ich die Reaktion meiner Gastmutter. Sie war gelassen. Ich sagte (mehr zu mir selbst, als zu ihr), dass ich bestürzt sei. Sie erwiderte meine Aussage mit: „Letztes Jahr gab es einen Anschlag auf die Metro. Das ist Russland." Und verließ den Raum...

Die Auswirkungen des Anschlages waren schon am nächsten Tag zu spüren. Tscheboksary ist die Landeshauptstadt von Tschuwaschien und somit nicht irgendeine Stadt im großen, weiten Russland - ergo: die Anzahl der Milizbeamten hat sich mindestens verdoppelt. Während man in Deutschland einen Polizeibeamten eher selten zu Gesicht bekommt, so sieht man hier täglich mindestens zwei Beamte.
Völlig egal, ob viele Milizionäre oder nicht: ich musste am D-i-e-n-s-t-a-g wieder zum Zahnarzt. Ich habe keine Ahnung, was sie das letzte Mal genau gemacht hat. Fakt ist: Verbessert hat sich nichts.

Ich nahm auf dem Zahnarztstuhl Platz und erklärte ihr, dass die Situation unverändert, der Zahn also schmerzempfindlich sei. Daraufhin begann sie verschiedene Spritzen zu füllen - was mich unweigerlich fragen ließ, ob ich Schmerzen befürchten müsse. Sie antwortete mit einem beruhigenden Zahnpastagrinsen und „Nein.". Beruhigt. Mund auf. Schmerz. Ich sag' euch: Glaubt niemals einem Zahnarzt, welcher sagt, dass es ganz bestimmt nicht weh tun wird. Sie reinigte die schmerzempfindliche Stelle mit eiskaltem Wasser und versiegelte sie anschließend - ich frage mich, warum sie das nicht gleich beim

---

[1] Bombenanschlag auf dem Flughafen Domodedowo am 24.1.2011, 35 Tote

ersten Mal gemacht hat. Nach der Behandlung erklärte sie mir, was sie gemacht hatte, wobei es mir lieber gewesen wäre, im Voraus zu wissen, was auf mich zu kommt. Obwohl sie wirklich sehr nett ist, war ich froh, als ich endlich das Weite suchen konnte - ich bin kein sonderlich großer Fan von Zahnarztbesuchen.

Am Mittwoch verschliefen Xjuscha und ich um ungefähr 20 Minuten. Dies veranlasste Dascha dazu, uns den gesamten Morgen mit: „Ihr Dummerchen habt verschlafen" zu ärgern. Insgesamt ist Dascha allerdings wesentlich anhänglicher bezüglich meiner Person geworden. Wenn ihre Mutter und sie nach Hause kommen, erwarte ich sie meist schon an der Tür. Dascha rennt dann quietschend in meine Arme und ruft „Meine Scharlotta! Nicht deine! Nur MEINE!" Seit Neuestem ruft sie außerdem: „Wenn der Schnee taut, fahren wir zu Scharlotta nach Deutschland!" Zum Knutschen! Meine Eltern haben meine Gastfamilie bereits eingeladen, aber ob das nun dieses oder nächstes Jahr etwas wird, steht nicht fest. Ach - da wir gerade bei Daschas Aussprüchen sind: Sie hat vor nicht allzu langer Zeit verstanden, dass Deutschland ein anderes Land ist und ich dort bis vor kurzem gelebt habe. Dies ließ sie natürlich zu niedlichen Fragen verleiten:
„Scharlotta, hast du eine Mami?"
„Natürlich."
„Und einen Papi? Hast du einen Papi?"
„Ja, wenn du willst kann ich dir sogar Bilder zeigen."
Und dann saß das 3-jährige Mädchen auf meinem Schoß und ließ sich voller Begeisterung Bilder meiner Familie zeigen.

„Scharlotta, gibt es bei euch in Deutschland Geschäfte?" Ich musste grinsen…

Gedankensprung. Es ist Mittwoch und ich befinde mich gerade im Speiseraum meiner Schule. Dies ist einer der wenigen wirklich geheizten Räume, was mich dazu veranlasst meine Freistunden hier zu verbringen. Zu mir gesellte sich eine Elftklässlerin (also auch 17 Jahre alt). Ich kannte sie bereits flüchtig. Sie war ein Jahr in Amerika gewesen. Wir unterhielten uns darüber, wie es ist, ein Jahr getrennt von allem Vertrauten zu verbringen und über die Erfahrungen, die man dabei sammelt. Es ist so, als wäre ich durch das Austauschjahr in eine Art Klub eingetreten. Sobald man einen anderen Austauschler trifft, scheint man automatisch auf der selben Wellenlänge zu sein - ein seltsames, aber durchaus positives Gefühl. Sie sagte etwas, was sich in mein Hinterstübchen eingebrannt hat:
„Der Flug ins Abenteuer ist wesentlich leichter, als der Flug zurück." Wahrscheinlich werde ich Sonntagmorgen, wenn ich im Halbdusel zu faul bin, um aufzustehen, darüber nachdenken - vermutlich mehr als nur einmal.

Es reicht! Die Ereignisse des Donnerstags veranlaßten mich dazu, dass dies das letzte Mal war, dass ich zu dem dämlichen Training gegangen bin. Jedes Mal zeigt uns die Trainerin „Vorher-Nachher-Bilder" (dick-dünn). Im vorherigen Monat kam mal ein Gerippe zum Training. Wirklich: Die junge Frau hatte eingefallene Wangen, keine Kurven - also nur Haut und Knochen. Schrecklich! Meine Trainerin meinte nur: „Das ist ein beispielhaftes Modell, Mädels!" Ich weiss ja nicht… Männer sind zwar einfach gestrickt, aber so primitiv wie ein Hund, um sich über Knochen zu freuen, sind sie nicht…oder?

Naja, jedenfalls sprach mich die Trainerin am Donnerstag an. Sie machte mir ein Kompliment zu meiner Figur und meinte, jetzt könnte man von mir Fotoaufnahmen machen. Na klar. Soweit kommt's noch. Ich stell' mich doch nicht in 'nem hautengen Body vor die Kamera und schreibe anschließend eine Erfolgsgeschichte zu meiner tollen Figur. Nein danke.

Sowohl am Donnerstag als auch heute fiel Biologie aus und somit gab es weder Kekse noch Tee für mich - schade. Anstelle vom Biologieunterricht besuchten wir das Schulkonzert. Am heutigen Samstag war Tag der offenen Tür. Aber auch dieser Tag wird hier etwas anders begangen, als in Deutschland. An meiner deutschen Schule ist dann am Nachmittag für alle Interessierten geöffnet. Ein kleines Konzert, Theaterstücke und Präsentation der Lehrmethoden bzw. kleine Ausstellung zum ach-so-wunderbaren-Schulleben. Außerdem werden noch kleine Spiele veranstaltet und Erfrischungen bzw. Snacks angeboten.

Hier haben die Eltern die Gelegenheit den Unterricht ihres Kindes mitzuerleben. Bedeutet im Klartext: Meine Gastmutter kam total gestresst nach Hause, da die Hälfte der Eltern angetanzt war und ihr nun auf die Finger gesehen hat (sie ist Grundschullehrerin).

Desweiteren fand noch ein kleines Konzert statt. Dieses wurde mit einem Tangotanzpaar eingeleitet, welches zum Lied „Pariser Tango" von Mireille Mathieu tanzte. Schlagartig musste ich grinsend an meine Mutter denken. Sie hat oft solche Lieder gehört, was mich als Kleinkind sehr begeistert hat, später allerdings nur nervraubend wurde. Ich sang leise mit und strahlte über das ganze Gesicht. Natascha fragte erstaunt, woher ich so gut französisch könne - darauf meinte ich: „Das ist Deutsch." Sie sah mich erstaunt an. Ich war nicht weniger erstaunt, denn schließlich lernt sie seit mindestens zwei Jahren Französisch…

Ansonsten war der Tag der offenen Tür ein normaler Tag, ohne weitere Aktionen.

Anschließend machten wir einen kurzen Abstecher zur Gutmütigen. Ich mag Xjuschas Oma, allerdings sind die Besuche mitunter recht anstrengend:

Oma: „Ist ja schön, dass ihr gekommen seid! Wollt ihr was essen?"

Xjuscha: „Nein, danke. Wir haben bereits in der Schule gegessen."

Oma: „Ich hab gestern erst Suppe gemacht!"

Xjuscha: „Nein wirklich, wir haben keinen Hunger."

Oma: „Was ist mit Fisch? Die Suppe habe ich übrigens nach einem neuen Rezept gemacht!"

Xjuscha: „Nein."

Oma: „Aber irgendwas müsst ihr doch essen! Ihr seid so schrecklich abgemagert! Ich hab auch Kartoffeln und Salat - wieso wollt ihr meine Suppe nicht?"

Xjuscha (langsam verkrampft sich der Ton ihrer Stimme): „Nein, danke. Wir haben doch schon in der Schule gegessen. Wir sind satt."

Oma: „Na gut. Und Tee? Ich habe auch Grapefruit gekauft und Mandarinen...irgendwo hier ist auch noch Schokolade..."

Xjuscha (gibt sich geschlagen): „Ja. Tee..."

Wenn man hier sagt: „Lasst uns Tee trinken", bedeutet das: „Lasst uns Torte, Kekse und Schokolade essen und dazu Tee trinken." Die Gutmütige tafelte nun auf. Xjuscha und ich aßen Mandarinen und Grapefruit. Nur von dem Süßkram ließ ich die Finger.

Oma: „Wieso isst du nichts Süßes?"

Ich: „Danke ich bin satt."

Oma: „Hmm. Aber du musst doch was essen, Kind!"

Ich: „In der Schule habe ich Suppe, Salat und noch Plov gegessen - ich bin satt."

Die Gutmütige öffnet die Verpackung der Schokolade, stellt sich vor mich, nimmt mir die Mandarine aus der Hand und sagt: „Iss!"

Ich (Mühe, die Fassung zu behalten. Hat sie mir grad' wirklich gesundes Obst aus der Hand genommen, um mir unerwünschtes Konfekt zu geben?!): „Nein, danke. Ich möchte nicht."

Xjuscha (Bei ihr blinken die Alarmglocken. Sie merkt, das ihre Oma zu weit gegangen war). Springt auf, nimmt der Oma das Konfekt aus der Hand und meint: „Oma - wenn sie doch satt ist."

Die Gutmütige ließ ab und plauderte unverändert weiter.

Die Essverkrampftheit in diesem Land ist wirklich unangenehm.

Mädchen hungern, um auszusehen wie eins der Gerippe aus Modezeitschriften. Erwachsene essen so oft es geht. Ein normales Mittelmaß scheint es selten zu geben. Naja - wenigstens ist das Essen lecker.

Fazit: Dem Thema „Essen" wird hier ein viel zu hoher Stellenwert eingeräumt, wobei das erwünschte, gesunde Maß an Nahrungsaufnahme selten eingehalten wird.

Die heilige Quelle

Letzten Sonntag rief Xjuschas Vater an und lud seine Tochter und mich ein, mit ihm und seiner Frau an die Wolga zu fahren. Wir sagten natürlich zu. Aber selbstverständlich kommt alles etwas anders als geplant, denn als das Auto abholbereit vor der Tür stand, war bereits leichter Nebel, gefolgt von Schneefall aufgezogen. Xjuschas Vater änderte seine Pläne, denn er hatte Angst wir würden uns verirren auf der breiten, zugefrorenen Wolga.

So fuhren wir ins Ungewisse - das heißt: Alle wussten wohin die Reise geht, nur ich nicht. Als ich nachfragte, grinste Xjuscha mich geheimnisvoll an und meinte: „Das wirst du schon sehen..." Wir fuhren durch kleine, märchenhafte Dörfchen und waren nach ca. einer Stunde Fahrt am Ziel: „Die heilige Quelle".

Wir stiegen aus. Soweit das Auge reichte, schneebedeckte Felder. Ich ließ meinen Blick weiter gleiten und erblickte schließlich unser Ziel. Wir liefen zu dem Häuschen. Unterwegs erklärte mir Xjuscha, warum ausgerechnet diese Quelle heilig ist: Sie friert nicht zu.

Ich dachte nun an so etwas wie eine heiße Quelle, doch als wir an dem Bächlein ankamen, dampfte es nicht, wie es sich für eine heiße Quelle in Kombination mit kalten Außentemperaturen gehört. Xjuschas Vater füllte nun Quellwasser in eine Plastikflasche ab. Auch wir füllten unsere mitgenommene Flasche. Nach überliefertem Glauben ist dieses Wasser heilig und hilft auch Krankheiten zu mildern.

An diesem heiligen Ort befanden sich noch drei kleine Becken (eins außen und zwei in dem Holzhäuschen), welche mit besagtem Wasser gefüllt waren. Hier, so erklärte man mir, könne man sich von aller Schuld rein waschen.

Ob nun heiliges Wasser oder nicht - es ist schon sehr faszinierend, warum das Wasser trotz −10°C Außentemperatur nicht zufriert. Jeder berührte nun das Quellwasser. Es war kalt - bestimmt bloß 5°C ...

Zu einem heiligen Ort gehört natürlich auch ein religiöses Gebäude und so befand sich unweit der Quelle, auf einem Hügel, eine kleine Kapelle. Xjuscha und ich kraxelten den Hügel hinauf, machten ein paar Fotos und stellten enttäuscht fest, dass die Kirche geschlossen war.

Alles in allem waren wir nicht sehr lange an der Quelle, sodass Xjuschas Vater beschloss auf dem Rückweg doch noch einen Abstecher zur Wolga zu machen. Diese war im Gegensatz zur „heiligen Quelle" komplett zugefroren – und sie ist schon sehr breit[1], das andere Ufer aber noch erkennbar.
Auf der Wolga fuhren sogar einige Ski! Übrigens ist hier Eisangeln ein beliebtes Hobby – vor allem bei Rentnern. Es ist nicht unüblich ältere Herren mit Eisbohrer und Angelrute im Trolleybus anzutreffen.

Dienstagabend sahen Xjuscha und ich wieder einen Film an, welcher sowohl hier als auch in Deutschland sehr bekannt ist: „Zweiohrkücken", bzw. auf Russisch „Schönling". Wer hätte gedacht, dass ich den deutschen Kinofilm, welcher bei uns den gesamten Sommer in den Kinos auf und ab gespielt wurde, das erste Mal auf Russisch in Russland sehen würde. Wie auch immer: Der Film ist super, aber Teil eins gefällt mir besser.

Übrigens, da ich aufgehört habe zum Training zu gehen, aber nicht ganz ohne Hobby auskommen will, habe ich am Donnerstag beschlossen mir eine Art Lebenstraum zu erfüllen: Bauchtanz. Gleich um die Ecke gibt es hier eine Tanzschule, welche „östliche Tänze" unterrichtet. Am Donnerstag nahm ich an meiner ersten Tanzstunde teil und bin hellauf begeistert. Auch dort scheint

---

[1] Durchschnittliche Breite der Wolga bei Tscheboksary: 3,5 km

noch keiner bemerkt zu haben, dass ich Ausländerin bin, und das, obwohl ich mich mit einigen Frauen unterhalten habe (zwecks Tanzkleidung, Kosten und Spaßfaktor). Als die Anwesenheitsliste herumgereicht wurde und ich meinen Namen eintrug, meinte eine Frau: „Wie ist ihr Nachname? Schreiben sie bitte ordentlich!" Tja... ich habe ordentlich geschrieben, aber ein deutscher Nachname ist eben ungewöhnlich. Ich bin mal gespannt, wie lange ich „inkognito" dem Tanzen beiwohnen kann.

Nach der Schule bat ich Natascha mich auf „den Markt" zu begleiten. „Der Markt", das ist der einzige Ort, an welchem man hier wunderbar rasselnde Bauchtanztücher bekommt und wenn ich schon tanze, dann will ich auch rasseln. Der einzige Haken an der Sache: „Den Markt" muss man sich wie einen von unseren asiatisch dominierten Märkten vorstellen. Aufdringliche Verkäufer, man wird leicht übers Ohr gehauen und allein geh' ich da sowieso ungern hin.
Also zogen Natascha und ich am Samstag los, um mir ein Tuch zu kaufen. Nataschas gute Laune blieb unverändert aufheiternd, obwohl sie gestand, dass sie den Ort genau so unangenehm empfindet wie ich.
Wir wurden recht bald fündig. Ich kaufte ein schwarzes, rasselndes Tuch und handelte sogar noch Preisnachlass aus, da ich vorgab, es handele sich hierbei um schlechte Qualität - dabei ist die Qualität des Tuches gut für einen Preis von 7 Euro. Außerdem kaufte ich noch ein Mitbringsel für meine Mutter - ich weiß, es sind noch 5 Monate, bis ich zurück nach Deutschland fliege, aber gemäß deutscher Planungswütigkeit beginne ich lieber zu früh, als zu spät Mitbringsel zusammen zu suchen. (Mama, wenn du das liest: Nä nä, ich sag dir nicht was du bekommst! Hier ein Tipp: Es ist echt russisch und du hast es dir vor längerer Zeit mal gewünscht und mittlerweile bestimmt wieder vergessen...)

Anschließend fuhr ich in einer Marschrutka zur Wohnung.

Fazit: Die Wolga ist nur 25 min Trolleybusfahrt entfernt, also werde ich noch einmal Bilder machen gehen.

Noch eine Besonderheit: Internet bezahlt man hier an einem Automaten. Dazu gibt man seine IP-Adresse ein, füttert den Automaten mit Geld und freut sich über seine ewig langsame Internetverbindung - dennoch: eine Internetverbindung ist besser, als keine!

Salzige Äpfel und deftige Piroggen

In Russisch wurden wir umgesetzt. Dies hat zur Folge, dass ich jetzt neben einem Mädchen sitze, was mich zwar seit fünf Monaten kennt, mich aber dennoch die gesamte Stunde anstiert. Man kommt sich vor wie ein seltenes Ausstellungsstück in einem Museum.

In der Pause traf ich zufällig meine Biologielehrerin auf dem Schulflur an, sie lud mich ein, die Pause über bei ihr Tee zu trinken. Ich lehnte dankend ab - man muss es ja nicht mit der Ausnutzung der Gastfreundschaft übertreiben. Unbeirrt meinte sie, dass ich eine russische Delikatesse probieren müsse: salziger Apfel. Dies weckte meine Neugierde und ich folgte ihr. Im Vorbereitungskabinett probierte ich besagten Apfel. Während ich ihn zunächst interessiert beäugte, erklärte mir die Lehrerin, dass diese Äpfel so wie Salzgurken eingelegt werden, damit man auch im Winter Äpfel essen kann. Ich biss hinein. Widerlich! Widerlichst! Ich aß tapfer den salzigen Apfel auf und beobachtete aus den Augenwinkeln eine Lehrerin, welche ebenfalls eine Frucht aß - nur das sie diese mit dem größten Genuss verzehrte …iiiih!

Am Abend gingen Xjuscha und ihre Mutter ein paar Besorgungen machen, weshalb ich beauftragt wurde, Dascha vom Kindergarten abzuholen.
Im Kindergarten angekommen sprang mir Dascha fröhlich entgegen und quasselte munter darauf los, was sie so erlebt habe im Kindergarten. Routinemäßig schälte ich sie dabei in ihre Winterkleidung und machte mich mit ihr auf den Heimweg.
Als ich hier vor 5 Monaten ankam, wusste ich nicht mal wie man mit einem 3-jährigen Kind umgeht und jetzt hole ich es problemlos vom Kindergarten ab!

Nach dem Sandmann sah ich mir noch die Nachrichten an.

Aufgrund des Tauwetters gab es mehrere Tote oder Schwerverletzte - Ursache: Herunterfallende Eiszapfen oder Dachlawinen. Meine Gastmutter ermahnte mich, Häuserränder zu meiden.

Am Dienstag wollte ich herausfinden, wann ich eigentlich nach Hause fahre - reine Neugierde. Ich fragte meine Englischlehrerin (YFU- Freiwillige). Sie hat keine Ahnung. Ich fragte Katja (YFU Zuständige) - sie hat keine Ahnung. Super. Immerhin sind 5 Monate meines 10 monatigen Austausches vorbei - da interessiert es mich schon ein bisschen, wann genau ich abreise.

Am Abend ging ich wieder zum Bauchtanz. Es stellt sich mittlerweile als Problem heraus, dass ich keinen Bauch habe. Dennoch macht es mir wirklich großen Spaß!

Donnerstags lud mich meine Gastmutter zu einem Theaterstück ein. Besagtes Stück würde auf Tschuwaschisch von ihrer 2. Klasse aufgeführt werden.

Es war das russische Märchen „Kolobok" - „Der Kloß", welches sie aufführten. Die anderen 2. Klassen führten u.a. „Die Rübe" auf.

Hier die Kinder beim Theaterstück in traditioneller Kleidung.

Freitag war ein wundervoller Tag. Schon alleine, dass es zum Mittag in der Schulspeisung „Plov" gab war ein eindeutiger Hinweis darauf. Außerdem war Freitag eine Art kleines Jubiläum für mich, da ich es mittlerweile hinbekommen habe, seit einem Monat jedesmal einen Sitzplatz im Trolleybus zu ergattern! Dies grenzt an ein Wunder - mal sehen wie lange sich das fortsetzen lässt.
Die absolute Krönung des Freitages war allerdings, dass ich mit einer Freundin skypte, zu welcher ich seit 5 Monaten kaum Kontakt hatte. Sie ist z.Zt. in Neuseeland und ebenfalls Austauschler. Ich liebe Technik! 10 Stunden Zeitunterschied und ein Ozean werden überwunden und sie erscheint auf meinem Bildschirm. Jeha!

Grund zur Freude hatten am Samstag alle Grundschüler, denn das Thermometer zeigte stolze –25°C an, was ihnen erlaubte zu Hause zu bleiben. Da ich (leider oder zum Glück?) keine Grundschülerin bin, musste ich mich wieder mal an einem Samstag in die Schule quälen.

Den ganzen Schultag über freute ich mich auf das Mittagessen, denn als ich mich auf den Weg zur Schule machte, begann die „Oma" Piroggen zu backen. Ich liebe diese Teigtaschen!

Als ich von der Schule zurückkehrte, war der Teig gerade mal fertig mit Ruhen - es gab also noch jede Menge zu tun. Ich nutze die Gelegenheit, um zu helfen und das Rezept zu hinterfragen. Diesmal buken wir eine andere Sorte Piroggen, welche mir bisher unbekannt war: Kraut und Ei - wirklich sehr lecker. Ich kenne nun also schon gefüllte Teigtaschen mit Kartoffeln, Pilzen und Kartoffeln, Kraut und Gehacktem, Kraut und Ei und mit Apfel. Meine Lieblingssorte: mit Kartoffeln.

Während des Backens unterhielt ich mich mit der „Oma". Sie gab mir allerhand Tipps, damit ich auch ja nichts falsch mache, wenn ich versuche Piroggen in Deutschland zuzubereiten...

Beim Essen erzählte meine Gastmutter, dass für nächste Woche wieder Temperaturen zwischen −25°C und −30°C angesagt wurden. Ich hoffe es wird richtig kalt, denn dann wird die Schule geschlossen und wir haben Kälteausfall.

Fröhliche Ferien wünsche ich den Schülern in meiner Heimat!

Lotte

Fazit: Ich habe innerhalb von 5 Monaten viel dazu gelernt: Umgang mit Kleinkindern, Verbesserung meiner Sprachfähigkeiten, neue Rezepte, neue Delikatessen, Leben in einem anderen Land, Selbständigkeit...

PS.: Ich habe noch einmal Xjuscha zu der „heiligen Quelle" befragt. Es wird noch mysteriöser: Nicht nur, dass die Quelle im Winter nicht zufriert, nein sie ist immer ca. 4°C warm! Als hier die schreckliche Hitze im Sommer war (40°C), war Xjuscha dort und hat sich im kalten Wasser reinwaschen können...

Donnerstag, 17. Februar 2011
3 x 40 Minuten Deutschland

Valentinstag. Wie ich diesen „Feiertag" hasse. Die ganze Welt hat sich gekünstelt lieb und kurbelt die Geschenkindustrie mit dem Kauf sinnloser Papierglitzerherzchen, Luftballons, Süßkram und Rosen an. In Deutschland wird der Tag nicht soo groß begangen. Verliebte schenken sich gegenseitig Rosen, Pralinen oder denken sich kleine Überraschungen aus - das mag ja noch gehen. Aber hier steht alles auf dem Kopf! Am 14.02. kam ich in die Schule und „wär' fast aus den Latschen gekippt". Der schwarzweiße Dresscode wurde gegen rosa- oder rotfarbene Kleidung eingetauscht, an den Klassenzimmertüren hingen kleine Kartons, welche mit Herzchengeschenkpapier beklebt waren. Dort hinein warf jeder seine Papierglitzerherzen mit den Valentinstags-glückwünschen. Zum Glück hatte Xjuscha mich etwas auf den Wahnsinn vorbereitet, sodass ich für alle meine Freunde kleine, kitschige Papierherzchen dabei hatte. Ja, ihr habt richtig gelesen: „Für meine Freunde". Hier beschenkt man alles, was zwei Beine hat und einem irgendwann mal freundlich zugelächelt hat. Die Zimmer sind mit Herzen und Engelchen geschmückt - ganz ehrlich - hätte ich das gewusst, dann hätte ich meinen Fotoapparat eingepackt. Die absolute Krönung wartete aber in Englisch auf mich: Anstatt Unterricht aßen wir rosafarbene Herzchensahnetorte und sahen einen Film.

Am Dienstag war der Kitsch endlich vorbei und ich konnte mich der Englischolympiade widmen. Meine Englischlehrerin hatte ein paar Schülerinnen und mich gefragt, ob wir die Olympiade in der 3. Klasse betreuen könnten. Im Klartext: vier Unterrichtsstunden 1000 Fragen beantworten:

„Darf ich auf die Kopie schreiben?"
„Nein."
„Worauf dann?"
„Auf das weiße Blatt neben dir."

Ein anderen Schüler 5 Minuten später:
„Ach - auf die Kopie dürfen wir nicht schreiben??"
Arrgh!

Anschließend noch Punkte verteilen und beim Essen austeilen helfen.
Meine Klasse hatte wieder „Dienst". Dazu gehört auch den Essensdamen beim Essen austeilen zu helfen. Übrigens läuft das hier anders ab, als in Deutschland. Während der Stunde decken die Essensfrauen den Tisch. Der Schüler muss sich nur noch setzen und essen. Die Lehrerinnen beaufsichtigen das und verteilen noch Suppe an all jene, welche bezahlt haben. Das Schulessen (Suppe, Hauptgericht, Salat, 1 Scheibe Brot) kostet pro Woche 175 Rubel - rund 4,40 Euro. Ach und da wir grad beim Essen sind: Das Mitnehmen von Brotbüchsen oder Getränken ist hier vollkommen unüblich. Man kauft alles in der Cafeteria.

Nach der Schule besuchte ich einen Handarbeitskurs. Die freundliche Frau zeigte mir, wie man Freundschaftsarmbänder macht. Jetzt trage ich 12 Freundschaftsarmbänder und trau mich nicht ein einziges abzunehmen, da ich

Angst habe jemanden zu kränken. Nächste Stunde werde ich tschuwaschische Muster sticken.

Wieder im russischen Heim machte ich meine Hausaufgaben und ging anschließend zum Tanzen.

Wie schade, dass ich nicht in der Grundschule bin, denn am Mittwoch waren es -25°C, sodass alle Grundschüler jubelnd nach Hause stürmten.
Die Praktikantin, Maria, lud mich ein, am Abend zusammen mit den anderen Schülern meiner Schule den deutschen Film „Kirschblüten" in der Universität anzusehen. Ich sagte zu.
Als der Film endete, fragte der Lehrer, wie uns der Film gefallen hätte. Der Lehrer ist knapp über 20 und kommt aus Deutschland. Es meldeten sich nun einige Studenten und beurteilten den Film auf Deutsch - mit Mühe und Not. Maria stupste mich an und meinte: „Sag irgendwas in schönem Deutsch!" Na gut. Ich meldete mich. Das Gesicht des Lehrers war knuffig: Mit akzentfreiem Deutsch hatte er offenbar nicht gerechnet. Während ich also antwortete, sah mich Maria strahlend von der Seite an.

Am heutigen Donnerstag wäre ich vor Aufregung fast gestorben. 40 Minuten lang, 3 Mal über mein Heimatland auf Russisch erzählen. Immer wieder ging ich alles durch. Meine PowerPoint-Präsentation, meine Karteikarten. Die Deutschlehrerin kam auf mich zu: „So, nun ist es soweit: Du wirst im Konzertsaal der Schule deine Präsentation halten." WAS?! Im Konzertsaal? Da, wo alle Theaterstücke bisher aufgeführt wurden...der große Saal mit Bühne? Wie gesagt: Ich wäre fast gestorben. In der Pause vor der ersten Präsentation stand ich abseits der Bühne und beobachtete, wie sich der Saal füllte. Vier Klassen (insgesamt würden es nach allen 3 Präsentationen 11 Klassen werden). Der Saal war voll. Klingel. Ruhe. Erwartung. Die Deutschlehrerin hielt eine kleine Ansprache, in welcher sie meine beispielhaften Russischkenntnisse anpries - was den Druck auf mich nicht gerade minderte. Und schließlich hat Xjuscha alle Fehler zuvor berichtigt, womit meine „beispielhaften Russischkenntnisse" nicht so beispielhaft sind. Sie übergab mir das Wort:

„Hallo, ich heiße Charlotte und heute erzähle ich euch etwas über meine Heimat Deutschland." «Здравствуйте, меня зовут Шарлотта и сегодня расскажу вам про мою родину Германию.»

(Auf Wunsch der Deutschlehrerin hatte ich die Einleitung zweisprachig gestaltet). Da stand ich nun. Ich erzählte von Deutschland, meinem Heimatbundesland, Landeshauptstadt, berühmte Städte, Sehenswürdigkeiten, meinem Heimatort, Feste, deutsches Schulsystem, zeigte meine Schule, erzählte von Schülerbands, Praktikum, Facharbeit, Schüleraustausch und Karneval, von überteuerten Straßenbahnpreisen (als Grund für deutsche Fahrradfahrfreudigkeit). Mein Vater hatte im letzten Paket Straßenbahntickets mitgeschickt - als Souvenir, falls weitere Studenten Andenken aus Deutschland haben wollen. Damals schmunzelte ich über seine Worte - nach der Präsentation verschenkte ich wirklich ein paar...

Es war noch Zeit für Fragen:

Wieso bist du nach Russland gekommen?

Wo warst du überall?

Was möchtest du werden?

Was gefällt dir/ gefällt dir nicht in Russland?

Hast du Geschwister?

Gibt es an eurer Schule Schuluniformen?

Warst du zu Weihnachten zu Hause?

Nein? Wieso? Das ist bewundernswert...

Vermisst du deine Heimat?

Wie lange lernst du Russisch?

Für besonderen Gesprächsstoff sorgte meine Beschreibung eines deutschen Stundenplans.

Hier erst mal, zum Vergleich, der Russische:

Schulstart: 8:30 Uhr

Schulstunde: 40 min

Pause: 15/20 min

Stundenanzahl: 5 selten 7 Stunden (Zeitstunden)

Samstags Schulpflicht

3 Monate Sommerferien

Ich gab den deutschen Stundenplan in schnellen Fakten nacheinander an - mit jedem Fakt weiteten sich die Augen und Münder der Zuschauer immer mehr zu einem Erstaunen.

Schulstart: 7:30

Schulstunde: 90 min

Pause: 10 min – Frühstücks-/ Mittagspause 20/30 min

Stundenanzahl: 7-10 (Zeitstunden)

Samstags keine Schulpflicht

Sommerferien 1,5 Monate

Im ganzen Saal tuschelte es. Man findet das System aber gut. Wir Deutschen sind jetzt übrigens - in den Augen der Zuhörer - als sehr diszipliniert, ehrgeizig und fleißig angesehen...

Nach 40 Minuten hatte ich es geschafft, beantwortete noch ein paar einzelne Fragen, setzte mich anschließend unauffällig in eine Ecke und beobachtete, wie sich der Saal erneut füllte. Ich lauschte den Gesprächen:
„Was? Vortrag über ihre Heimat Deutschland? Wird die auf Russisch erzählen oder was?! Hahaha! Bestimmt auf Englisch oder Deutsch…"
Die erstaunten Gesichter, Fragen und das Gelächter über meine kleinen Auflockerungswitze wiederholten sich.

Nach den Präsentationen kamen viele Schüler und Lehrer auf mich zu, bedankten sich für die wunderbare Präsentation und lobten mein Russisch. Die Deutschlehrerin schenkte mir zum Dank eine Tafel Schokolade, welche zum gegebenen Zeitpunkt bereits als „nichtexistent" zu erklären ist.
Die nächste Stunde war Englisch. Als meine Englischlehrerin den Unterricht beginnen wollte und mich erblickte, stockte sie.
„Was machst du denn hier? Du hast 3 Unterrichtsstunden eine wunderbare Präsentation gehalten! Marsch nach Hause mit dir, das hast du dir verdient!"
Hihi.

Im russischen Heim entspannte ich mit einem Film: „Der Junge im gestreiften Pyjama." Natürlich sah ich ihn auf Russisch und nicht auf Deutsch. Ein sehr ernster, nachdenklich stimmender Film…
Mit den Gedanken bei der Filmthematik widmete ich mich wieder den „fernöstlichen Tanzkünsten". Übrigens ist meine Tarnung aufgeflogen. Auf dem Rückweg ging ich mit einer Kursteilnehmerin ein Stück. Wir unterhielten uns. Sie ist 24 und lachte erstaunt, als ich sagte ich sei 17 - nächstes Mal muss ich sie unbedingt fragen was sie glaubte, wie alt ich sei. Naja, jedenfalls folgte dieser Aussage die Schlussfolgerung, dass ich noch Schülerin bin und darauf die Frage:
„Also gehst du in die 11. Klasse?!"
Stocken. Also in Deutschland: Ja. Hier ist das so eine Sache…
„Äh, ja."
„Wieso hast du gezögert?"
„In Deutschland wäre ich jetzt in der 11. Klasse."
„Du bist aus Deutschland? Was machst du hier? Wie lange bist du hier?"
„Ja, bin ich. Ein Schuljahr bin ich hier als Austauschler."
„Ach - also deine Eltern wohnen hier?"
„Nein."
„Was machst du dann hier?"
„Austausch."
„Aber wieso? Wieso denn Russland? Wieso geht ein 17jähriges Mädchen für 10 Monate allein nach Russland?"
Ich erklärte es und dachte dabei an eine Frage, welche Dascha häufig stellt:

„Wo ist dein Papa?"
„Weeeit weg, Daschenka."
„Meiner auch…"
„Ich weiß, Daschula…"
„Aber, wieso bist du hier ohne deine Eltern?"
„Äh, Dasch´… das ist schwierig zu erklären.."

Fazit: Als „Völkerverständiger"[1] bin ich offenbar tauglich.

Das Klavierkonzert

Gestern sah ich den Wetterbericht und hoffte, dass endlich mal tagsüber –35°C werden würden, denn die aktuellen –35°C nachts befreien uns nicht von der Schulpflicht… Mist. –23°C!

Ich ging also widerwillig zur Schule. Noch mehr Personen als sonst grinsten und winkten mir zu. Viele Lehrer und Schüler bedankten sich für die gelungene Präsentation. Es ist so wunderbar, wie freundlich dieses Völkchen ist!
Maria fragte mich, ob ich nicht mit ihr in ein Klavierkonzert gehen würde. Ihre Freundinnen hätten kurzzeitig abgesagt und nun hätte sie eine Karte übrig und würde sich über meine Gesellschaft freuen. Äh, ja. 24-jährige Praktikantin freut sich über die Gesellschaft einer 17-jährigen… Ich sagte zu.

Im russischen Heim schaltete ich meinen Computer ein. Mich traf der Schlag: 40 neue Freundschaftsanfragen über die russische Chatplattform, bei welcher ich mittlerweile angemeldet bin und bereits über 120 "Freunde" habe - fast alle aus meiner Schule.

Um vier machte ich mich auf den Weg zur Post. Meine Eltern haben mir einen Brief geschickt. Ich stand an dem Schalter und erkannte dasselbe Tantchen, welches Xjuscha und ich das letzte Mal zur Weißglut gebracht hatten, als wir vergeblich versuchten das Paket abzuholen.
Ich quatschte 10 Minuten auf sie ein, bis sie endlich nachsah, ob mein Name auf dem Brief steht. Zum Glück war dies der Fall. Ich wies mich aus und füllte eine Empfangsbestätigung aus. Anschließend setzte ich mich in ein kleines

---

[1] Werbeslogan der Austauschorganistaion YFU

Cafe, da ich in 15 Minuten mit Maria verabredet war und somit die Zeit, um zur Wohnung zurückzukehren, nicht reichte.

Bei einem Kaffee öffnete ich den Brief und las die Zeilen meines Vaters. Meine Eltern schickten mir meine langersehnten Kopfhörer. Die speziellen Kopfhörer (für iPod Shuffle) kosten hier ca. 3000 Rubel = 75 Euro! In Deutschland erwarb man sie für 8 Euro…

17:20 Uhr traf ich mich mit Maria. Wir fuhren eine Stunde zur Oper, da wir im Stau standen. Endlich in der Oper angekommen lauschten wir zunächst einem Klavierkonzert von Brahms und anschließend einer Komposition Rachmaninows. Wieder war ich etwas geschockt:

Der Pianist spielte. Das Orchester setzte ein. Das Publikum tuschelte. Ich schloss die Augen und blendete das Tuscheln aus. Geräuschvoll wurden Bilder mit Blitzlicht geschossen - Augenschließen half nicht. Der Pianist hämmerte in die Tasten, das Orchester spielte mit Leib und Seele die Noten großartiger Komponisten. Je lauter die Künstler spielten, desto lauter tuschelte das Publikum- schließlich versteht man sich sonst nicht mehr. Ich sah mich um. Da flüsterte einer am Handy, eine Frau stopfte Kekse in sich hinein, Filmaufnahmen wurden gemacht… als ein kleines Mädchen hinter mir geräuschvoll eine Chipstüte öffnete und nun anfing geräuschvoll schmatzend den Künstlern jeglichen Respekt zu verweigern, reichte es mir:

„Kannst du bitte nach dem Konzert rumfressen?!“ fragte ich wütend das Mädchen. Hilflos sah sie ihre Mutter, welche neben ihr saß, an. Doch Mamilein versank gerade vor Scham im Erdboden und tat, als ob sie interessiert das Stück verfolgte und deshalb nichts mitbekommen hätte.

Es ist vielleicht nachvollziehbar, wenn Schüler sich so aufführen, weil sie zum „Kulturerlebnis“ gezwungen wurden. Aber es ist unverständlich, wie sich erwachsene Menschen, welche dafür freiwillig bezahlt haben, sich so respektlos verhalten können. Maria meinte auf dem Rückweg zu mir:

„Einmal unterbrach der Pianist sein Spiel, trat an das Mikrofon und sagte: ʼIch bitte um Ruhe im Saal - vor allem die erste Reihe…ʼ“

Doch im Großen und Ganzen war es ein schöner Abend. Er stimmte mich nachdenklich. Künstler zu sein ist ein verdammt undankbarer Job geworden. Als Star werden deine Lieder illegal gedownloadet, im Kino werden sie illegal mitgeschnitten und im Theater…

Wieder im russischen Heim verfolgte ich den Wetterbericht und ningelte vor mich hin, dass ich am Samstag wieder zur Schule müsse. Meine Gastmutter meinte: „Bleib zu Hause - ich erlaube es dir!“ Jeha! Xjuscha bleibt schon seit 3 Tagen zu Hause, da sie krank ist. Wir müssen zwar auf Dascha aufpassen aber egal: endlich wieder einen Samstag entspannen!

Besagter Samstag – also heute - war ein sehr schaffensreicher Tag. Ich verfasste diesen Beitrag, schrieb Briefe, erledigte Hausaufgaben, passte auf Dascha auf, wischte die Böden – und das alles bis 15 Uhr. Es ist seltsam geworden an einem Samstag frei zu haben - man schafft so unglaublich viel! Und morgen noch ein ganzer freier Tag!

Gute Nacht
Lotte

Fazit: Zur Kultur gehören nicht nur der Komponist, sondern auch die Zuhörer.

PS.: ein Mädchen schrieb mir:

„Hey Scharlotta, danke für deine wunderbare Präsentation! Ich muss gestehen, dich etwas um deine Fremdsprachen-kenntnisse zu beneiden. Übrigens hat mindestens die Hälfte meiner Klasse (nach deinem Vortrag) beschlossen, nach Deutschland zu fahren.“

Und sie ist nicht die Einzige, welche solche Nachrichten verfasst. Ich kann mich nicht erinnern, in Deutschland jemals jemanden „danke" für eine Präsentation sagen gehört zu haben.

Freitag, 25. Februar 2011

Männertag und –37°C

Montag plauderte ich etwas mit Lisa und Seda. Irgendwann kamen wir darauf zu sprechen, dass ich bald ein halbes Jahr hier lebe und erinnerten uns an die ersten Wochen meines Aufenthaltes. Lisa meinte, ich hätte mich verändert. Zu Anfang wäre es sehr auffällig gewesen, dass ich nicht von hier bin, doch mittlerweile, so meinte sie, sei ich eine von ihnen geworden.
Nichtsdestotrotz gibt es Dinge, an die ich mich noch nicht gewöhnt habe und auch nie gewöhnen will. So zum Beispiel, dass 90% des Lehrkörpers während des Unterrichts Anrufe entgegen nimmt und fröhlich drauf los plaudert.
Ich hatte dienstags schulfrei, da in der Schule irgendeine Olympiade stattfand. Olympiaden und Wettbewerbe sind hier übrigens sehr häufig. Xjuscha ging auch nicht zur Schule, also passten wir auf Dascha auf.

Gegen drei gingen wir zum „Mütterchen", welche die Familie zu leckeren Piroggen gerufen hatte. Wenn es um Piroggen geht, muss man mich nicht zweimal rufen und so standen wir bereits um zwei auf der Matte und halfen noch bei einigen Vorbereitungen.

Meine Gastmutter legte ihr Hochzeitsvideo ein und so erfuhr ich noch etwas über russische Hochzeitstraditionen: Der Bräutigam bringt seine Braut zur Kirche. Auf dem Weg zu ihr muss er verschiedene Aufgaben erfüllen, welche seine Liebe zu ihr beweisen, erst dann wird er in ihr Zimmer gelassen. Dort stößt die Familie kurz auf das Brautpaar an (dies ist meiner Meinung nach viel zu früh, denn noch sind sie ja nicht vermählt...). Anschließend ging es in diesem Falle zum Standesamt. Während der Zeremonie im Standesamt dürfen die Eltern des Hochzeitspaars nicht dabei sein (stellt euch mal eine Hochzeit ohne die tränenerfüllten Augen der Mütter vor, welche ihre Kinder das magische Wort „Ja" sprechen hören). Anschließend folgt das übliche Festessen mit Torte, Glückwünschen und Tanz.

Vollgestopft mit Piroggen machten Xjuscha und ich uns auf den Rückweg. Meine Gastmutter würde zusammen mit Dascha die Nacht bei „Mütterchen" verbringen, da laut Wetterbericht die Temperaturen auf $-37°C$ absinken sollten und meine Gastmutter um die Gesundheit ihrer Kleinen fürchtete.
So kam es dazu, dass Xjuscha und ich am Mittwoch dem 3.2. schliefen - laaaaange schliefen. Es war Feiertag: „Tag der Roten Armee" oder „Männertag", weshalb die Gäste auch nicht lange auf sich warten ließen. Die „Oma", ihr Lebensgefährte und Sascha kamen vorbei. Zusammen mit der „Oma" buk ich Piroggen. Während der Teig ruhte erklärte mir ihr Lebensgefährte wie man „Borschtsch" kocht, wobei ich dann auch gleich mithalf. Hmmmm lecker!! Ich liebe russische Küche!!

Nachmittags schmökerte ich ahnungslos in dem Buch, welches mir die Deutschlehrerin einst gab. Es ist eigentlich zum Deutsch lernen gedacht aber aufgrund der Übersetzung ins Russische kann ich es in diesem Falle zum Russisch lernen verwenden. Ich schmunzelte, denn ich las Folgendes:
„Wo kann man in Deutschland essen? Restaurant, Gaststätte, Bistro, Schnellimbiss, Imbissbude, Pizzeria, Sushibar", (jeweils mit kurzer Definition was sich dahinter verbirgt) und jetzt das zum Schmunzeln: "Kneipe und Stammkneipe". Sehr amüsant, mit welchen Informationen man über Deutschland versorgt wird.
Wie gesagt, ich schmökerte also ahnungslos vor mich hin, als meine Gastmutter ins Zimmer kam, Xjuscha den Hörer hinhielt und sie aufforderte ihrem Stiefvater zum Männertag zu gratulieren. Sie grinste mich an und meinte: „Dascha hat schon gratuliert. Fehlt nur noch die dritte Tochter -

überleg dir also schon mal was du sagst!" Innerhalb von wenigen Minuten freundliche Wünsche auf Russisch aus den Fingern saugen, welche nicht dasselbe beinhalten, was schon 3 weibliche Geschöpfe vor mir gewünscht haben. Klasse. Ich wünschte ihm Erfolg bei der Arbeit und viel Freude mit seiner Familie. Er freute sich. Ich freute mich. Fehlerfrei!

Das Ausschlafen und in den Tag dümpeln hatte heute ein jähes Ende, als 6:30Uhr der Wecker klingelte und uns zur Schule rief.
Übrigens: Als ich mich am Nachmittag wieder mit den Künsten des fernöstlichen Tanzes auseinandersetzte, fragte ich meine Gesprächspartnerin vom letzten Mal, wie sie heiße und für wie alt sie mich zunächst gehalten habe. Sie heißt Nastja und hielt mich für eine 20jährige Studentin. Äh. Ja....

Fazit: Es ist erst Halbzeit und ich seh' schon alt aus...

Sonntag, 27. Februar 2011
Friseurbesuch

Meine Gedanken drehten sich immer öfter im Kreis. Immer um das eine Thema. Als ich den Samstagvormittag wieder in der Schule verschwendete, dachte ich ständig: „Bist du dir da sicher? Nach der Schule lässt du dir die Haare schneiden..." Ja, ihr habt richtig gelesen: Ich ließ mir am Samstag wirklich die Haare schneiden und hatte deswegen den ganzen Tag ein mulmiges Gefühl. Ich wollte einen Bobschnitt - also kurz. Der Grund für diesen radikalen Eingriff? Das Wasser. Irgendetwas ist hier in dem Leitungswasser (vermutlich Chlor), womit mein Körper so gar nicht klar kommt. Im Klartext: Beim Haarewaschen fallen mir die Haare aus. Liest sich witzig, ist es aber nicht, wenn man sich die Haare kämmt und die ganze Bürste voll Haare hat. Wir sind vor ein paar Monaten schon zum Schularzt gegangen, welcher mir Tabletten und Pflegeöl verschrieben hat - es hilft nichts. Mein Entschluss stand also fest: lieber kurze Haare als Glatze und so ging ich am Samstag zum Friseur.
Vor ein paar Monaten war ich schon mal hier gewesen - nur zum Spitzenschneiden - aber so kannte ich wenigstens die Friseuse. Ich mag Friseurbesuche nicht. Nach besagtem Besuch hat man nie das gewünschte Ergebnis auf dem Kopf und die Tatsache, dass ich meine Frisurwünsche auf Russisch erklären musste verstärkten nicht gerade meine Hoffnungen auf ein gelungenes Ergebnis.

Ich, während ich mich setze: „Hallo, ich hätte gern Bob."
Die Friseuse blickt ungläubig auf meine bis auf Höhe Zwerchfell reichenden langen Haare und meint: „..also kurz?!"
Ich: „Ja. Kurz. Hinten etwas kürzer als vorn, und den Pony bitte auf Höhe der Brille."

Sie schnippelte drauf los. Ich schloss die Augen. Ab und zu blinzelte ich und sah lange, gelockte Strähnen zu Boden fallen, was mich dazu veranlaßte die Augen schnell wieder zu zumachen. Als ich das Geräusch das Rasierers hörte, beschlich mich das entsetzliche Gefühl, dass sie etwas falsch verstanden hat...

Doch als ich die Augen öffnete, um das Resultat anzusehen, war ich zufrieden. Mein Spiegelbild hat sich sehr stark verändert.

Übrigens: Friseur heißt auf Russisch «парикмахер» (sprich „Parikmacher" – also Perückenmacher).
Manche Männer tragen auch «бакенбарды» (sprich „Backenbardui" – also Backenbart)

Nach dem Friseurbesuch ging ich mit einem ungewöhnlich luftig-leichten Gefühl um den Kopf in das Einkaufszentrum „Schupaschkar", kaufte ein paar Hefte (zum Üben) und erkundigte mich nach Wasserfiltern. Diese nützlichen Gegenstände sollen angeblich Haarausfall und Hautreizungen verringern, wenn man sie in die Dusche einbaut - nur für den Fall, dass der neue Haarschnitt nicht zweckerfüllend ist.

Im russischen Heim angekommen wurde meine Frisur für gut befunden. Den restlichen Tag sahen wir russische Märchenfilme und ich unterrichtete meine Gastmutter von der Idee eines Wasserfilterkaufes.

Heute buk meine Gastmutter heiliges Brot. Der Teig dieses Brotes ist aus einem Kloster und das Brot an sich darf man nur einmal im Leben backen.

Meine Gastmutter, Dascha, Xjuscha und ich versammelten uns um das Brot. Meine Gastmutter sagte ein paar Gebetsverse auf. Wir bekreuzigten uns häufig.

Schließlich brach sich jeder ein Stück vom Brot ab und verzehrte es. Während des Verzehrs darf man sich etwas wünschen (außer Geld).
Ich hätte das Brot gern fotografiert - aber ich traute mich nicht. Es sieht aus wie ein normales Brot und schmeckt wie ein Rührkuchen.
Den restlichen Sonntag vertrödeln wir vermutlich.

Übrigens beginnt hier jetzt "Masleniza". So wird die Woche vor der großen Fastenzeit genannt. Während Masleniza isst man jeden Tag Eierkuchen. JAAA!! Das wird eine SUPERWOCHE!

Fazit: Wer nicht wagt, der nicht gewinnt. Oder zeitgemäß: No risk, no fun! – mir steht Bob!

Sonntag, 6. März 2011

Nett lächeln und winken

Wenn man der einzige Austauschschüler an einer Schule ist, sind zwangsläufig – auch nach mehr als 6 Monaten - alle Augen auf einen gerichtet. Manchmal fühlt man sich wie ein seltenes Ausstellungsstück. Ihr könnt euch nun vorstellen, wie ich mich gefühlt habe, als ich mit meinem neuen Haarschnitt am Montag das Schulgebäude betrat. Ich hatte niemandem etwas von meinem Haarkürzungsvorhaben gesagt, sodass das Erstaunen groß war. Man meinte allerdings einstimmig, dass mir die neue Frisur stehen würde - zum Glück!

Übrigens habe ich hier wirklich 'ne Fangemeinde, und das meine ich so, wie ich es schreibe. So ließ sich ein Mädchen die selbe Frisur schneiden und präsentierte mir anschließend stolz das Ergebnis. Äh...ja... - wenn man keine Antwort weiß: nett lächeln und winken!

In Russisch bekamen wir ein Diktat wieder. Ich habe mich mittlerweile daran gewöhnt, dass der in Blau verfasste Text in Rot erleuchtet, da ich einfach zu viele Fehler mache. Doch diesmal waren es nur läppische 10 Fehler! Das kann ich an meinen Fingern abzählen! Jeha!!

Übrigens hat sich die nächtliche Außentemperatur um stolze 27 Kelvin erwärmt! So freuen wir uns hier jetzt über Temperaturen um −10 Grad. Allerdings schneit es oft und lässt die Schneedecke, unter welcher die so herbeigesehnten Frühblüher schlummern, weiter anwachsen.

Da man hier nicht immer den Schnee wegräumt, sondern diesen oft nur platt walzt, muss man mittlerweile Treppen in den Schnee hineinarbeiten, damit der Höhenunterschied zwischen Fußweg und Straße überwunden werden kann.

Und da wir gerade bei Neuigkeiten sind: Ich habe mir ja kürzlich die Übungshefte gekauft. Dies hat meine Gastmutter so begeistert, dass sie vorgeschlagen hat mir jeden Abend bei den Aufgaben zu helfen, denn schließlich sei sie Russischlehrerin und das sollte man ausnutzen. Dankbar nehme ich diese Chance natürlich wahr!

Bald ist Internationaler Frauentag. Das wird hier richtig gefeiert! Während sich bestimmt mehr als die Hälfte der männlichen deutschen Leserschaft gerade fragt, wann genau eigentlich dieser Festtag begangen wird, gibt es hier sogar schulfrei deswegen! Am Freitag wurden alle Unterrichtsstunden auf 30 min gekürzt. Schüler verschenkten Pralinen und Blumen an den weiblichen Lehrkörper. Auch ich verschenkte Schokolade an meine Biologielehrerin - schließlich muss ich mich irgendwie für das ständige Teetrinken revanchieren.

In der fünften Stunde gratulierten uns die männlichen Mitschüler meiner Klasse und wir aßen gemeinsam Kuchen. Dann gingen wir ins Kino und sahen uns eine kitschige Standardliebesschnulze an, welche ich mir nie angesehen hätte, wenn die Gesellschaft nicht so gut gewesen wäre. Anschließend liefen wir noch zum McDonald's und spazierten etwas durch das verschneite Tscheboksary.
Samstag mussten wir nicht zur Schule. Es war wieder „Tag der Gesundheit" – witzig, dass der Tag, an welchem keine Schule stattfindet, ausgerechnet als „gesunder Tag" bezeichnet wird.

Auch nächste Woche Montag und Dienstag müssen wir wegen des Festtages am 8. März nicht zur Schule! Haha! Ich habe übrigens vor, eine kleine Schwarzwälder Kirschtorte zu backen. Das Rezept hat mir meine Großtante gegeben (Danke noch mal an dieser Stelle). Ich mache mir etwas Sorgen, ob mir das gelingt. Nein, nicht, weil ich an meinen Backkünsten zweifle, sondern weil es hier nicht die nötigen Zutaten gibt. Hinzu kommt, dass man hier üblicherweise Torten und Kuchen in Pfannen bäckt (kein Scherz! Man entfernt den Plastikgriff der Pfanne und stellt sie in den Ofen). Diese Vorgehensweise ist allerdings etwas ungünstig, wenn man den Teig, mit Puddingschicht, im Ganzen aus der Pfanne holen möchte. Ich lass mich also überraschen, ob mir etwas tortenähnliches gelingt.

Und da wir gerade bei süßen Nascherereien sind:
Ich liebe „Masleniza"! Die ganze Woche Eierkuchen: dicke, dünne, mit Schokolade, Marmelade, Zucker, süßem Quark, Früchten, als Sandwichturm, usw. … ich liebe Eierkuchen! Im Zuge dieser Festlichkeit gibt es in Tscheboksary mehrere Orte, an denen man kostenlos Eierkuchen essen kann! Das ist soo klasse!! ☻ Wie schade, dass der ganze Spaß am Montag schon ein Ende hat!

Soviel zu den Neuigkeiten aus dem verschneiten Tscheboksary.

Fazit: Man kann durchaus eine Woche Eierkuchen essen, ohne dass diese einem zu den Ohren wieder heraus kommen!

Der Sportunterricht ist jetzt Skilanglauf!

Torte mit Hindernissen

Ausschlafen. Den Tag verpennen. Zumindest hätte ein freier Tag bei mir in Deutschland so ausgesehen. Hier schlurfte ich bereits 8 Uhr an den Frühstückstisch, da Dascha fröhlich auf eine Trommel einschlug und laut sang. (Nun, sagen wir: schrie.)

Den gesamten Montag verbrachten wir beim Mütterchen, machten Essen, aßen, sahen fern und plauderten.
Abends gingen meine Gastmutter, Dascha und ich noch Einkäufe erledigen.

Wie schon erwähnt: Meine russische Mutter hatte mich gebeten eine Torte zu backen, denn am 8. März war Internationaler Frauentag. Wenn ich schon gebeten werde eine Torte zu backen, dann sollte es auch eine deutsche sein. Die einzige deutsche Torte, welche mir einfiel, war Schwarzwälder Kirschtorte. Seit letzter Woche klappern meine Gastmutter und ich nun Geschäfte ab. Versucht mal eine deutsche Torte in Russland zu backen - es verlangt viel Improvisation:

- Weizenstärke kennt man nicht – gut, nehmen wir also Kartoffelstärke!
- Runde Backformen, mit abnehmbarem Rand („Springform" für einfaches Herauslösen der Torte samt Belag) haben wir in keinem Geschäft gefunden. Ich bastelte also eine herausnehmbare Form in der Backform, um den Tortenboden samt Füllung unversehrt heraus heben zu können.
- Kirschen im eigenen Saft (z.B. im Glas) gibt es nicht. Auch Sauerkirschsaft gibt es nicht. Also nahm ich eingefrorene Kirschen, entsteinte sie per Hand und fügte Süßkirschsaft hinzu.
- Schlagsahne. So viele Umstände wegen Sahne, welche man selbst schlagen kann. Nirgends gab es dieses für mich so gewöhnliche Lebensmittel. Doch schließlich wurde ich im EuroSpar fündig.

Noch am selben Abend begann ich die Torte zu backen, damit die Füllung über Nacht fest werden konnte.

Dienstag war dann also Frauentag. An diesem Tag machen hier ausnahmsweise mal die Männer das Essen und überraschen ihre Lieben mit ach so unerwarteten Pralinen und Blümchen. Da aber der Mann meiner Gastmutter weit weg lebt und arbeitet, sind wir ein reiner Frauenhaushalt und die ganze Arbeit blieb wieder an uns kleben. Wenigstens rief ihr Mann an und gratulierte allen zum Ehrentag.

213

Nach dem Frühstück schloss ich die Arbeiten an der Torte ab und war mit dem rein optischen Ergebnis durchaus zufrieden.

Gegen eins kam Sascha - er würde heute Sushi für uns machen. Er betrat die Wohnung und schenkte meiner Gastmutter und mir eine gelbe Rose zum Festtag - seine Angebetete bekam eine rosafarbene Rose.

Wir schnippelten, kochten, rollten (Sushi) also weiter, denn es hatten sich Gäste angekündigt. Gegen zwei sollten die „Oma" und ihr Lebensgefährte zu Besuch kommen; zumindest in der Theorie. Eine Viertelstunde vor um drei waren sie dann auch wirklich eingetroffen. (Verspätung ist hier normal und nicht weiter schlimm.) Wir begaben uns zu Tisch und aßen. Die Torte ist wunderbar gelungen und wurde für „großartig, luftig, fruchtig und ausgezeichnet" befunden. Meine Gastmutter bat mich sofort an Daschas Geburtstag wieder zu backen. Hihi. Die Torte war aber auch lecker! Danke noch mal an die ausgezeichnete Hobbykonditorin, welche mir das Rezept gab.☺

Xjuschas Bruder ließ sich am späteren Abend blicken, auch er befand meine Torte für sehr lecker und machte große Augen, als er erfuhr, dass ich sie allein gebacken habe. Wir haben ihn übrigens seit Neujahr nicht mehr gesehen, da er mit Schenja nach Wolgograd verreist war, um dort ein eigenes Unternehmen zu gründen. Nach einem Monat wurden sie bereits von Konkurrenten überfallen und so verzögerten sich die Formalitäten und seine Rückkehr etwas. Übrigens: Es ist schon seltsam, wenn man sagen kann: „Ich habe ihn seit zwei Monaten nicht gesehen." Denn das wiederum verdeutlicht, wie groß der Zeitraum geworden ist, welchen ich hier schon verbringe.

In der Schule ist mittlerweile Zickenkrieg bzw. albernes Pubertätsgehabe ausgebrochen. Ich war so froh, als das Lästergehabe in Deutschland gegen Ende der 10. Klasse endlich aufhörte, und jetzt das ganze noch mal - nur verschärft. Es ist wie in einer schlechten Comedy:
Die Mädels meiner Klasse haben Xjuscha und Lera nicht zum professionellen Fotoshooting eingeladen. Und nun reden beide Seiten nicht mehr miteinander und hecken Rachefeldzüge aus. Schrecklich. Ich halte mich da raus. Nicht mein Krieg. Da bin ich schon rausgewachsen...

Da am Donnerstag die Probeexamen der 9. Klasse stattfanden, tuckerte ich nur wegen einer Russischstunde zur Schule. In der Pause fing mich die Englischlehrerin ab und meinte: „Morgen kommt eine Reporterin und befragt dich. Komm also bitte nach der zweiten Stunde in mein Kabinett!"

Mommm! Ich bin ganz ruhig...nichts kann mich stören... klasse... Interview auf Russisch... in diesem Moment war mein Kopf zu aussagefähigeren Gedanken nicht in der Lage.
Am nächsten Tag fand ich mich also in ihrem Kabinett ein. Ich war seltsam entspannt, denn schließlich glaubte ich, das Interview würde maximal die Pause beanspruchen. Man stellte sich gegenseitig vor und nahm am gedeckten Teetisch Platz. Die Reporterin ist eine nette, kleine, schlanke Frau mit braunen Haaren, im Alter von ca. 40 Jahren. Sie interviewt jedes Jahr die Austauschschüler dieser Schule. Noch vor Beginn des Interviews lobte die Englischlehrerin meine größtenteils akzentfreien Russischkenntnisse in den Himmel. Die zufällig anwesenden Lehrerinnen stimmten eifrig zu und ergänzten noch:
„Die Amerikanerin war wirklich eine verwöhnte Göre! Du bist da schon eher eine von uns!"
Vielen Dank. Dennoch mag ich es nicht, wenn meine Fähigkeiten vor Fremden gepriesen werden, da ich dadurch unter Druck gesetzt werde dies zu beweisen, und ich weiß, dass ich noch häufig Fehler mache. Die Englischlehrerin schien meine Gedanken zu lesen und meinte: „Sie selbst glaubt natürlich nicht, dass sie gut Russisch kann." Ich grinste verlegen. Die Reporterin öffnete den Notizblock und schaltete das Diktiergerät ein. So viele Fragen, Standardfragen und völlig neue:

- Warum bist du in Russland?
- Wieso hast du dich damals entschieden Russisch zu lernen?
- Welchen Beruf willst du mal ausüben?
- Was gefällt dir / gefällt dir nicht?
- Stimmt es, dass man russische Touristen sofort erkennt? Woran?
- Was ist hier dein Lieblingsessen?

- Vermisst du jemanden / etwas?
- Was liest du?
- Deine Hobbies?
- Freunde?
- Und du glaubst wirklich, schlecht Russisch zu können?
  (Als sie das sagte, grinste sie mich ungläubig an....)
usw.

Nach über 60 Minuten fühlte ich mich wie ein Schweizer Käse. Durch die ganze Fragerei habe ich völlig vergessen wie die Zeitung heißt, für welche sie schreibt. Ich werde noch mal nachfragen.

Nach der Schule machte ich Schokopudding. Ich habe vor kurzer Zeit festgestellt, dass man diese Süßspeise hier nicht kennt. Unvorstellbar!! Das muss man natürlich sofort ändern - ist nur etwas schwierig, wenn man nicht mal eben Puddingpulver kaufen kann, da dieses hier durch Abwesenheit glänzt. Wieder einmal fragte ich bei meiner Großtante nach. Sie antwortete. Ich kochte.
Am Abend probierten meine Gastmutter, Xjuscha, die „Oma" und ihr Lebensgefährte meinen Schokopudding mit Bananenstückchen. Sie waren begeistert. Die zweifelnden Gesichter beim Anblick des braunen Wackelzeugs waren wirklich niedlich.

Die „Oma" und ihr Lebensgefährte übernachteten bei uns, da am Samstag wieder jemand auf Dascha aufpassen musste.

Fazit: Pudding kennt man in Russland (zumindst in meinem begrenzten Bekanntenkreis) nicht.

PS.: Dass in Deutschland Karneval ist, fiel mir erst auf, als meine Mutter mir eine E-Mail schickte, in der sie von Pfannkuchen und „Helau" sprach. Dieses Fest feiert man hier nicht - nicht einmal die Kinder.

Ein friedliches Völkchen

Letzten Sonntag habe ich mein erstes russisches Buch zu Ende gelesen. Wider Erwarten war dies nicht die Märchensammlung von Lew Tolstoi, sondern „Das Schwert des Königs Afonsu" von Alice Wieira, einer portugiesischen Schriftstellerin. Die Märchensammlung habe ich immer noch nicht beendet, da ich sie – um ehrlich zu sein - furchtbar langweilig finde. Das portugiesische Buch ist ebenfalls ein Kinderbuch für Leser ab 12 Jahren. Natürlich verstand ich nicht jedes einzelne Wort, aber das Wichtigste verstand ich.
Nun habe ich angefangen „Harry Potter und der Feuerkelch" zu lesen. Ich bin schon auf Seite 100 und vom Buch begeistert! Mittlerweile entsteht sogar das „Kopfkino", welches beim Lesen erzeugt wird - natürlich gibt es immer noch schrecklich viele Wörter, welche nicht zu meinem Vokabular gehören.

Lesen bildet, aber was in Russisch geschah grenzte wirklich an ein Wunder! Vor nicht allzu langer Zeit schrieben wir ein Diktat und mussten im Text alle Partizipien und deren Bezugswörter markieren und dementsprechende Kommata setzen. Ich machte nur vier Fehler! Und das nicht etwa bei der Kommasetzung oder der Partizipienmarkierung - nein nur vier Fehlerchen bezüglich der Rechtschreibung! Alles andere ist mir fehlerfrei gelungen!! Damit hatte ich eine wunderschöne 4 unter meiner Arbeit stehen und war besser, als einige meiner russischen Mitschüler! Jeha! Meine Lehrerin überreichte mir das Diktat, schüttelte mir die Hand und meinte ich hätte eine großartige Leistung vollbracht. Juhuuu!

Bauchtanz war wieder lustig am Dienstag. Es macht mir wirklich viel Spaß, auch wenn meine Zappeleien noch weit entfernt von echtem Bauchtanz sind. Aber es ist noch kein Meister vom Himmel gefallen. Unsere Lehrerin ist wirklich humorvoll, seit zwei Unterrichtsstunden versucht sie uns beizubringen, eine Bauchwelle nur durch Bewegung der Bauchmuskeln erzeugen zu lassen. Irgendwann lacht sie auf und macht unsere verkrampften Gesichter nach, welche leider das einzige sind was sich bewegt.

Als ich Mittwoch die Schule betrat, begrüßte mich meine Gastmutter und meinte, der Fotograf warte auf mich und würde gern Bilder von mir machen, um diese mit einem Artikel zu veröffentlichen. Mich traf der Schlag. Ich meine: Hallo?! Foto! Zeitung! Da hätte doch ruhig jemand früher etwas sagen können. Meine Gastmutter brachte mich zum Büro der Vizedirektorin, welche meinte, dass sie leider keine Ahnung habe, wo sich der Fotograf befinde. Ich sollte mich an die Englischlehrerin wenden. Wie passend, denn die erste Unterrichtsstunde des Tages war Englisch. Aufgebracht erzählte ich Xjuscha und Lera vom bevorstehenden Zeitungsfoto und regte mich auf, dass hier wieder keiner im Voraus plant und einen vorbereitet.

Zu Beginn der Unterrichtsstunde fragte ich meine Englischlehrerin, wo denn nun der Fotograf sei:
Sie: „Fotograf?"
Ich: „Ja."
„Was für ein Fotograf?"
„Der, der mich für den Artikel fotografieren soll" erwiderte ich mit einem Grinsen.
„Ach der! Jaaa, der hat mich heute am Morgen angerufen… Ich habe ihm aber gesagt, dass er morgen kommen soll! Er ist sowieso ein komischer Vogel, aber seine Bilder sind gut!"
„Also, was nun? Heute Foto oder morgen?"
„Keine Ahnung! Wahrscheinlich morgen…"
Ich lachte auf. Diese Unorganisiertheit ist einfach nur furchtbar - das kann man nur mit Humor nehmen. Xjuscha und Lera sahen mich grinsend an. Xjuscha meinte: „Hihi! Charlotte dreht langsam durch!" Und so begann der Englischunterricht mit dem Gelächter von drei Mädchen.

Besagter Fotograf kam dann am Donnerstagmorgen. Wir machten seltsam gestellte Fotos. So saß ich z.B. auf einem Stuhl, in der Hand ein Russischbuch und lächelte in die Kamera oder saß am Computer und grinste…weil man ja immer grinst, wenn man am Computer arbeitet…
Ich bin mal gespannt, wie der Artikel wird!

Freitag war wieder die „Oma" mit ihrem Lebensgefährten zu Besuch. Wir unterhielten uns über deren finanzielle Situation. Seit Anfang des Jahres bekommen sie kein Geld mehr. Beide arbeiten in der selben Firma, in welcher ein Führungswechsel stattfand. Seit diesem Zeitpunkt sind die Führungskräfte mit Umorganisieren beschäftigt, was zur Folge hat, dass die Angestellten vorübergehend nicht bezahlt werden. Man verspricht ihnen die vollständige Auszahlung der entstandenen Schuld, doch bisher haben sie noch keine Kopeke gesehen. Es stimmte mich nachdenklich, dass man hier seit 3 Monaten kein Gehalt bekommt und dennoch weiter arbeitet. Wäre dieselbe Situation in Deutschland oder Frankreich, so bin ich mir ziemlich sicher, dass die Leute schon beim Arbeitsamt das Unterstützungsgeld beantragt hätten. Doch hier arbeitet man… wenn das nicht mal ein friedliches Völkchen ist!

Dascha hielt mich am Samstag ziemlich auf Trab. Woher nehmen Kleinkinder nur die Energie?! Wenn ich daran denke, dass ich ebenfalls so ein energiegeladenes Kleinkind war… meine armen Eltern… . Naja, jedenfalls, als meine Gastmutter nach Hause kam, war Dascha gut gelaunt und ich hatte sogar noch Zeit gefunden Krautnudeln zu kochen.

Nachmittags bekamen wir Besuch. Das Mütterchen mit Mann und der Frau dessen Bruders beehrten uns. Die Frau des Bruders des Opas ist eine waschechte Dorffrau: klein, rund, gläubig und zahnlos. Außerdem spricht sie mit Dialekt. Ja: Ich bin auch ganz stolz, dass ich mittlerweile Dialekte heraushöre. Auf dem Dorf spricht man hier meist noch in der Volkssprache der jeweiligen Republik, also z.B. tschuwaschisch oder tatarisch. Und entsprechend der Region, in welcher man lebt „okajut oder akajut" man hier. Das bedeutet nichts anderes, als dass man Wörter verschieden ausspricht. Ein Beispiel: Hier (und auch in Moskau) „akajut" man:
„Verstehst du?" Auf Russisch: „ponimaesch?" – So wird es geschrieben, doch hier spricht man: „panimaesch?" Wenn man „okajut" spricht man: „ponimaesch".

Übrigens ist es fantastisch, wenn man in einer Gegend lebt, wo die Leute „okajuten", da man sich beim Diktat nicht immer die Frage stellen muss, ob man nun „a" oder „o" schreibt.

Fazit: Ich mache immer noch Fortschritte - zum Glück!

PS.: Das Wetter ist hier alles andere als frühlingshaft. Die Temperaturen sind zwar schon bei -2 °C, womit ich nun meine deutsche Winterjacke trage, aber dennoch schneit es munter weiter…

Samstag, 26. März 2011

Ferien!

Am Abend saßen meine Gastmutter und ich in der Küche, knusperten Sonnenblumenkerne (es ist hier sehr üblich Sonnenblumenkerne zu rösten und dann zu essen) und unterhielten uns über Russlands Probleme. Ich fragte sie, warum hier niemand etwas aus dem Land macht: so groß, so viele Rohstoffe und so viele Arbeitskräfte und dennoch beträgt das BIP[1] nur ca. 40% von dem Deutschlands (und das, obwohl Russland fast doppelt so viele Einwohner hat). Meine Gastmutter staunte zunächst über die Zahlen und begann dann zu wettern. Sie schimpfte auf Oligarchen, welche alles in ihre eigenen Taschen wirtschaften, eine zu großen Spanne zwischen Arm und Reich, Korruption usw. Angeregt redeten wir weiter. Der Mann meiner Gastmutter rief an und

---

[1] Bruttoinlandsprodukt = Summe aller Waren und Dienstleistungen

wurde gleich ins Gespräch mit einbezogen. Im Gegensatz zu seiner Frau ist er ein wahrer Patriot- es war gut auch eine andere Meinung zu hören.

Als mein Gastvater auflegte, entstand ein kurzes Schweigen, wodurch die nebenbei laufenden Nachrichten hörbar in den Vordergrund rückten. Zunächst wieder Berichterstattung über die Lage in Japan[1]. Wie immer stand ich entsetzt vor dem Bildschirm und versuchte zu verstehen, ob die Situation sich nun verbessert oder verschlechtert hat.

Anschließend weitere Neuigkeiten: In der Nacht von Samstag auf Sonntag erfolgt das letzte Mal die Zeitumstellung auf Sommerzeit. Bitte was?! Das letzte Mal? Russland klinkt sich aus der Zeitumstellungsgeschichte aus…Es wird also eine historische Nacht, in welcher die allerletzte Zeitumstellung in russischem Raum stattfindet…

Zum Schluss kam noch ein Beitrag aus deutschen Landen: Knut ist gestorben. 5 Minuten berichtete man über den tragischen Tod des Eisbären - samt Augenzeugeninterview und Lebensrückblende. Ich lachte. Nein, ich lachte nicht, weil ich es lustig finde, wenn ein Tier stirbt - schon gar nicht, wenn es Knut ist - aber ich lachte, weil wir kurz zuvor von den vielen Problemen Russlands sprachen, anschließend sah ich, was sich in Japan abspielt und nun **die** Probleme Deutschlands, welche es bis in die russischen Nachrichten schaffen: Eisbär im Zoo ist verstorben.

Mittwoch war endlich der letzte Schultag vor den Ferien. Alle „Stunden" dauerten nur 30 min und in der 5. Unterrichtsstunde wurden die Noten ins „Dnevnik" eingetragen. Wie immer: Keiner zensiert mich! Nun ist das dritte Schulviertel bereits zu Ende und vor mir liegen die langersehnten Ferien, welche bis zum 4. April andauern werden.

Abends ging ich in die Universität, um mit der Praktikantin einen Film auf Deutsch anzusehen.

Nach dem Film unterhielt ich mich noch lange mit dem Lehrer. Er ist auch aus Deutschland und ebenfalls seit etwas mehr als einem halben Jahr hier. Es war ein interessantes Gespräch. Ihm sind genau die selben Dinge aufgefallen wie mir. Z.B.: beschrieb auch er ein russisches Dorf als „Zeitreise" und auch ihm ist aufgefallen, dass man hier prinzipiell saubere Schuhe hat. Das ist kein Witz - es mag sich belanglos anhören, aber es ist so: Die Schuhe der Einwohner hier sind immer blitzblank. Das grenzt an ein Wunder! Die Wege sind übersät mit Schlaglöchern, es taut, überall ist es schmutzig und schlammig - aber das Schuhwerk ist glänzend schwarz. Während wir uns darüber unterhielten, blickte ich auf sein und mein Schuhwerk: Beide dreckig. Eine Frau tänzelte

---

[1] März 2011: schweres Erdbeben in Japan, Tsunami zerstörte Atomkraftwerk

leichtfüßig auf ihren 14 cm Pumps über die Pfützen hinweg an uns vorbei: saubere Schuhe. Wie machen die das nur?!

Die Folgen des langen Gespräches mit dem Lehrer merkte ich am nächsten Tag: Ich war krank. Eine Stunde, bei Schneeregen auf der Straße stehen und quatschen scheint mir nicht so gut getan zu haben. Freitag gesellten sich zu meinem Schnupfen noch Hals und Kopfschmerzen hinzu. Ein denkbar ungünstiger Zeitpunkt. Für Sonntag ist ein Ausflug nach Kasan geplant (ich glaub' allerdings, dass wir es leider nur bis ins Einkaufszentrum schaffen werden) und für Montag die Nischni Nowgorod Exkursion.
Ich lag also im Bett, trank brav den Hustentee meiner Großeltern, vegetierte vor mich hin und las weiter Harry Potter (auf Russisch übrigens: Garri Potter). Mittlerweile bin ich auf Seite 350 und habe eigentlich kaum Verständnisprobleme. Nur dass mich wirklich interessieren würde, wie sich ein Fabelwesen namens: „Soplochwost" übersetzt...

Morgen geht's also nach Kasan! Jeha! Ich hoffe ich bin halbwegs gesund, denn schließlich hab' ich nur noch Halsschmerzen.

Ich sende Ferienstimmung nach Deutschland.

Lotte

Fazit: Es gibt noch viele Dinge in Russland, welche verbesserungsbedürftig sind und es ist ein guter Anfang, wenn die Einwohner das wissen.

Sonntag, 27. März 2011

Einkaufstour

An einem Ferientag quälten Xjuscha und ich uns um sechs aus dem Bett. Mit dem Trolleybus fuhren wir zum Bahnhof, wo wir uns um acht mit den übrigen Mädels treffen würden. Kurz vor acht kamen wir am Bahnhof an. Als die übrigen Mädels eintrafen, setzen wir uns in die Marschrutka und fuhren los. Während der Fahrt erklärte mir Xjuscha, dass die Mädels (welche sie aus der Schule kennt) nur zum Shoppen nach Kasan fahren wollen. Sie meinte aber, dass wir uns bestimmt problemlos abseilen könnten, um die Stadt zu erkunden.

Noch während der Fahrt bezahlten wir den Fahrer. Jeder gab 500 Rubel. Das war übrigens auch der Grund, warum die anderen noch Mitfahrer suchten, denn je mehr mitfahren, desto günstiger wird es. Ich hatte mich zuvor etwas über Reisekosten informiert. Zug oder Bus wären nicht viel billiger gewesen, aber länger gefahren. Der unschlagbare Vorteil unserer gemieteten Marschrutka war, dass keine Haltestellen berücksichtigt werden mussten und natürlich auch, dass es etwas komfortabler ist, als in einem vollgestopften Bus durch die Gegend zu zuckeln.

Um 11 waren wir bereits am Ziel - wirklich schnell! Es stellte sich allerdings heraus, dass das Einkaufszentrum etwas außerhalb der Stadt liegt, wodurch Xjuscha und ich den Gedanken, allein eine Millionenstadt[1] zu erkunden verwarfen.

Um 6 würden wir uns wieder an der Marschrutka treffen - also 7 Stunden zum shoppen! Hilfe! Xjuscha und ich zogen los. Die Art wie Xjuscha shoppt... das könnte man in ein Witzbuch bezüglich weiblicher Angewohnheiten schreiben: Wir drehten die erste Runde, wählten Kleidungsstücke aus, probierten sie an. Ich wurde schnell fündig und kaufte mir ein paar preiswerte Shorts. Xjuscha kaufte nichts und erklärte, sie müsse erst das Sortiment der anderen Geschäfte erkunden und dann vergleichen. Wir drehten die zweite Runde. Ich hatte nicht vor, noch mehr Kleidung zu kaufen. Die Preise sind mir einfach zu hoch, da kaufe ich lieber in Deutschland ein. Xjuscha probierte die selben Kleidungsstücke an, welche sie die Runde zuvor anprobiert hatte. Sie stand lange vor dem Spiegel, zupfte die Kleidung in Form und betrachtete sich skeptisch. Wir drehten die dritte Runde. Meine Aufmerksamkeit richtete ich mittlerweile auf mögliche Mitbringsel für meine Verwandten - und wirklich: Ich kaufte ganz geheime Sachen für ganz geheime Menschen. (Wäre ja noch schöner, wenn ich euch jetzt schon verrate, was ihr bekommt, hihi!) Xjuscha hingegen hatte immer noch nichts gekauft, allerdings ging sie in einige Läden nicht mehr hinein, womit sich ihr Auswahlkreis schon etwas verkleinerte. Nach der vierten Runde, welche wir durch das riesige Kaufhaus drehten, kaufte sie endlich ein grünes, schlichtes Top. Meine Füße waren mittlerweile platt und ich bat sie erst einmal eine Pause zu machen, um etwas zu essen. Sie willigte ein. Runde fünf und sechs watschelte ich mit meinen platten Füßen hinter Xjuscha her und versuchte meine gute Laune zu behalten, denn sie probierte wieder die selben Sachen an und musterte sich mit dem selben skeptischen Blick.

Um sechs saßen wir fix und alle in der Marschrutka. Xjuscha hatte noch eine Bluse, Bilderrahmen und ein Hemd gekauft. Auf dem Rückweg kamen wir in einen Stau, sodass wir erst um 11 in Tscheboksary waren. Gegen Mitternacht lagen wir endlich in unseren kuscheligweichen Betten. Ich stellte meinen Wecker auf 4:30 Uhr, denn am nächsten Tag stand eine Exkursion an.

Fazit: Keine Sehenswürdigkeiten, aber Einkaufszentrum von Kasan besichtigt.

---

[1] Kasan ist die Hauptstadt der russischen Republik Tatarstan. Dort leben ca. 1 Mio. Einwohner. Das Urvölkchen sind die Tataren, somit ist hier die zweite Sprache neben Russisch nicht Tschuwaschisch, sondern Tatarisch.

Exkursion

Ich mag meine Russischlehrerin. Zwar regt sie sich jede Stunde mindestens 10 Minuten über die Unfähigkeit ihrer Schüler auf - aber dennoch: Ich mag sie. Vorigen Montag fragte sie ihre Schüler, ob sie nicht Interesse an einer Exkursion nach Nischni Nowgorod hätten. Dieselbe Frage hatte bereits vorherige Woche meine Mathematiklehrerin ihren Schülern gestellt, doch nun kommt der entscheidende Unterschied, warum ich meine Russischlehrerin mag: Sie sah mich freudestrahlend durch ihre ovale, schwarzgerahmte Brille an, und fragte, ob ich nicht Lust hätte mitzufahren. Die Kosten würden sich auf 800 Rubel belaufen (20 Euro). Damit wäre bereits alles bezahlt: Museumseintritte, Hin- und Rückfahrt. Sie erklärte, dass wir „auf den Spuren Maxim Gorkis" reisen, dazu Museen besuchen und auch sonst Nischni Nowgorod etwas genauer unter die Lupe nehmen würden. Ich sagte zu, denn schließlich habe ich das letzte Mal eigentlich nur das Einkaufszentrum dieser Stadt gesehen. Die Lehrerin strahlte erfreut und meinte: „Wir werden dir viel zeigen! Nicht nur das Haus Gorkis und Souvenirläden – nein, du wirst auch das Vergnügen haben, während der Hin- und Rückfahrt, den Zustand russischer Straßen zu erleben!" Sie lachte herzlich. Die Klasse und ich stimmten ein.

Es war ein schöner Tag. Leise tapste ich am Morgen durch die Wohnung, um meine Siebensachen für die Exkursion zu packen. Als ich auf die menschenleere Straße trat, ging bereits die Sonne auf und obwohl ich nur vier Stunden Schlaf hatte, war ich putzmunter. Pünktlich um sechs war ich an der Schule und bereits eine Viertelstunde später begann unsere Reise. Wir waren insgesamt ca. 50 Menschlein (Lehrer, Eltern, Schüler der 6. und 7. Klasse). Ich wurde neben ein mir völlig unbekanntes Mädchen gesetzt. Wir freundeten uns recht schnell an. Sie heißt Katja, besucht die 7. Klasse und interessiert sich sehr für Malerei (während der Fahrt las sie ein Buch über Monet). Ich schloss die Augen und versuchte etwas zu schlafen. Ein eklig hohes Kratschen ließ mich meine Augen wieder aufschlagen. Eine Frauenstimme meldete sich zu Wort. Unsere Reiseführerin. Sie meinte, sie würde nur kurz etwas zu Tscheboksary und der Geschichte der Tschuwaschischen Republik erzählen und danach könnten wir schlafen. Wir hörten also zu, während das Mikrofon weiterhin eklig kratschte. Zunächst war es sehr interessant ihr zuzuhören, doch dann wurde es immer anstrengender. Sie schien die gesamte tschuwaschische Geschichte auswendig zu wissen und jedes noch so kleine Detail erzählte sie. Nach einer Stunde verstummte das Kratschen des Mikrofons und auch die Stimme der Frau. Endlich. Schlafen. Nach ungefähr einer Viertelstunde erklang wieder die Reiseführerin: „So jetzt für alle, die nicht schlafen: Rechts sehen wir eine Pferdezucht…" Hilflos blickte mich meine Sitznachbarin an - auch sie wollte schlafen. Ich muss gestehen, dass ich mittlerweile nicht mehr müde war, allerdings auch nicht sonderlich interessiert an der Geschichte von Pferdezuchten und so schlug ich „Garri Potter" auf, um etwas zu lesen. Es ging nicht. Der nervtötende Ton des Mikrofons und die unermüdliche Stimme der Frau ließen es nicht zu, sich auf den Text zu konzentrieren. Nach einer weiteren halben Stunde beratschlagten meine Sitznachbarn und ich uns, wie man sie am besten zum Schweigen bringen könnte - einige sahen wirklich furchtbar müde aus. Angeregt quatschten wir.

Der Reiseführerin fiel die zunehmende Lautstärke im Bus auf und sie meinte schließlich: „Kinder, ich weiß es mag euch nicht interessieren, aber ihr könnt schon etwas leiser reden! Immerhin reist heute mit uns Charlotte R. aus Deutschland! Und für sie ist das sehr interessant!" Mich traf der Schlag. Instinktiv rutschte ich etwas tiefer in meinen Sessel. Katja sah mich grinsend an: „Du hast mein Mitgefühl!"

Nach fünf Stunden Fahrt, welche durch das ununterbrochene Gerede der Reiseführerin begleitet wurden, waren wir am ersten Ziel angekommen: dem Kreml Nischni Nowgorods. Diese Anlage diente einst zur Verteidigung und besteht aus 13 runden und eckigen Türmen. Jeder Turm hat eine Bezeichnung, so heißt z.B.: ein Turm: „der Tragjochturm". Zur Namensentstehung gibt es eine schaurige Legende: Unter dem Turm soll eine Frau begraben liegen, welche zur Grundsteinlegung des Turmes geopfert wurde. Da sie eigentlich auf dem Weg zur Wolga war, um Wasser zu holen (also mit Tragjoch), erhielt der Turm diesen Namen.

Wir machten einen kleinen Rundgang.

Hier seht ihr das Denkmal Valeri Tschkalows.

Valeri Pawlowitsch Tschkalow stellte vom 18. bis 20. Juni 1937 einen Weltrekord im Nonstopflug auf. Der Rekordflug über 12.000 km ging in 63 Stunden und 25 Minuten als Transpolarflug von Moskau nach Vancouver.

Eine Ausstellung der Fahrzeuge vom Zweiten Weltkrieg an der Kremlmauer. Der gewaltige Kreml aus rotem Ziegelstein ist eine der mächtigsten und ältesten erhaltenen russischen Festungen.

Ein Schild weckte meine Aumerksamkeit:

Wnimanie: awtomatitscheski **schlagbaum.**

Achtung: automatische Schranke.

Die Erzengelkirche mit ewigem Feuer (zur Erinnerung an den Zweiten Weltkrieg).
Übrigens war die Kirche eines der ersten Sakralgebäude Russlands.

Davor ein Denkmal von Fürst Juri Wsewolowitsch (Stadtgründer) und Sischon (sein Lehrer, wenn ich die Denkmalunterschrift richtig verstanden habe).

Wir fuhren weiter. Nächstes Ziel: Das Haus Maxim Gorkis. Die Reiseführerin erklärte uns, dass Gorki in armen Verhältnissen lebte. Sein Vater verstarb früh, weshalb er zu seinem Großvater zog. Das Haus, welches wir besichtigen würden, war das Haus des Großvaters. Das Gebäude ist noch vollständig im Urzustand erhalten. Zu meinem großen Bedauern war fotografieren nicht erlaubt - ein Jammer!

Wir gingen in das kleine rote Holzhaus und fanden uns in einem niedrigen Raum wieder. Die Wände waren mit einer handgemalten Blümchentapete verziert, den Boden verkleideten rote Holzdielen. Der Museumsführer hieß uns freundlich willkommen. Wir gingen weiter in die Küche - ebenfalls klein und niedrig. In der Mitte stand ein großer, weißer russischer Backofen. Am Fenster rechts vom Backofen befand sich ein gedeckter Holztisch. Rechter Hand vom Tisch standen Holzbänke, eine alte, schwere Holztruhe, Kleidungsstücke und eine Gitarre. Am anderen Ende des Zimmers war eine Tür, rechts neben der Tür: Ein Regal mit Geschirr. Insgesamt ein gemütliches Zimmer, welches mich sehr an meinen Besuch im Dorf erinnerte. Es hatte wieder etwas von einer Zeitreise, nur dass diese dieses Mal Absicht war.

Der Museumsführer machte die Zeitreise perfekt, indem er das damalige Leben anschaulich schilderte. Er erklärte die Platzverteilung am Esstisch, die Gestaltung der Abende, Familienrituale usw. . Auch die übrigen Zimmer (der Großmutter, des Großvaters und der Mutter) schilderte er nicht minder interessant. Ein wirklich wunderbares Museum und sehr empfehlenswert - wobei ich nicht weiß, ob sie die Touren auch auf Englisch anbieten.

So ganz ohne Foto wollte ich dann doch nicht gehen und knipste das niedliche Häuschen wenigstens von außen.

Übrigens: „gorki" = „bitter"

Wieder setzen wir uns in den Bus und fuhren ein kleines Stück weiter. Nächstes Ziel: Prokowskaja Straße. Diese Fußgängerzone ist wohl die schönste Straße der Stadt - wobei ich das nicht eindeutig sagen kann, da ich einfach zu wenig gesehen habe.

Wir bekamen ein wenig Freizeit, um durch Geschäfte zu bummeln und etwas zu essen, bevor wir die Rückreise antraten

Das ist übrigens das Bankgebäude.

Schade, dass ich nicht mehr von Nischni Nowgorod gesehen habe - die Stadt ist einfach schön! Im Bus unterhielt ich mich mit Katja über die Eindrücke des Tages, wobei ich euch die Sensation noch vorenthalten habe : +5 Grad! Es war richtig warm!

Naja, egal... jedenfalls hofften wir alle, die Reiseführerin würde uns wenigstens auf der Rückreise mit ach so interessanten Geschichten verschonen. Doch da kratschte bereits das Mikrofon. Sie fasste den Tag zusammen und widmete sich wieder ihrer Tätigkeit, die Gebäude zu beiden Seiten der Straße zu erörtern: „Oh, und das ist das Haus meiner Eltern..." Als ihr der Gesprächsstoff ausging schlug sie vor Lieder zu singen, doch als keiner fröhlich: „Jaaa, lasst uns Lieder singen!" rief, verstummte sie. Ich las (mittlerweile schon Seite 414). Um neun waren wir wieder an der Schule und ich machte mich auf den Weg zu meinem russischen Heim.

Grüße aus der Ferne

Lotte

Fazit: Nischni Nowgorod ist mehr als eine Reise wert.

PS: Für die interessierten Leser, die Nischni Nowgorod nicht in ihrem etwas älteren Atlas finden: Die Stadt hieß von 1932 bis 1990 Gorki und war für Ausländer gesperrt.

Das letzte Schulviertel

Die Ferien liess ich entspannt ausklingen. Ich unternahm etwas mit Freunden, sah fern oder las. Übrigens habe ich „Harry Potter" erfolgreich beendet. Xjuscha meinte nur: „Ich sag' ja immer: Du bist verrückt! Bist freiwillig nach Russland gekommen und liest hier dann noch Wälzer in einer für dich fremden Sprache..." - Hihi.

Ich habe bereits ein neues Buch angefangen „Der alte Mann und das Meer" von Ernest Hemingway. Natürlich verstehe ich da weit weniger, als bei Harry Potter, aber nach wie vor verstehe ich den Inhalt und erfreue mich über das beim Lesen erzeugte „Kopfkino".

Nach zwei Monaten skypte ich am Samstag endlich wieder mal mit meinen Eltern. Es ist kaum zu fassen, wie schnell die Zeit vergeht! Eben erst geskypt und schwupp ist wieder ein Monat rum.

Am Montag hatte das wunderbare Faulenzerleben ein Ende, als ich mich 8 Uhr morgens in einem Trolleybus, auf dem Weg zur Schule, wiederfand. Hier hat nun das vierte, und damit auch letzte Schulviertel begonnen. Ende Mai sind bereits Sommerferien! Jeha!

Alles verlief wie gewöhnlich: In Algebra bekam ich Vieren, in Englisch Fünfen und in Russisch schwebte wieder ein großes Fragezeichen über meinem Kopf.

Am Donnerstag wurden in der sechsten Klasse Rentenanträge verteilt. Also - da war ich schon etwas verdutzt. Man sah mich gelassen an und meinte, dass mittlerweile die Rentenanträge bereits in der ersten Klasse fertiggestellt werden. Hoppla! Ist das in Deutschland auch so? Hab ich da was verpasst? Übrigens darf man hier bereits zwischen 55 und 60 Jahren in Rente gehen (oder auch nie, wenn man das möchte)! Allerdings muss ich dazu sagen, dass die Rente nicht allzu üppig ausfällt und meist Nebenjobben von Nöten ist.

Liebste Grüße

Lotte

Fazit: Fällt mir heute rein gar nicht ein.

PS: Wetterlage: Tauwetter. Endlich sind die Temperaturen auf 10 Grad angestiegen. Die schweren Winterpelze werden in leichtere Frühlingsmäntel eingetauscht. Die Sonne scheint, die Vögel zwitschern und es taut. Es ist eine wahre Freude.

Überall steht das Wasser auf den Gehwegen und man muss um Matsch und Wasser tänzeln. Der Grund, warum das Wasser nicht bzw. nur schlecht abfließt? Es gibt keine Gullis an den Straßenrändern, was entweder Seebildung oder Bächlein zur Folge hat.

Sonntag, 17.April 2011

Achtung, Videoüberwachung!

Am Montag staunte ich nicht schlecht, als ich das Schulgebäude betrat. Der Grund für meine Verwunderung war ein kleiner Aufkleber mit der Aufschrift: „Videoüberwachung". Die Installation der Überwachungstechnik wurde natürlich nicht unkommentiert gelassen - im Gegenteil - sie sorgte für heftige Diskussionen. Es gibt eigentlich keinen Vorfall von Diebstahl oder Körperverletzung, welcher diese Maßnahme begründen würde. Die Lehrer kommentierten die Neuerung nur mit: „Am besten installiert sie noch Kameras in der Schultoilette..." Ja, es gibt viele, welche nicht gut auf die Direktorin zu sprechen sind. Es gibt auch viele Gerüchte... na ja.

Achtung
Es erfolgt Videoüberwachung

„Tag der Kosmonauten" war am Dienstag - und zugleich Daschas Geburtstag. Noch bevor Daschul und ihre Mutter sich auf den Weg zum Kindergarten

229

machten, gratulierten wir ihr. Xjuscha schenkte Kinderlipgloss und ein Überraschungsei. Ich schenkte ein sprechendes Plüschtier namens „Luntik" (=Mondchen; ein violettes Tier, welches oft beim Sandmann kommt. Es ist auf dem Mond geboren und dann auf die Erde gefallen und erlebt nun viele spannende Abenteuer zusammen mit seinen Freunden, z.B. Bienen, Grashüpfer, Raupen). Die nun schon Vierjährige strahlte bis über beide Ohren und stapfte fröhlich aus der Wohnungstür in Richtung Kindergarten.

Auch Xjuscha und ich folgten kurz darauf ihrem Beispiel und verließen die Wohnung in Richtung Schule. Als ich die Straße betrat, hätte ich heulen können: Schneeregen. Es ist April! Langsam reicht's mit'm Winter!

Endlich im trockenen Trolleybus **sitzend** (oh Wunder!) blickte ich auf die Straße. Riesige Plakate mit dem Abbild Juri Gagarins und der Aufschrift „50 Jahre Raumfahrt" zierten die Straßenseiten. Als der Bus am Denkmal besagten Raumfahrers vorbeifuhr sah ich, dass man seiner mit Blumen gedacht hat. Links das Denkmal Juri Gagarins mit Blümchen...

...rechts das Denkmal von Andrijan Grigorjewitsch Nikolaew - auch mit Blümchen. Er war der dritte Mensch im Weltraum. Geboren wurde er in Tschuwaschien und ist somit ein Volksheld hier.

Auch in der Schule drehte sich alles um die Raumfahrt. Die Grundschulklassen gestalteten ein Raketenmuseum.

Links die meiner Meinung nach beste Rakete! Lecker!! (Aus Plätzchenteig)

Ein Fernseher im Foyer informierte über die Erfolge der russischen Raumfahrt. Ich wusste gar nicht, dass die erste Frau im All auch eine Russin war. Sie flog bereits am 16. Juni 1963!

Abends kamen die „Oma" und ihr Lebensgefährte zu Besuch, um Daschenkas Alterungsprozess zu feiern. Ansonsten kam niemand. Das trotzige Kind will ohne Papa nicht feiern. Und ihr Papa bekommt keinen Urlaub. Meine Gastmutter hat die Feier auf Ostern verschoben, in der Hoffnung, dass ihr Mann den Urlaub zugestanden bekommt.

Auch Donnerstag stand die Jüngste der Familie im Mittelpunkt. Der Grund: Im Kindergarten wurde sie zu einem Casting für eine Fernsehserie eingeladen. Dascha hat wirklich schauspielerisches Talent. So hat sie im Kindergarten erst vor kurzem die Hauptrolle des Märchenstücks „Kolobok" = „Der Kloß" gespielt. Mittwoch werden wir mehr wissen…
Freitag war ich wieder auf der Poststelle. Meine Gastfamilie plant im Sommer zu mir nach Deutschland zu kommen. Nun muss ein Visum beantragt werden und dazu benötigt man eine Einladung aus dem Gastland. Ich war also bei der Post, um die Einladung meines Vaters abzuholen.

Endlich an der Reihe, musste ich eine Empfangsbestätigung ausfüllen. Eigentlich kein Problem, wenn's da nicht diese kleinen Unklarheiten gäbe… z.B.: Eintragen der Passnummer. In meinem Pass habe ich einen Buchstabencode. In meinem Visum eine Nummer. Was hinschreiben? Höflichst bat ich einen freundlich aussehenden Mann um Hilfe. Und an dieser Stelle muss ich sagen: „AAAH, ICH LIEBE DAS RUSSISCHE VÖLKCHEN!" Er war sofort sehr liebensgewürzig. Die Menschen hinter mir in der Schlange bekamen nun meine nicht russische Herkunft mit und halfen mir auch.
Kurz gesagt: Wenn man hier als Ausländer einen Einheimischen um Hilfe bittet, wird man von sechs freundlich grinsenden Menschen umringt, welche einem Rede und Antwort stehen. Im Endeffekt war der Zettel ausgefüllt und ich bekam mein Briefchen. Ha!

Samstag war ein witziger Tag. Zunächst kam das Mütterchen, um auf Dascha aufzupassen. Wir haben sie bestimmt einen Monat nicht mehr gesehen und als sie dann in der Tür stand, war die Freude sehr groß. Sie rief „Privjeeeet" „Halloooo" und umarmte alle der Reihe nach - auch mich. ☺

Danach quälten sich Xjuscha und ich wieder an einem Samstag zur Schule. Doch in Biologie wurde meine Stimmung, dank Keksen und Tee, wieder aufgeheitert.

Abends kam Sascha zu Besuch. Es würde zu weit gehen euch jetzt die Einzelheiten zu erzählen, aber ich kann so viel sagen: Er hat sich in letzter Zeit wie ein Vollidiot aufgeführt und die beiden hatten einiges zu besprechen. Ich flüchtete aus dem Zimmer und ließ Xjuscha und Sascha diskutieren.

In der Küche traf ich auf meine Gastmutter, die mich sofort verhörte, was zwischen den beiden vorgefallen ist. Passenderweise kam im Fernseher gerade ein Lied namens „Scheißkerl" (pardon... und dann wundert man sich, warum ich auf Russisch fluchen kann...) Meine Gastmutter und ich sahen uns an. Ich meinte: „Wie passend!" Und sie: „Da machen wir doch gleich mal etwas lauter!" Und machte so laut, dass Sascha es zu 100% gehört haben muss. Auch das nächste Lied ließen wir laut („Mir ist alles scheiß egal!") – Xjuscha hat es bestimmt vernommen.

Meine russische Mutter und ich lachten vergnügt.

Fazit: Bürokratische Pobleme fördern die Kommunikation der Betroffenen.

PS: Ich find´ die Autos, die hier teilweise noch herumfahren so genial!
Ein Auto mit der Aufschrift "Russische Bank" ...ich weiß nicht ob es wirklich noch die Verwendnung eines Bankfahrzeugs hat...

Das nenn' ich noch 'n Auto!

Schorschely

Jeden Dienstag und Donnerstag habe ich fantastische Laune, denn an diesen Tagen widme ich mich den orientalischen Tanzkünsten. Unsere Tanzlehrerin versucht uns jetzt einen Tanz beizubringen, welcher nur auf Trommelrhythmus basiert: Anfangs noch durchhaus machbar, doch das Trommeln wurde schneller und schneller, und als sie schließlich von uns verlangte, unsere Bäuche oftmals hintereinander „rauszuschlagen" (nicht einziehen - das Gegenteil) – in der Geschwindigkeit von schnellem Schnipsen mit den Fingern, auf eine Art und Weise, dass es auch noch kunstvoll und schön aussieht... Sie lachte herzhaft auf und machte unsere verkrampften Gesichtsausdrücke nach.

Nach der Tanzstunde gehe ich immer mit Nastja ein Stück meines Heimweges. Diesmal bat sie mich ihr ein deutsches Lied vorzuspielen. Ich holte meinen Player raus. Seit einer gefühlten Ewigkeit habe ich keine deutsche Musik gehört und hatte demzufolge auch nur noch ein einziges deutsches Lied gespeichert: „Baby du siehst gut aus!" von Bakkushan. Nastja war hellaufbegeistert (verstand allerdings kein Wort) und sang den gesamten Rückweg seltsamen Wortbrei, welchen sie nun als „Deutsch" bezeichnet.

Daschas Casting fand tatsächlich am Mittwoch statt. Stolz erzählte meine Gastmutter, was passiert war:
Dascha wurde auf ihr schauspielerisches Talent getestet und musste zwecks dessen Emotionen nachahmen.

„Dascha, zeig mir dass du Angst hast - z.B. vor dem bösen Wolf!"
„Ich habe keine Angst vorm bösen Wolf!"
„Wovor denn dann?"
„Davor, dass Xjuscha mir „Rapunzel" (Trickfilm) nicht einschaltet..."

Süß! Man war hin und weg von dem kleinen, quirligen Geschöpf. Allerdings ist sie mit ihren vier Jährchen noch etwas zu jung und wurde somit für nächstes Jahr vermerkt.

Erinnert ihr euch noch, dass hier letzte Woche „Tag der russischen Raumfahrt" war? Passend zu diesem 50. Jahrestag besuchte die zweite Klasse meiner Gastmutter ein Kosmonautenmuseum - und ich war für einen Tag wieder Zweitklässlerin ☺.
Als ich das Klassenzimmer betrat, sprang man mir wieder fröhlich kreischend um den Hals. Dies sorgte für sichtliche Verwunderung bei den Müttern, denn schließlich kommt es selten vor, dass sich mehr als 30 Kinder über die Anwesenheit einer Halbwüchsigen so euphorisch freuen.

Die Kinder, einige Begleitpersonen, die Lehrerin (meine Gastmutter) und eine 17jährige Zweitklässlerin bestiegen den Bus.

Wir fuhren 40 Minuten und kamen schließlich in Schorschely, dem Geburtsdorf des tschuwaschischen Kosmonauten, Adrijan Grigorjewitsch Nikolaev, an. (Ihr wisst doch sicher noch, dass dies der 3. Mensch im All war, oder?)

Nun ja, jedenfalls betraten wir das Museum, welches direkt neben dem Geburtshaus erbaut wurde.

Vor Betreten des Museums mussten wir Schuhüberzieher (sog. „Bachily") anziehen. Diesmal waren sie aus Stoff. Es ist hier üblich in Museen oder Krankenhäusern Schuhüberzieher zu tragen - einfach um den Schmutz nicht breit zu treten.

Zunächst erzählte uns der Museumsführer von der für damalige Zeiten gewöhnlichen Schulzeit Nikolaevs.

Doch das Museum informierte nicht nur über Nikolaev, sondern im Allgemeinen über die ersten, und somit berühmtesten, Raumfahrer. So wurde auch über die erste Frau im Weltraum, Walentina Wladimirowna Tereschkowa, informiert.

Während des Fluges saß/lag der Astronaut in einem Sessel. Er durfte nicht aufstehen (wie auch, die Kapsel wäre zu klein...). Zu seiner Linken befand sich der Fallschirm, ein Funkgerät und ein Trinkschlauch (da Trinken in Schwerelosigkeit bekanntlich etwas schwieriger ist). Rechts ist ein Steuerknüppel. Die einzige Möglichkeit nach draußen zu schauen war das runde "Bullauge".

Auffallend: Die Anzüge sind winzigst! Erstaunt fragte ich den Museumsführer, wie groß die Astronauten damals waren. Er meinte, zwischen 1,60 m und 1,70 m - auf keinen Fall größer. Tja... da wär ich mit meinen 1,73 m ungeeignet gewesen!

Weltraumessen: Die hatten sogar Kekse!

Die Kapsel, in welcher sich der Astronaut befand, war ebenfalls winzigst. Unvorstellbar! Ich hätte Platzangst bekommen!

Wie ich bereits erwähnte, wurde das Museum neben dem Geburtshaus des Kosmonauten Nikolaev erbaut.

Hier also ein Bild des niedlichen Hüttchens.

Immerhin zwei Räume hatte das Häuschen aufzuweisen - allerdings lebte man hier zu siebt!

Ebenfalls auf dem Museums-/ Geburtshausgelände befindet sich die Grabstätte des Nikolaev. Es wurde extra eine kleine Kapelle errichtet, welche ein Glasdach hat, damit er Aussicht auf das Himmelszelt genießen kann.

Und hier noch Bilder von Schorschely - ein Dorf, in dem es auch viele Plattenbauten gibt. Es roch übrigens auch nach Dorf, und sogar ein Hahn krähte...

Liebste Grüße

Lotte

Fazit: Auch Leute vom Dorf können hoch hinaus kommen.

Ostern

Ostern ist hier – wie in Deutschland auch - der höchste kirchliche Feiertag, weshalb man sich auf diese Feierlichkeit gründlich vorbereitet. Zum Beispiel nimmt man das Fasten hier sehr ernst. Sogar in der Schulkantine wurde eine extra „fastengerechte" Mahlzeit angeboten!
Da in der russisch-orthodoxen Kirche Ostern nach dem Julianischen Kalender[1] berechnet wird, fällt es nicht immer mit Ostern in Deutschland (Gregorianischer Kalender) zusammen.

Vor dem Ostersonntag wird die Wohnung gründlichst geputzt, gewienert und gebohnert.
Für den Feiertag der Auferstehung von Jesus Christus hatte sich bei uns die gesamte Familie angekündigt - nur mein Gastvater wurde nicht in den Urlaub entlassen, weshalb er nicht kommen konnte.
Wie immer stand ich, dank Dascha, an einem Sonntag gegen 8 Uhr auf. Es gab eine Menge vorzubereiten, denn schließlich muss man die Meute irgendwie satt bekommen. Ich half also meiner Gastmutter und machte Sushi. (Wer hätte gedacht, dass ich die Zubereitung von Sushi ausgerechnet in Russland erlerne.)

Als Xjuscha sich gegen 11 endlich aus dem Bett bewegte meinte meine Gastmutter:
„So, ihr könnt jetzt suchen gehen!"
Xjuscha: „Was hast du denn verloren?"
„Nichts. Scharlotta hat erzählt, dass man zu Ostern in Deutschland Süßigkeiten und kleine Geschenke versteckt, also könnt ihr jetzt suchen gehen."

Ich freute mir ein Loch in den Bauch - ist schon süß, was meine Gastmutter manchmal so macht, damit ich mich heimisch fühle. Sie versteckte übrigens eine kleine Schokoladentafel für jeden.

Gegen 1 kamen dann die „Oma" und ihr Lebensgefährte und halfen beim schnippeln und kochen.
Um 3 kamen dann die Gäste: Mütterchen und ihr Mann, die beiden Schwestern meiner Gastmutter mit Familie und noch weitere Personen, deren genaue Position im Familienstammbaum ich vergessen habe. Wir nahmen Platz am Tisch.

---

[1] Eingeführt von Julius Cäsar, wurde 1582 durch den nach Papst Gregor benannten Kalender abgelöst. Die russisch-orthodoxe Kirche verweigerte sich der Kalenderreform

Als die „Oma" den Blick über den mit Essen zugestellten Tisch schweifen ließ, meinte sie zu mir:
„Zu Ostern werden hier sehr viele ins Krankenhaus eingeliefert."
Ich (verdutzt): „Wieso?"
„Heute endet die Fastenzeit und überall sind die Tische so reich gedeckt wie hier. Der Grund für die Einlieferungen ins Krankenhaus ist schlicht und ergreifend: Man überfrisst sich."
Haha. Ich bin bald nicht mehr geworden!
Damit ihr euch vorstellen könnt, was hier ein „reichgedeckter" Tisch ist, beschreibe ich euch, was auf der Speisekarte stand:
Drei Salate, Obst, Gemüse, Brot, Wurst und Käse, Sushi, Fleischpiroggen, Apfelpiroggen, Plov, Huhn, eine Torte, Schokolade und Russischer Zupfkuchen. Letzteren habe ich zum Festessen beigesteuert. Diesen Kuchen kennt man hier übrigens nicht und er fand höchste Begeisterung. Ich bekam sogar einen Handkuss vom Lebensgefährten der „Oma", welcher begeistert meinte, dass mir in Deutschland die Kerle bestimmt in Scharen hinterher laufen, bei solchen Kochkünsten. Hihi.
Nachdem Xjuscha und ich kurz vorm Platzen waren, gingen wir zu Xjuschas Vater, um uns dort wieder an einen gedeckten Tisch zu setzen...

Übrigens begrüßt man sich zu Ostern nicht mit „Hallo" sondern mit: „Christus ist auferstanden" und man erwidert: „Wahrhaftig auferstanden."
Es war ein wundervoller Tag.

Selbst an der Kirche wurde über der Tür der Schriftzug "Христос Воскрес" (Christus ist auferstanden) angebracht.

Man färbt hier übrigens auch Eier und verschenkt sie sogar. Dies hatte allerdings zur Folge, dass ca. 20 Schüler meiner Gastmutter beschlossen, ihr jeweils ein Ei zum Osterfest zu schenken. Auch Verwandte schenkten die kleinen Kunstwerke. Es gab bei uns anschließend alle Variationen von Eiergerichten.

Die darauffolgende Woche verlief ohne besondere Ereignisse, nur am Donnerstag hatten wir schulfrei, da die 11. Klassen bereits in einem Fach ihre Abschlussprüfung ablegten - die restlichen Fächer werden Ende Mai/Anfang Juni geprüft.
Ich nutzte den wunderbar sonnigen Tag, um viele kleine, geheime Mitbringsel für ganz geheime Verwandte zu besorgen.
Am Wochenende (ist ja leider nur Sonntag) ging ich mit Xjuscha an der Wolga spazieren und widmete mich lästigen Hausaufgaben.

Montag holte ich wieder mal Daschenka vom Kindergarten ab. Den ganzen Heimweg sprudelte sie fröhlich vor sich hin und wiederholte dabei immer wieder: „Wir fahren mit Papa in den Süden!" Und das stimmt. Mein Gastvater hat endlich Urlaub bekommen, weshalb meine Gastmutter, er und seine Tochter ans Schwarze Meer fahren.
Die überglückliche Dascha und ihre Mutter verließen am Dienstagabend die Wohnung. Man belehrte Xjuscha und mich, auf die „Oma" zu hören (welche nun auf uns aufpassen wird) und verschwand schließlich in Richtung Moskauer Flughafen.

Fazit: In Russland kennt man weder Russischen Zupfkuchen noch Russisch Brot.

PS: In Russisch lernte ich etwas - meiner Meinung nach - wirklich Interessantes. Und zwar: Im Lehrbuch stand geschrieben, dass man in Deutschland, wenn man etwas an einer Hand abzählt, mit dem Daumen beginnt und die Finger dabei ausstreckt. In Russland beginnt man mit dem kleinen Finger und klappt die Finger während des Zählens ein. Mir ist zuvor nicht mal in den Sinn gekommen, den Daumen nicht als ersten, sondern als letzten Finger einer Hand anzusehen!

Volksschule

Ihr könnt euch noch erinnern, dass ich im März von einer Journalistin und einem Fotografen besucht wurde? Das Zeitungsinterview wurde gedruckt. In der Zeitung «Халӑх шкулӗ народная школа» (Volksschule) fülle ich nun eine gesamte A4-Seite und im nächsten Heft folgt die Fortsetzung. Ich habe euch den Text übersetzt, wobei ich anmerken muss, dass meine Sprachgewandtheit dem Niedergeschriebenen leider nicht entspricht.

Ein Foto des Zeitungscovers. Die obere Zeile ist tschuwaschisch und wird in etwa "Chaloch schkulje" ("ch" wie bei "Loch") ausgesprochen und bedeutet dasselbe wie "narodnaja schkola" - "Volksschule".

Übrigens: Das Cover zeigt die selbe Kapsel, von welcher ich im Kapitel „Schorschely" geschrieben habe, nur diesmal ist zu erkennen, wie klein der Raum für den Kosmonauten wirklich war.

Gast aus Deutschland: Über den Zauber in Tschuwaschien.

Die gute Tradition weiterführend, sich mit Ausländern, Lesern, Autoren, Pädagogen der Republik, sowie mit Gästen aus dem Ausland zu treffen, traf sich diesmal unser Journal „Chalach schkule - narodnaja schkola" mit Scharlotta R. (17 Jahre, Deutschland). Scharlotta lernt schon ein halbes Jahr in Tscheboksary und spricht wunderbar Russisch. Über das, was den jungen Gast Russlands verwunderte, was sie antraf, welchem Zauber sie in Tscheboksary und Tschuwaschien begegnete, erfahrt ihr in unserem Interview mit ihr:

Als vor mir die Wahl der zweiten Fremdsprache (nach Englisch) stand, musste ich mich in meiner Heimatschule in Deutschland zwischen Französisch und Russisch entscheiden. Meine Eltern - gab Scharlotta zu - lernten in ihrer Jugend Russisch, deshalb wählte ich Russisch. Französisch wollte ich nicht wirklich lernen, mir schien, es sei schwer, da sich die Schreib- und Sprechweise sehr unterscheidet. Ich dachte, dass Mama und Papa mir mit Russisch helfen. Doch es erwies sich, dass sie viel vergessen haben. Also muss ich es allein meistern. Meine Zwillingsschwester lernt z.Zt. in Deutschland ebenfalls Russisch, aber es scheint, dass sie die Sprache noch nicht gut kann. Ja und wenn ich ehrlich bin, spreche auch ich nicht gut.

Scharlotta, wie kannst du nur! Deine Pädagogen haben doch eben erst bemerkt, dass du eine wunderbare Grammatik und Aussprache hast!
Hm, ich weiß nicht…

Das heißt, du glaubst, Russisch ist eine leichte Sprache?
Ha-ha-ha, so dachte ich, doch als ich das erste Mal nach Russland kam, erwies es sich natürlich anders. Vor zwei Jahren war ich in St. Petersburg für 10 Tage. Damals habe ich gerade erst angefangen Russisch zu lernen. Überhaupt träumen viele in Deutschland in die USA zu fahren. Ich weiß nicht, was sie so begeistert, vielleicht hat sich bei allen der Amerikanische Traum festgesetzt. Nach dem Motto: „so ein cooles Land", gefüllt von Kino- und Musikstars. Und eben genau deshalb, weil viele nach Amerika wollen, wollte ich nicht. Ich brauchte ein besonderes, ungewöhnliches Land. Und ich fand so eines: Russland.

Welche Fächer lernst du an der hiesigen Schule?
Algebra, Geometrie, Russisch, Englisch, Physik, Geografie, Geschichte, Biologie, Literatur.

Was gefällt dir am meisten?
Geschichte und Russisch.

Und Sport?
Oh, nein! Das Fach habe ich nicht und das ist auch gut so!

Womit beschäftigst du dich neben der Schule?
Ich lernte 8 Jahre Flöte, doch hörte dann auf. Dann ging ich tanzen: Walzer, Samba, Cha-cha… Und hier gehe ich zum Bauchtanz und sticke.

Hattest du zu Anfang Probleme mit der Aufnahme in deiner Gastfamilie?
Nein, alles war seit Beginn gut. Man brachte mir bei Piroggen zu backen, Borschtsch zu kochen usw. Und ich habe für meine tschuwaschische Familie

Pudding aus Milch, Kartoffelstärke, Kakao und Zucker gekocht. Im Allgemeinen mag und kann ich kochen.

Hast du dich schon mit deiner zukünftigen Lebensführung nach der Schule auseinandergesetzt ?
Ich habe darüber nachgedacht. Nach der Schule möchte ich die Universität besuchen. Höchstwahrscheinlich wird es irgendetwas in Verbindung mit Sprachen.

(Ende im nächsten Heft)
Aufbereitung
Olga Nikitina

Fazit: Wer mit dem Strom schwimmt, kommt nur dort an, wo alle ankommen.

PS: Den zweiten Teil des Interviews erhielt ich erst, nachdem das Layout für dieses Buch bereits fertiggestellt war. Ihr findet ihn deshalb im Anhang.

Samstag, 7. Mai 2011

Appell

Und wieder quälte ich mich an einem Samstagmorgen aus dem Bett und machte mich mit Xjuscha auf den Weg zur Schule. Als ich in dem wie immer vollgestopften Trolli vor mich hin tuckerte und mich mit dem Gedanken aufheiterte, dass heute nur zwei Unterrichtsstunden stattfinden würden, hatte ich eigentlich noch keine Ahnung, was genau mich an diesem Samstag erwartete.

Nach Informatik und Literatur versammelten wir uns auf dem kleinen Innenhof der Schule, wo auch am 1. September die kleine Begrüßungsfeier stattfand und ich das erste Mal eine kleine Ansprache zu meiner Persönlichkeit und meinem Aufenthaltsgrund hielt. Mit einem kleinen Schmunzeln erinnerte ich mich zurück: Als mir damals meine Englischlehrerin sagte, ich solle mich vorstellen, wäre ich fast gestorben vor Aufregung. Meiner Gastschwester fragte ich Löcher in den Bauch. Meine deutschen Gedanken bastelten eine Rede zusammen, welche ich auf dem Weg zur Bühne verzweifelt versuchte zu übersetzen. Während ich an diesen Tag vor nun ungefähr 8 Monaten dachte, bemerkte ich, dass sich doch eine Menge verändert hat: Hätte mich jetzt jemand gebeten, etwas auf Russisch zu sagen, wäre ich auf die Bühne gegangen, hätte mir das Mikro geschnappt und drauflos geplappert. Wenn ich allerdings etwas auf Deutsch hätte sagen sollen, wäre es vermutlich etwas schwieriger geworden. Warum? Diesmal müsste ich meine russischen Gedanken ins Deutsche übersetzen...

Na ja, seine Muttersprache verlernt man nicht so schnell - wo war ich stehen geblieben? Ach ja. Und so standen wir nun auf dem Innenhof.

Versammlungsgrund war der bevorstehende Feiertag „Tag des Sieges", welcher hier am 9. Mai gefeiert wird. Die Vorbereitungen zu diesem Feiertag konnte man bereits einige Wochen zuvor in der Stadt ausmachen. Überall wurden bunte Fahnen aufgestellt und Plakate mit der Aufschrift „9. Mai - Tag des Sieges" – sowohl auf Russisch als auch auf Tschuwaschisch aufgehängt.

Ungefähr eine Stunde lang wurde ein kleines Programm aufgeführt. Die Direktorin hielt eine Ansprache, man sang Kampflieder und trug Gedichte vor. Sogar sechs Jungs in Uniform marschierten auf.

Übrigens muss ich hierbei mal etwas Wichtiges anfügen: Obwohl es „Tag des Sieges" heißt, geht es eigentlich weniger um das Feiern des Sieges (trotzdem man hier nach wie vor stolz darauf ist) sondern eher um die Erinnerung an das geschehene Leid.

Zum Schluss ließ man Luftballons aufsteigen. Nach der Veranstaltung kamen einige Schüler auf mich zu und fragen mich, ob man den 9. Mai auch in Deutschland feiern würde und wie ich mich gerade bei dem Programm gefühlt hätte. An sich kann ich dazu sagen: Ich hab mich eigentlich ganz normal gefühlt - nicht pudelwohl, aber auch nicht unwohl. In den Ansprachen wurde nur auf das „faschistische Deutschland" geschimpft und da fühle ich mich einfach nicht angesprochen. Geschichte. Aus und vorbei. Wiederholungen gilt es zu verhindern.

Diesmal hatte ich einen Fotoapparat dabei. Ich hatte schon am 1. September von "an Mickey Mouse erinnernden Kopfschmuck der Mädchen" gesprochen. Hier mal ein Bild, damit ihr mich nachvollziehen könnt.

Sechs "Engel" für Scharli.

Fazit: Ich bin gelassener geworden.

Montag, 9. Mai 2011

Tag des Sieges

Am Montag, dem 9. Mai, schlurfte ich gegen 10 aus meinem Bett zur Küche, um irgend etwas Essbares zum Frühstück zu finden. Ich öffnete die Küchentür. Die „Oma" stand bereits am Herd und brutzelte Eierkuchen - ein besseres Frühstück hätte es nicht geben können. Ich schnappte mir also ein paar der goldgelben Teigteller und setze mich an den Tisch. Der Fernseher lief. Das fast ununterbrochene Laufen des Fernsehers ist hier nichts Ungewöhnliches, weshalb ich mittlerweile schon gar nicht mehr darauf achte.
Erst, als ich direkt vor dem Fernseher Platz nahm, rückte besagtes Kommunikationsgerät in das Zentrum meiner Aufmerksamkeit. Zu sehen war der Rote Platz in Moskau, welcher festlich geschmückt war. Die Marschmusik verstummte. Es folgten geschriene Anweisungen. Die Soldaten blieben zeitgleich stehen. Medvedjew hielt eine Rede zum Sieg im 2. Weltkrieg und zum Gedenken an die verheerenden Ausmaße dieses Krieges. Es folgte eine Schweigeminute. Schließlich gratulierte er allen Veteranen und Staatsbürgern Russlands zum Festtag. Das auf dem Platz versammelte Militär rief exakt zeitgleich „Ura!" („Hurra"). Es folgten wieder geschriene Anweisungen und dann wurde weiter marschiert. Bemerkenswerterweise änderte sich der Abstand zwischen den Soldaten während des Marschierens nicht.

Es folgte ein Luftbild. Hoppla - das sind aber viele. Und alle im Gleichtakt. Exaktheit. Es folgten Waffen und Fahrzeuge (z.B. Panzer, Raketen). Der Kommentator bemerkte jeweils welche Zerstörungskraft die jeweiligen Waffen haben und auch welche Soldaten gerade marschieren.

Mir verging der Appetit. Es wird einem schon etwas anders, wenn man eine Stunde ausdruckslose, im Gleichtakt marschierende Soldaten, Kampffahrzeuge und Waffen sieht - vor allem wenn die „Oma" begeistert bemerkt, dass dies nur ein kleiner Teil der eigentlichen Armee ist.

Um 11 war die Parade vorbei. Die „Oma" schaltete um. Nun sahen wir die Parade in St. Petersburg. Voller Stolz berichtete sie mir, dass einer ihrer Söhne (der Bruder meines Gastvaters) daran teilnimmt. Während die Soldaten marschierten und die Kommentatoren kommentierten, bemerkte der Lebensgefährte der „Oma", dass hier in der Stadt um 10 Uhr auch eine Parade war. Na klasse. Ist ja nicht so, dass ich mir das nicht gern angesehen hätte…

Gegen eins traf ich mich mit Nastina. Auf dem Weg zum Treffpunkt erfolgte im Trolleybus eine außergewöhnliche Durchsage. Eigentlich hört man nur Standarddurchsagen wie: „Achtung, die Türen schließen sich. Die nächste Haltestelle ist…" oder „Liebe Mitfahrer, seien sie aufmerksam und umsichtig! Geben sie ihren Sitzplatz an Behinderte, Ältere, Kinder und Schwangere!", doch seit einigen Wochen (zeitgleich mit Beginn der Stadtverschönerung durch bunte Fahnen ect.) ist ungefähr Folgendes vernehmbar: „Liebe Veteranen, wir gratulieren euch zum Tag des Sieges, wünschen euch Gesundheit, Glück und ein langes Leben! Auch allen Staatsbürgern gratulieren wir zum Festtag!" Und passend dazu stieg auch gleich ein Veteran ein. Erkennbar in seiner alten Uniform gekleidet. (Es ist üblich seine alten Uniformen wieder zu tragen, sobald der 9. Mai sich nähert.) Sofort standen drei Leute auf und boten ihm einen Sitzplatz an. Er setzte sich nicht, sondern winkte dankend ab. Ein kleines Mädchen mit Blumenstrauß sprang vom Schoß ihrer Mutter und überreichte die Blumen (Xjuscha erzählte mir später, dass die Grundschulklassen sogar Kriegsveteranen besuchen würden, um ihnen Blumen und Dankesworte zu überreichen). Auch bezahlen musste der Veteran für die Fahrt nicht. Am 9. Mai gibt es hier etliche Vergünstigungen - so mussten Ältere auch nicht für Handyanrufe bezahlen.

Während der Trolly so vor sich hin zuckelte, bekam ich mindestens drei Niesattacken (Dank Allergie) und jedes Mal wünschten mir die umgebenden Mitfahrer „Gesundheit!" und gratulierten mit zum Festtag - man war spürbar gut gelaunt.

Mein Blick fiel auf die Fahrbahn, als ich eine Polizeisirene hörte. Ein Polizeiauto fuhr vorbei, gefolgt von einem Auto, welches einen „Minipanzer" auf der Ladefläche hatte - vermutlich noch von der Parade. Übrigens wurde vor nicht allzu langer Zeit die russische Miliz in Polizei umbenannt. So findet man nun die blausilbernen Autos sowohl mit dem Aufdruck „Milizija" und „Polizija" vor.

Schließlich stieg ich an der Haltestelle in der Nähe der Wolga aus und fand mich in einem Gedränge von Menschen wieder. Es ist normal und verständlich, dass hier der sogenannte „Golf" (da, wo das Denkmal der Mutter Tschuwaschien steht - an der Wolga) viele Besucher anzieht, schließlich ist er wunderschön. Man sah Alte, Junge, Familien und Veteranen. Auch andere, welche eine Uniform als Dienstkleidung tragen, trugen diese heute.

Am vereinbarten Treffpunkt begegnete ich Nastina. Sie trug u.a. eine orange/schwarz gestreifte Schleife, das Zeichen des Tages, welches überall zu sehen ist (z.B. als Autowimpelchen oder an Kleidung). Nastina hatte supergute Laune und meinte zunächst einmal, dass sie es klasse fände, dass ich den Ausflug vorgeschlagen hätte. Die letzten Jahre wäre sie am 9. Mai nicht vor die Tür gegangen. Sie gestand, kein sonderlicher Patriot zu sein. Wir bahnten unseren Weg durch die Menschenmengen und schlenderten am Ufer entlang. Alles war festlich dekoriert, es ertönten alte Kriegslieder, Buden boten Souvenirs, Essen und sonstiges an. Hüpfburgen, Kutschfahren, Künstler usw. waren auch vor Ort. Ein reges, heiteres Treiben. Zudem hatten wir riesiges Glück mit dem Wetter: 22°C und Sonnenschein!

An der Trolleybuswindschutzscheibe (rechts): kleines Plakat mit der Aufschrift: „9. Mai"

Später am Nachmittag trafen wir noch eine Freundin von Nastina. Sie hatte schon viel von mir gehört und freute sich sehr, mich kennen zu lernen. Kurz

246

bevor ich mich auf den Heimweg machte, meinte sie: „Ich hab zwar von Nastina gehört, dass dein Russisch gut ist, aber glauben wollt' ich's nicht... Doch als ich dich begrüßt hab' und du antwortetest „Privjet!" hätte ich für nichts auf der Welt gewettet, dass du nicht von hier bist!"
(Ihr habt keine Ahnung wie gut es nach wie vor tut, so etwas zu hören!)

Denkmal der Mutter Tschuwaschiens.

Im russischen Heim angekommen setzte ich mich an den gedeckten Festtagstisch. Die anderen Großeltern waren zu Besuch. Wir aßen gemeinsam. Es war so ein schöner Tag!

Fazit: Am Tag des Sieges geht es nicht nur um das Feiern des Sieges im Zweiten Weltkieg, sondern auch um Gedenken und Erinnerung. Denn nur wer weiß, was in der Vergangenheit geschah, kann verhindern, dass die gleichen Fehler in der Zukunft erneut gemacht werden!

Quietschvergnügte Grüße

Lottchen

Sonntag, 15. Mai 2011

Hip Hop

Gestern gingen Natascha, Xjuscha und ich in die Mega Moll, um ein Geburtstagsgeschenk für Lera zu kaufen. Die Geburtstagsfeier würde bereits am nächsten Tag (heute) stattfinden. Also noch reichliche 24 Stunden um ein brauchbares Geschenk zu finden. Vor 8 Monaten wäre ich bestimmt schon vor einer Woche gestresst durch die Läden gerannt. Jetzt nicht mehr. In diesem Land kann man, glaube ich, gar nicht an Herzkasper aufgrund von Stress sterben. Man macht sich nämlich keinen und das ist auch besser so. 😄

Und schwupp! war Sonntag und ich saß im „Bar Duck" (Restaurant) zusammen mit Lera, Xjuscha, Lena, Natascha, Seda und Lisa und feierte Geburtstag. Xjuscha, Natascha und ich schenkten Lera übrigens einen großen Wecker, damit sie Samstags mal pünktlich zur Schule kommt. Hihi. Viele Schüler kommen an Samstagen absichtlich zu spät zur Schule oder schwänzen ganz. Man geht eben ungern sechs Tage die Woche zur Schule, was ich absolut verständlich finde.

Zurück zur Geburtstagsfeier: Mit vollgeschlagenen Bäuchen fiel uns nichts besseres ein, als auf den nahegelegenen, kleinen Rummel zu gehen, welcher am Golf aufgebaut wurde. Hier ein Bild des Gerätes mit welchem ich fuhr. Es heißt „HipHop".

Ein wunderbares Gerät! Die Sitze sind in einer Trommel befestigt, welche sich dreht und diese wiederum ist an den großen Stangen befestigt, welche sich auch drehen. Natascha und ich hatten viiiel Spaß!!

Bild oben: Rechts sitze bzw. hänge übrigens ich.

Später dann sichtlich gut gelaunt mit Zuckerwattebart.... →

Letzten Sonntag waren wir übrigens dann grillen. Xjuscha, Lisa, Lena, ihr Freund, Seda, Nastja, Timur und ich legten unser Geld zusammen und kauften Würstchen, Brot und Sonstiges zum Schnabulieren.

Wir gingen in einen Park, in welchem ich zuvor noch nie war, und wo Grillen/Lagerfeuer erlaubt ist.

Problem: Hier hat noch keiner ein Lagerfeuer gemacht, geschweige denn selbst angezündet. Also musste ich ran. (Liebe Grüße an meine Eltern, welchen ich danken möchte, dass man mir beigebracht hat, wie so etwas geht.)
Keine Sorge: Für Löschwasser hatten wir auch gesorgt. Nun ja. Trockenes Gras, dünne Zweige und das Lagerfeuer brannte. Die „Kerle" sahen mich entgeistert an. Tja, als Pfadfinder eignen die sich nicht…
Seda hatte zum Glück an ein scharfes Messer gedacht, also schnitzten wir noch ein paar Stöcke zum Aufspießen der Würstchen zurecht.

Es war ein sehr schöner Tag, gefüllt von Lachen, beschienen von Sonne und Temperaturen um 22°C !

Einer der wenigen Schnappschüsse, auf welchem Xjuscha und ich gemeinsam zu sehen sind.

Sonnigste Grüße aus Russland (ich weiß, dass bei euch kurzzeitig Schneefall war - Haha).

Lottchen

Fazit: Ich mag Hip Hop.

Das Buch

Die restliche Woche, nach dem „Tag des Sieges", wohnten noch die „Oma" und ihr Lebensgefährte bei uns. Wenn ich zuvor glaubte, dass meine Gastmutter Wert auf „viel essen" legt, so musste ich feststellen, dass sogar noch „viel mehr Wert" auf „viel mehr essen" gelegt werden kann. Kurz gesagt: Es gab vier Mahlzeiten am Tag. Zum Frühstück begann man mit deftiger Suppe und Abends um 9 verabschiedete man den Tag mit viel Fleisch und zum Nachtisch Süßem. Was bleibt da noch zu sagen? „Figur adieu!"

Am Sonntagabend verabschiedeten sich die „Oma" und ihr Lebensgefährte und reisten ans Schwarze Meer. Xjuscha und ich freuten uns über sturmfrei, sahen bis um zwei Uhr nachts Filme und quatschten über Gott und die Welt. Meine Gastmutter und Dascha kehrten am Folgetag aus ihrem Familienurlaub zurück. Beide sahen wesentlich entspannter und frischer aus als sonst. Offenbar hatten sie sich gut erholt. Beide berichteten von ihren Erlebnissen und meinten auf meine Frage hin, dass mein Gastvater in ca. einer Woche nachkommen würde.

Seit der Abreise meiner Gastmutter lag hier ein Zettel, ausgestellt von der Post, herum. Zu Deutsch: Paket ist da, Paket ist da! Wir stiefelten also zur Poststelle. Wieder hieß es schlangestehen. Als wir endlich an der Reihe waren, meinte das Schaltertantchen, dass das Paket bereits seit einem Monat nicht abgeholt worden sei und deshalb zurück geschickt worden wäre. Bäm! Schlag ins Gesicht. Meine Gastmutter gab sich so schnell nicht geschlagen. „Es ist kein Monat vergangen. Ich war zwischendurch für 10 Tage verreist und nicht für 30! Das ist überhaupt nicht möglich! Außerdem sind sie dazu verpflichtet mindestens einen „Erinnerungszettel" an uns zu schicken, um uns an das Paket zu erinnern."

„Ich kann es nicht ändern. Das Paket lag einen Monat hier und keiner hat es abgeholt. Ich persönlich habe 6 Ermahnungszettel ausgefüllt."
„Unmöglich! Wir haben nur einen!"
„Das kann ich nicht ändern. Das Paket befindet sich nicht mehr in unserer Obhut."

Erfolglos verließen wir das Postamt, gingen ins nächste Geschäft und erledigten kleine Einkäufe. Meine Laune war im Eimer - wie jedes Mal, wenn es Gezetere auf der Post gab, nur weil ich einen Gruß aus der Heimat abholen wollte. Xjuschas Mutter war auf 180, was schließlich dazu führte, dass wir noch einmal zur Post gingen: Mit entschlossenem, tödlichen Blick marschierte sie direkt auf das Schaltertantchen zu, ignorierte die Warteschlange und verlangte sofort den Vorgesetzten sprechen zu wollen:

Gastmutter: „Es kann ja wohl nicht wahr sein, dass es hier jedes Mal Probleme gibt, nur weil das Kind seine Pakete abholen möchte! Wieso haben wir keine Erinnerungszettel bekommen und warum befindet sich das Paket nicht mehr in ihrer Obhut?!"

Vorgesetzte: „Ich kann da auch nichts machen. Wenn die Kollegin sagt, sie habe persönlich sechs Zettel ausgefüllt..."

Schließlich fand man heraus, dass die sogenannte Kollegin den Wisch falsch ausgefüllt hatte und so aus Wohnung 180 Wohnung 780 wurde. Sehr schlau. Das Stadtbild Tscheboksarys ist förmlich von Wolkenkratzern mit bis zu 780 Wohnungstüren geprägt....

Vorgesetzte: „Oh, dann handelt sich es um ein Versehen unsererseits. Sie können das Paket morgen abholen. Dazu müssen sie zum Hauptpostamt fahren, welches sich im Stadtzentrum..."

Gastmutter: „ Ich fahre nirgendwohin! Sie schicken das Paket hierher zurück!"

Vorgesetzte: „Ach, hier ist übrigens noch ein anderes Paket für sie..."

Gastmutter: „Wie bitte?! Noch ein anderes? Da haben wir aber auch keinen Zettel bekommen!"

Vorgesetzte: „Ja, es wurde uns erst heute zugestellt. Sie können es gleich in Empfang nehmen, wenn sie möchten. Ich bräuchte dann nur ihren Ausweis..."

Das Paket wurde uns ausgehändigt.

Gastmutter: (immer noch auf 180 - oder mittlerweile schon auf 200) „Das Kind ist übrigens deutsche Staatsbürgerin! Jedes Mal so ein Stress! Was wird das Kind wohl zu Hause erzählen..."

Wir verließen das Postgebäude.
Dascha und ihre Mutter machten sich nun auf den Weg zum Mütterchen, wo sie übernachten würden. Ergo: Xjuscha und ich hatten wieder sturmfrei. Jeha!

Im russischen Heim angekommen öffnete ich das Paket meiner Eltern. Es enthielt: ein Schreiben meines Vaters und meiner Mutter, jede Menge Süßkram (u.a.: Nutella. Xjuschas Augen funkelten, als ich jubelnd das Schokokremglas aus dem Paket zauberte.), ein Spielzeugeinhorn für Dascha, Osterhasen für Xjuscha, ein Ring von meiner Schwester an mich (mit Gravur, als Zeichen unserer Verbundenheit. Haaach Schwesterliebe...) und ein Buch. Aber nicht irgendein Buch – nein - sondern **mein Buch**. Mein Vater hatte meine Blog-Texte bereits binden lassen. Da hielt ich es nun in der Hand. Mein Buch. Unwirklich. Nun weiß ich seit ca. 8 Monaten, dass ich ein Buch veröffentlichen werde, bringe meine Erlebnisse zu Papier und kann's trotzdem noch nicht realisieren!

Realisieren hin oder her - ich musste es noch irgendwie meiner Gastfamilie beibringen. Zum Glück hatte mein Vater eine Übersetzung anfertigen lassen. So hielt ich nun schon zwei Bücher in der Hand, von deren Existenz hier noch niemand etwas wusste. Ich schritt also zur Tat:

Hinter meinem Rücken versteckte ich die Bücher und ging zu Xjuscha. Sie saß ahnungslos auf dem Sofa unseres Zimmers und surfte im Internet. Als sie bemerkte, dass ich regungslos vor ihr stand, sah sie mich fragend an:

Sie: „Ist was ?"
Ich (kurz und schmerzlos): „Ich bringe ein Buch raus."
„Was?! Worüber?"
„Über mein Austauschjahr hier."
„Hm. Und wieso?"

Und nun begann ich ihr zu erklären, dass ich damals, als ich mich entschied nach Russland zu gehen, verzweifelt Lektüre suchte, welche mich auf das bevorstehende Russlandabenteuer vorbereiten würde. Vergeblich. Ich erklärte ihr, dass man da, wo ich herkomme, eigentlich keine Vorstellung hat, wie das Leben heutzutage in Russland aussieht und, und...

Sie hörte es sich ruhig an. Ich gab ihr das Buch. Ihre Augen weiteten sich:

„Was!? - etwa schon fertig?"

„Nein, das ist nur ein Prototyp."

Sie begann noch am selben Abend zu lesen.
Am nächsten Tag erklärte ich meiner Gastmutter mein Vorhaben. Sie reagierte ruhiger, als ich zunächst annahm. Auch sie begann zu lesen. Am nächsten Tag meinte sie schließlich, dass sie die ganze Nacht durchgelesen habe und nicht aufhören hätte können. Mit einer Mischung aus Verwunderung und Anerkennung lobte sie meinen Schreibstil.

Fazit: Wenn kein Wunder passiert, musst Du selbst für eines sorgen.

Russische Ökonomie

Mein Schuljahr in Russland nähert sich dem Ende, doch viel Zeit zum Trübsalblasen habe ich nicht. Warum? Abschlussarbeiten. In allen Fächern wird gegen Ende des Schuljahres eine Arbeit geschrieben, welche den Lernstoff des gesamten Schuljahres umfasst. Und so war auch für mich die Abschlussarbeit in Russisch unumgänglich. Am 19.05.11 saß ich mit rauchendem Kopf, im Russischklassenzimmer der dritten Etage, am vorletzten Platz der mittleren Reihe und versuchte u.a. verzweifelt die Partizipkonstruktionen in dem zuvor diktierten Text farblich hervorzuheben... Bauchgefühl? Gibt's nicht. Ist schreiend weggerannt...

Wir schreiben Samstag, den 21.05.11, ein historischer Tag für mich. Der letzte Samstag meines Lebens, welchen ich in der Schule verbringen werde. Jeha! Ich bin so was von froh, dass man in Deutschland nur 5 Tage in der Woche zur Schule geht!

In der Pause lief ich der Schulärztin über den Weg. Sie fragte mich nach meinem Befinden und irgendwie entwickelte sich daraus schließlich ein Gespräch über die niedrige Bezahlung von Ärzten. Im Durchschnitt verdient ein Arzt hier 6 000 Rubel (150 Euro), ein Grundschullehrer 8 000 Rubel (200 Euro), ein Busfahrer 10.000 – 12.000 Rubel (250-300 Euro). Als ich später meine Gastmutter fragte wie viel denn notwendig sei, um ein „normales" Leben zu führen, meinte sie 20.000 Rubel (500 Euro).
Ich war geschockt! Es ist für mich unbegreiflich, wie ein Arzt, ein studierter, wissender Mensch, welcher im Stande ist Leben zu retten, weniger verdient, als ein Busfahrer! Im weiteren Verlauf des Gespräches meinte sie, das Gehalt sei deshalb so niedrig, weil besagter Mann bzw. Frau der Medizin nichts herstellt. Er nimmt nur Staatsgelder, gibt aber nichts zurück. Im späteren Gespräch mit meiner Gastmutter fragte ich sie, warum ein Busfahrer dennoch mehr verdient, obwohl er ebenfalls nichts herstellt. Soweit ich verstanden habe ist der entscheidende Unterschied folgender: Lehrer und Ärzte bekommen ihr Geld aus einem Budget ausgezahlt, worin zuvor u.a. der Steuerzahler eingezahlt hat. Da dieser „Topf" allerdings eher halbleer, als halbvoll zu sein scheint, ist auch das Gehalt nicht üppig. Der Busfahrer allerdings arbeitet mit „lebendigem" Geld. Er fährt, nimmt Leute mit, Passagiere bezahlen, Busfahrer bekommt Geld. Nach diesen Gesprächen wurde mir auch klar, warum ich im Krankenhaus fast ausschließlich Ärztinnen antraf: Die Rollenverteilung in Russland ist klassisch: Mann ernährt Familie. Aber wenn Mann ein gewöhnlicher Arzt ist, reicht das Geld vorn und hinten nicht um diese „Ernährerrolle" zu erfüllen.

Am Nachmittag kam Dima, Xjuschas Bruder, zu Besuch und brachte mit sich frohe Kunde: Xjuscha und ich fahren zu ihm nach Wolgograd! Damit geht ein Traum für mich in Erfüllung! Jeha! Mag sein, dass einige unter euch meine Freude nicht nachvollziehen können - noch nicht. Wolgograd ist eine Millionenstadt an den Ufern der Wolga, ca. 1000 Straßenkilometer entfernt von Tscheboksary und trug bis 1961 den Namen Stalingrad. Im Gedenken der siegreichen „Schlacht von Stalingrad" wurde ein gigantisches Denkmal, von 84 Metern Höhe und 7900 Tonnen Gewicht, errichtet.

Das will ich unbedingt mit eigenen Augen sehen! Einzelheiten der Hin- und Rückfahrt, sowie Aufenthalt müssen noch ausgekaspert werden, aber ich freu' mich jetzt schon RIESIG!

Übrigens begann auch Dima sofort den Prototyp meines Buches zu lesen. Meine Gastmutter kam zwischendurch belustigt ins Zimmer und meinte: „Dima sitzt da und liest. Er will nichts essen, keinen Tee und auch nicht mehr wegfahren. Er liest."

Hihi.

Lotte

Fazit: Ein Arzt verdient weniger als ein Busfahrer. Verdrehte Welt...

Letzter Schultag

Dima lud seine Schwester und mich am Sonntag ins Kino ein. Auf dem Programm stand: Fluch der Karibik Teil 4! Jeha! Auch seine Freundin war mit von der Partie - vermutlich eine Art geschickter „Bekanntmachungs - Schachzug", da wir hoffentlich bald (dreimal auf Holz klopf) bei ihnen in Wolgograd wohnen werden.

Nun ja, jedenfalls war der Film super und ich hätte ihn mir am liebsten sofort noch einmal angesehen.

Anschließend seilte sich Xjuscha ab, um mit Sascha den restlichen Nachmittag zu verbringen. Dima, seine Freundin und ich gingen noch in ein kleines Café und danach in einen Park. Wir schwatzen etwas, wobei es sehr schwierig ist die beiden zu verstehen, denn sowohl Dima, als auch seine Freundin sprechen sehr leise. Seltsamerweise verstehen sie sich untereinander ohne Probleme - nur ich muss die Ohren mächtig spitzen... wer weiß: evtl. findet zwischen ihnen Gedankenübertragung statt...

In der Nacht vom Montag zum Dienstag erfüllte sich ein langer Wunsch meiner Gastmutter: Ihr Mann hatte endlich Urlaub bekommen und stand nun vor ihrer Tür, bereit bis zum 15. Juni hier zu verweilen. Und während Dascha fröhlich jubelte, dass ihr so langersehnter Papi endlich da ist, schliefen Xjuscha und ich, denn schließlich war es weit nach Mitternacht.

Und Dienstag war dann auch schon der letzte Schultag für mich. Es ist schön blöd, wenn der Austausch länger dauert, als das Schuljahr. Der Ferienbeginn stellt bereits einen kleinen Abschied dar, da man sich nun nicht mehr täglich sieht und daran erinnert wird, dass sich das Austauschjahr dem Ende zuneigt.

Im Konzertsaal der Schule fand man sich zusammen und nahm Platz. Die stellvertretende Schuldirektorin hielt eine Rede, in welcher sie noch einmal auf die Wichtigkeit der bevorstehenden Examen hinwies.

Auch die Klassenlehrerin griff dieses Thema wieder auf, als wir uns im kleinen Kreis meiner 9. Klasse befanden. Allerdings meinte sie noch, dass man sich mit den bewertenden Lehrern durch kleine Geschenke gut stellen sollte...

Übrigens hat die Neuigkeit, dass ich ein Buch herausbringen möchte, sehr schnell die Runde gemacht. Und so befand ich mich in einem Kreuzverhör, in welchem man versuchte, den Grund für meine schriftstellerische Aktivität herauszufinden. Im Endeffekt waren alle total begeistert, als ich den russischen Prototyp vorzeigte und erkundigten sich begeistert, wann das Büchlein denn erwerbbar wäre und zu welchem Preis. Hihi.

Und dann verließ ich auch schon die Schule und ging zusammen mit Nastina, Sonja und Nastja in ein Cafè, um den Abschied des Schuljahres zu zelebrieren. Ich zeigte mein Abschiedsalbum, welches ich für meine Englischlehrerin (und YFU- Freiwillige) angefertigt hatte. Bilder, Erinnerungen, Eindrücke und viel Text. Ich war mächtig stolz, dass ich soviel schriftlich verfasst habe und das ohne irgendwelche Hilfestellungen. Auch habe ich nicht wie sonst zunächst den Text auf Deutsch verfassen müssen und dann übersetzen, sondern schrieb einfach drauf los, als ich das Album anfertigte. Ich schilderte ihnen die selben Eindrücke, wie auch euch. Z.B.: Das Mütterchen mit der Kuh und den Schafen, Zeitreise in russische Dörfchen, Schneetreppen, eisige Temperaturen..., dass ich nicht wusste, was ein „Dnevnik" ist und auch zum ersten Mal einen Trolleybus gesehen habe. Meine Freundinnen schmunzelten zunächst und brachten schließlich ihr Bedauern über meine baldige Abreise zum Ausdruck.

Doch ich ließ es nicht zu, wegen mir Trübsal zu blasen und wechselte schnell das Thema auf ihre bevorstehenden Examen und dass ich während dessen lecker Eis essen werde - aber dazu später mehr.

Als sich unsere Wege trennten, suchte ich das Kabinett der Englischlehrerin auf, um ihr das Album zu überreichen. Sie freute sich riesig und meinte, dass Mitte Juni, wenn die 9.Klässler ihre Examen erfolgreich bestanden haben, ich (auf selbiger „Examenverleihungsfeier") offiziell verabschiedet werden würde - na da bin ich mal gespannt. Um ehrlich zu sein hatte ich schon das Gefühl, dass man die Tatsache meiner baldigen Abreise schon völlig vergessen hatte... Dienstagabend traf ich das erste Mal seit ungefähr einem halben Jahr wieder auf meinen Gastvater. Er scheint sich nicht verändert zu haben: Immer noch ein großer, schlanker Mann, welcher gern und schlau redet, ständig guter Laune ist und Witze erzählt. Der „positive Wind", welcher schon bei seinem letzten Besuch wahrnehmbar war, sorgt auch jetzt wieder für eine angenehme Brise in meinem russischen Heim.

Meine Gastmutter hatte gestern Geburtstag. Zwecks dessen stand ich gegen 8 Uhr auf und ging auf den Markt. Die übrigen Familienmitglieder waren bereits ausgeflogen- sowohl auf Arbeit oder in den Kindergarten - oder wie Xjuscha, welche bevorzugte ihre Flugkünste im kuschelig-weichen Bett unter Beweis zu stellen. Zu Deutsch: sie schlief noch.
Meine russische Mutter hatte mir gesagt, dass es nicht nötig sei, ihr etwas zu schenken, da sie bereits durch die Geschenke meiner Verwandten versorgt sei. So ganz mit leeren Händen wollte ich dann aber doch nicht dastehen und beschloss „Russischen Zupfkuchen" zu backen, da man selbigen beim letzten Mal in den Himmel gelobt hatte. Da ich allerdings wollte, dass es eine kleine Überraschung wird, stand ich extra früh auf, um alles fertig zu haben, wenn die Vöglein wieder einfliegen.

Nach einer Stunde kam ich vom Markt wieder und hatte alle Siebensachen beisammen. Nun konnte das Backen beginnen.

Drei Stunden später: Kuchen fertig. Xjuscha aufgestanden. Festtafel aufgestellt. Erster Salat bereits fertig. Vöglein fehlen. Schließlich flatterten sie ein und wir begannen emsig zu schnippeln und zu kochen.

Um fünf kamen auch schon die Gäste: Kolleginnen aus der Schule und Verwandte. Xjuscha verließ die Festrunde, um mit Sascha spazieren zu gehen, was sehr zur Verärgerung ihrer Mutter sorgte, vor allem, als sie sich noch um 2 Stunden verspätete.

Nachdem wir „Karawai" getanzt hatten, ging ich in Xjuschas und mein Zimmer, dort traf ich bereits Dima an, welcher emsig die auf meinem Computer gespeicherte Forsetzung meines Buches las und mit einem Grinsen bemerkte, dass seine Freundin auch gerade einen Teil des Prototyps lesen würde.

Fazit: Gut, dass ich mal ein Praktikum beim Konditor gemacht habe.

Scharli und die Eisfabrik

Und schon war der Tag des Russischexamens für meine Gastschwester herangebrochen. Wie ich bereits schon einmal erwähnte, muss man hier in der 9. Klasse Examen in den Fächern: Russisch, Algebra, Englisch und einem Wahlfach ablegen. Und da standen sie nun, die 9. Klassen. Einer aufgeregter als der andere. Witzelnd fragte ich in die Runde, ob man sich wenigstens mit Spickzetteln ausgerüstet hätte. Prompt rafften ein paar Mädels ihre Röcke hoch und präsentierten ihre beschriebenen Beine - aber auch Arme und Handys waren bestens ausgestattet. Eh… ja…kein Kommentar.
Übrigens: Die Größe Russlands hat durchaus ihre Vorteile. Hihi. So saßen viele der 9. Klässler die halbe Nacht im Internet, um die Prüfungsaufgaben zu suchen. In Deutschland wäre es vergeblich, doch nicht hier. Denn hier gibt es Zeitverschiebung. Im gesamten Russland scheint ein- und dasselbe Examen abgelegt zu werden. So kamen in Wladiwostok die selben Prüfungsfragen dran wie hier. Nur, dass man sie in Wladiwostok 7 Stunden früher schrieb und anschließend im Internet veröffentlichte…
Und da wir gerade bei – nennen wir es: „interessante Methoden der Bewältigung von Examen" sind, kann ich euch gleich noch etwas erzählen: Ich habe persönliche Kenntnis von einem Lehrkörper, welcher 1000 Rubel (25 Euro) bezahlte, um einem Lieblingsschüler ein bestandenes Examen zu erkaufen. Lang lebe Russland!

Doch nun mehr zu meinem eigentlichen Aufenthaltsgrund in der Schule: Eis. Besser gesagt: Tschuwaschisches Eis. Wieder einmal würde ich für einige Stunden Zweitklässlerin sein und eine Fabrik besuchen, in welcher Milchprodukte - u.a. Eis- hergestellt werden. Die Lehrerin kannte ich bereits, da auch sie bei der Geburtstagsfeier meiner Gastmutter dabei war. Am Vortag meinte sie noch scherzend, dass sie mich nur mitnehmen würde, wenn ich ihr

257

das Rezept des Kuchens aushändigen würde, weshalb ich nun vor ihr stand und ihr selbiges überreichte. Sie bedankte sich.

Bald saßen wir im Bus, welcher uns zur Eisfabrik bringen würde. Eigentlich ist ja mein langersehnter Kindheitstraum, mal in eine Schokoladenfabrik zu kommen - aber Eis ist da gar kein soo schlechter Anfang.
In der Fabrik angekommen, stiegen wir aus dem Bus aus. Der Busfahrer sah mich verdutzt an und fragte laut in die Runde: „Geht die immer noch in die zweite Klasse?" Als er die Antwort bekam: „Nein, das ist eine deutsche Austauschschülerin", sah er mich noch verdutzter an und für einen Moment schien es mir fast so, als wolle er mir etwas sagen.

Dann zogen wir weiße Mäntel über und betraten die heiligen Hallen der Eisherstellung. Nun wurden uns die einzelnen Schritte der Eisherstellung erklärt: Angefangen beim Kochen der Vanillefüllung (in einer riesigen Wanne, worin man locker hätte baden können...), über Hineinschießen der Holzstiele in das Eis, weiter zu Eis am Stiel, welches in lecker Schoki getaucht wird und schließlich betraten wir eine Kammer, in welcher –30 Grad waren und künstlicher Wind erzeugt wurde - bis zur Decke gefüllt mit Eis. Die Gruppenführerin meinte, dass sie zur Zeit in etwa 100 Tonnen Eis lagern und nun auf die Hitzesaison warten. Jammi! Gekrönt wurde die Führung mit kostenlosem Eis. Jeha!

Wieder in der Schule angekommen ging es für mich gleich weiter zum tschuwaschischen Fernsehen - diesmal mit der zweiten Klasse meiner Gastmutter. Ein Mann erzählte uns zunächst die Geschichte der Entwicklung des Fernsehens und zeigte uns dann ein echtes Fernsehstudio. Ich muss sagen, dass ein Fernsehstudio kleiner ist, als ich es mir vorgestellt habe. Eine Ecke des Raumes ist schick und vorzeigbar (da, wo auch später die Moderatoren stehen) und der übrige Teil des Zimmers ist verramscht mit Kabelsalat und Technik. Beides sehr interessante Führungen - wenn es auch beim Fernsehen kein Gratiseis gab...

Im russischen Heim half ich bei den Vorbereitungen zur zweiten, allerdings etwas kleineren Geburtstagsfeier meiner Gastmutter. Heute würden nur die „Oma", ihr Lebensgefährte und der Vater meiner russischen Mama kommen. Auch die „Oma" kam beizeiten und half mit bei den Vorbereitungen, denn schließlich hat das Geburtstagskind sich auszuruhen und die Männer (dank klassischer Rollenverteilung) nichts zu suchen in der Küche. Wir unterhielten uns. Das kommt übrigens in letzter Zeit häufiger vor. Die „Oma" ist ein super Gesprächspartner! Am Ende der Vorbereitungen meinte sie, ich sei ein seltenes junges Mädchen und ihr gefalle meine Art zu denken...

Und auch dieser Abend ging vorüber - gefüllt von Witzen und interessanten Erzählungen meines Gastvaters, Gelächter und viel frischem Wind...

Sonntag gingen meine Gasteltern, klein Daschul und ich Schaschlik essen. Diese kleine Veranstaltung war als eine Art Klassenfeier der Schüler meiner Gastmutter gedacht und fand unweit von den Ufern der Wolga statt. Es war ein sehr sonniger, sommerhafter Tag mit Temperaturen bis 30 Grad. Wir spielten Handball, grillten, aßen wie immer viel zu viel.

Ach - und was mir gerade noch einfällt: Die Woche war wirklich geradezu angefüllt mit blöden Fragen!
Hier ein Beispiel:

"Klaut man in Deutschland?"
„Kommt vor."
„Stimmt es, dass man dem Dieb dann zur Strafe die Hand abhackt?"
...

Lottchen

Fazit: In Russland gibt's nicht nur im sprichwörtlichen Winter Eis.

Samstag, 11. Juni 2011

Ein Hauch von Ewigkeit

Seit dem ersten Juni war es soweit: Offizieller Ferienbeginn - mal abgesehen von den 9.und 11. Klassen, welche gezwungenermaßen Examen ablegen müssen, und mir, welche im Schulferienlager hilft.
Wie es dazu kam? Ich hatte keine Lust den gesamten Juni gelangweilt in meinem russischen Heim zu sitzen, weshalb mir meine Gastmutter schließlich vorschlug, beim Ferienlager auszuhelfen. Auf diese Art und Weise würde ich noch ein paar Museen, Sehenswürdigkeiten - im Allgemeinen Tscheboksary - besser kennen lernen.
Und so fand ich mich gegen 8 Uhr am ersten offiziellen Ferientag im Trolleybus Nummer 1 auf dem Weg zur Schule wieder.

In der Schule angekommen, wurde ich in die 1. Abteilung des Schulferienlagers eingeteilt. Hier würde ich nun bis zu meiner Abreise freiwillig und unbezahlt die Rolle eines Erziehers erfüllen.

Insgesamt gibt es 5 Abteilungen mit jeweils ca. 30 Schülern. Zunächst dachte sich jede Gruppe einen Namen aus. Meine Gruppe heißt „NLO"[1]. Anschließend überlegten wir uns noch ein kleines Sprüchlein, passend zum Gruppennamen. Beides - Name und Sprüchlein - werden jeden Tag bei der Morgenversammlung auf dem Schulinnenhof aufgesagt, zusätzlich wird noch über die Zahl der anwesenden „Kosmonauten" Auskunft gegeben. Anschließend folgt Morgengymnastik (Gott sei Dank nur für die Kleinen) und Frühstück. Nach dem Essen sind Ausflüge an der Reihe. So waren wir in zwei verschiedenen Theatergebäuden, auf einem Kinderfest, im Kinderspielpark und in Museen. Ich scheine mich ziemlich gut zu machen, denn ab und zu bekomme ich Lob der „echten" Erzieher zu hören und man schlug mir vor, die Berufsrichtung „Pädagoge" einzuschlagen. Doch ich glaube mir reicht die Erfahrung, einen Monat auf einen Haufen Kinder der zweiten Klasse aufzupassen, für den Rest meines Lebens…

Wie ich bereits erwähnte: Seit mein Gastvater da ist, ist hier permanent was los. Ich komme kaum noch hinterher mit Blog schreiben. Von morgens 7 Uhr bis nachmittags 3 Uhr bin ich im Ferienlager und anschließend unternehmen wir meist etwas. Das Wunderbare ist, dass mein Gastvater stolzer Besitzer eines Autos (Hyundai Landrover) ist und ich dadurch Tscheboksarys Straßen auch mal aus einer anderen Perspektive, nicht nur als Fußgänger oder Bus(mit)fahrer kennen lerne.

Bemerkenswertes?

1. Nur die Passagiere auf den vorderen Plätzen müssen sich anschnallen - auf den „billigen" Plätzen herrscht keine Anschnallpflicht.

2. Die Art Auto zu fahren erinnert mich an den Urlaub in Italien. Habt ihr schon mal italienische Autofahrer erlebt? Jeder fährt wie er will und flucht was das Zeug hält. Das Gleiche hier:

Wir fahren im Auto, wollen wenden. Straßenbild: Wir stehen auf einer geraden Straße. Links ein Parkplatz (unsere Wendemöglichkeit). Auf besagtem Parkplatz ein weiterer Autofahrer, welcher uns den Wendeplatz versperrt. Ringsum: Wiese. Mein Gastvater fragt ihn mit Armgefuchtel durch die Windschutzscheibe, wohin er gedenkt zu fahren, damit wir wenden können. Autofahrer symbolisiert: geradeaus. Geradeaus ist aber Wiese. Wir denken, dass er scherzt, da die einzige Straße, welche mit dem Parkplatz verbunden ist, jene ist, auf welcher wir stehen. Mein Gastvater fährt also ein Stück zurück um

---

[1] „UFO"

Platz zu machen. Und dann passiert es. Der andere Autofahrer (Jeep) tritt aufs Gas und brettert geradeaus über die Wiese bis zur nächsten Fahrbahn. Eh...ja.... Mein Gastvater grinste mich an und meinte: „Von so etwas kannst du dann zuhause berichten!" – was ich dann hiermit auch getan hätte.

Vom 3.- 4. Juni waren wir mit dem Auto wieder einmal in einem süßen, kleinen russischen Märchendorf. Diesmal lag es nicht in der russischen Republik Tschuwaschien, sondern in Mari El. Übrigens spricht man dort – logischerweise - nicht Tschuwaschisch, sondern Mari.

Wir machten uns also auf dem Weg zum Geburtsdorf des Vaters meiner Gastmutter, welches den Namen Nuschenaly trägt. Xjuschas Opa verbrachte seine gesamte Kindheit und seine Tochter fast jeden Sommer hier, demzufolge können beide fließend Mari - ganz im Gegensatz zu den übrigen Mitreisenden: Gastvater, Xjuscha, Daschul und ich.

Wir fuhren an Feldern und Wiesen vorbei, durch andere Dörfer und jedes Mal dachte ich: Das ist es jetzt bestimmt! Doch jedes Mal meinte man: Nuschenaly ist noch kleiner. Dies wiederum wollte ich nicht glauben... Und dann waren wir da. Mitten in der "Pampa". Nein, Pampa ist nicht der richtige Begriff, denn wenn ich ehrlich bin, finde ich das Dorf wunderschön und wäre am liebsten glatt eine Woche geblieben.

Wir befanden uns nun auf dem Hof des Grundstücks der Frau des verstorbenen Bruders von Xjuschas Opa. Ich sah mich um. Zum Knutschen: Ein altes Holzhaus, welches lediglich aus Küche, Stube und Flur bestand. Der gesamte Stolz der Küche: Ein echter Backofen!!

Weiter sah ich: Ein Banjahaus (Sauna), Stall und ein weiteres Holzhaus, worin wir übernachteten. Toilettenhäuschen. Zum Grundstück gehört auch ein Garten. Auf Leinen wehte frisch gewaschene Wäsche im Wind. Hühner rannten glucksend über den Hof.

Ich bat Xjuscha mir etwas die Gegend zu zeigen und so gingen wir etwas spazieren. Das Dorf verfügt über stolze zwei Straßen, welche allerdings eher als Feldweg zu bezeichnen sind. Zu beiden Seiten der Straßen sieht man ähnliche Gehöfte wie jenes, welches ich euch soeben beschrieb.

Über den Feldweg rannten Hühner und Gänse. Xjuscha zeigte mir den Brunnen, welcher z.Zt. kein Wasser führt. Ich fragte, woher man nun Wasser bekommen würde, denn schließlich ist fließend Wasser Fehlanzeige. Sie führte mich zu einem kleinen Bach, welcher in einem 10 min entfernten Tal plätscherte. Die Bewohner des Dorfes sind allerdings größtenteils bereits über 60, da die Jugend es vorzieht in der Stadt zu leben. Unvorstellbar, dass eine 60 jährige Oma schwere Wassereimer aus dem Tal heraufhievt... Meine Gastmutter erzählte mir später voller Bedauern, dass früher hier buntes Treiben herrschte, sowohl Alt als auch Jung lebte hier - doch mittlerweile lebt hier nur noch Alt. Jung schaut nur in den Sommerferien vorbei.

Die Führung ging weiter und ich liess mich weiter verzaubern. Xjuscha meinte, dass das nächste Geschäft hier ca. eine halbe Stunde Fußmarsch entfernt sei.

Wir blieben stehen und sahen hinab auf einen kleinen See. In der Nähe weideten Kühe, welche von einem Mütterchen bewacht wurden.
Am frühen Abend setzen wir uns auf die Bank vor unserem Häuschen. Bald kamen einige Dorfbewohner hinzu, welche sich sehr über den Besuch freuten. Mit großen Ohren lauschte ich Mari. Schon leicht frustrierend. Da kann ich nun halbwegs ordentlich Russisch und verstehe wieder nichts...

Bald darauf trieb das Mütterchen die Kühe von der Weide zu ihren Besitzern, auch Schafe wurden zurückgebracht. Dies sorgte einige Minuten für ein hektisches Treiben in dem so kleinen Dörfchen.

Während ich auf dieser Bank saß und dem Treiben zusah, glaubte ich jegliches Zeitgefühl verloren zu haben und fühlte einfach nur Unbeschwertheit. Alles hatte einen Hauch von Ewigkeit... Ernsthaft: Wenn jemand über Stress im Alltag klagt und nicht weiß, wohin er seinen Entspannungsurlaub verlegen soll: Ich empfehle russisches Dörfchen.

Abends fanden wir uns in dem Häuschen zusammen. Wir aßen, quatschten und hätten sogar Karten gespielt, wenn wir nicht die Karten vergessen hätten. Nebenbei lief immer der Fernseher.

Ja, ihr habt richtig gehört: Fließend Wasser, Heizung = Fehlanzeige. Strom = Fernseher = selbstverständlich. Mich verwundert schon gar nichts mehr!

Meine gesamte Gastfamilie und ich übernachteten also im Holzhäuschen nebenan - alle in einem Zimmer. Kein Problem. Augen zu. Gute Nacht.

ssssummm

Gegen 4:30 am Morgen wachten wir auf und jagten Mücken, welche immer mehr zu werden schienen. Irgendwann schliefen wir wieder ein. Gegen 6:15 hörte ich einen Hahn krähen. Märchenhaft.

Meine russische Mama stand bald auf und half Piroggen zu backen. Xjuscha und ich dümpelten noch in unseren Betten herum, bis wir uns schließlich an den Frühstückstisch (im anderen Haus) begaben. LECKER! Es ist unvergleichlich, wie lecker Piroggen schmecken, welche frisch in einem echten, steinernen Backofen gebacken wurden.

Ich war schon etwas traurig, als wir uns gegen Mittag auf den Rückweg machten.

← Händewaschen: Wasser in blaues Gefäß. Hände waschen. Wasser fließt in Topf unterm Waschbecken.

Sicherheitstechnik am Hauseingang.

Am 5. Juni hatte mein Gastvater Geburtstag. Übrigens habe ich etwas Bemerkenswertes festgestellt: Meine Gastmutter hat im selben Monat Geburtstag wie meine Mama und mein Gastvater im selben wie mein Papa. Sachen gibt's...

Wie gesagt: Mein Gastvater hatte Geburtstag und ich war kurz vor einem Nervenzusammenbruch. Er hatte zwar ebenfalls gesagt, dass man nichts schenken müsse, aber dennoch fand ich es angebracht, da alle Pakete meiner Verwandtschaft nur mit Aufmerksamkeiten für den weiblichen Teil meiner Gastfamilie bedacht waren. Ich zermarterte mir das Hirn. Der Mann scheint einfach alles zu haben. Aber dann fiel mir ein, dass er nicht oft seine Familie sieht und so beschloss ich einige Bilder von seiner kleinen Familie und vor allem von klein Daschenka entwickeln zu lassen. Er freute sich sehr über die gerahmten Erinnerungen.

Den gesamten Vormittag werkelten wir fleißig am Festessen. Ich buk diesmal übrigens Dresdner Eierschecke. Jammi!

Lottchen

Fazit: Ein Russe meint was er sagt. Wenn er sagt, er fährt geradeaus, dann fährt er geradeaus.

Mittwoch, 15. Juni 2011

Синяя река[1]

Dadurch, dass wir im Dorf Karten spielen wollten, fiel uns allen etwas auf: Ich kannte kein „echtes" russisches Kartenspiel und so brachte man mir das Spiel „Dummkopf" bei. Fast jeden Abend spielen wir nun Karten und manchmal gelingt es mir sogar, nicht permanent der „Dummkopf" (=Verlierer) zu sein. Und wenn die „Oma" und ihr Lebensgefährte da sind, spielen die auch gleich mit.
Bei solchen Angelegenheiten bekomme ich nun immer öfter zu hören, wie langweilig es ohne mich werden würde, dass man sich das Leben hier ohne mich nur noch schwer vorstellen könne, da man sich an mich wie an ein Familienmitglied gewöhnt hat. Die „Oma" meinte: „Bald geht es nach Hause und was bleibt, sind Erinnerungen, dass du irgendwann mal 10 Monate in

---

[1] blauer Fluss

Russland gelebt hast." Xjuscha meinte nur: „Ich versuche nicht daran zu denken." Und ich weiß nicht, ob ich lachen oder heulen soll... noch habe ich schlappe 2 Wochen in russischen Landen vor mir...

Aber nun weiter zu den Ereignissen der letzten Tage:

Beim Bauchtanz ist nun endgültig meine Tarnung aufgeflogen. Verraten hat mich mein Name. Eine Frau fragte interessiert, wie meine Eltern auf diesen so ungewöhnlichen Namen gekommen seien, womit ich gezwungen war meine Maske abzunehmen. Die Gesichter werde ich nie vergessen. Verwunderung, Erstaunen, Bewunderung und etwas Entsetzen über die eigene Unwissenheit. Ich hörte Kommentare wie: „17?! Im Ausland wird man aber schnell erwachsen, wenn man dich schon fort gelassen hat..." . Ich fragte, ob man meinen Akzent nicht mitbekommen habe. Antwort: Ja, aber man glaubte, ich wäre aus einer der vielen kleinen Volksgruppen (Tataren, Tschuwaschen...), welche in Russland leben. Wie gesagt: Als Ausländer hat man hier gute Chancen nicht aufzufallen. Eine Frau sah mich sehr ernst an und meinte schließlich: „Nein, nein und nochmals nein! Das glaube ich nicht! Du hast nicht mal `nen deutschen Akzent! Ich hätte dich dem Baltikum zugeordnet!" Dies hatten mir übrigens schon mal die „Oma" und Nastina gesagt. Hihi ☺

Außerdem waren meine gesamte russische Familie und ich shoppen. Xjuscha und meine Gastmutter nutzen die Gelegenheit aus, dass mein russischer Vater dabei war. In Russland scheint diese Regel wirklich gelebt zu werden: Mann bezahlt. Selbst wenn nur Freunde unterschiedlichen Geschlechtes essen gehen – Mann bezahlt und das lässt er sich auch nicht nehmen.

Ich wollte mir ein paar schwarze Absatzschuhe kaufen. Ursprünglich dachte ich an etwas um 5cm, um nicht allzu hoch zu werden. Aber dann zeigte mir Xjuscha ein wunderschönes, preisgesenktes Paar - einziger Haken: Absatz = 9cm. Ich probierte sie an. Klasse Aussicht von hier oben. 1,80m. Mein Gastvater stellte sich neben mich. Er ist ein paar Zentimeter höher. Ich sah fragend in die Runde. Einstimmig sagte man mir, ich solle sie unbedingt nehmen - selbst mein Gastvater. Gekauft. Nun gehöre auch ich auch zu den Wesen, welche auf Stelzen über den Asphalt schweben...

Wie bereits erwähnt rückt meine Abreise immer näher und somit auch das Problem des Platzmangels. Im Koffer darf ich nur 20 kg transportieren, was zwangsläufig zur Folge hat, dass der übrige Krempel mit der Post versendet werden muss. Da ich nun mittlerweile weiß, dass ein Paket schon mal einen Monat unterwegs sein kann, kümmerte ich mich bereits vorige Woche darum.

In Deutschland kein Thema: Man schnappt sich irgendeinen Karton, füllt ihn und schickt ihn ab. Hier ist das etwas umständlicher:

1. Woher Karton? Wir gingen zur Poststelle. Die größten Pakete dort sind zu klein. Man sagte uns, dass man am Bahnhof größere Pakete versenden könne.

Am Bahnhof (übrigens nicht so eklig versifft wie manche deutschen) wurde uns nach ca.1 Stunde Hin-und-her-gerenne gesagt, dass man von hier nach Deutschland nichts versenden würde.

Wieder zur Post. Wir fragten, ob man einfach irgendeinen großen Karton packen könnte. Antwort: Nein. Wir nahmen drei kleine Kartons.

2. Was darf rein? Während ich die Kartons nun füllte schrieb ich mir sorgsam auf, was ich hinein gepackt hatte, denn man darf hier bei Weitem nicht alles verschicken. (z.B.: Flüssigkeiten= mögliche Bombe)
Anschließend füllte ich insgesamt 9 A5 Seiten aus, in denen ich u.a. niederschreiben musste, dass das Paket keine dem Staat schädlichen Inhalte besitzt.

3. Es ist eine Freude, sie kennen zu lernen!
Mein Gastvater und ich fuhren schließlich zur Poststelle. Dort wurden die beiden Pakete (ich hatte nur zwei gefüllt) gewogen - insg. 18 kg. Während das Schaltertantchen die Papiere überprüfte und viele Fragen zum Inhalt der Pakete stellte, verriet mein Gastvater schließlich meine Identität, womit sich auch gleich ein Gespräch über das ach so tolle Deutschland anschloss und dass das Tantchen Bekannte in Deutschland hat. Schließlich meinte sie : „Es ist eine Freude sie kennen gelernt zu haben, Scharlotta!"

Das Wochenende verbrachten wir in einem kleinen Häuschen, welches der Schwester meiner Gastmutter (welche in Nowotscheboksarsk lebt) gehört. Wir waren eine große Gruppe: Die ganze Austauschfamilie - sogar Dima war dabei - die Schwester meiner Gastmutter mit Kind und deren Bruder mit Kind.

Mit zwei Autos fuhren wir zu dem kleinen Waldhäuschen, welches sich an einem Seitenarm der Wolga befindet. Insgesamt eine Stunde fuhren wir durch

Städte, Dörfer (diesmal habe ich freilaufende Schweine aus dem Fenster sehen können!) und schließlich durch Wald.

Angekommen. Ausgestiegen. Gestochen worden. Fazit: Nicht dazugelernt. Kaum waren die Stiche vom letzten Dorfausflug verflogen, würden nun wieder neue dazu kommen.

Wir begaben uns zu Tisch, aßen, grillten und schwatzten. Irgendwann meinte die Schwester: „Scharlotta, du bist so eine aufgeschlossene und fröhliche junge Frau, dass ich wirklich feststellen muss, dass sich meine Einstellung zu Deutschland geändert hat - zum Besseren." (YFU-Auftrag erfüllt - hihi.)

Dascha rannte übrigens freudestrahlend durch den Wald. Schließlich zupfte sie mich aufgeregt am Pullover und meinte: „Looos! Ich zeig dir einen Pilz!" Zum Knutschen: Pilz = grib. Dascha kann immer noch kein „r" sprechen. Also wollte sie mir einen „glib" zeigen. Das Wort kombiniert mit Heliumstimme eines Kleinkindes und ihren strahlenden Augen - einfach niedlich.

Gegen 11 Uhr gingen die Ersten schlafen. Nach etwas Überreden blieb ich mit den Übrigen wach und schwang das Tanzbein, denn es wurde ziemlich kalt - zu kalt um entspannt am Tisch zu sitzen und „Dummkopf" zu spielen...

Синяя река...

Rechts: Am unteren Ende saß ich Morgens um sechs...

Um 1 Uhr ging auch ich zu Bett. Übrigens ist die Bettensituation sensationell: 1 Zimmer, 4 Betten, 10 Leute. Aus zwei Bänken wurde noch ein Bett gebastelt. Man schlief eben zu zweit oder zu dritt in einem Bett. Nur die Herren der Schöpfung (Dima und der Bruder) genossen den Luxus des Einzelbettes.

Um 6 Uhr schlich ich mich aus dem Häuschen, setzte mich ans Ufer und verlor mich in Gedanken. Gegen um 7 stellte mein Gastvater erstaunt fest, dass er nicht der erste auf den Beinen wäre. Nach und nach standen die übrigen auf. Wir frühstückten (nicht etwa Brötchen, sondern gleich Plov) und machten uns schließlich auf den Rückweg.

Fazit:In Russland muss man nicht die Party suchen. Sie kommt von selbst – auch nachts im Wald.

Trauerklops

Was ich noch völlig vergessen habe euch mitzuteilen: Daschas ersten Worte auf Deutsch: „Ja ja, natürlich!" Wie es dazu kam? Während seiner Anwesenheit antwortete ihr Vater oft mit diesem deutschen Satz, anstelle der russischen Version. Dies ist allerdings nicht das Einzige auf Deutsch, was er kann. Oft warf er bei einem Gespräch deutsche Wörter ein - und das, obwohl er nie Deutsch gelernt hat. Jedes Mal sah er mich dann prüfend an, ob ich wirklich verstanden hätte, was er eben gesagt hat und lächelte zufrieden, wenn ich verständnisvoll nickte. Nun ja, so kam es, dass klein Daschenka dem Wortlaut ihres Papas nacheiferte und ihre ersten deutschen Worte sagte. Mittlerweile versuchen wir ihr ein kurzes Gedicht beizubringen, da meine Gastmutter möchte, dass sie dieses meinen Eltern vorträgt, wenn sie uns in Deutschland besuchen.

Klitzekleines Zwerglein
Ging auf ein Berglein.
Rutschte aus,
und ging nach Haus.

Wir sind gerade mal bei der ersten Zeile und das „Klitzekleines Zwerglein" klingt eher wie ein „klizekaines Swergain". Bin mal gespannt ob das was wird...

Gestern war eine kleine Veranstaltung in der Schule, deren Zweck die Vergabe der bestandenen Examen und Ehrung für besondere Leistungen war. Die von uns allseits geliebte Direktorin liess es sich nicht nehmen, die würdige Rolle des Urkundenverteilers und Lange-Reden-Schwingers zu spielen. Nach und nach wurden Schüler aufgerufen, welche nun ihre Auszeichnungen bekamen. Ich schaltete auf Standby - zum Glück schaltete ich nicht völlig ab, denn sonst hätte ich meine eigene Ehrung verpasst! Ja, ihr habt richtig verstanden: Ich wurde geehrt!

Die Direktorin schüttelte mir die Hand und hängte mir eine Medaille um den Hals, welche mit „Stolz des Gymnasiums" beschrieben ist.

Sie bestand noch auf einer kleinen Danksagung meinerseits, also stellte ich mich kurz ans Mikro und bedankte mich für das freundliche und hilfsbereite Wesen der 9. Klassen - allgemein der Schule (mal abgesehen von der Person, welche mir die Medaille überreichte…).

Als ich das Schulgebäude verließ schaute ich noch bei der Deutschlehrerin vorbei, denn schließlich ist sie die einzige Lehrerin, welche ich wirklich lieb gewonnen habe. Als ich das Kabinett betrat, sah sie mich zunächst etwas irritiert an, bis sie mich schließlich freundlich empfing. Sie meinte: „Komm herein, mein Sonnchen, du bist gar nicht wiederzuerkennen!" Das höre ich nicht zum ersten Mal. Erst neulich teilte man mir mit, dass sich Lehrer in der Kantine untereinander fragten, wer das fremde Mädchen sei, welches den Frühstückstisch für die erste Abteilung des Ferienlagers eindeckte. Hoppla. Ich find' nicht, dass ich mich so großartig verändert habe - aber ich wünsche meinen Verwandten schon mal viel Spaß beim Wiedererkennen!

Ich erzählte der Deutschlehrerin von meinem Buchvorhaben, welches sie als „brillant" bezeichnete und gleich entrüstet fragte, warum ich sie nicht gebeten hätte das Buch ins Russische zu übersetzen. Als ich mich schließlich verabschieden wollte, meinte sie, dass sie mich noch vor meiner Abreise anrufen würde, denn sie fände es reichlich zu früh um bereits „lebewohl!" zu sagen.

Der „Stolz des Gymnasiums" drehte der Schule den Rücken zu und verliess das Gebäude, in welches er nie wieder zurückkehren würde.

Als meine Gastmutter nach Hause kam, hatte sie eine schlechte Nachricht für mich. Eigentlich wollten wir bereits heute mit Dima nach Wolgograd fahren, aber aus verschiedenen Gründen ist Wolgograd jetzt Pustekuchen und ich war mehr als traurig, denn nun würde ich die letzten Tage in Russland mit Kindern im Ferienlager verbringen, anstelle eines spannenden Ausflugs in eine mir unbekannte Stadt. Verdammt!

Doch meine Gastmutter gab sich nicht so schnell geschlagen, da nicht nur ich sondern auch Xjuscha durch die Wohnung schlich wie ein Trauerklops. Und so rief sie ihren Bruder (welcher mit im Waldhäuschen war) in Moskau an. Es klappte. Für ein paar Tage nimmt er uns auf. Zu Deutsch:

ICH FAHR' NACH MOSKAU! JEEEEHAAAA!
Ich könnt' platzen vor Freude!

Heute um 20:00 Uhr fährt unser Bus ab. Wenn alles planmäßig verläuft, sind wir 5 Uhr in der Hauptstadt. HAHA – seit gestern bekomm' ich mein Grinsen nicht mehr aus dem Gesicht.

Liebste Grüße aus Russland

Lotte

Fazit: Wenn sich die eine Tür schließt, öffnet sich eine andere – in meinem Falle direkt nach MOSKAU!

Hier übrigens die tschuwaschische Stickerei, welche ich seit langem fertig habe.

Montag, 27. Juni 2011

Vor verschlossenen Toren

Hier nun die Schilderung meines Moskauerlebnisses:

Am 21. Juni gegen 18:00 Uhr machten wir uns auf den Weg zum Bahnhof, um von dort, mit dem Bus, nach Moskau zu fahren. Allerdings verlief dies nicht in der mir bekannten und gewohnten Art und Weise: Anrufen. Platz sichern. Sondern: Hingehen. Bus auswählen. Am Bahnhof stand ein ganzer Haufen Busse, welche alle das gleiche Ziel hatten und die Busfahrer warben lautstark um Kundschaft. Es hatte etwas von Marktschreiern.

Meine Gastmutter wählte einen Bus aus und meinte zum Busfahrer, dass er auf uns aufpassen sollte wie auf seinen Augapfel. Dies tat er dann auch wirklich. Nach jeder Raststätte fragte er besorgt, ob die „Mädels" noch auf ihren Plätzen wären und ob es uns gut ginge.

Während der Fahrt wurde ein Film eingelegt, welcher mich lediglich daran hinderte zu schlafen und auch nachts, als der Film lange ausgeschaltet war, bekam ich keinen Schlaf zugesprochen, da der Busfahrer mit dem LKW-Funk vernetzt war und man nun so etwas wie: *krk * „Durchsage an meine Kollegen: an der nächsten Raststätte stehen die Fänger (umgangssprachlich für Verkehrspolizei)" *krk* hörte.

Die ca. 650 km nach Moskau bewältigten wir innerhalb 10 Stunden und kamen somit irgendwann gegen 5 Uhr in der größten Stadt Europas (ca 11, 5 Mio. Einwohner) an. Da man uns nicht vom Bus abholte, war unser nächstes Vorhaben die „Elektritschka" zu finden. Fremde Großstadt. Xjuscha und ich alleine. Nur eine Skizze, welche nicht ganz zu stimmen schien. Na dann finde mal 'ne „Elektritschka"! Was zum Teufel ist das überhaupt?! Es stellte sich schließlich heraus, dass dies eine Art Straßenbahn von der Länge eines Zuges ist. Wir kauften ein Ticket und fuhren eine Stunde bis zu einem Vorort Moskaus, wo uns dann schließlich der Bruder meiner Gastmutter begrüßte und uns zu unserer Unterkunft für die nächsten paar Tage brachte. Auf dem Weg zu seiner Wohnung erklärte er uns mit Bedauern, dass man ihnen für eine Woche das heiße Wasser abgestellt habe (nicht ungewöhnlich - nur Pech dass es ausgerechnet auf unseren Besuch fiel) und außerdem meinte er, dass der Fahrstuhl[1] nur von 18-21 Uhr gehen würde und sie in der 13. Etage wohnen. Mir entwich ein leichtes, hysterisches Lachen.

Endlich im 13. Stock angekommen wurden wir durch die Wohnung geführt. Recht klein, aber schön. Die Oma hat ein Bett in der Küche, die Eltern schlafen im Wohnzimmer und die beiden Kinder haben ihr eigenes Zimmer, wobei der Sohn vorübergehend zu seinen Eltern ins Zimmer umzog.

Es war mittlerweile 7 Uhr morgens und sowohl Xjuscha, als auch ich wollten nicht erst schlafen, sondern sofort Moskau erkunden. Doch der Hausherr sah das anders: Zuerst frühstücken, dann schlafen und erst gegen 13 Uhr mit den Kindern des Hauses (um die 14) und einer Freundin (18) losziehen. Verlorene Zeit, aber was will man machen...

---

[1] Hier noch eine kurze Anmerkung: Ein kleiner Fahrstuhl (Lift) heißt „Liftik". Man darf das nicht verwechseln mit „Liftschik", dem Büstenhalter. Die Lacher hat man dann jedenfalls auf seiner Seite.

<u>Tag 1:</u>
Nur mit viel Überredungskraft vermochten wir es, einen durch den Gastgeber geplanten Zoobesuch durch den Roten Platz zu ersetzten. Affen kann ich mir schließlich auch zu Hause ansehen!

Als es daran ging Tickets für die Elektritschka zu kaufen, fragten unsere Begleiter uns, ob wir wirklich welche kaufen würden, oder „schwarz" fahren. Eh - was? Die Mädels kauften Tickets. Allein unser männlicher Begleiter hielt dies für überflüssig. Wir stiegen ein. Nach ca. 15 min ging ein Strom von Menschen von einem Waggon zum nächsten und durchquerte somit auch den unseren. Nun sprang auch unser „schwarzes Schaf" auf und schloss sich dem Strom an. Man erklärte mir, dass dieser „Menschenstrom" nur aus „schwarzen Schafen" bestünde, welche vor dem Kontrolleur reißaus nehmen, welcher nun gleich kommen müsste. Und tatsächlich: „Die Fahrkarten bitte!" Ich sah aus dem Fenster und beobachtete, wie die Schäfchen aus dem ersten Waggon über den Bahnsteig in den letzten (nun bereits kontrollierten) Waggon pilgerten. War schon irgendwie lustig!

Weiter ging es mit der Metro. Wir stiegen aus dem U-Bahnschacht empor und gingen ein Stück zum Roten Platz. Unterwegs kamen wir am „Большой Театр" („Großen Theater") vorbei. Und dann waren wir am Ziel! Der Wunsch, welchen ich nun seit 10 Monaten hege, würde in Erfüllung gehen. Doch: Pustekuchen. Riesige Absperrungen, ein Aufgebot an Miliz – pardon - Polizei und Militär. Zutritt verboten. Grund? Gedenken an den Angriff Adolf Hitlers vor 70 Jahren. -.- Was nun?

Wir spazierten etwas herum und wurden schließlich von einem Wolkenbruch überrascht, was uns den Weg zurück antreten ließ. Ich war schon enttäuscht so wenig gesehen zu haben. Aber schließlich war das nicht mein letzter Tag in der Hauptstadt.

← Staatsduma

<u>Tag 2:</u>
Wieder warteten wir bis um 13 Uhr auf die Freundin, welche kurz vor knapp beschloss abzusagen. *Mommm ich bin ein Bauuuum, alles ist guuut.* Auch unser männlicher Begleiter zog es vor, sich mit seiner Freundin zu treffen. Wieder zum Roten Platz. Wieder Absperrungen - diesmal wegen der Feier für die Einserschüler Russlands. Alle Schüler, welche ihren Abschluss mit „5" (ausgezeichnet) bestehen, werden zu dieser Feierlichkeit am Roten Platz eingeladen.

Also machten wir uns auf den Weg zur Christ-Erlöser-Kathedrale. Diese Kathedrale ist 103 Meter hoch und somit eine der höchsten Kirchen auf der Welt - ein eindrucksvolles und wunderschönes Gebäude. Innen über und über mit Gold und Edelsteinen ausgestattet, kostbare Ikonenwände, Gemälde, Marmorfußboden und ehrfürchtige Stille.

Da dieses Buch kein Reiseführer ist, verzichte ich darauf, die vielen Fotos hier abzubilden und beschränke mich auf wenige. Jeder kennt die berühmten Gebäude und die palastartigen Metrostationen – wer nicht, der sollte sich mal informieren.

Auf dem Weg zur Metro kamen wir noch zufällig an einem Konzert vorbei - aber nicht an irgend einem, sondern an einem Konzert der Gruppe "Mumi Troll". Die Band ist hier seit Jahren berühmt und auch ich finde sie mittlerweile klasse. Sogar in unserem Russischlehrbuch (in Deutschland) war sie abgedruckt!

Tag 3:
Diesmal brachen wir um 9 auf, da der Rote Platz bereits um eins geschlossen werden würde - wieder wegen irgendwelcher Veranstaltungen. Diesmal waren Xjuscha und ich nur noch zu zweit. Für mich war es der schönste Tag in Moskau.

Die Pforten zum Roten Platz waren geöffnet und so betrat ich endlich den wohl bekanntesten Platz Russlands, welcher eigentlich gar nicht rot ist.

Den Namen "Roter Platz" hat dieser vom alten russischen Wort "schön", welches heute mit "rot" übersetzt wird. Ursprünglich war es also der "schöne" Platz und das stimmt auch bis heute.

273

Wir „besichtigten" auch das riesige, schlossartige Warenhaus GUM, welches von innen noch besser aussieht als von außen und in dem sich ein Markenlabel nach dem anderen tummelt.

Moskau hat sich seit 1990 von einer der preiswertesten zu einer der teuersten Städte der Welt entwickelt. Im Moment ist Moskau die teuerste Stadt Europas und steht weltweit nur den japanischen Städten Tokio und Osaka nach. Etwa fünf bis zehn Prozent der Moskauer Bevölkerung zählen zur wohlhabenden oder reichen Schicht.

Hier bin ich auf dem Anfangspunkt aller Straßen Russlands. In das Pflaster ist eine außergewöhnliche Platte eingelassen: die Darstellung eines Sterns mit der kreisförmigen Aufschrift: „Kilometer Null der Autostraßen der Russischen Föderation".
Dieses Symbol versinnbildlicht den Anfang aller Autostraßen Russlands.
Auch die E3 nach Wladiwostok, nach der Panamericana die zweitlängste Straße der Welt (> 10.000 km), beginnt hier.

(Dieser Punkt befindet sich unmittelbar vor dem Roten Platz)

Auch das Mausoleum Lenins haben wir in Augenschein genommen (von außen, innen war mir zu gruselig!).

Ich - schon sichtbar zufriedener - vor der Basiliuskathedrale - ein meiner Meinung nach wirklich faszinierendes Gebäude. Die Wände im Innenraum sind über und über mit gemalten Blumengirlanden verziert - und natürlich mit Ikonenwänden.

Basiliuskathedrale, Kreml und Roter Platz sind seit 1990 Weltkulturerbe.

Fünf vor knapp saßen wir dann wieder im Bus. Geschafft. Gott sei Dank!

Nach 12 Stunden Fahrt kamen wir gegen 9 Uhr in Tscheboksary an. Trolleybus. Wohnung. Frühstück. Duschen. Letztes Treffen mit YFU. Katja meinte zu mir, ich habe mich sehr verändert und sagte, ich habe etwas von „einem Mädchen aus Puschkins Erzählungen". Vor Verblüffung vergaß ich zu fragen, welches Mädchen denn genau.

Nun habe ich genaue Angaben zu meiner Heimreise nach Deutschland. Am 30.06., 22:30 Uhr fahren wir nach Kasan. Gegen 9 Uhr am nächsten Tag geht mein Flug nach Berlin. Anschließend folgt das Young European Seminar und erst danach geht es nach Hause.

Fazit: Moskau ist schön – Sankt Petersburg ist schöner!

Abschied

Dies ist also das letzte Mal, dass ich euch von meinen Erlebnissen im fernen Tscheboksary erzähle.

Einen Tag nach der Moskaureise hatte ich vermutlich eine leichte Lebensmittelvergiftung. Jedenfalls ging es mir schrecklich, ich sah so aus und fühlte mich auch so, was mich im Hinblick auf meine baldige Heimreise schon etwas nervös machte. Doch einen Tag später war bereits alles wieder in Butter und am 27. konnte ich mich dem Kofferpacken widmen. Am 28. verabschiedete ich mich zunächst von dem „Mütterchen", dann von Xjuschas Vater, seiner Frau und Jana. Wir saßen am Tisch, aßen Torte und redeten. Schließlich standen Xjuscha und ich in der Tür und mir wurden letzte Segenswünsche auf den Weg gegeben. Als Xjuscha und ich das Haus verließen und die Straße entlanggingen, winkten sie zu dritt aus dem Fenster. Ein Anblick, welcher sich in mein Hirn gebrannt hat.

Und am 29. war dann auch schon die Verabschiedungsfeier von meiner so lieb gewonnenen russischen Familie. Doch zunächst hieß es: Festtafel vorbereiten. Bei meiner Gastmutter und mir fehlte jegliche gute Stimmung, welche bekanntermaßen (zumindest jedem, der schon mal gekocht hat) nötig ist, um etwas wirklich Leckeres zuzubereiten. Als die „Oma" kam, versanken wir im

Stress. Mein Kuchenteig war mehr Knete als Teig, und es war noch viel zu tun. Die „Oma" lockerte etwas die Stimmung, half und machte Pluschki[1]. Als Xjuscha noch hinzu kam, schnippelten und kochten acht fleißige Hände, das Gemüt wurde sonniger. Aus meinem verhunzten Bienenstich wurde ein Kuchen mit Bananenfüllung und Mandeldach.

Um sechs kamen die Gäste. Nur wegen mir kamen stolze dreizehn Personen (und nein, ich bin nicht abergläubisch). Es war - wie immer - eine muntere Runde, es wurde auf mein Wohl angestoßen und kleine Reden geschwungen. Ich habe sehr, sehr viele Komplimente und liebe Worte an dem Abend gehört. (Sogar Lehrer aus meiner Schule ließen Grüße ausrichten).

Jedenfalls, so meinte man, steht mir hier immer die Tür offen - nicht nur bei meiner Gastmutter - sogar der Bruder meines Gastvaters lud mich ein, mal zu ihm nach St. Petersburg zu kommen. Jeha - Vitamin B (= Beziehungen) lässt grüßen.
Die ersten Gäste verabschiedeten sich. Viele Worte. Geschenke. Etwas Trübsal. Zum Schluss blieb eine kleine Runde am Tisch sitzen: Xjuscha, die „Oma", ihr Lebensgefährte, der Bruder meines Gastvaters, dessen Mutter und ich. Wir spielten bis gegen eins „Dummkopf"- eine - wie ich finde - der besten Möglichkeiten seinen letzen Abend hier zu verbringen. Als sich die Runde anschließend auflöste, sahen Xjuscha und ich noch bis halb drei „Der Teufel trägt Prada". Während des Sehens schoss mir kurzzeitig ein Gedanke durch den Kopf: **heute**. Es ist schon seltsam. Da denkt man die gesamten 10 Monate: „Noch x Monate…", kann es manchmal kaum erwarten, dass man seine Lieben in Deutschland wiedersieht und dann, wenn es Wirklichkeit wird, will man es nicht mehr - obwohl eigentlich schon, aber irgendwie doch nicht - es ist schwer zu erklären.

Am Mittag des letzen Tages in Tscheboksary überraschte man mich. Und an dieser Stelle wieder: Ich liebe die russische Mentalität! Ich weiß gar nicht mehr, ob ich euch damals davon berichtet habe, dass wir, als wir die Pakete nach Deutschland aufgaben, mit der jungen Postangestellten ins Gespräch kamen - so von wegen Deutsche 10 Monate ohne Eltern in Russland wie super - und sie habe auch eine Freundin, welche ein Jahr in Deutschland verbracht habe. Jedenfalls quatschten wir damals ganz angenehm. Und heute bekam ich einen Anruf von ihr! Ich bin fast nicht mehr geworden! Da hat man dieses Mädchen einmal im Leben gesehen und drei Wochen später ruft sie an, nur, um eine gute Rückreise zu wünschen. Hach nee.. solche Situationen werde ich in Deutschland vermissen… ☺

---

[1] Gebäckschnecken

Gegen eins befand ich mich mit Natascha und Xjuscha im Kino, danach gingen wir mit allen meinen Freunden ins McDonalds (ich weiß: suuuper Ort). Lera und Nastina kamen sogar mit kleinen Abschiedsgeschenken und Natascha hat mich sogar portraitiert (sie kann das wirklich!). Doch insgesamt muss ich zugeben, dass mir der Abschied von meinen Freunden dort nicht sooo schwer fiel.

Am Abend fand sich wieder eine kleine Runde in meinem russischen Heim zusammen. Ich packte das letzte Zeug zusammen, als Dascha mit ihrem Dreirad ins Zimmer fuhr, zunächst auf den riesigen Koffer und dann auf mich mit ihren großen Augen sah:

„Fährst du wieder nach Deutschland?"

„Ja, Daschenka…" sagte ich etwas traurig. Das kleine Mädchen sah mich mit ihren großen Augen an, ihr Blick erhellte sich plötzlich: „Na dann mach' mal Platz, ich komm' mit meinem Dreirad nicht durch!"

Nach dem letzen gemeinsamen Essen brachten mich meine russische Mutter, Xjuscha, Dascha, die „Oma" mit Sohn, Lebensgefährte und Enkelin zum vereinbarten Treffpunkt. Der Weg war schwer. Ich sah mich oft um, denn ich wusste ich würde all das für lange Zeit nicht wiedersehen…der kleine Kiosk… die wunderschöne Kirche… Straße…die Bushaltestelle…Schulweg…schöner Sonnenuntergang… Xjuscha hatte bereits etwas gerötete Augen. Am Treffpunkt warteten wir etwas, bis schließlich Katjas Vater mit einem Pickup vorfuhr und mein Gepäck eingeladen wurde. Auch Clemens (der andere Deutsche) kam bald mit einer Gruppe von Freunden. Sie verabschiedeten ihn, indem sie ihn hochhoben und mehrmals laut jubelnd in die Luft warfen. Als die Freunde erfuhren, dass ich auch abreisen müsse, wurde auch ich jubelnd in die Luft geworfen. Doch auch diese kleine Auflockerung vermochte nicht die Traurigkeit des Momentes zu überspielen. Ich verabschiedete mich von allen, Als ich die „Oma" umarmte war mir zum Heulen zu Mute… als mich Xjuscha, welche nicht gern Schwäche zeigt, schon gar nicht vor anderen Leuten, weinend ansah und wir uns umarmten, war es zu spät. Ich musste weinen. Ins Auto. Losfahren. Winken aus dem Fenster. Beruhigen.

Der entscheidende Unterschied, warum der Abschied aus meiner deutschen Heimat leichter fiel, als der von meiner russischen, ist der, dass alles wieder kommt. Ich wusste genau, dass ich meine Familie, Schule, Freunde und meine kleine, grüne Stadt wiedersehen würde. Aber bei Tscheboksary wird es nie wieder so sein. Ich habe einfach nicht die Möglichkeit noch einmal ein ganzes Jahr hier zu verbringen.

Wir holten die Italienerin und Sophia (Deutsche) ab. Dasselbe in grün mit vielen Tränen.

Es war mittlerweile gegen 23:00 Uhr, doch niemand dachte an Schlafen. Wir unterhielten uns - auf Russisch. Der Vater (und Fahrer) war schwer beeindruckt und erinnerte an die gemeinsame Fahrt vor 10 Monaten: Damals unterhielten wir uns nur untereinander auf Deutsch, allerdings kaum mit unsrem Fahrer und jetzt, 10 Monate später, unterhielten wir uns sogar untereinander auf Russisch!

Gegen zwei waren wir am Flughafen Kasan. Warten. Wir trafen einen Bekannten von Clemens, welcher in der Armee dient, sehr netter Mann, welcher uns bis zum Abflug Gesellschaft leistete und sogar Spiele mitspielte. Um 5 flog die Italienerin.

Die übrige Wartezeit nutzte ich u.a. um mir mein Abschiedsfotoalbum, welches mir meine russische Familie geschenkt hatte, anzusehen. Bilder, Abschiedsbriefe meiner Freunde, liebe Worte meiner Familie - wieder war mir etwas weinerlich.

Um 7 gingen wir, die noch übrig waren, zum Check in. Wir waren spät dran. In einem leeren Bus, abgesehen von uns dreien, fuhren wir noch schnell zum Flugzeug, nahmen Platz und hoben ab.

In Moskau angekommen, hörte ich zum ersten Mal seit langem wieder Deutsch. Der Flug war von Moskau nach Berlin gebucht, weshalb man hier nun auch deutsche Geschäftsmänner antraf. Eine seltsame Sprache. Wir begannen wieder auf Deutsch zu sprechen, doch hörten bald damit auf, da Russisch leichter fiel und wir noch so lange wie möglich in Übung bleiben wollten - vergessen werden wir sowieso beizeiten...

Aus dem Flugzeug warf ich einen letzten Blick auf Russland.

Fazit: Alles was bleibt, sind Ferienbesuche...

Rückkehr

Am Flughafen Berlin-Tegel angekommen wurden wir von einem YFU-Mitarbeiter empfangen und gleich um Mithilfe gebeten. Wir halfen gern noch die anderen Heimkehrer in Empfang zu nehmen, da einige gleichzeitig mit unterschiedlichen Maschinen ankamen. Und dann gab es ein großes Hallo! Ich traf meine Freunde von der Vorbereitungstagung wieder, einige waren in Ungarn, andere in Schweden oder Finnland gewesen – es gab viel Gesprächsstoff und jede Menge Freude!

Mit dem Bus fuhren wir weiter zum YES (Young European Seminar). Dort angekommen bekam jeder ein Namensschild, worauf eine Karte der Jugendherberge zu sehen war, der Name, die Flaggen des Heimatlandes und des Austauschlandes und auf der Rückseite eine Art Stundenplan. Auf diesem Seminar arbeiteten wir unsere Erlebnisse im Austauschland auf und bereiteten uns auf das Kommende in der Heimat vor. Außerdem sprachen wir über Themen wie: Unterschied zwischen Europa, EU und Schengen - Vor- und Nachteile? Im Allgemeinen war das Thema: Grenzen (alle - also persönliche, religiöse, geographische…).

Vom 1. bis zum 5. Juli dauerte dieses hochinteressante und spaßige Seminar an - wobei ich an YFU ein rieeesiges Dankeschön aussprechen möchte! Das Wunderbare an dem Seminar war, dass Lernen und Spaß verbunden wurden. So hatte man viel Zeit, um neue, interessante Leute kennen zu lernen, denn alle von YFU, welche ihren Austausch dieses Jahr in Europa machten, waren auf diesem Seminar (über 500). Man konnte sich mit Dänen, welche in Finnland waren, unterhalten und zwei Minuten später bereits mit einer Französin, welche in der Türkei war. Dies sorgte für viele neue Erkenntnisse und Freundschaften.

Übrigens fiel mir die Umstellung von Russisch auf Deutsch bzw. Englisch nicht so leicht. Am ersten Morgen begrüßte ich alle verschlafen mit einem „Dobroe utro!", dann verwirrt mit „Guten Morgen!" und schließlich mit „Good morning!" – denn man erkennt ja nicht sofort die Identität eines Mädchens, welches man im Schlafanzug im Korridor antrifft.

Ich muss zugeben, dass ich am Anfang etwas traurig war, da ich glaubte, dass niemand Russischsprachiges vertreten war, bis ich am Essenstisch einen Moldawier kennen lernte (in Moldawien spricht man Rumänisch und Russisch).

Ich setzte mich sofort zu ihm und frischte mein Russisch auf. Nach ca. 15 Minuten fragte er mich, woher ich eigentlich komme:

Ich: „Rat mal!"
Er: „Ehh… Russland? Ukraine?"
Ich: „Hihi. Nein Deutschland!"

Ihm fiel die Gabel aus der Hand.

„WAS? DU HAST KEINEN AKZENT! NUR MANCHMAL EIN BISSCHEN!! ICH DACHTE DU WÄRST AUS IRGEND EINEM RUSSISCHSPRACHIGEN LAND. AAAAHHH"

Ich lachte. Er stellte mich seinen moldawischen Freunden vor: 20 Moldawier starrten mich gespannt an:

„Sag mal was!"

Auf dem YES traf ich auch die Moldawierin wieder, welche in Deutschland in meiner Familie ihr Austauschjahr verbrachte. Wir unterhielten uns angeregt und sie brachte mich auf den neusten Stand in Bezug auf meine Familie.

Doch auch dieses multikulturelle Treffen hatte ein Ende und wieder hieß es: Abschiednehmen!

Gegen 8 stand ich am Bus, welcher die Ungarn- und Schwedenaustauschler nach Hause bringen würde und verabschiedete meine Freunde. Zum Glück hatte der Reisebus Verspätung und die Gesellschaft konnte mir die Aufregung nehmen. Meine Eltern würden mich abholen kommen!

Um 8:09 Uhr schrieb meine Mutter eine SMS : „Noch ca. 50km…". Sechs Minuten später: „40 km.." und schließlich schrieb sie: „Gleich…" Hibbelig und einem Herzkasper nahe stand ich am Bus mit meinen Freunden, bis ich etwas sah: Meine Eltern! Sind das meine Eltern? Das sind doch meine Eltern! Leicht schubste ich meine Freunde zur Seite und rief über den ganzen Platz: „Meine Eltern! Das sind meine Eltern!", sprang über Koffer und Gepäckstücke und fiel ihnen in die Arme. Meine Mutter weinte vor Glück und auch ich ein bisschen (obwohl ich von mir damit wirklich nicht gerechnet hatte). Ich verabschiedete mich von allen, meldete mich ab und stieg in unser Auto. Während wir zu meinen Großeltern fuhren, erzählten wir ununterbrochen, was in dem Jahr vorgefallen war, denn obwohl ich Blog schrieb, gab es eine Menge zu erzählen.

Warum mein Zwilling mich nicht abholte? Sie hatte Praktikum, passender Weise in der Stadt, in welcher meine Großeltern wohnen. Seit einem Monat bereits war sie todunglücklich, dass sie mich als Letzte sehen würde, obwohl sie doch die Wichtigste für mich ist. Tja, falsch gedacht. Überraschung!! Meine Eltern setzten mich am Fotoladen ab, ich betrat diesen und verlangte die Praktikantin. Meine Schwester sah mich und fiel mir weinend um den Hals. Ich glaube, erst da wurde mir so richtig bewusst, wie sehr sie mich vermisst haben muss. Mit roten Augen und einem fröhlichen Lächeln meinte sie nur: „Du bist blöd!" Und fiel mir wieder um den Hals. Die Chefin nahm es gelassen, da Schwesterlein offenbar schon von mir erzählt haben muss. So wurde ich während normaler Arbeitszeit zu Kaffee und Kuchen gebeten und konnte mich mit meiner Schwester unterhalten.

Darauf folgte das Wiedersehen mit meinen Großeltern und meiner Großtante. Wie ich sie alle vermisst habe! Wir unterhielten uns lange.

Alles fühlte sich so vertraut an: Keine peinliche Stille oder „blöde Fragen". JEHA - ich bin zu Hause! Vor mir liegt das Treffen mit meinen anderen Großeltern und Verwandten, Freunden und der Einzug in mein „altes Zimmer". Ich könnte platzen vor Glück.

Fazit: „Zu Gast ist es schön, Zuhause am schönsten."

Gesamtfazit

Zusammenfassend kann ich sagen, dass sich mein Austauschjahr sehr gelohnt hat und dass ich jedem diese lebensverändernde Erfahrung weiterempfehlen kann. Lebensverändernd? Ja, lebensverändernd. Mit meiner Reise nach Russland habe ich nicht nur meinen Lebensweg in eine neue Richtung gelenkt, sondern auch das Leben der Menschen, welche ich auf dem Wegabschnitt „Russland" traf, habe ich zumindest ein wenig beeinflusst. Einige haben ihre Einstellung zu Deutschland geändert - vielleicht auch etwas die Sichtweise auf ihr eigenes Land. Und nicht zuletzt fand ich gute Freundschaften und eine zweite Familie, welche mich ihrer Aussage zufolge immer herzlich willkommen heißen.

Positives gab es also viel: Erfahrungen, Verständnis für eine andere Kultur, neue Freunde, Sprachsicherheit, Spaß, eine zweite Familie, Erweiterung des eigenen Horizonts, Wachsen über sich selbst hinaus...usw..

Dennoch muss ich sagen, dass ich mir ein Austauschjahr wesentlich einfacher vorgestellt habe. Vermutlich entsteht dieser Eindruck durch die Austauschler, welche fröhliche Gruppenfotos zeigen und von ihren tollen Erlebnissen berichten. Natürlich ist ein solches Jahr voll von schönen und aufregenden Momenten, aber auch von schwierigen, voll von Heimweh und Überforderung.

Es ist klar, dass keiner nach Hause kommt und beginnt, die Probleme, welche er mal vor 5 Monaten gehabt hat, aufzuarbeiten. So entsteht allerdings leicht der Eindruck, dass ein Austauschjahr eher ein - „Juhu, ich nehm' ein Jahr Auszeit von der Schule, begebe mich in ein spaßiges, aufregendes Leben und lerne nebenbei eine Sprache" - Jahr ist. Dies ist allerdings nur eine Seite der Medaille.

Ich hoffe, ich konnte durch dieses Buch etwas verdeutlichen, wie das Leben eines Austauschlers aussieht und vielleicht einige Unentschlossene zum Austausch ermutigen.

Ganz besonders allerdings hoffe ich, durch dieses Buch mein eigentliches Anliegen erfüllt zu haben, welches mich überhaupt dazu brachte schreibend tätig zu werden, indem ich ein paar Vorurteile im Bezug auf Russland entkräften und diese vielleicht sogar durch neue, positive Eindrücke ersetzen konnte.

Ich danke euch für eure treue Lesebereitschaft - es war mir eine Freude für euch zu schreiben.

Eure Lotte

Anhang

Feiertage in Russland

Die russische Feiertagsregelung sollte man nicht unerwähnt lassen, da sie mir interessant (weil arbeitnehmerfreundlich) erscheint.

Wenn der gesetzliche Feiertag auf einen Samstag oder Sonntag fällt, wird er laut russischer Gesetzgebung am darauffolgenden Arbeitstag nachgeholt. Die Regierung kann einzelne Arbeitstage auf an sich arbeitsfreie Samstage und Sonntage verlegen, um in der vorangehenden oder folgenden Woche eine Kette von ununterbrochenen arbeitsfreien Tagen zu erreichen. Ebenso können Tage außer der Reihe zu arbeitsfreien Tagen erklärt werden.

Ist also z.B. der 1. Mai ein Dienstag, legt die Regierung Samstagsarbeit für den 28. April fest. Dafür ist Montag der 30. dann frei und es ergeben sich drei aufeinanderfolgende freie Tage.

Gesetzlich arbeitsfreie Feiertage

- 1.- 5. Januar – Neujahr und Silvester
- 7. Januar - Russisch-Orthodoxes Weihnachtsfest
- 23. Februar - Tag des Verteidigers des Vaterlandes
- 8. März - Internationaler Frauentag
- 1. Mai - Tag des Frühlings und der Arbeit
- 9. Mai - Tag des Sieges
- 12. Juni - Tag Russlands - Offizieller Nationalfeiertag
- 4. November - Tag der Einheit des Volkes

Rezept Scharlottka

(nichts weiter, als ein einfacher Apfelkuchen)

1 Becher Zucker
1 Becher Mehl
4 Eier
1 Messerspitze Backpulver
4 Äpfel (schälen und in kleine Stückchen schneiden.)
Übrige Zutaten vermischen.
Etwas Teig auf den Boden der Kuchenform, dann Äpfel darüber geben und den übrigen Teig darüber verteilen.
Bei ca. 170°C backen ungefähr 20 min. (ich backe nach Gefühl, unser Gasherd hat keine Gradeinstellung...)
Wenns lecker duftet, ist der Kuchen schon fertig.
Man kann anstelle von Äpfeln auch andere Früchte verwenden und auch noch Puderzucker auf dem fertigen Kuchen verteilen.

Einfach, schnell und leeecker ...

Zungenbrecher

Шли три попа, три Прокопия попа, три Прокопьевича,
говорили про попа, про Прокопия попа, про Прокопьевича.
Один поп Прокоп говорил: когда пришел Прокоп кипел укроп,
другой поп Прокоп говорил: когда ушел Прокоп кипел укроп,
а третий поп Прокоп говорил: как при Прокопе кипел укроп,
так и без Прокопа кипел укроп.

Für meine Leser, die des kyrillischen Alphabetes nicht mächtig sind, hier eine
Umschreibung in lateinischen Buchstaben:

Schli tri popa, tri prokopija popa, tri prokopijewitscha,
goworili pro popa, pro prokopija popa, pro prokopiejewitscha.
Odin pop prokop goworil: kogda prischjel prokop kipjel ukrop,
drugoj pop prokop goworil: kogda uschjel prokop kipjel ukrop,
a tretij pop prokop goworil: kak pri prokopje kipjel ukrop,
tak i bes prokopa kipjel ukrop.

Und hier noch die Übersetzung:

Es gingen drei Popen, drei Prokopija[1] Popen drei Prokopiewitscha[2].
Redeten über den Popen, über den Prokopija Popen, den Prokopiewitsch.
Ein Pope sagte: Als der Prokop ankam, kochte der Dill.
Der andere Pope sagte, dass als der Prokop ging, der Dill kochte.
Der dritte Pope sagte, dass sowohl vor dem Pokop als auch ohne Prokop der
Dill kochte.

Wie das Ganze ausgesprochen klingt und noch weitere Zungenbrecher erfahrt
ihr auf www.russlandlotte.de.

---

[1] Nachname
[2] Abstammung (Vatersname)
  (Alle drei Popen heißen Prokop Prokopija Prokopiewitsch)

Tipps für ein Austauschjahr

Dieser Abschnitt ist vor allem zukünftigen Austauschlern gewidmet - ich werde für euch mal etwas Licht auf die „dunkle" Seite der Medaille werfen - nicht um euch zu erschrecken, sondern vorzubereiten. Meiner Meinung nach ist es besser die ganze Wahrheit zu kennen und sich darauf gefasst zu machen - obwohl sich das an dieser Stelle fast schon zu dramatisch anhört.

1. Bei Problemen - egal welcher Art - versucht diese zunächst selbst zu klären. Wenn euch das nicht gelingt, bittet eure zuständigen Betreuer euch zu helfen. Auf keinen Fall zieht eure leiblichen Eltern in der Ferne hinzu. Nur in den seltensten Fällen können sie euch helfen – ihr bewirkt also eher unnötige Aufregung.

2. Kontakt mit den Eltern, Verwandten und Freunden so gering wie möglich halten. Jeder reagiert anders - den einen erleichtert ein Skypegespräch und beim anderen führt es nur zu schrecklichem Heimweh. Allerdings bei jedem führt es zu einem Verlangsamen des Prozesses des Einlebens im neuen Heim und dem Erlernen der Sprache. Verständnis sollte hierbei auf beiden Seiten (Eltern und Kind) vorherrschen!

3. Macht euch auf Zunahme eures Gewichtes gefasst. Ihr mögt jetzt schmunzeln und sagen: „Ja klar - ich doch nicht!" Pustekuchen! Selbst ich, welche in Deutschland nie Sport getrieben hat und permanent Süßkram in sich gestopft hat ist von 53kg auf 60kg "herangewachsen" (und damit bin ich bei Weitem nicht die einzige).
Mein Tipp also: Nicht warten bis man fett ist und dann unglücklich vorm Spiegel stehen, sondern gleich eine Möglichkeit Sport zu treiben ausfindig machen. Ansonsten sollte man es entspannt sehen, das Austauschjahr ist einmalig im Leben, somit auch die kulinarischen Raffinessen und deren Auswirkungen.

4. Allen vergebenen, glücklichen Paaren, welche vom Austausch "betroffen" sind, sage ich Folgendes: Trennt euch. Fernbeziehung hält in den seltensten Fällen (und mit selten meine ich selten und nicht, dass ihr zu den Auserwählen gehört). Falls es euch aufgefallen ist: Ich habe seit langem nichts mehr von meinem Freund geschrieben - das liegt daran, dass er mittlerweile die Vorsilbe „Ex" trägt (wieder bin ich nicht die Einzige, der dies wiederfahren ist)…
Tipp: Trennt euch im Guten. Man sollte sein Austauschjahr - jede einzelne Sekunde - genießen und nicht schmachtend mit dem Liebsten chatten. Nach Beendigung des Jahres könnt ihr es ja wieder miteinander versuchen.

Wie ihr seht: die „Schattenseite" besteht gerade mal aus 4 Punkten, welche man durchaus überlebt. 😐

Hier noch allgemeine Tipps:

- Die Austauschorganisation
Der wohl wichtigste Tipp: Sucht euch die richtige Organisation aus, eine welcher ihr vertraut! Das Gelingen eures Austauschjahres hängt nicht nur von euch, sondern auch von der gewählten Organisation ab! Mit dem Finden einer Gastfamilie ist die Arbeit der Organisation noch lange nicht getan. Es empfiehlt sich, im Internet Foren zu dem Thema zu durchforsten und Meinungen anderer Leute zu studieren.

- Ehrlichkeit
Ihr tut euch keinen Gefallen, wenn ihr in den Fragebögen der Austausch-organisation flunkert. Ehrlich währt am längsten. Raucht ihr z.B., dann gebt das auch an – das Familienleben kann empfindlich gestört werden, wenn die Gasteltern einen Nichtraucher erwarten.

- Geld
Überlegt euch unbedingt, wie ihr eure finanzielle Versorgung absichern wollt. Es gibt mehrere Varianten. Die meiner Meinung nach Beste ist die: Jugendkonto mit Kreditkarte anlegen. Es gibt Banken, bei denen man mit einem kostenlosen Konto per Kreditkarte überall auf der Welt gebührenfrei Geld abheben kann.

- Grundkenntnisse der Sprache
Erwerbt vor Beginn eures Austauschjahres aber wenigstens gewisse Grundkenntnisse über Feiertage, wichtigste historische Ereignisse und das Alphabet eures Austauschlandes. Es kann auch nicht schaden, alltägliche, einfache Sätze wie: „Guten Tag!" oder „Wie geht es dir?" bereits zu erlernen.
Besorgt euch vor eurem Austauschjahr ein Wörterbuch, sodass ihr im Zweifelsfall Wörter nachschlagen könnt. Es reicht schon, einfach nur eine Internetseite zu kennen, welche selbige Funktion erfüllt.

- Benimmregeln: Was darf man, was nicht?
In vielen Ländern gelten etwas andere Regeln - nicht nur im öffentlichen Leben, sondern auch innerhalb von Familien - besser ihr macht euch mit diesen vertraut, bevor ihr ins Fettnäpfchen tretet. Aber eine gute Austausch-organisation (siehe oben) weist auf Fallstricke hin.

- Fotos
Nehmt unbedingt Fotos von eurer Familie, Freunden und Heimat mit - es wird mit Sicherheit mit großem Interesse danach gefragt werden und es erleichtert auch ungemein die Kommunikation in den ersten Tagen..

- Essen
Erlernt ein paar einfache Gerichte eurer Heimatküche oder nehmt ein paar typische Rezepte mit, sodass ihr eure Familie mit unbekannten Speisen überraschen könnt. Das macht immer Eindruck. (Muss ja nicht gleich Torte sein.)

- schwarz/weiße Kleidung:
Ihr solltet schwarze Hose/Rock und eine weiße Bluse/Hemd mitnehmen - für Jungs empfiehlt es sich sogar (wenn bereits im Besitz) einen Anzug mitzunehmen. Schulkleidungsvorschriften setzten sich meist aus den Kombinationen genannter Kleidungsstücke zusammen - allgemein sollte man darauf achten, auch ordentliche (nicht aufreizende) Kleidung für besondere Anlässe mit zu nehmen.

- Gastgeschenke: (gilt für Russland)
Als Gastgeschenke empfehlen sich:
* Gute Salami – Qualitätswurst allgemein – ist in Russland selten und vor allem teuer. (Wird natürlich gern gegessen.)
* Schokolade/Süßes - Vor allem die lila verpackte Schokolade und die für Kinder, Gummibärchen und der bekannte Schoko-Brotaufstrich (wie hieß der noch mal? 😊) sind teuer hier und gelten deshalb als Besonderheit. Es bietet sich also an, Besagtes mitzunehmen und zu verschenken - sei es als kleines Dankeschön oder einfach als nette Geste.
* Alkohol - Wer Probleme damit hat, ein Gastgeschenk für ein männliches Familienmitglied der zukünftigen Gastfamilie zu finden, kann auf deutschen Alkohol zurückgreifen. Natürlich sollte der Beschenkte über 18 sein (bzw. das Mindestalter für legalen Alkoholkonsum erreicht haben).

- Eure Siebensachen
Macht euch Gedanken, wie ihr euren nötigen Krempel in euer Austauschland bekommt. Wenn ihr per Paket eure Sachen verschickt, achtet darauf, dieses etwas vor eurer Abreise abzuschicken, damit es bald nach eurem Eintreffen ankommt und ihr nicht (wie ich) ewig auf eure Wintersachen warten müsst.

- Mittel gegen Heimweh:
    - wenig Kontakt zur Heimat (auch nicht über Internetchatrooms!)
    - unternehmt etwas mit euren neuen Freunden/ Familie
    - sucht euch Hobbys/ Beschäftigung

im schlimmsten Fall traurige Musik anschalten, Fotos anstarren und heulen.
→ hilft manchmal mehr als runterschlucken.

Vorbereitungen für mein Austauschjahr

August 2009
Angeregt durch den Auslandsaufenthalt eines Schulkameraden kommt die Idee eines eigenen Schuljahres im Ausland auf.
Es folgt die Recherche der Organisationen, die Auslandsaufenthalte für Schüler ermöglichen – es gibt viele davon.
Erkenntnis: es gibt kommerzielle Anbieter und gemeinnützige Vereine.

September 2009
Wir stellen fest: Es ist schon relativ spät für eine Bewerbung bei einer Austauschorganisation – einige haben jetzt schon die Zusagen für nächstes Schuljahr!
Jeder Anbieter setzt seine eigenen Schwerpunkte. Eines haben aber alle gemeinsam: So ein Austauschjahr ist eine kostspielige Angelegenheit!
Erkenntnis: 1 Jahr Australien können wir uns nicht leisten!

23. September 2009
Wir gehen zu einer Infoveranstaltung von YFU (Youth for Understanding) in Dresden. Die Veranstaltung ist informativ, ehrenamtliche Helfer erzählen von eigenen Erlebnissen und das Ganze macht einen „frischen" Eindruck. Diese Veranstaltung ist um Welten besser, als die eines kommerziellen Anbieters, die wir auch besucht haben.
Erkenntnis: YFU ist die richtige Organisation für mich!

24. September 2009
Ich starte die Internetbewerbung bei YFU und erhalte als endgültigen Abgabetermin den 15. Oktober. Bis dahin muß erledigt werden:
· Lange Fragebögen mit sehr vielen Fragen ausfüllen
· Beglaubigte Zeugniskopien besorgen
· Lehrergutachten besorgen
· Gastfamilienmeldung ausfüllen
· persönlichen Entwicklungsbericht schreiben
· Foto(s)
· Erklärung zum Kostenbeitrag durch die Eltern
Es ist die Entscheidung zu treffen, ob es ein „Tausch" sein soll, (d.h. meine Familie nimmt für die Zeit meines Auslandsjahres einen Austauschschüler aus einem anderen Land bei sich auf) oder nicht.
Meine Eltern entscheiden sich für die Aufnahme einer Gastschülerin. das erhöht evtl. meine Chancen ins Austauschprogramm aufgenommen zu werden.

2. – 12. Oktober 2009
Ich nehme an einem Schüleraustausch im Rahmen des Russischunterrichtes meines Gymnasiums teil. Wenn ich vorher noch zwischen verschiedenen Ländern schwankte - die 10 Tage St. Petersburg machen mir klar: Ich möchte 1 Jahr nach Russland! Die sehr nette Aufnahme in meiner Gastfamilie hat daran sicher großen Anteil.

8. November 2009
YFU lädt mich zum Auswahlgespräch in Berlin ein: Dieses lief zu meiner Überraschung sehr entspannt ab. In einer Diskussionsrunde, welche aus Bewerbern bestand, wurden verschiedenste Themen vor ehrenamtlichen YFU-Mitarbeitern diskutiert.

20. November 2009
Hurra! Angenommen!
YFU teilt mir die Aufnahme ins Austauschprogramm für Russland mit.

2. Dezember 2009
Der Brief mit Vertrag und Teilnahmeunterlagen ist angekommen. Unglaublich viel Papier ist auszufüllen. Die Unterlagen von YFU sind aber gut strukturiert und übersetzt (Formblätter A,B,C..) so dass man nicht so schnell die Übersicht verliert.
Es muß besorgt bzw. erstellt werden:
· Med-Unterlagen (Untersuchungen beim Hausarzt und Zahnarzt müssen sein!)
  Sogar ein Röntgenbild (wegen TBC) ist Pflicht
· Platzierungsunterlagen (persönliche Angaben, die das Finden einer Gast-
  familie erleichtern sollen)
· Stipendiumsantrag (YFU zahlt u.U. Stipendien)
· Host-Family-Letter (Ich stelle mich meiner Gastfamilie kurz vor)
· Fotos (Freunde, Familie)

11. Dezember 2009
Wir erhalten die bindende Teilnahmebestätigung mit Unterschrift. Jetzt ist es "amtlich". Der Schüleraustausch wird mit mir stattfinden.

29. Dezember 2009
Über einen von YFU vermittelten Kontakt treffe ich mich mit einem Ehemaligen, der mir beim Ausfüllen der umfangreichen Teilnahmeunterlagen behilflich ist. Er konnte mir einige offene Fragen beantworten und von seinen eigenen Austauscherfahrungen berichten. Wieder eine völlig zwanglose, entspannte, YFU-typische Zusammenkunft!.

23. – 27. März 2010
Austauschschülerin Natascha aus St.Petersburg ist bei uns zu Gast. Leider konnte nicht von derjenigen Schule ein Gegenbesuch bei uns stattfinden, bei der ich zu Gast war. Natascha ist von einer anderen Petersburger Schule – aber sie fordert meine Russischkenntnisse. Leider ist die Zeit sehr kurz.

14. April 2010
YFU teilt uns in einem Brief das Abreisedatum nach Russland mit. Es wird auf den 30.August festgesetzt.

9. – 15. Mai 2010
Vorbereitungstagung in Lauenburg.
Eine der wohl ereignisreichsten Wochen meines (bisherigen) Lebens. Jede Menge aufgeschlossene Gleichgesinnte, die ihr Austauschjahr genauso herbeisehnen wie ich. Wir wurden auf interessante, anschauliche Weise informiert. Tipps und einprägsame Tricks bezüglich des Austauschjahres werden ebenfalls vermittelt.
Ich habe neue Freunde gefunden und eine Reihe wichtiger Erfahrungen gesammelt.

19. – 27. Juni 2010
Erneut Besuch aus St.Petersburg.
Weil es mit dem Austausch nicht klappte, waren meine Eltern bereit, Maria - meine Gastschwester des Schüleraustausches im Oktober – privat einzuladen. Es wird eine schöne Woche. Mein Russisch verbessert sich weiter und Maria lernt gut Deutsch.

10. Juli 2010
Der Fragebogen für die Visa-Unterlagen trifft ein.
Es wird ein HIV-Test als Voraussetzung gefordert. – also nochmal zum Arzt!

1. August 2010
Eine E-Mail von Xenia F. trifft ein.
Sie ist 15 Jahre alt und wohnt in Tscheboksary. Sie freut sich auf mich und will ihr Zimmer mit mir teilen.
Die Gastfamilie hat noch weitere Kinder. (ältere und jüngere). Die E-Mail ist Englisch geschrieben. Ich antworte Russisch - sie wird es verstehen!? Ich habe nachgeschaut: Tscheboksary liegt ca. 650 km von Moskau entfernt an der Wolga, 450.000 Einwohner. Im Winter können es schon mal - 40 Grad werden. Das Abenteuer rückt näher!

3. August 2010
In Russland wüten riesige Wald- und Torfbrände. Es ist der heißeste Sommer seit 130 Jahren. Meine Gastfamilie ist gelassen: "Der Sommer ist kurz!"

6. August 2010
Der offizielle Brief von YFU mit den Daten der Gastfamilie trifft ein. Ich weiß jetzt die Adresse, wo ich wohnen werde. Jetzt fehlt nur noch die offizielle behördliche Einladung aus Russland.

11. August 2010
Die Einladung der russischen Föderation ist eingetroffen. Endlich sind alle Unterlagen für die Beantragung des Visums beisammen.

13. August 2010
Visum im Konsulat in Leipzig beantragt. Selten so viele Kameras an einem Gebäude gesehen.

23. August 2010
Visum im Konsulat in Leipzig abgeholt. Vorerst nur für 3 Monate. Muss später verlängert werden.

29. August 2010
Heute endet die Vorbereitungsphase. Die Gastgeschenke sind besorgt. Alle Formalitäten sind erledigt und die Abschlußparties gegeben. Mein Flug startet morgen am 30. August (sehr) frühmorgens. Der Koffer ist gepackt. 20kg Reisegepäck + 8 kg Handgepäck sind sehr wenig für ein ganzes Jahr. Gegen 21:10 Uhr (so der Plan) werde ich in Kasan mit Siberian Airlines landen. Dann noch ca. 3 Stunden Autofahrt bis zur Gastfamilie. Rußland ich komme!

Zweiter Teil des Interviews aus „Volksschule"

Hier nun der zweite Teil meines Interviews, welchen ich erst kurz vor Abflug erhielt:

Was hat dich hier verwundert?
Das Verhältnis zum Essen. Wenn man bei uns zu Gast ist, wird einem etwas angeboten, und es ist deine Sache- annehmen oder ablehnen. Aber hier: „Iss! Warum isst du nicht?! Iss! Du bist so dürr!" Und du sitzt, isst und isst. Aber die Hausherrin ist dennoch nicht zufrieden und wieder: „Warum isst du so wenig?!" Am Anfang erscheint einem dies etwas sonderbar. Aber euer Essen ist sehr lecker, also kann man es essen!

Welche tschuwaschischen Wörter kannst du?
Surt, uram, salam, pitschet schurtsche, atscha patscha…wenn ich im Trolley fahre höre ich die Haltestellenbezeichnungen (auf Tschuwaschisch).

Na siehst du, die Jugendsprache hast du verinnerlicht (Trolley→ auf Russisch „Trollik") aber sagst, dass du schlecht Russisch kannst…das heißt Kommunikation gelingt dir. Es gab keine Schwierigkeiten?
Nun ja. Meine Klasse ist meiner Meinung nach gut.[1]

Und wie ist dein Verhältnis zu Jungs?
Eigentlich normal… Ich lerne hier in der neunten Klasse, sie sind alle noch etwas klein für mich. Und außerdem: wozu brauche ich hier einen Jungen?! Ich fahre in vier Monaten weg, und werde ihn vermissen… nein, nein, nein! Für mich ist momentan das wichtigste: Ausbildung.

Und wenn du nach Hause kommst wirst du auslernen in deiner Heimatschule…
Ja. Mir bleiben noch zwei Jahre bis ich 19 bin. In der 11. –12. Klasse muss man eine bestimmte Anzahl an Punkten sammeln, denn nur dann bekommt man das Recht das Abitur abzulegen.

Kann es sein, dass du noch irgendwohin fahren möchtest?
Nun, wenn ich mein Studium beginne, überlege ich mir das. Aber nur für ein Semester. Aber bis zum ABI bleibe ich wirklich in Deutschland.

---

[1] ich weiß selbst nicht warum dieser zusammenhangslose Satz hier eingefügt wurde.

Wo warst du noch, außer Russland?
In London. Von dort sind wir bis nach „Lands End" gefahren. Dort ist die Landschaft so schön! Wirklich! Zauberhaft! Meer, grüne Hügel... Meine Eltern lieben es zu verreisen. In den Ferien waren wir in Frankreich, Spanien, Belgien, Österreich, der Schweiz, Schweden, Tschechien, Polen, Italien, Griechenland, auf Zypern, Sizilien, Mallorca...

Und wo gefiel es dir am meisten?
Ich liebe die ganze Welt! Vielleicht kann man gar nicht auf diese Frage antworten. Überall gibt es Besonderheiten. In England gefiel mir, wie ich bereits sagte, die Landschaft. In Italien das warme Klima...

Was empfandest du in Russland als anziehend?
Das Volk! – antwortete Scharlotta ohne lange zu überlegen- Die Einwohner hier sind sehr freundlich. Alle zufrieden, fröhlich. Wenn man im Geschäft meinen Akzent hört und erkennt, dass ich Ausländerin bin, will man mir sofort behilflich sein und lächelt.

Gehst du mit deinen Freunden auf Konzerte?
Ja. Wir haben das Ballet „Der Nussknacker" (mit der ganzen Schule) angesehen und ein Konzert für Fortepiano. Kinofilme sehe ich auch - aber meist auf DVD.

Und in die Disko geht ihr nicht?
Ich möchte nicht in die Disko.

Du lebst hier schon ein halbes Jahr, wie bemerkst du die Trennung von deiner Familie?
Wir schreiben Mails. Irgendwann, einmal im Monat, unterhalten wir uns über Web-Kamera. Oh, ein halbes Jahr! Wie schnell die Zeit verfliegt... Ja, ich beginne sie zu vermissen.
Manchmal sitze ich in einer russischen Chatplattform.[1]

Wie viele Freunde hast du dort?
Eigentlich mehr als 100. Aus Tscheboksary und St. Petersburg. Aber ich chatte nicht oft. Auf Briefe und Nachrichten muss man schließlich antworten, aber auf Russisch schreibe ich noch nicht so gut. Och! Vor allem quäle ich mich mit Weichheits- und Hartheitszeichen. Mir fällt sprechen leichter! Ich mag es, mich persönlich zu unterhalten und nicht per Telefon. Ich habe hier nicht mal ein Handy. Ich benutze nicht gern Mobilfunktelefone.

---

[1] wieder habe ich keine Ahnung warum diese Aussage so unpassend eingefügt wurde

Was hast du noch für Weltliteratur gelesen?
Shakespeare, Oskar Wilde, Agatha Christie.

Und aus moderner (Literatur)?
Ich las das deutsche Buch „Russendisko" von Wladimir Kaminer. Er ist in Russland geboren, aber lebt und arbeitet in Deutschland. Es ist eine amüsante Geschichte aus dem Leben eines einstig russischen Staatsbürgers in Deutschland.

Hörst du Lieder auf Russisch?
Mir gefallen die Gruppen „Quest Pistols", „Loc-Dog", „Kino".

Bemerkenswert. Die Gruppe „Kino" war berühmt in den 1980ern, ihr Solist Wiktor Zoja ist schon lang nicht mehr am Leben, aber ihre Lieder sind heute wieder in Mode, sowohl bei Erwachsenen mittleren Alters als auch bei der Jugend.
Ja! Sie haben super Lieder! Vor allem „Последний герой" (Der letzte Held).

Scharlotta, du bist schon soweit gereist. Was würdest du dir noch gern in Russland ansehen?
In Moskau war ich noch nicht. Dies ist schließlich die Hauptstadt Russlands- damit ist schon alles gesagt. Ich möchte den Kreml, den Roten Platz, die Basiliuskathedrale sehen. Und sonst ist es bloß interessant sich eine Stadt anzusehen, in welcher so viele Millionäre wohnen! Außerdem möchte ich in den Ferien nach Kasan fahren.

Was hat dir in Tschuwaschien gefallen?
Ich war im Dorf. Wundervoll! Niedlich! Bei uns ist ein Dorf wohl eher wie eine kleine Stadt. Aber bei euch ist es ein Märchen! Zauberei! Holzhäuschen. So klasse! Ofen, Banja, Haustiere, sogar im kleinen Haushalt.

Und jetzt mal ehrlich: was verwunderte dich in Russland, als du gerade angekommen warst?
Wie sich Frauen anziehen. Ich war in Ländern Europas und überall sieht man Touristen aus Russland. Sie sind sehr bemerkenswert geschminkt, Wimperntusche, Lidschatten, Lippenstift, Rouge. Und, sagen wir es so: Nicht gerade wenig. Leuchtend! Viel! Kurze Röcke, Absatzschuhe, und nicht irgendwelche langweiligen schwarzen, sondern Lackschuhe, glitzernde oder hohe Stiefel. Was ich mir maximal erlauben kann ist ein bisschen Wimpertusche, kaum sichtbar. Bei uns, in Deutschland, kann man Absatz- schuhe oder eine Glitzerbluse zu Feiern anziehen. Aber wenn man alles zusammen anzieht, mit einem Minirock, würden dich die Leute schon komisch

ansehen. Natürlich ist es schön, aber… Entweder schöne Absatzschuhe oder Minirock, aber zusammen…

Im Allgemeinen ist es bei uns kompliziert mit solch einer Kleidungskombination. In Italien, so bemerkte ich, kleiden sich die Frauen auch immer so zurechtgemacht. Dort glaubt man offenbar, dass eine echte Frau leuchten sollte. In Frankreich auch.

Hast du dich schon an unsere Mode gewöhnt? Du weißt ja, dass man hier auf den Straßen selbstverständlich leuchtende Absatzschuhe tragen darf.
Ich liebe Stöckelschuhe. Manchmal möchte ich welche anziehen. Aber soll ich wirklich Geld ausgeben, wenn ich sie nur hier trage? Ich fahre schließlich sowieso weg.

Und wenn du wirklich sehr möchtest? Hier und jetzt!
Das ist doch alles Geld! Für dieses Geld kann man andere nützliche Dinge kaufen z.B.: Mitbringsel, Geschenke, irgendetwas anderes, was hier und zu Hause, in Deutschland, von Nutzen sein wird.
Wir planen wirklich viel. Sogar wenn wir gewöhnliche Lebensmittel kaufen. In der Familie überlegt man, was eingekauft werden muss, damit es über die Woche reicht. Aber hier ist es cool! Am Sonntag haben die Geschäfte geöffnet und es scheint, dass Leute immer durch die Läden gehen. Nicht nur, dass sie an Feiertagen einkaufen gehen, sondern auch, dass sie mitten in der Woche irgendetwas zusätzlich kaufen. Ich höre oft, wie Leute sich anrufen und sagen: Zu Hause haben wir kein Brot oder keine Milch mehr, kauf das mal auf dem Weg von der Arbeit. Wir berechnen für eine Woche, berücksichtigen sogar Besuch mit ein (wenn dafür eine Torte oder irgendetwas benötigt wird) und kaufen einmal ein. Aber bei euch jeden Tag! Wir müssen besonders genau vor Feiertagen planen. Zu Silvester und Weihnachten öffnen die Geschäfte, wie es Gesetz ist, nicht.
Übrigens mir gefallen hier die Geschäfte, wo man zum Verkäufer hingehen und verlangen muss, im Unterschied zum Supermarkt.

Gibt es noch etwas, wovon du nichts wusstest, aber dir sehr gefiel?
Masleniza! In meiner Familie gibt es dieses Fest nicht. Eine ganze Woche habe ich Eierkuchen gegessen! Lecker!

Junge Mädchen haben gewöhnlich Angst um ihre Figur.
Hahaha, das ist mir schon ganz egal. Hier isst man schließlich immer. Selbst wenn man nicht essen will - muss man! Aber um ehrlich zu sein, da ich am Anfang wirklich viel gegessen habe, nahm ich fünf Kilogramm zu. Aber danach habe ich wieder abgenommen. Also ist alles gut. Aber solches Essen abzulehnen ist unmöglich.

Begingt ihr irgendwelche deutschen Traditionen in deiner tschuwaschischen Familie?

In Deutschland feiere ich Weihnachten am 24. Dezember. Das ist der allerschönste Feiertag! Geschmücktes Haus, es wird eine Tanne aufgestellt, die ganze Familie, Geschenke werden verschenkt. Es war so super, als meine Gastmama meiner Schwester und mir an diesem Tag die Geschenke gab. Außerdem fuhr sie die ganze Stadt ab, um meine Lieblingspiroggen mit Kartoffelfüllung zu finden!

Und Neujahr feierten wir wie in Deutschland: Mit der gesamten Familie sahen wir fern. In Deutschland gratuliert der Bundeskanzler(-in) zum Neujahr.

Noch irgendetwas Ungewöhnliches?

Was mich wirklich sehr verwunderte...Betrunkene im Trolleybus oder Bus oder auf der Straße, besonders im Winter. Aber eigentlich sind Verkehrsmittel hier billig und fahren oft. Bei uns ist das sehr - sehr teuer, also fahren wir alle auf Fahrrädern.

Glaubst du, dass unsere Jugend viel raucht?

Ich bin mir nicht sicher...Mir scheint, hier gibt es zwei Gruppen von Jugend. Die einen rauchen und trinken nur. Und die anderen rauchen und trinken überhaupt nicht. Ein Mittelding gibt es vermutlich nicht.

Bist du nicht erfroren, irgendwie den Winter überlebt?

Irgendwie überlebt! In Deutschland war die höchste Minustemperatur 15 Grad. Das ist kalt. Aber minus fünfunddreißig in Russland - das ist seeehr kalt. Aber erträglich, wenn die Kleidung warm ist.

Draußen spazieren warst du bei dem Wetter nicht?

Wohin spazieren bei minus fünfunddreißig?! Nur aus dem Haus und zurück.

Und überhaupt, wenn du nach Hause kommst, was erzählst du deinen Mitschülern? Habt keine Angst, fahrt nach Russland, so?

So sag ich es unbedingt! Und so sag ich es sogar schon! Ich schreibe Freunden, Eltern. Sie hörten meine Erzählungen und sagen jetzt: „Das ist cool! Das ist cool!" Meine Eltern wollen schon hierher kommen. Ich sage ihnen, dass die Menschen hier sehr freundlich und gutmütig sind. Und noch freundlicher werden, wenn sie merken, dass du Ausländer bist. Ich meine es ernst! „Oh, sie kommen aus Deutschland, oh das ist super!"

Fertigstellung
Olga Nikitina

Quellenangabe der Bilder

Alle im Buch abgedruckten Fotos sind privat, die Zustimmung der abgebildeten Personen zur Veröffentlichung liegt vor.

Foto S.16:
Grigorij Iwanow

Bilder Umschlagseite:

Benutzer TUBS, *Creative Commons-Lizenzen Namensnennung-Weitergabe unter gleichen Bedingungen 3.0 nicht portiert (http://creativecommons.org/licenses/by-sa/3.0/deed.de), 2.5 generisch (http://creativecommons.org/licenses/by-sa/2.5/deed.de), 2.0 generisch (http://creativecommons.org/licenses/by-sa/2.0/deed.de) und 1.0 generisch (http://creativecommons.org/licenses/by-sa/1.0/deed.de)* und *GNU-Lizenz für freie Dokumentation, Version 1.2 oder einer späteren Version (http://commons.wikimedia.org/wiki/Commons:GNU_Free_Documentation_License_1.2)*, Wikimedia Commons, http://de.wikipedia.org/wiki/Datei:Locator_map_Saxony_in_Germany.svg

Benutzer TUBS, *Creative Commons-Lizenz Namensnennung-Weitergabe unter gleichen Bedingungen 3.0 Unported* (http://creativecommons.org/licenses/by-sa/3.0/deed.de), Wikimedia Commons, http://de.wikipedia.org/w/index.php?title=Datei:Chuvash_in_Russia.svg&filetimestamp=20110729132007

Обменялись

Шарлотта Ридель

В 16 одна в Россию
Дневник

ISBN 978-3-943048-85-8
Auch in Russisch erhältlich.
также доступна на русском языке